HIROYA OKU

präsentiert

GIGANT™

4

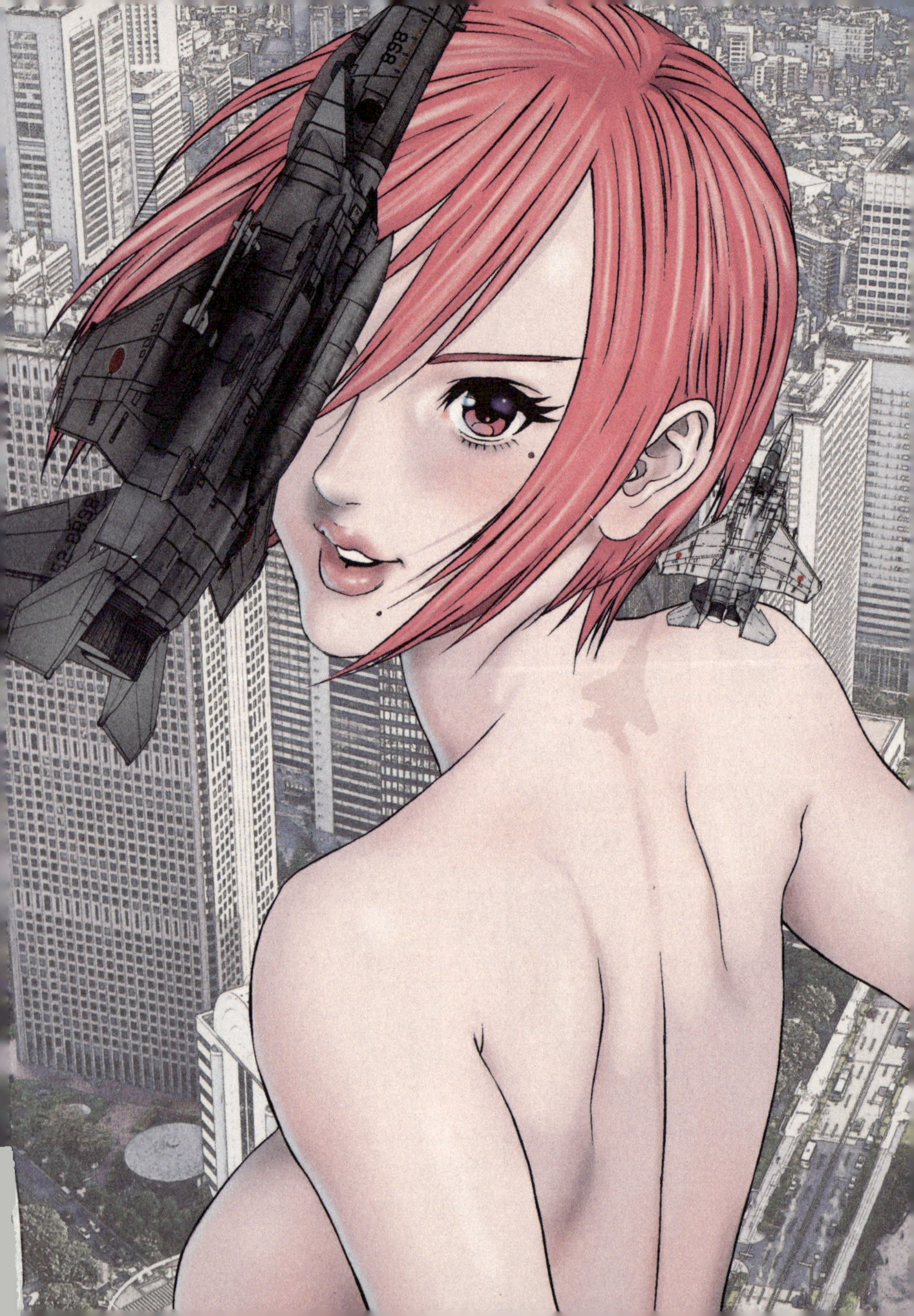

Story & Zeichnungen

HIROYA OKU

Übersetzung

BURKHARD HÖFLER

Lettering

LARA IACUCCI

INHALT

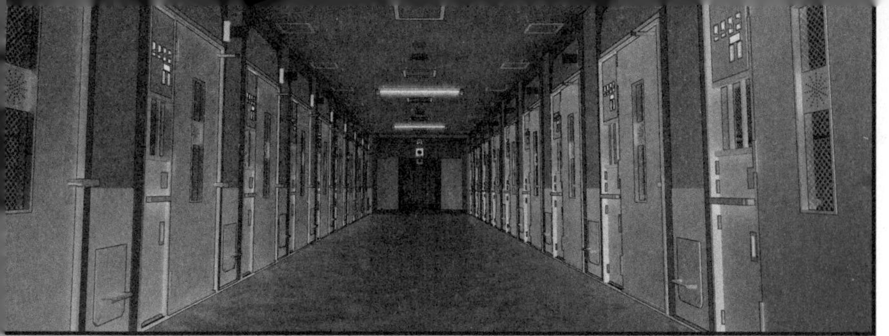

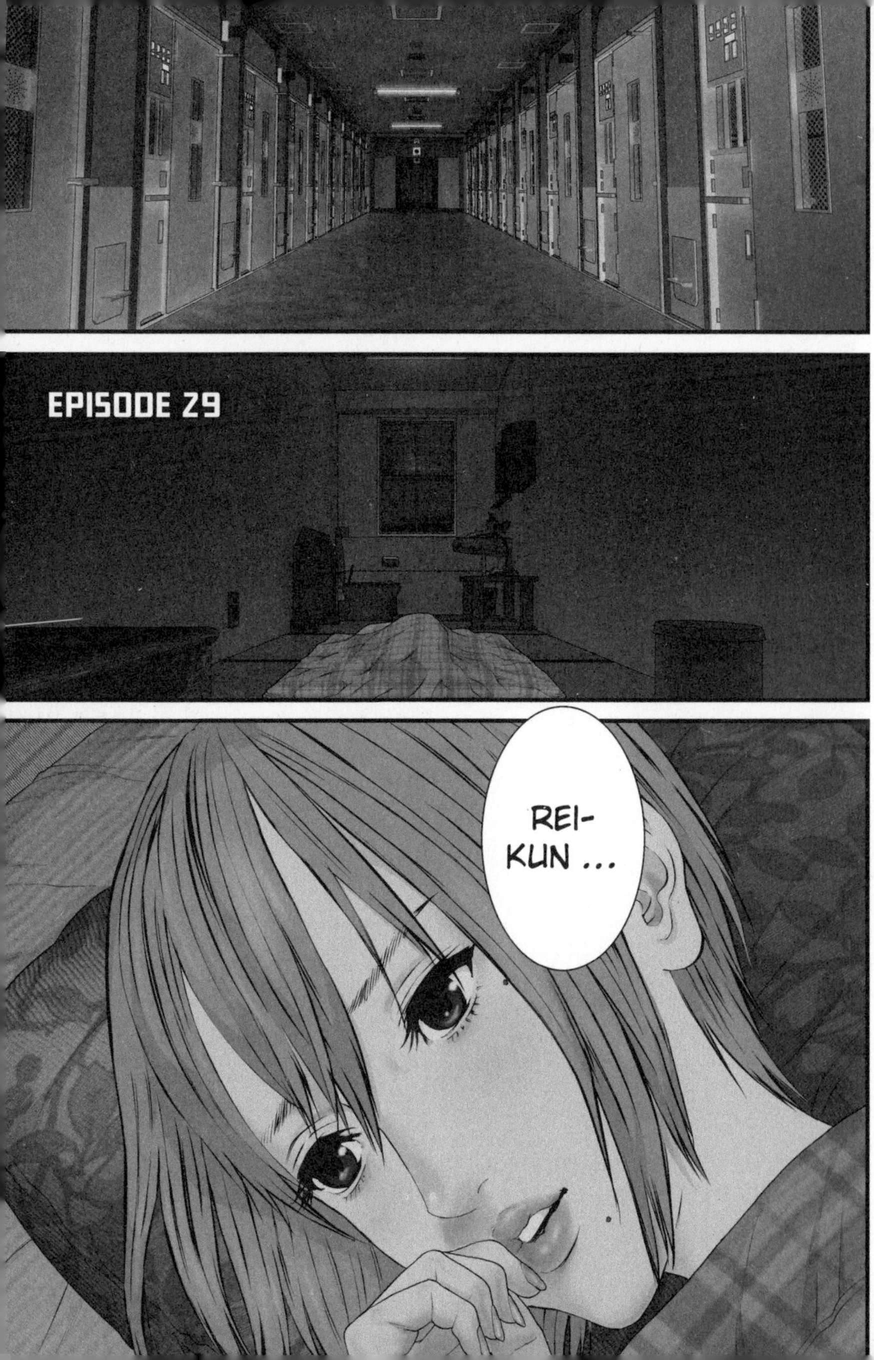

EPISODE 29

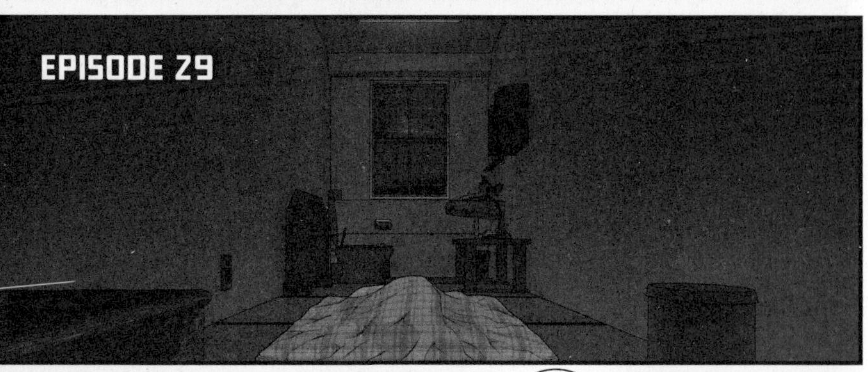

REI-
KUN ...

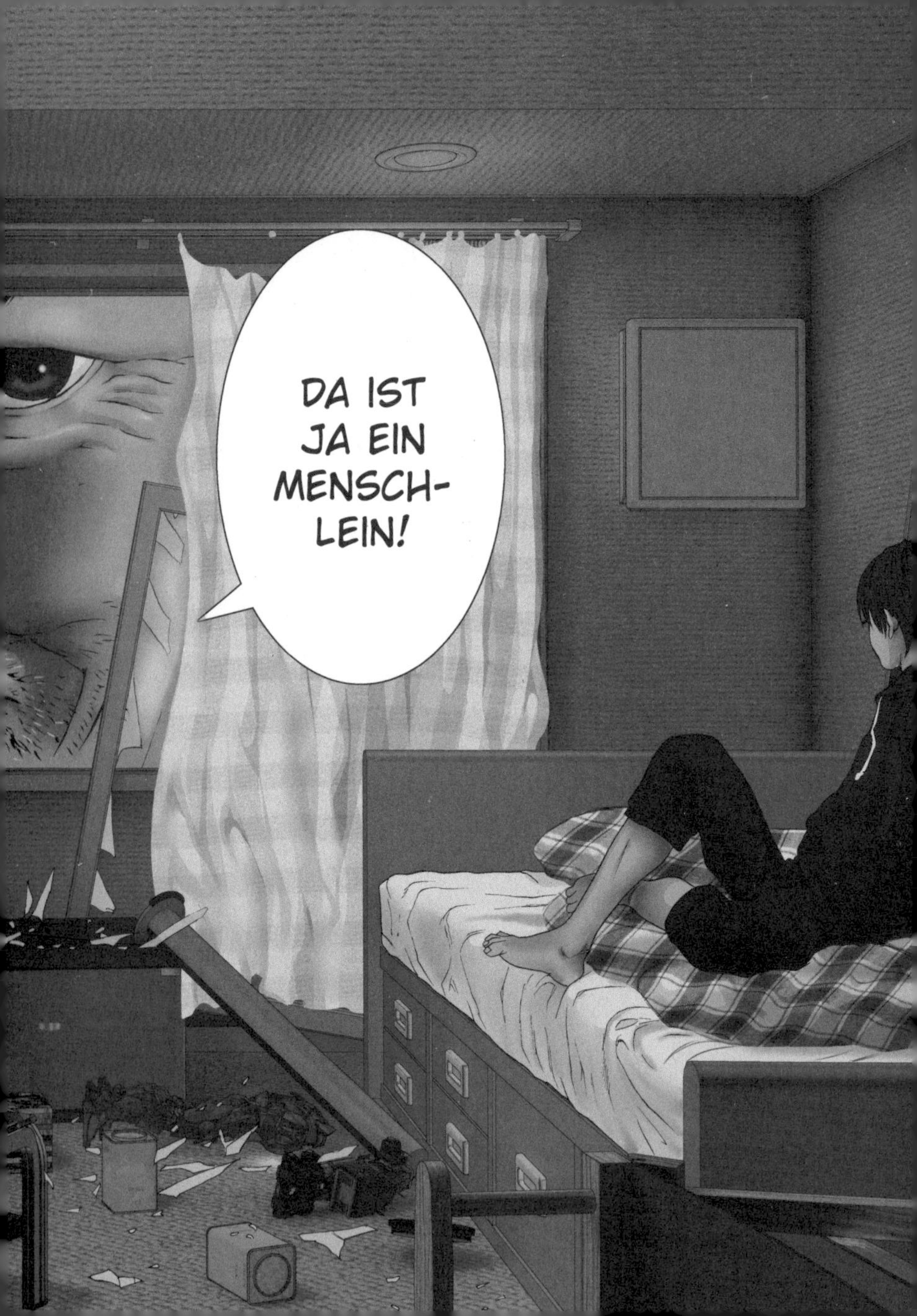
DA IST
JA EIN
MENSCH-
LEIN!

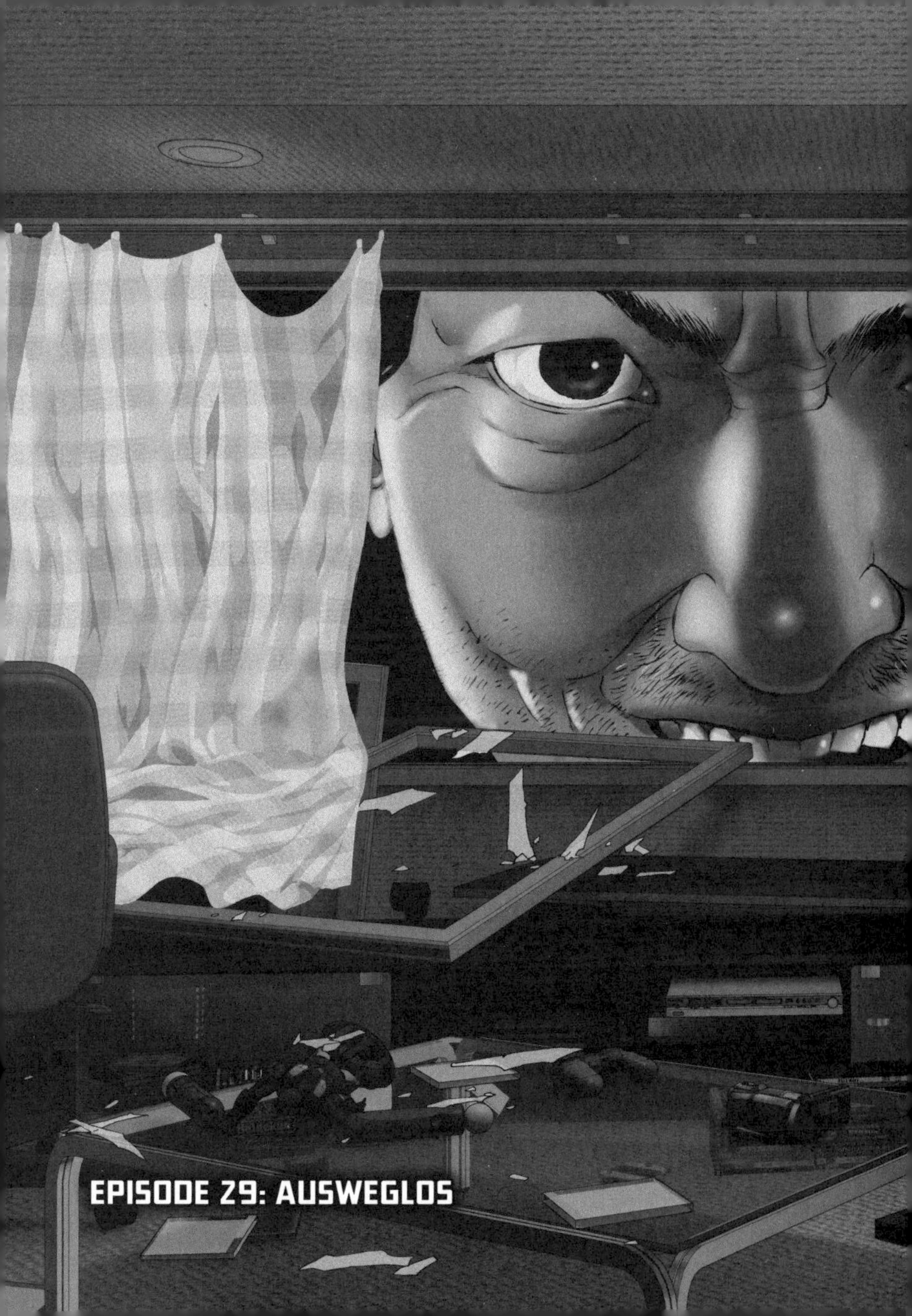
EPISODE 29: AUSWEGLOS

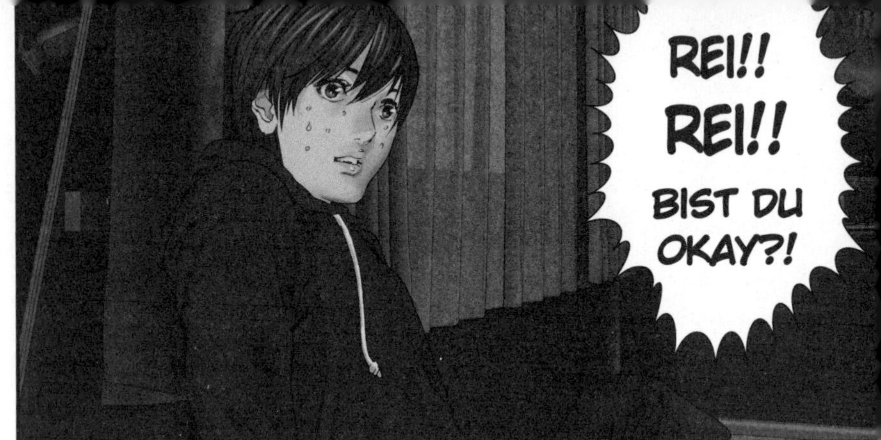
REI!!
REI!!
BIST DU
OKAY?!

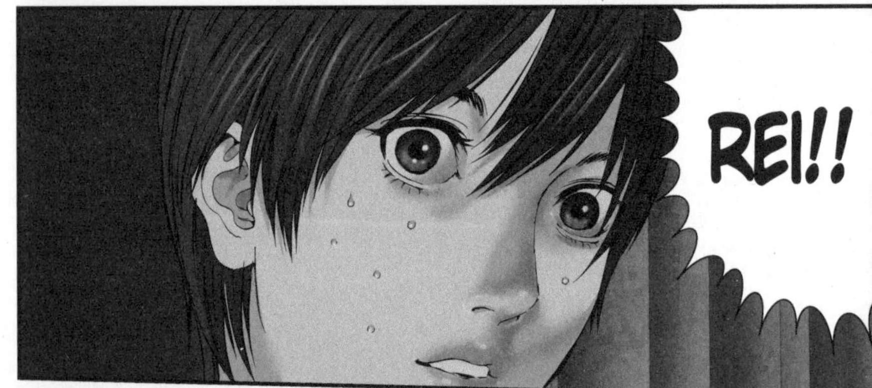
REI!!

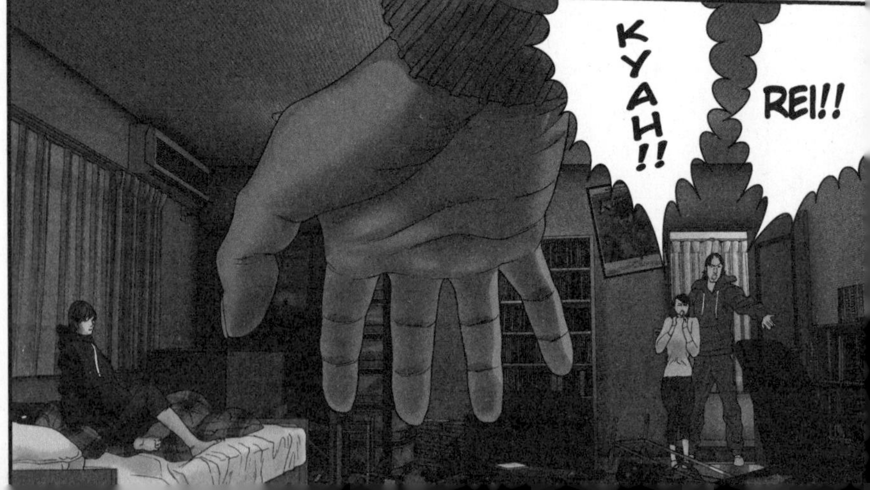
REI!!
KYAH!!

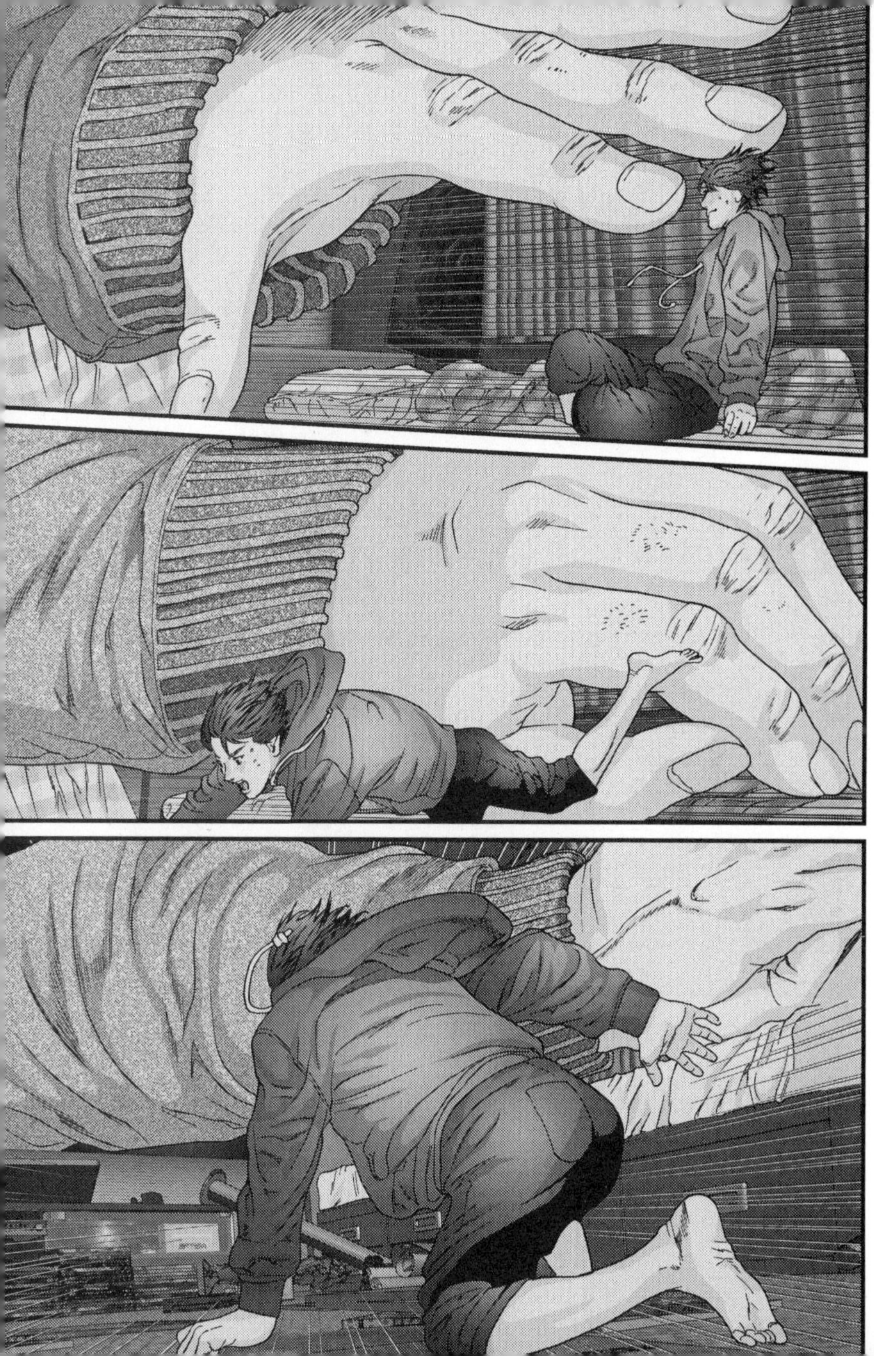

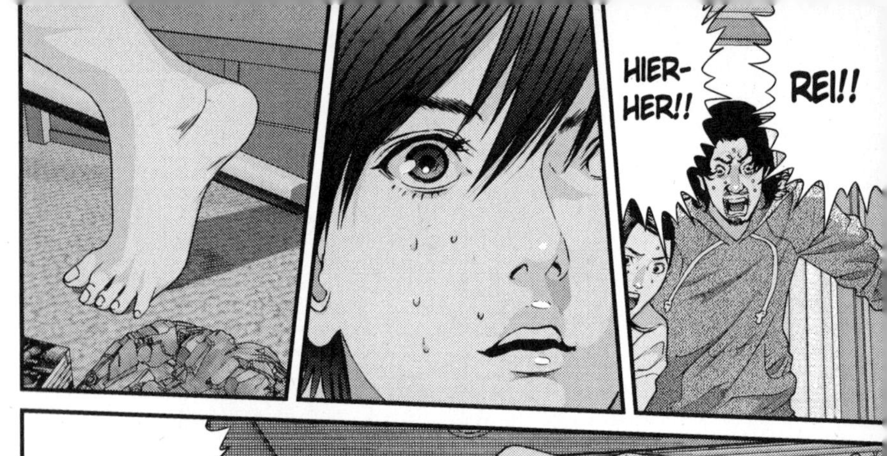
REI!!
HIER-HER!!

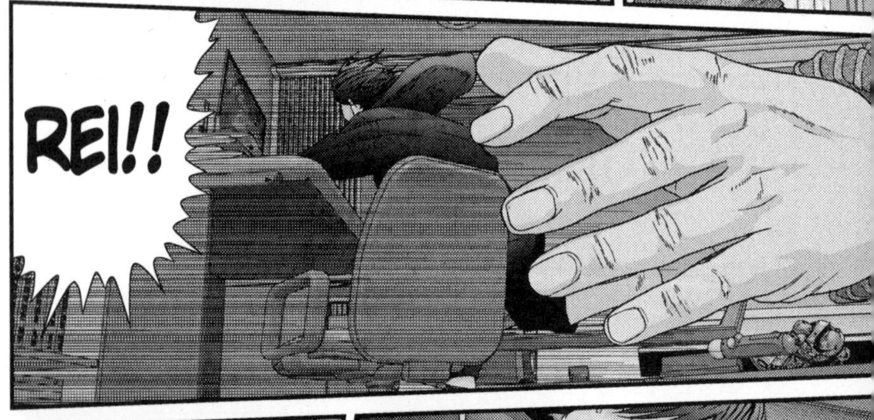
REI!!

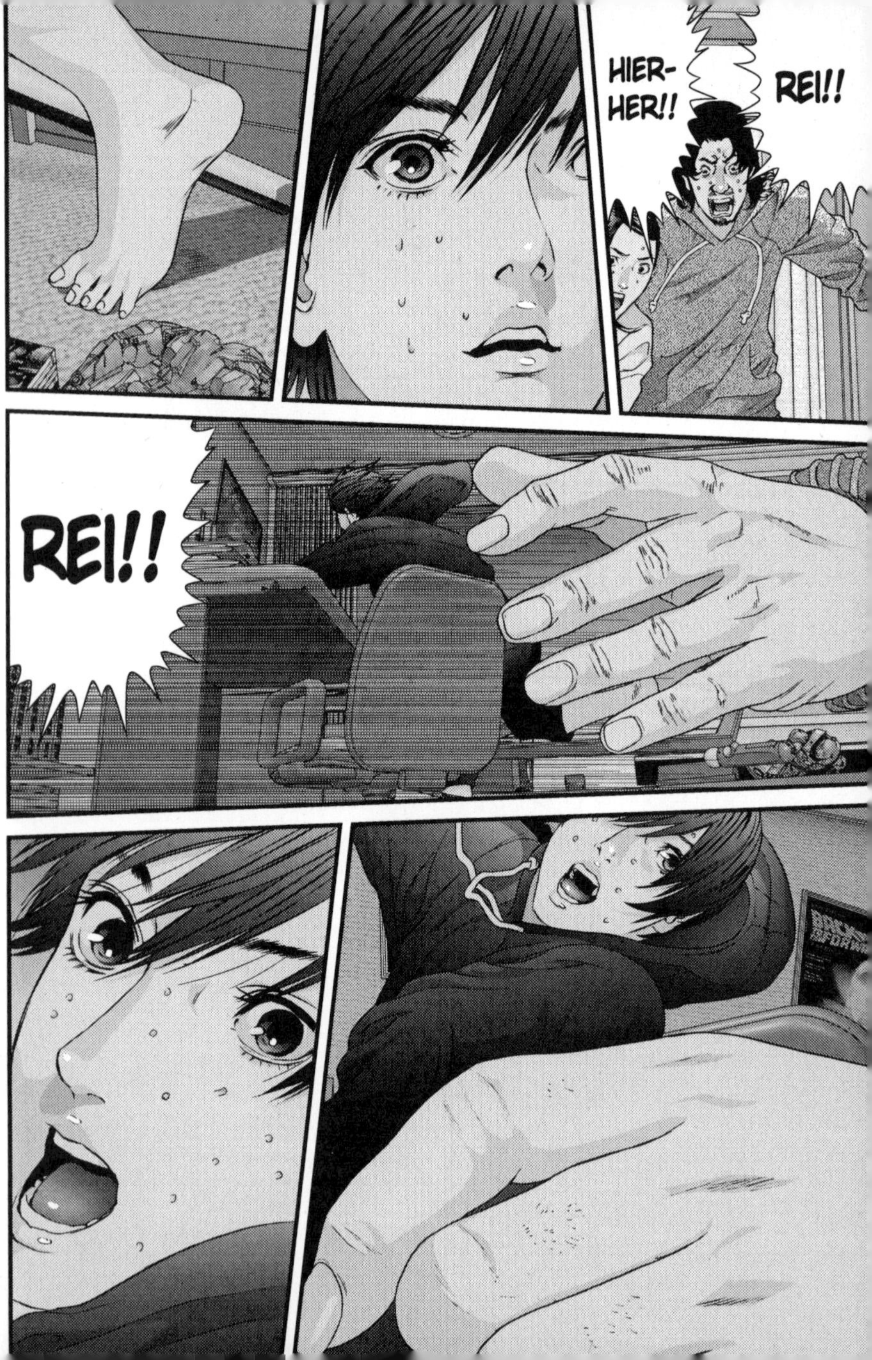

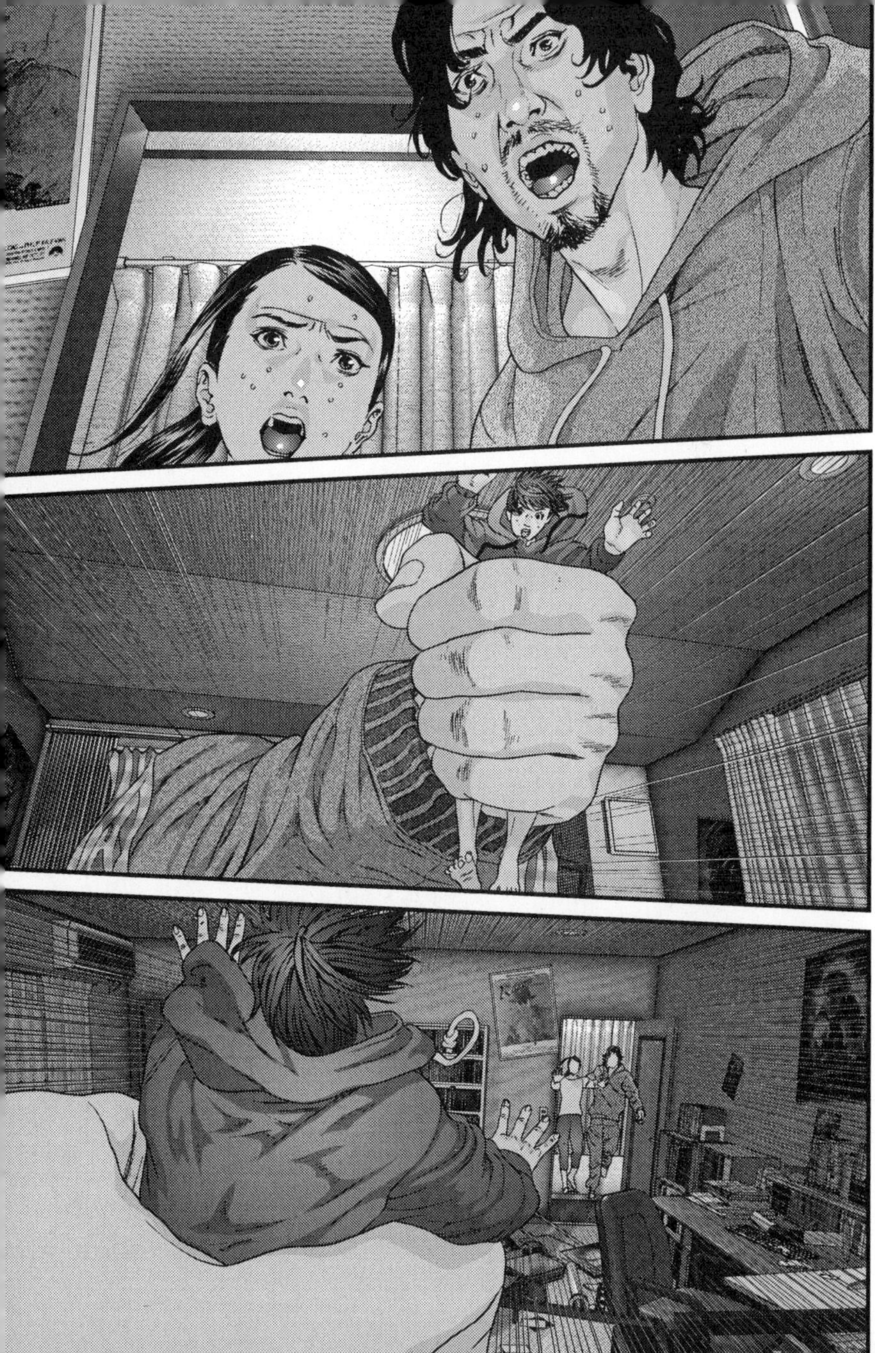

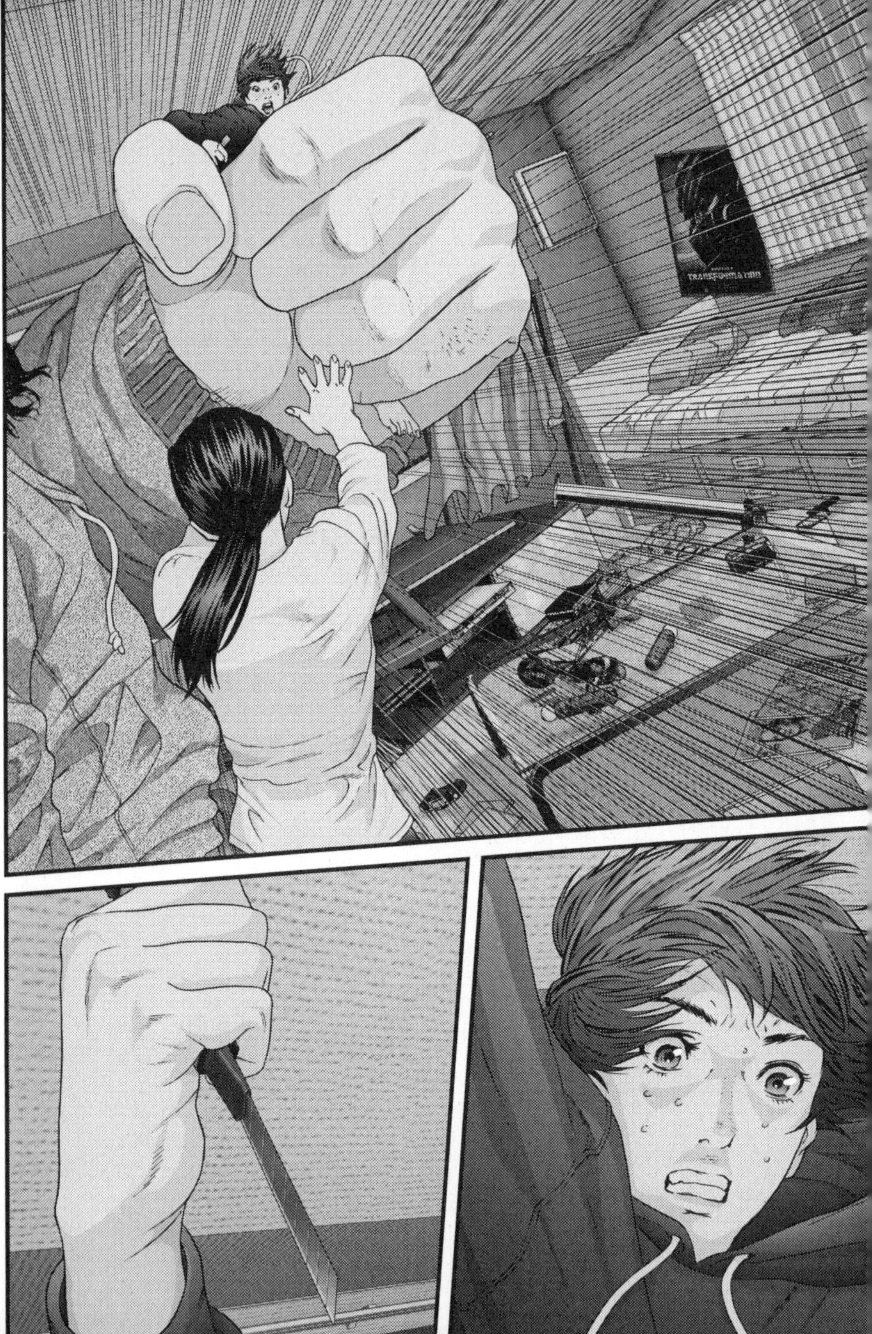

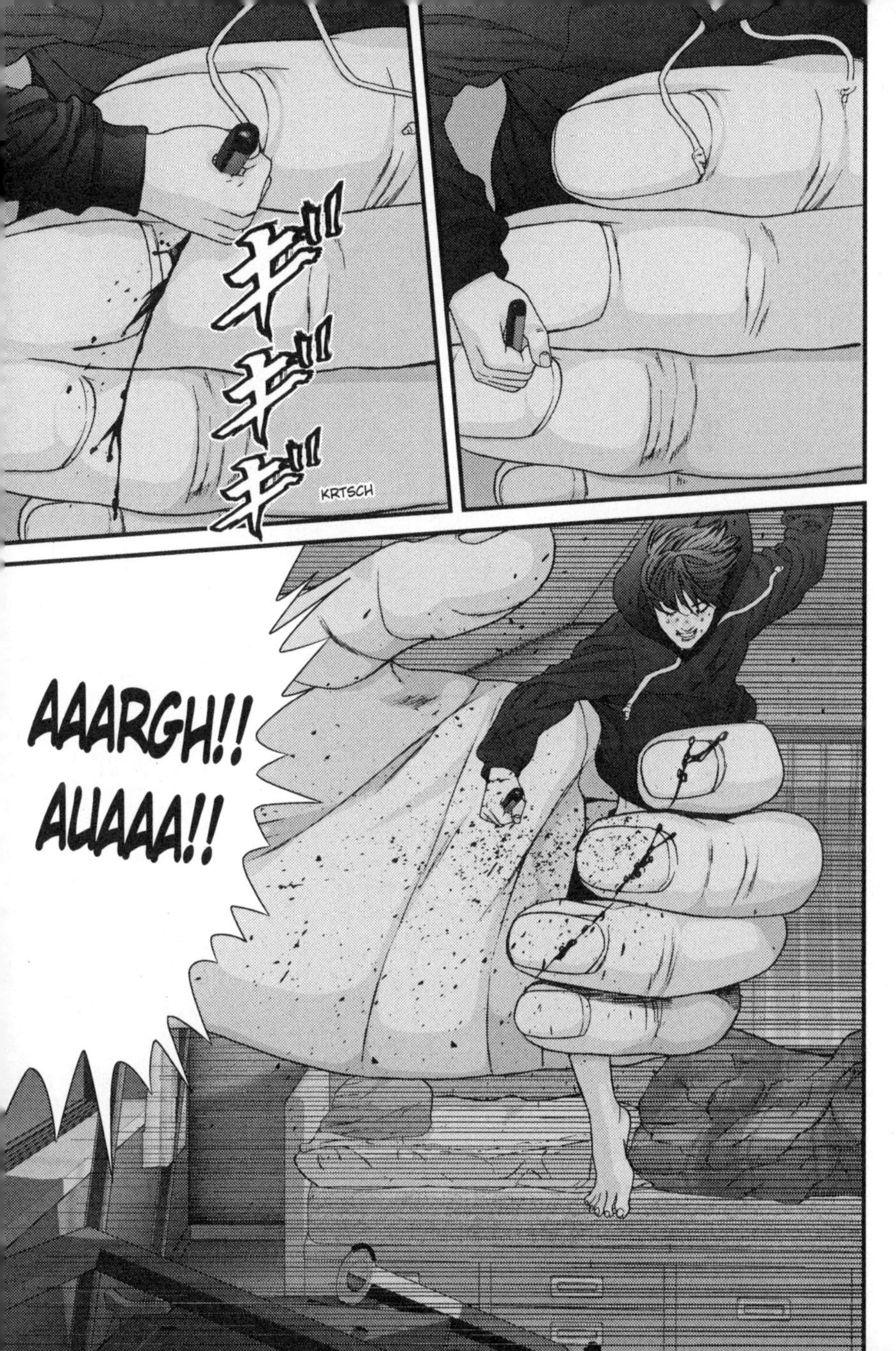
ギギギ
KRTSCH
AAARGH!!
AUAAA!!

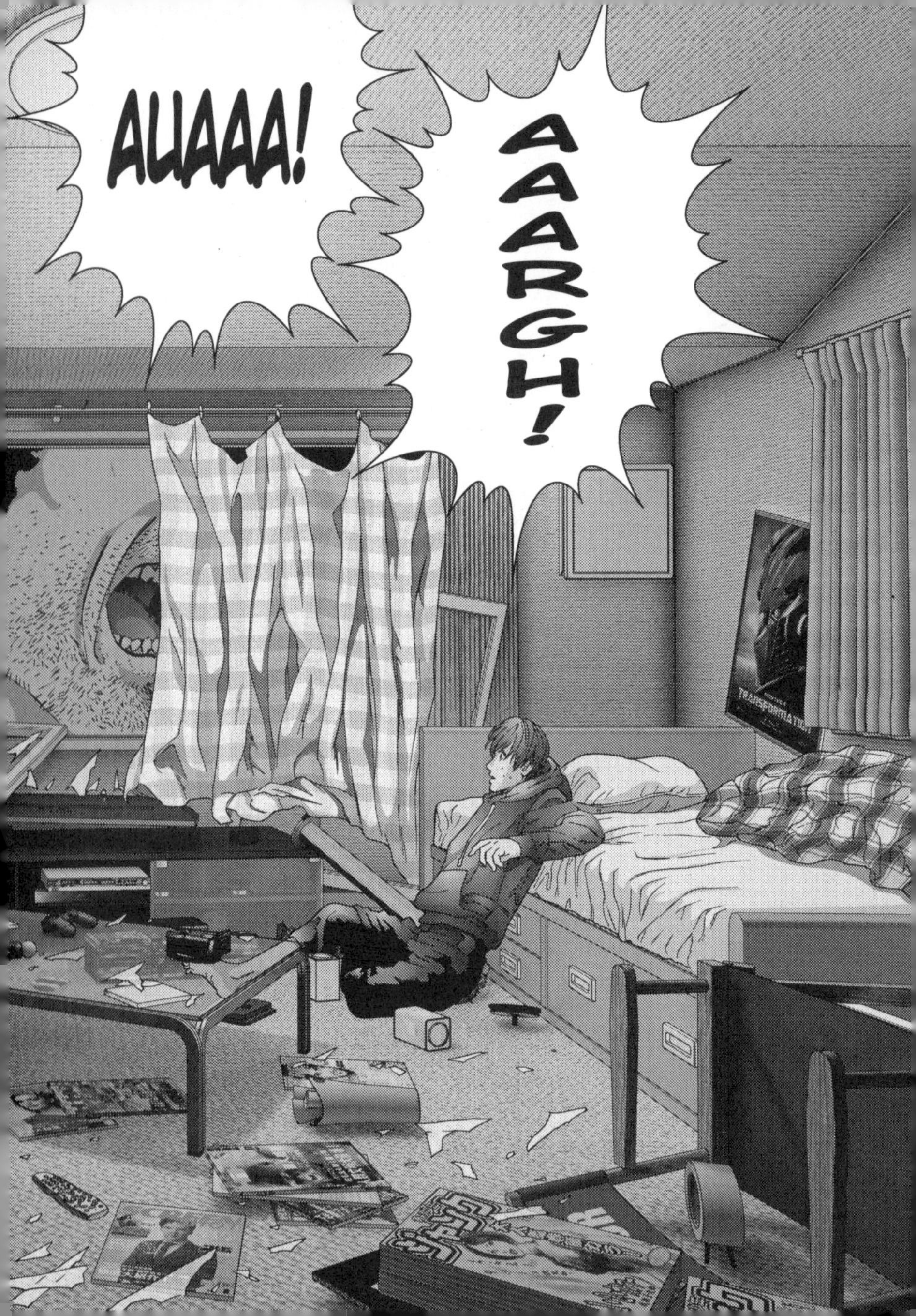
AAARGH!
AUAAAA!

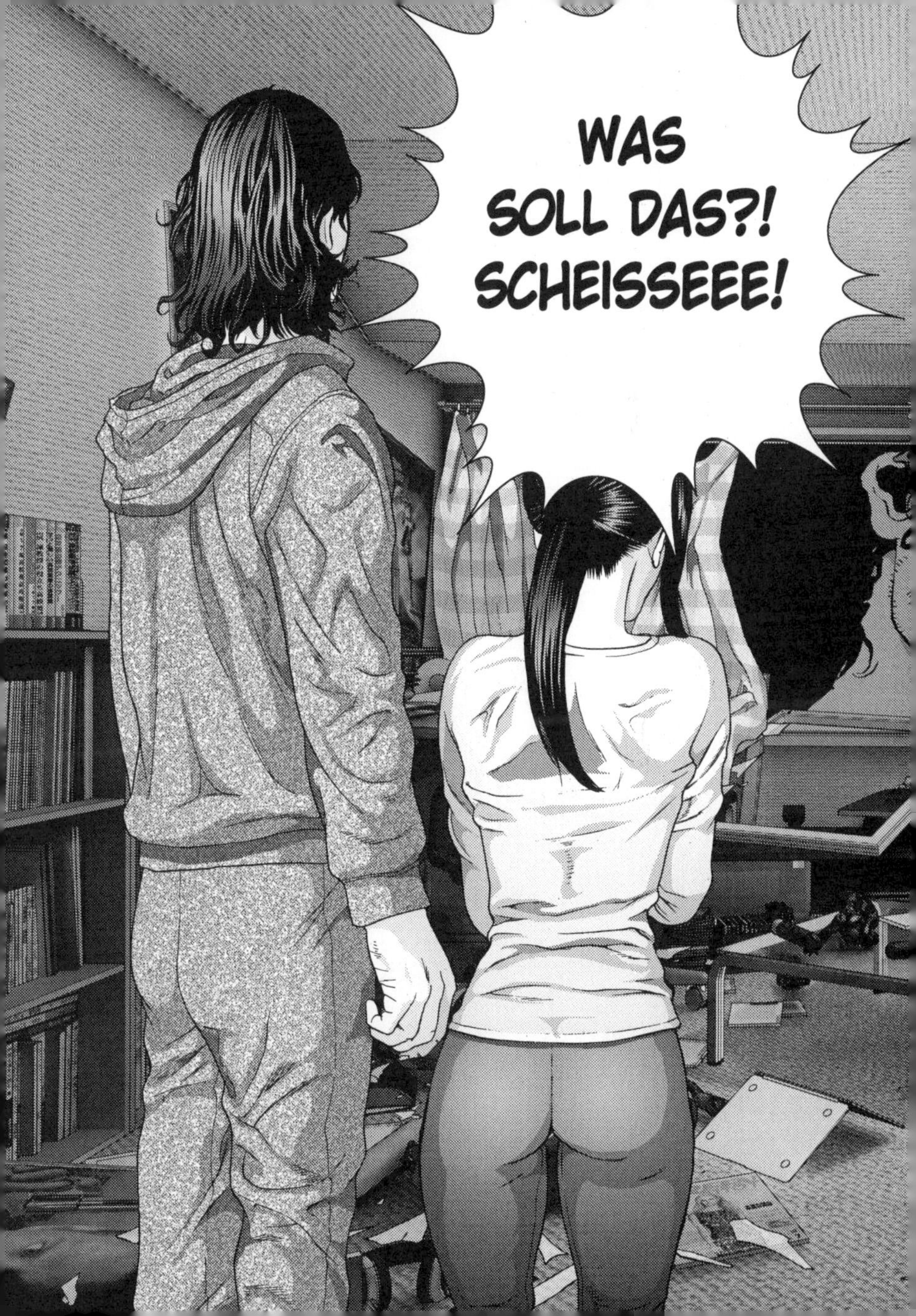
WAS
SOLL DAS?!
SCHEISSEEE!

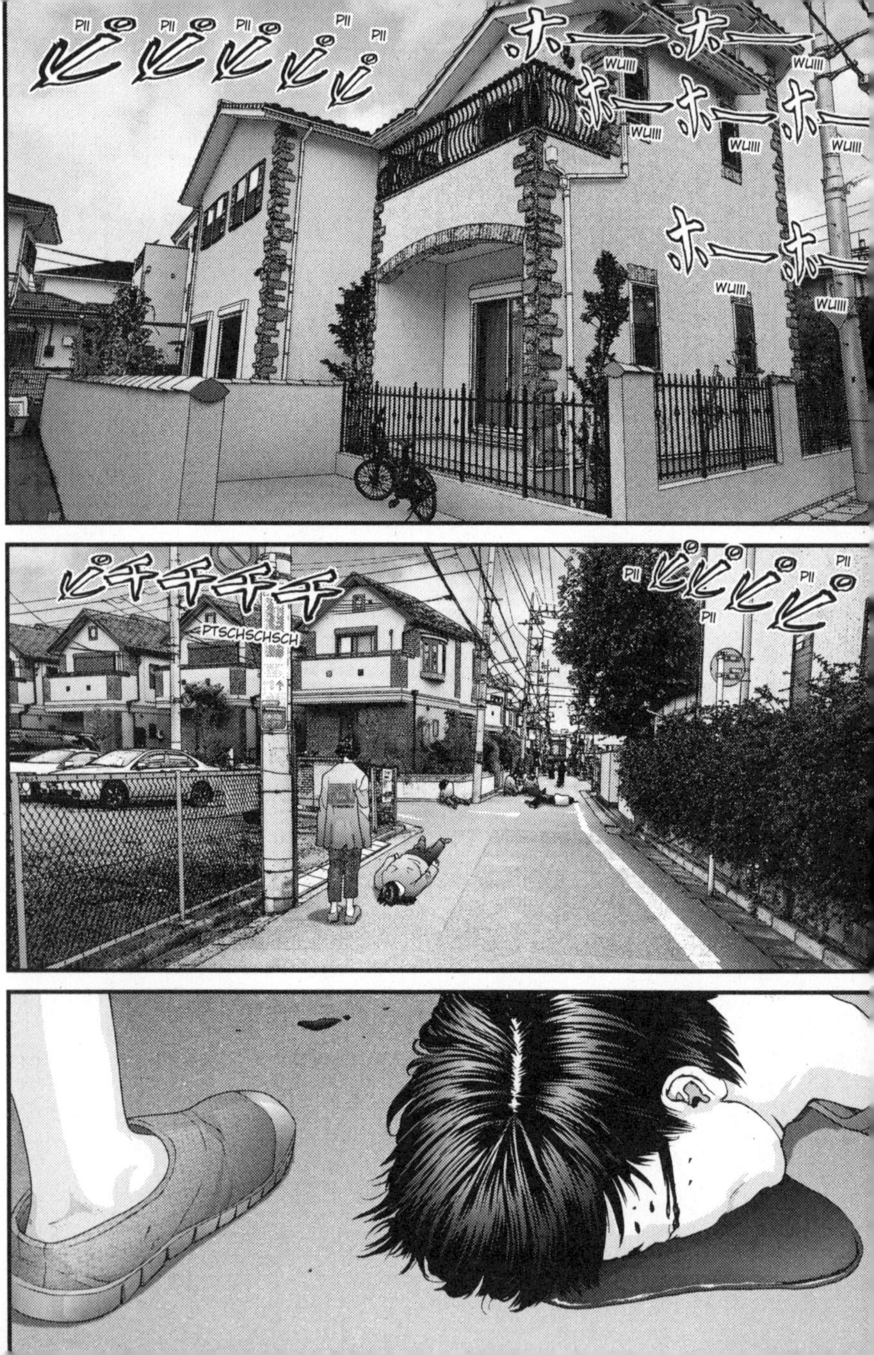

ホーホー
WUIII WUIII
ホーホーホー
WUIII WUIII WUIII
ホーホー
WUIII WUIII
ピピピピピ
PII PII PII PII PII

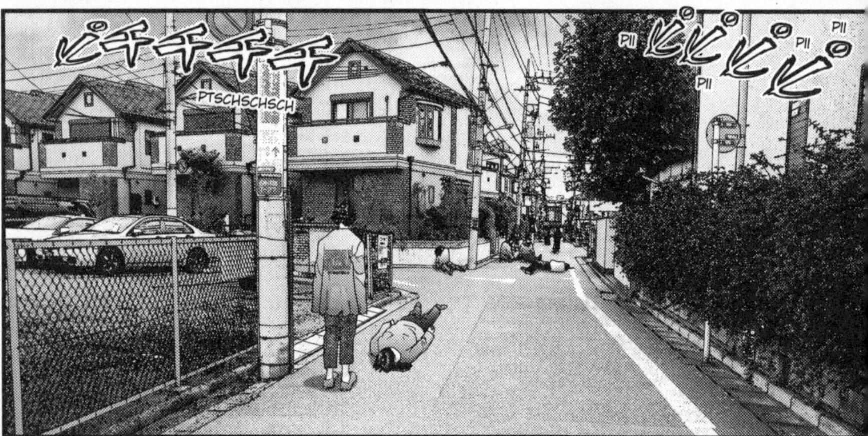

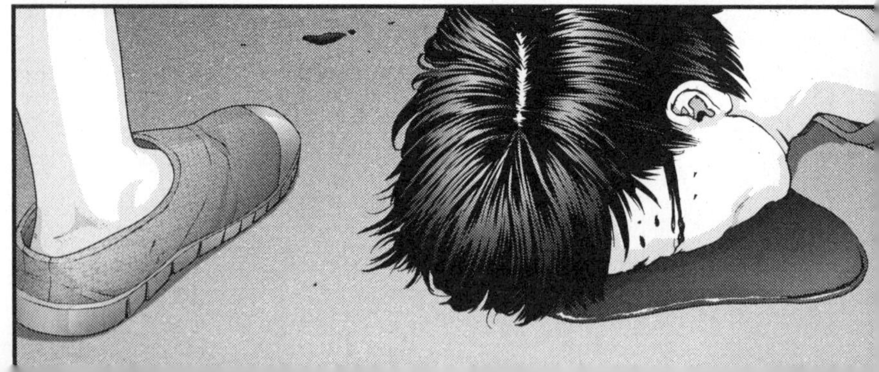

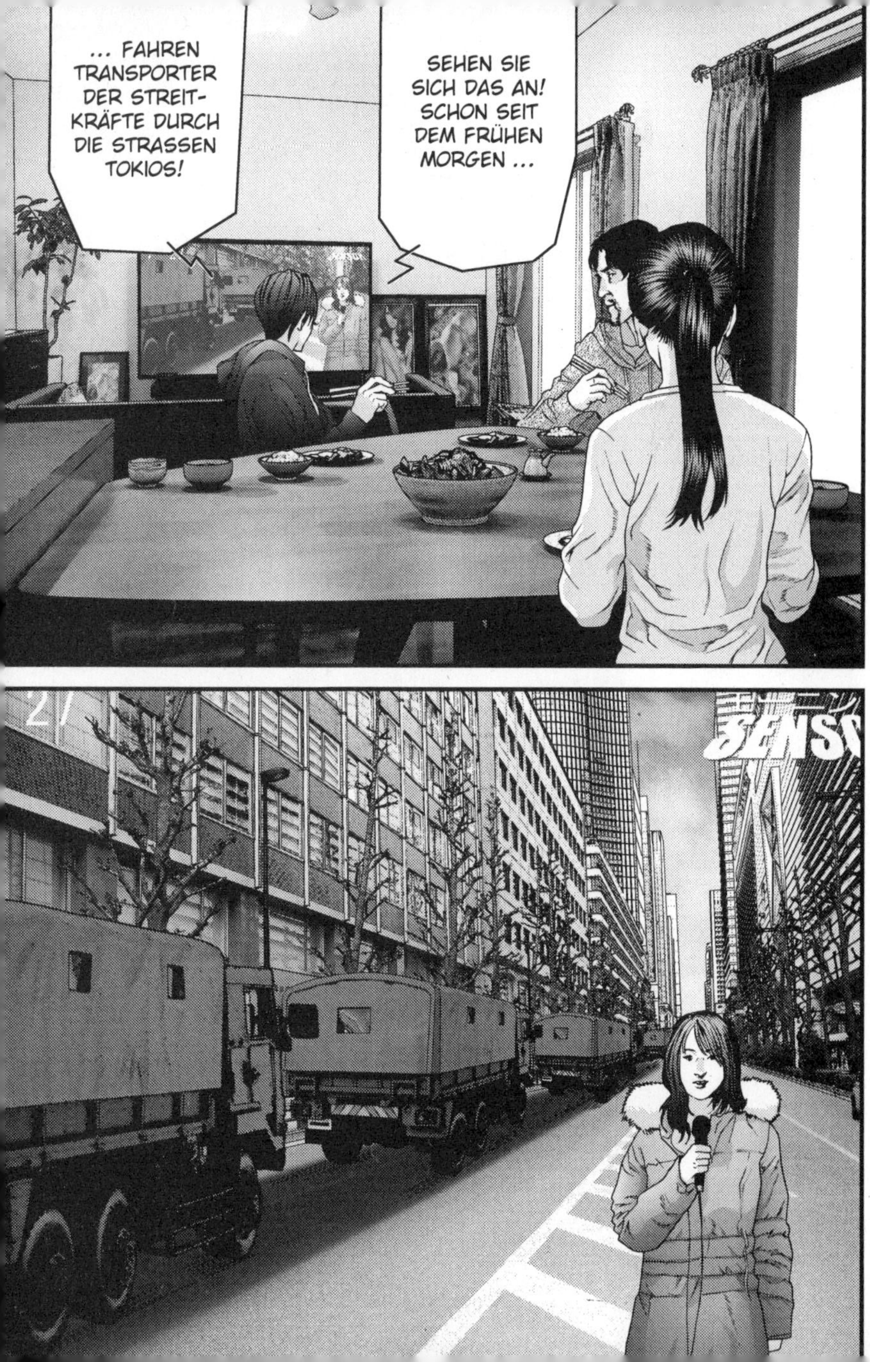

SEHEN SIE SICH DAS AN! SCHON SEIT DEM FRÜHEN MORGEN ...

... FAHREN TRANSPORTER DER STREIT-KRÄFTE DURCH DIE STRASSEN TOKIOS!

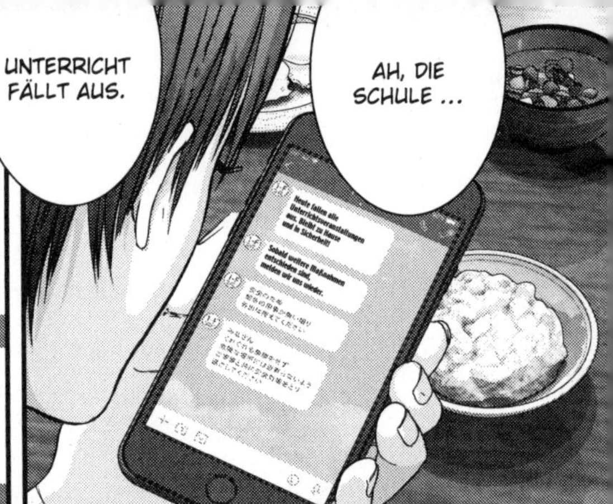

Nachricht für die Klasse 1 - F

Heute fallen alle Unterrichtsveranstaltungen aus. Bleibt zu Hause und in Sicherheit!

Sobald weitere Maßnahmen entschieden sind, melden wir uns wieder.

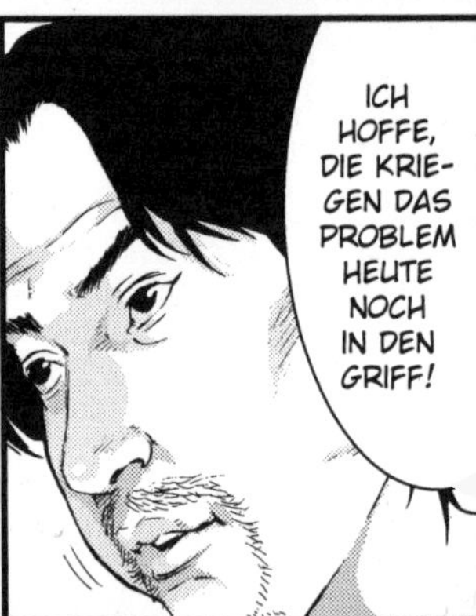

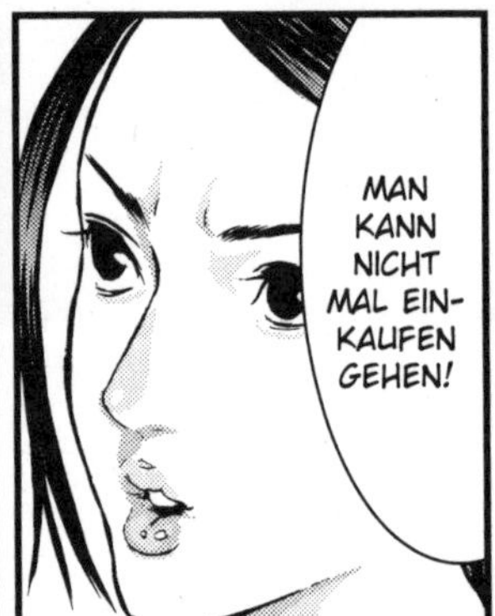

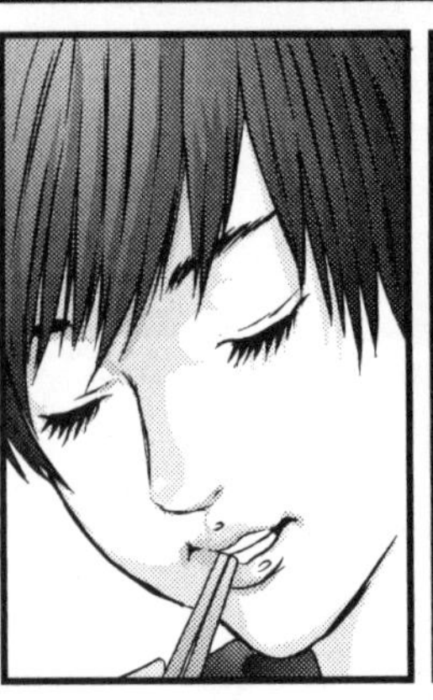

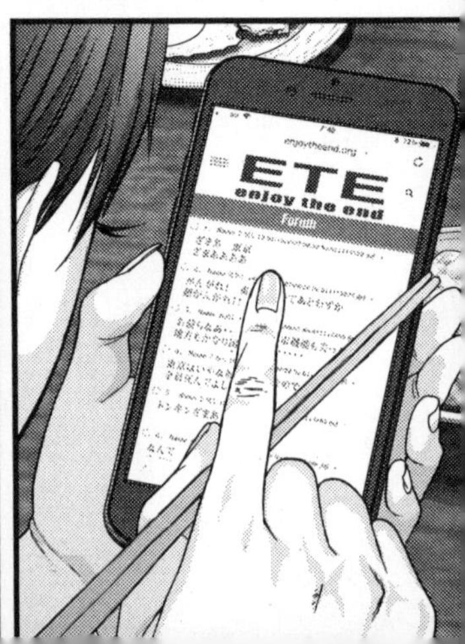

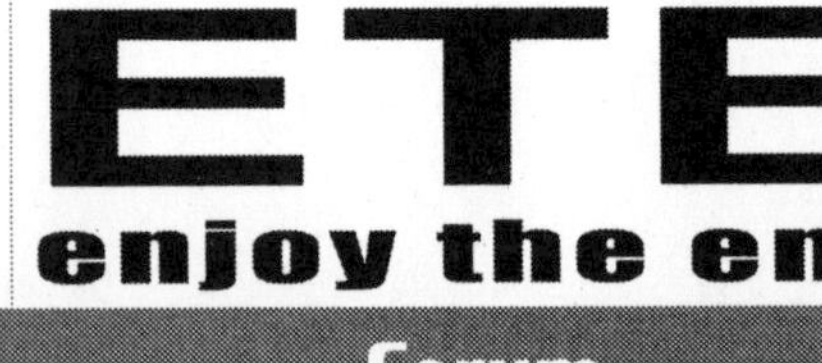

Forum

1. Name: Anonym 19/01/16(Mi)07:08:52 Nr.6111522

Geschieht dir recht, Tokio!
Das hast du jetzt davon!

2. Name: Anonym 19/01/16(Mi)07:08:59 Nr.6111523

Weitermachen! Bald ist Tokio zerstört!

Das hast du jetzt davon!

2. Name: Anonym 19/01/16(Mi)07:08:59 Nr.6111523

Weitermachen! Bald ist Tokio zerstört!

3. Name: Anonym 19/01/16(Mi)07:09:07 Nr.611152

**Hey, wenn Tokio seine Funktionalität als Stad
verliert, gibt's auch im Umland massig Proble**

4. Name: Anonym 19/01/16(Mi)07:09:22 Nr.611152

**In Tokio gibt's eh nur Arschlöcher,
die dürfen ruhig alle sterben!**

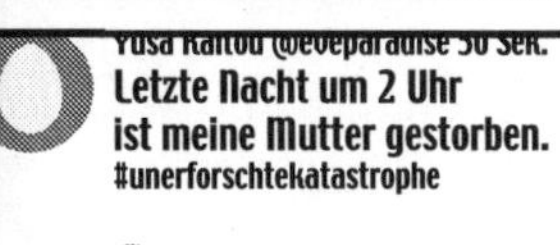

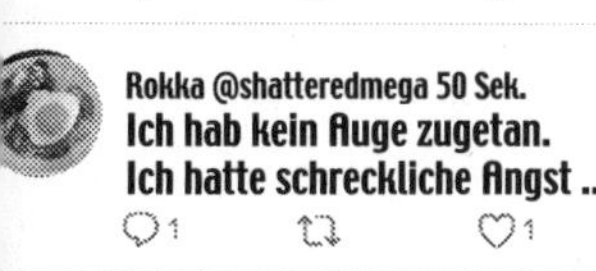

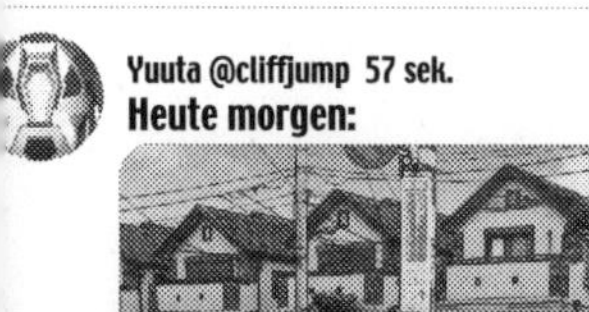

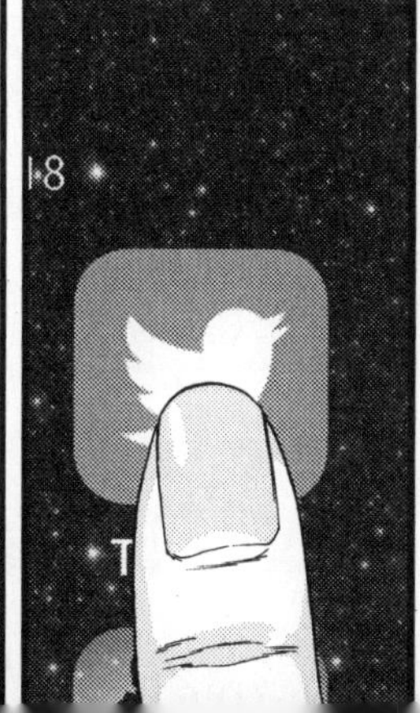

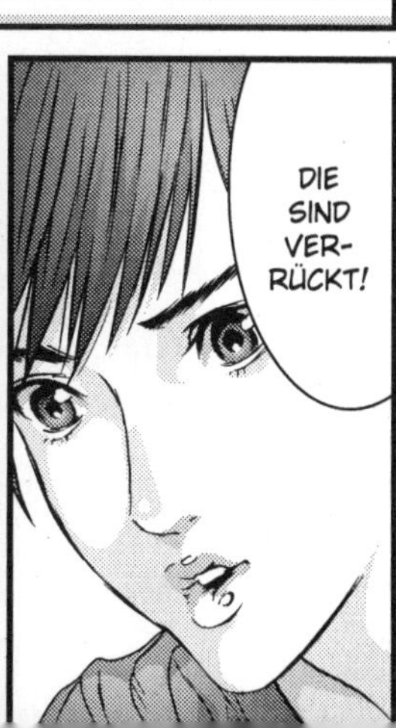

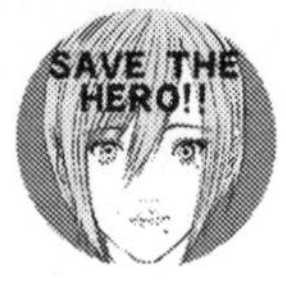

Kampagnenkommittezurfreilassungvonpapico @savethe
Bitte teilen! Kämpfen wir für die sofortige Freilassung
Papico! Sie hat den Roppongi-Giganten in einer Rekor
von zwei Stunden besiegt!

Nur Papico kann Tokio vor den Giganten retten.

Die bei der Gerichtsverhandlung in erster Instanz von
Verteidigerseite vorgelegten Beweise belegen, dass P
keine Menschen totgetreten oder verletzt hat.

Das Bezirksgericht Tokio hat diese Beweise jedoch nic
anerkannt und

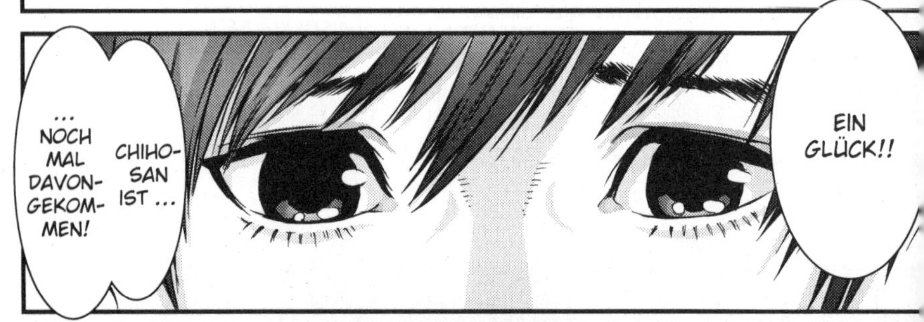

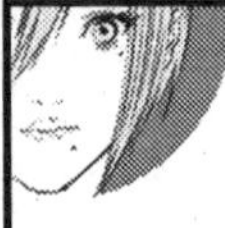

Bitte teilen! Kämpfen wir für die sofortig
Papico! Sie hat den Roppongi-Giganten i
von zwei Stunden besiegt!

Papico ist unschuldig!
Lasst die wahre Heldin frei!!

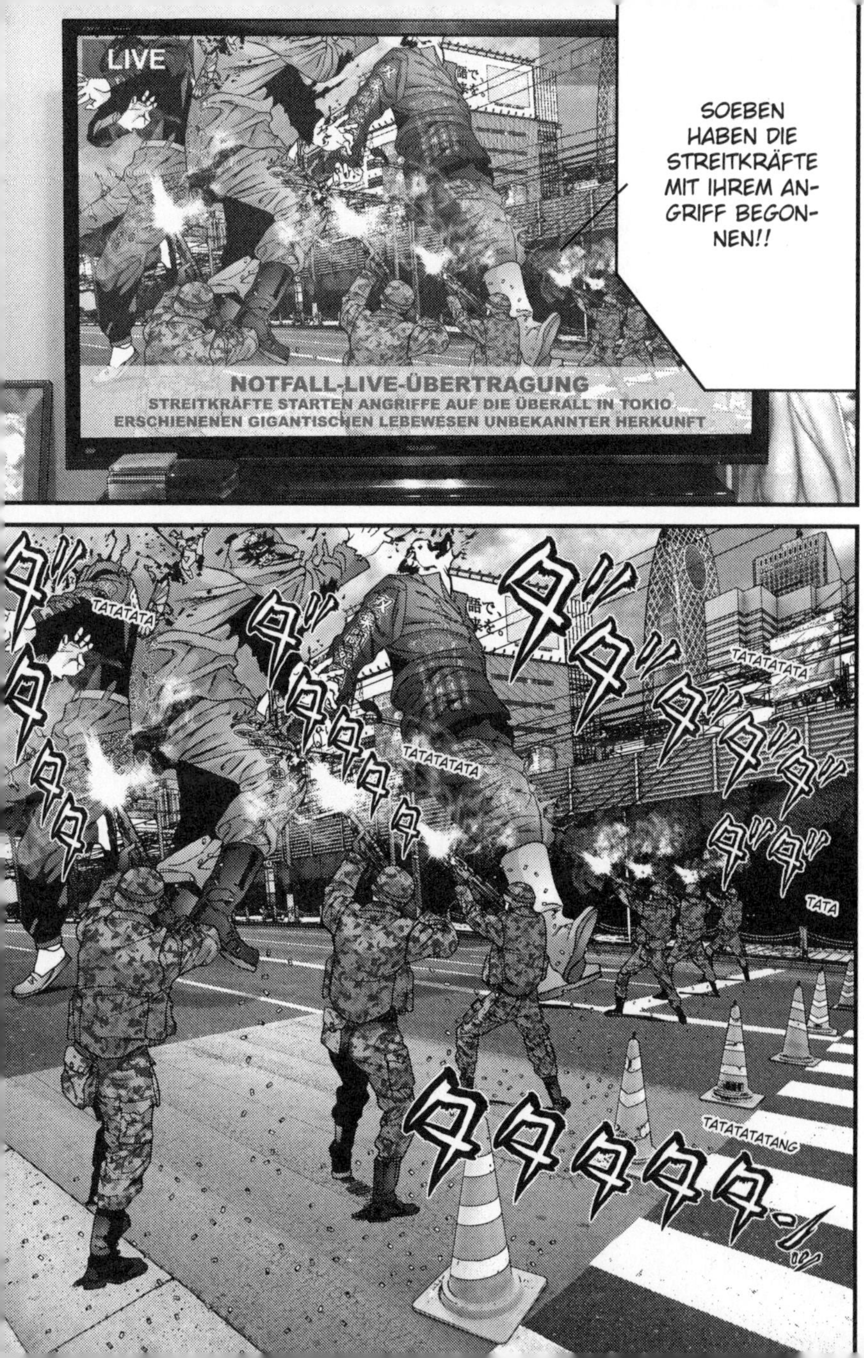

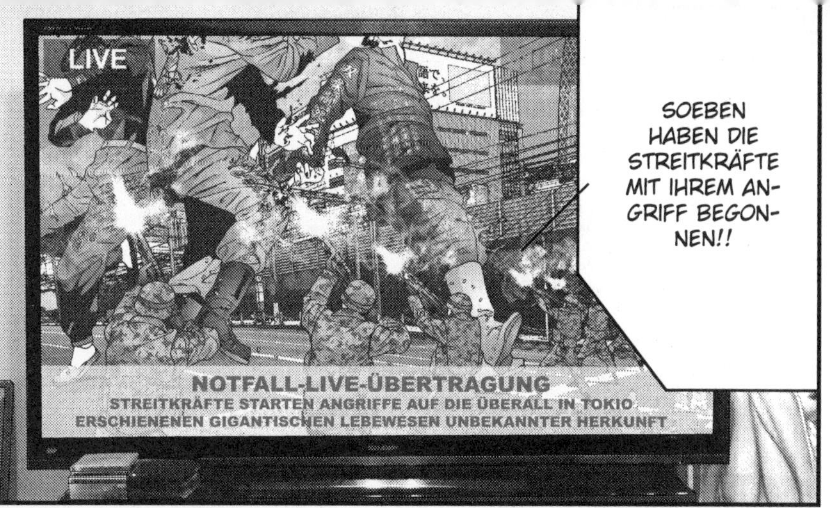
LIVE
SOEBEN HABEN DIE STREITKRÄFTE MIT IHREM ANGRIFF BEGONNEN!!
NOTFALL-LIVE-ÜBERTRAGUNG
STREITKRÄFTE STARTEN ANGRIFFE AUF DIE ÜBERALL IN TOKIO ERSCHIENENEN GIGANTISCHEN LEBEWESEN UNBEKANNTER HERKUNFT

TATATATA
TATATATATA
TATATATATA
TATA
TATATATATANG

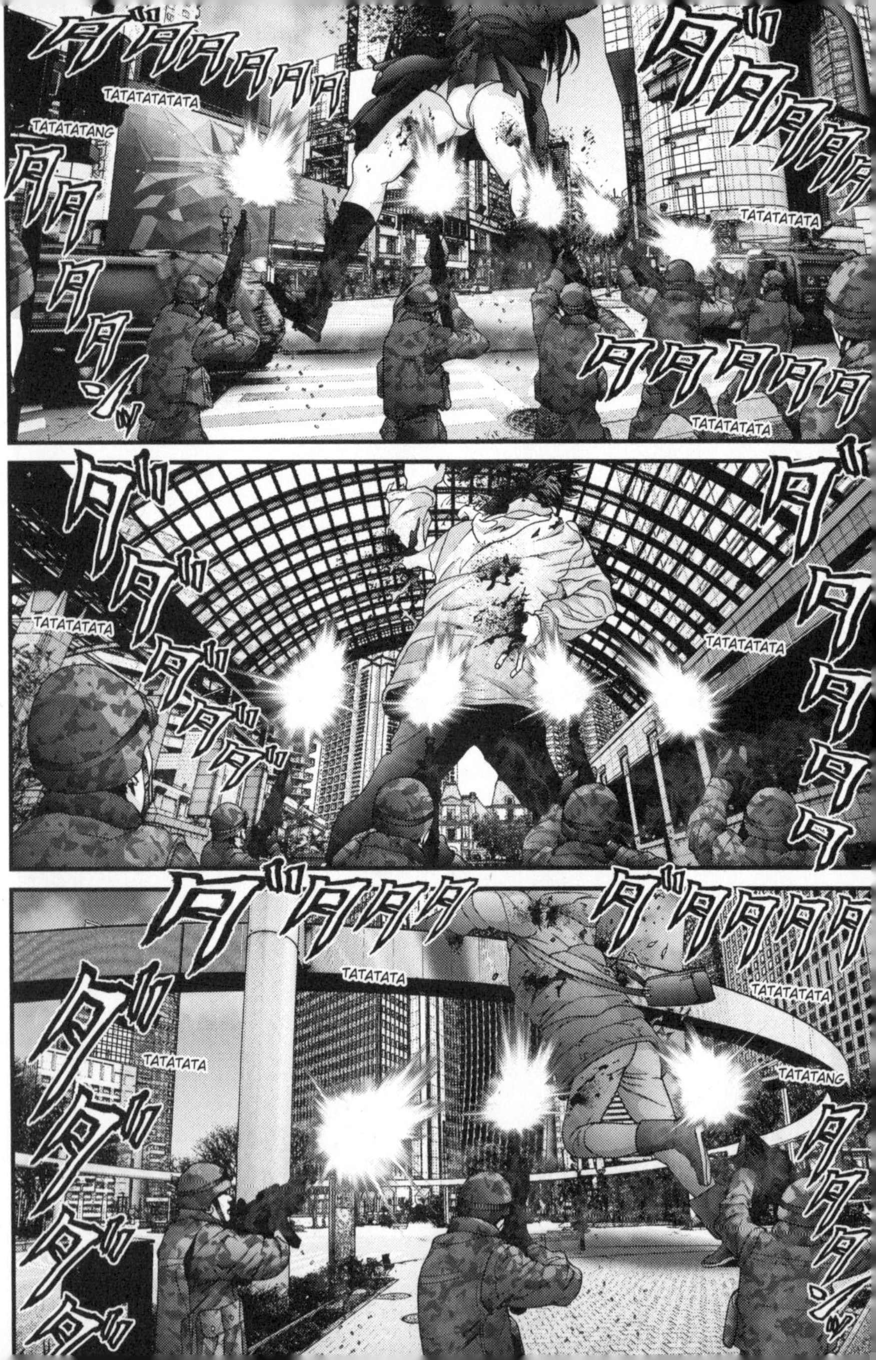

TATATATATA
TATATATATA
TATATATATATA
TATATATANG
TATATATATA
TATATATATA

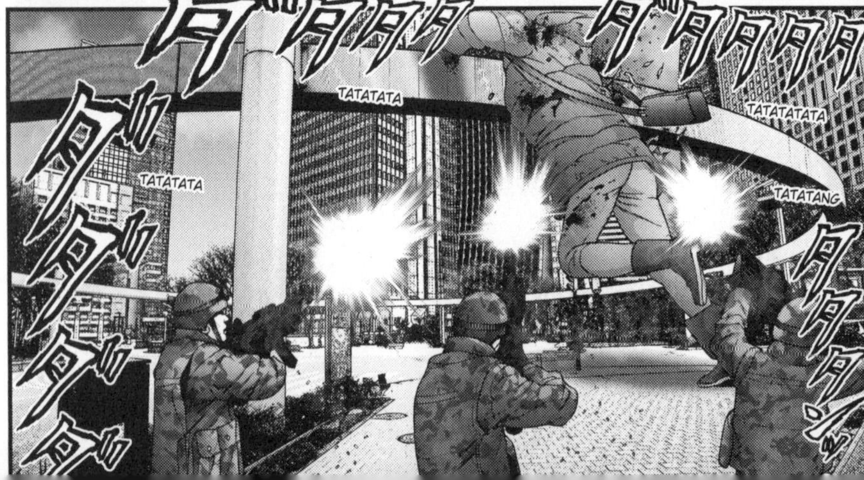

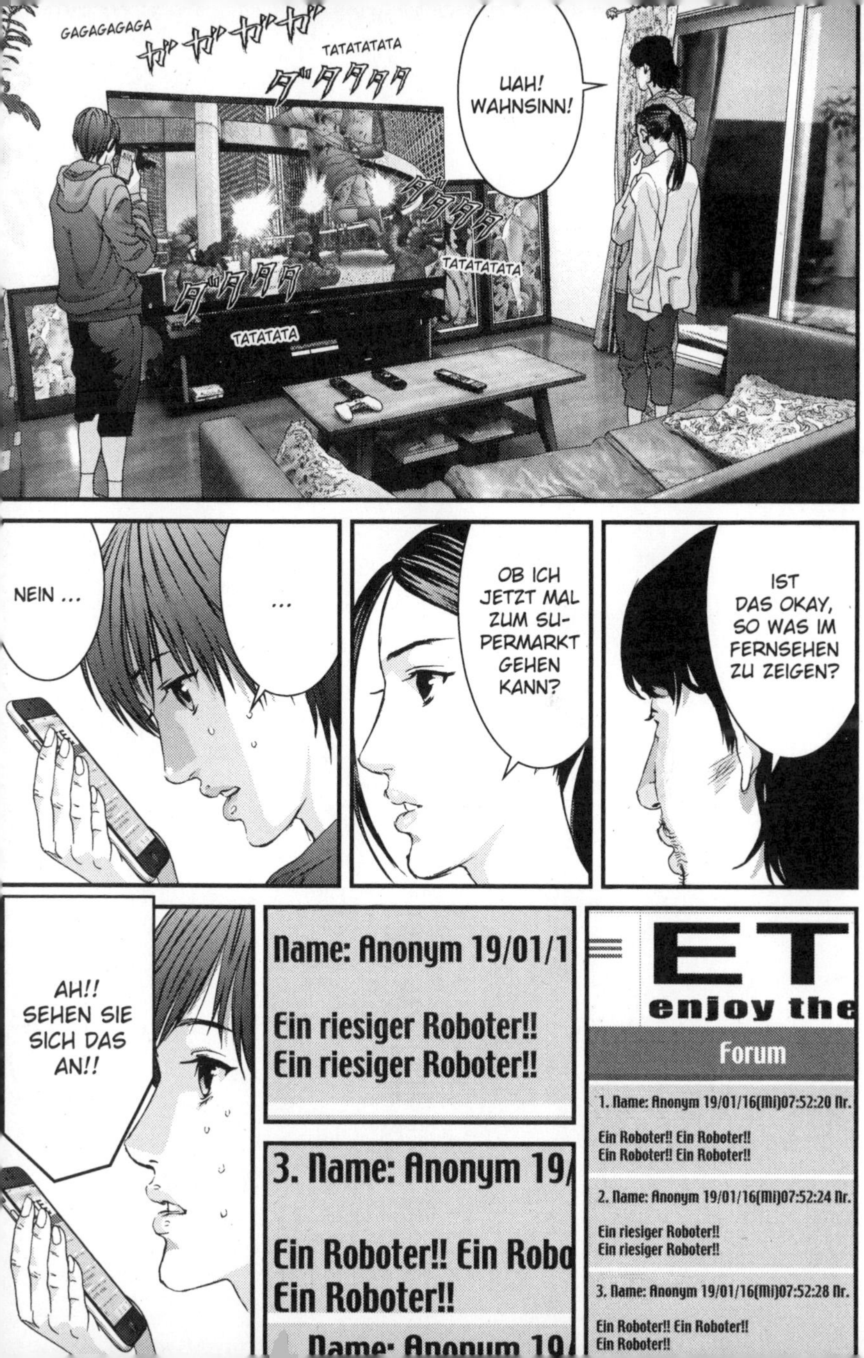

UAH! WAHNSINN!
TATATATATA
GAGAGAGAGA
TATATATATA
TATATATA

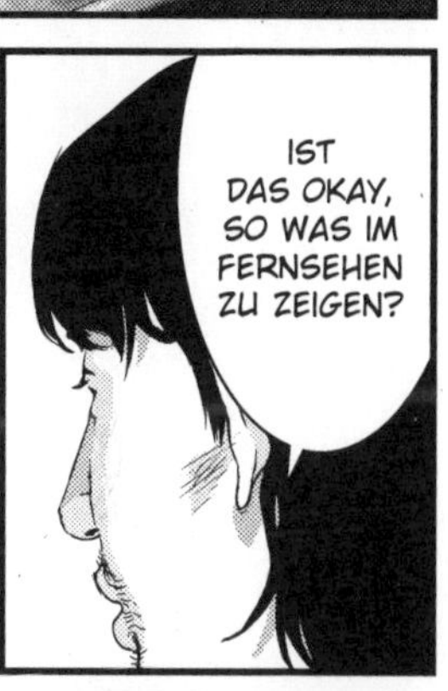

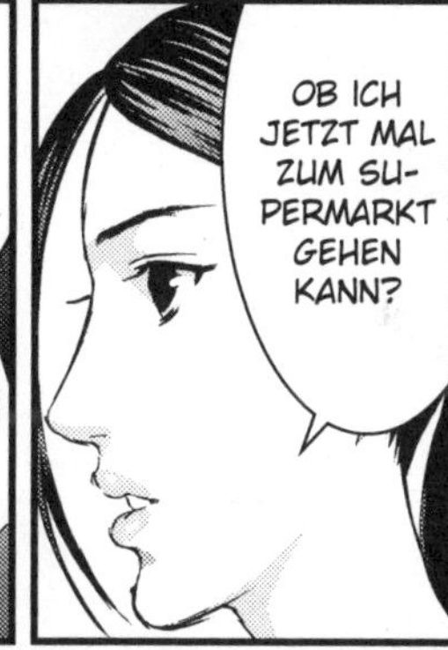

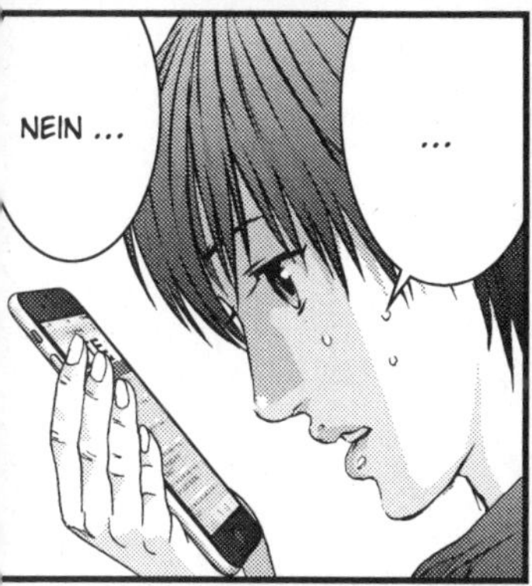

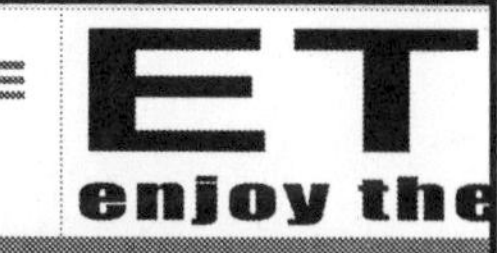

1. Name: Anonym 19/01/16(Mi)07:52:20 Nr.

Ein Roboter!! Ein Roboter!!
Ein Roboter!! Ein Roboter!!

2. Name: Anonym 19/01/16(Mi)07:52:24 Nr.

Ein riesiger Roboter!!
Ein riesiger Roboter!!

3. Name: Anonym 19/01/16(Mi)07:52:28 Nr.

Ein Roboter!! Ein Roboter!!
Ein Roboter!!

Name: Anonym 19/01/1

Ein riesiger Roboter!!
Ein riesiger Roboter!!

3. Name: Anonym 19/

Ein Roboter!! Ein Robo
Ein Roboter!!

Name: Anonym 19/

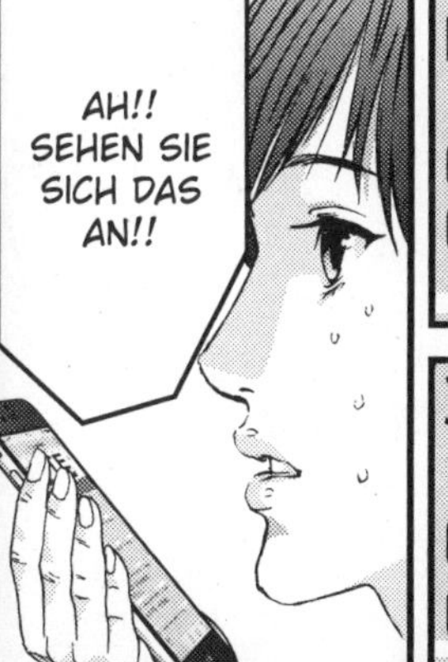

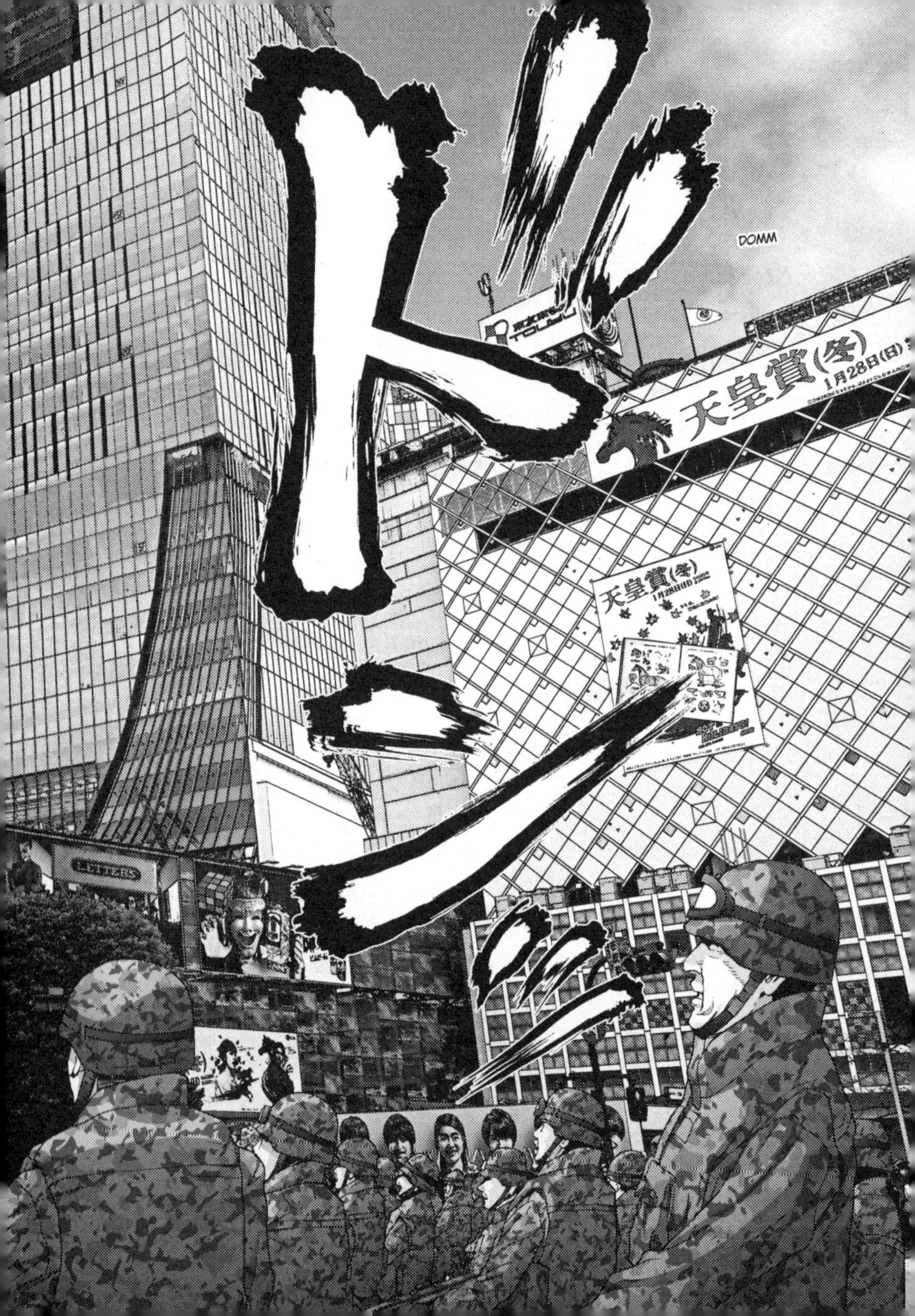
ドン
DOMM
天皇賞(冬)
1月28日(日)
天皇賞(冬)
1月28日(日)

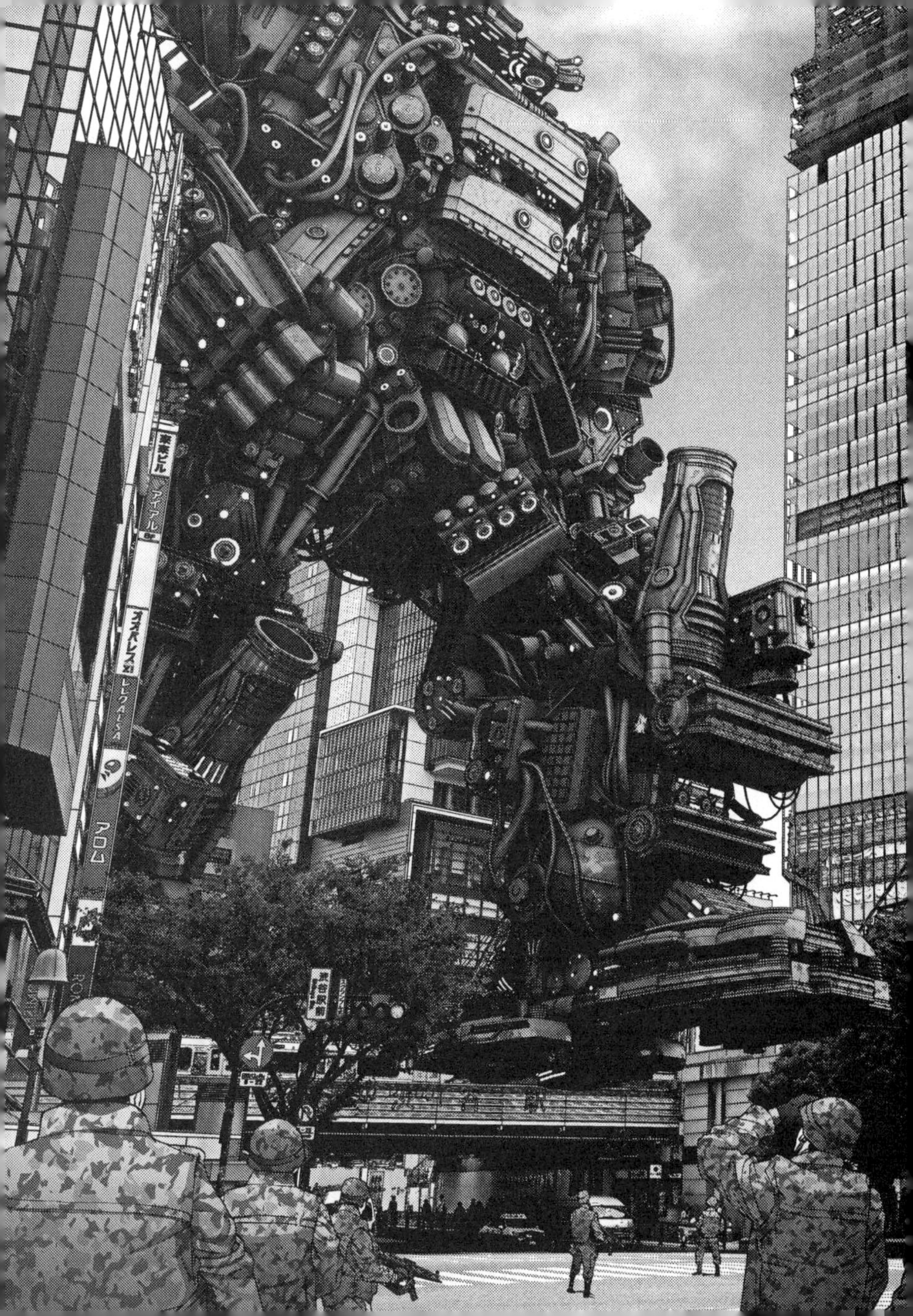
アイアル
8F
アロム

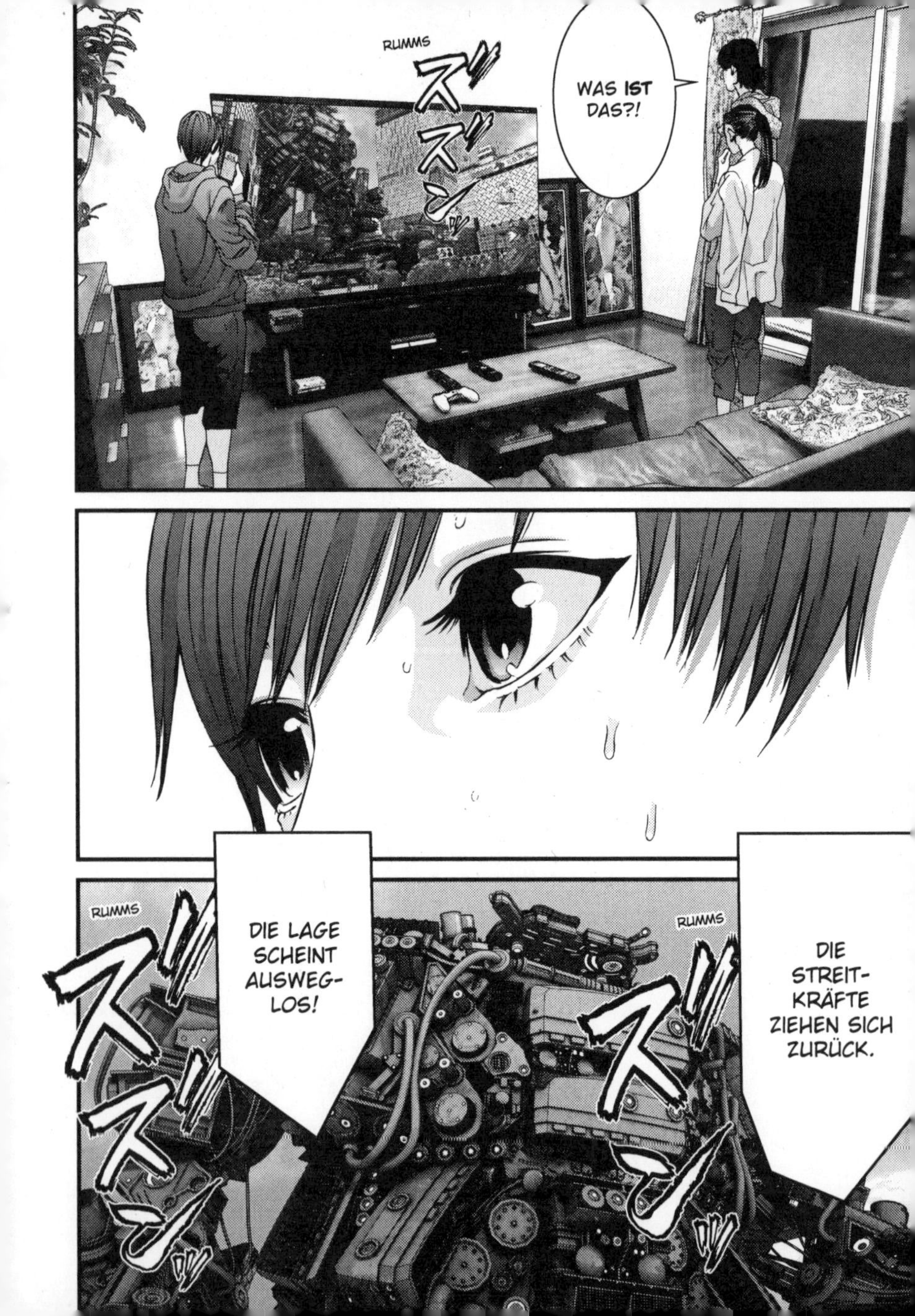

RUMMS

WAS IST DAS?!

RUMMS

DIE STREIT-KRÄFTE ZIEHEN SICH ZURÜCK.

RUMMS

DIE LAGE SCHEINT AUSWEG-LOS!

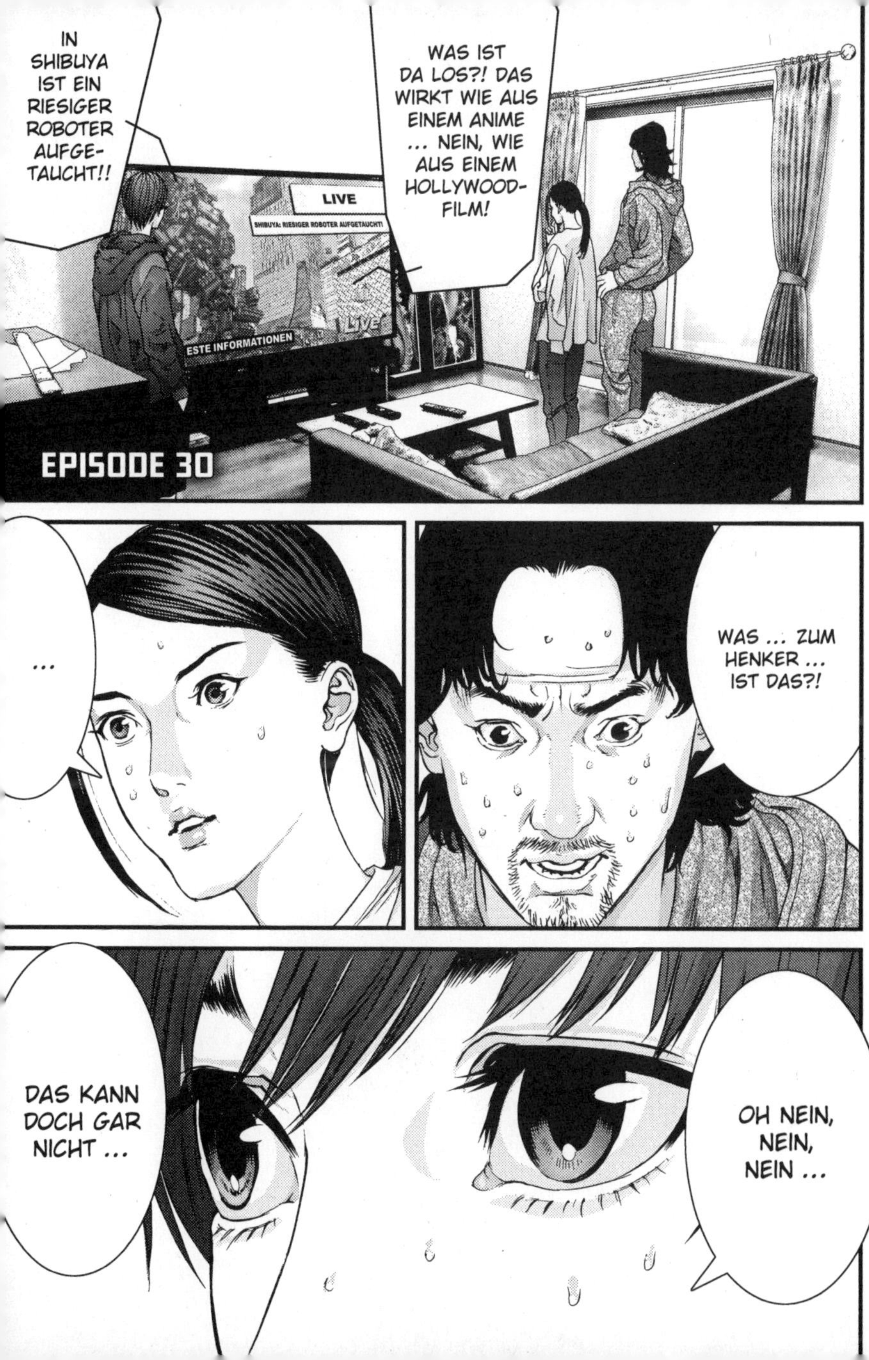

WAS IST DA LOS?! DAS WIRKT WIE AUS EINEM ANIME ... NEIN, WIE AUS EINEM HOLLYWOOD-FILM!

IN SHIBUYA IST EIN RIESIGER ROBOTER AUFGE-TAUCHT!!

LIVE

SHIBUYA: RIESIGER ROBOTER AUFGETAUCHT!

LIVE

ESTE INFORMATIONEN

EPISODE 30

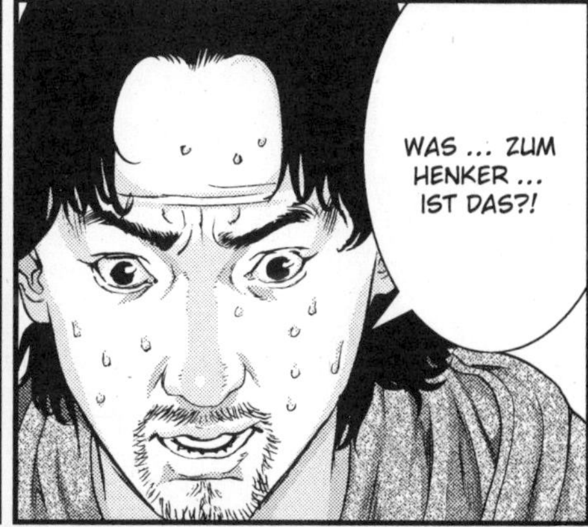

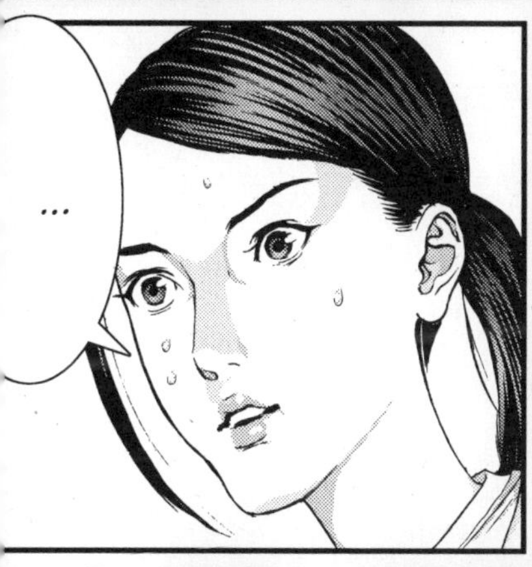

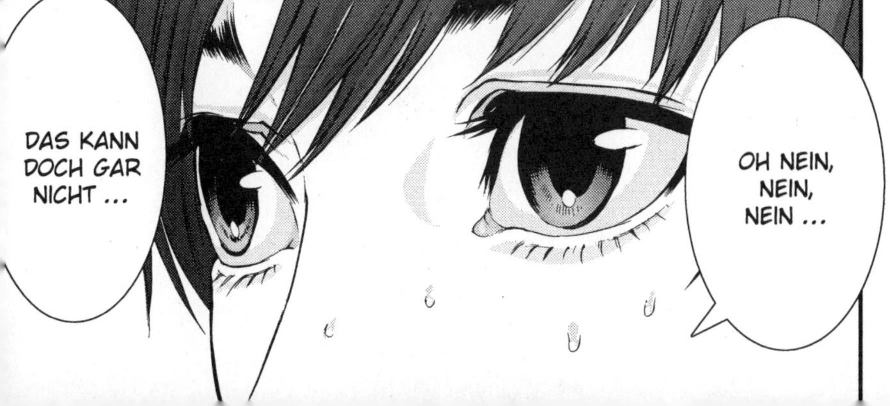

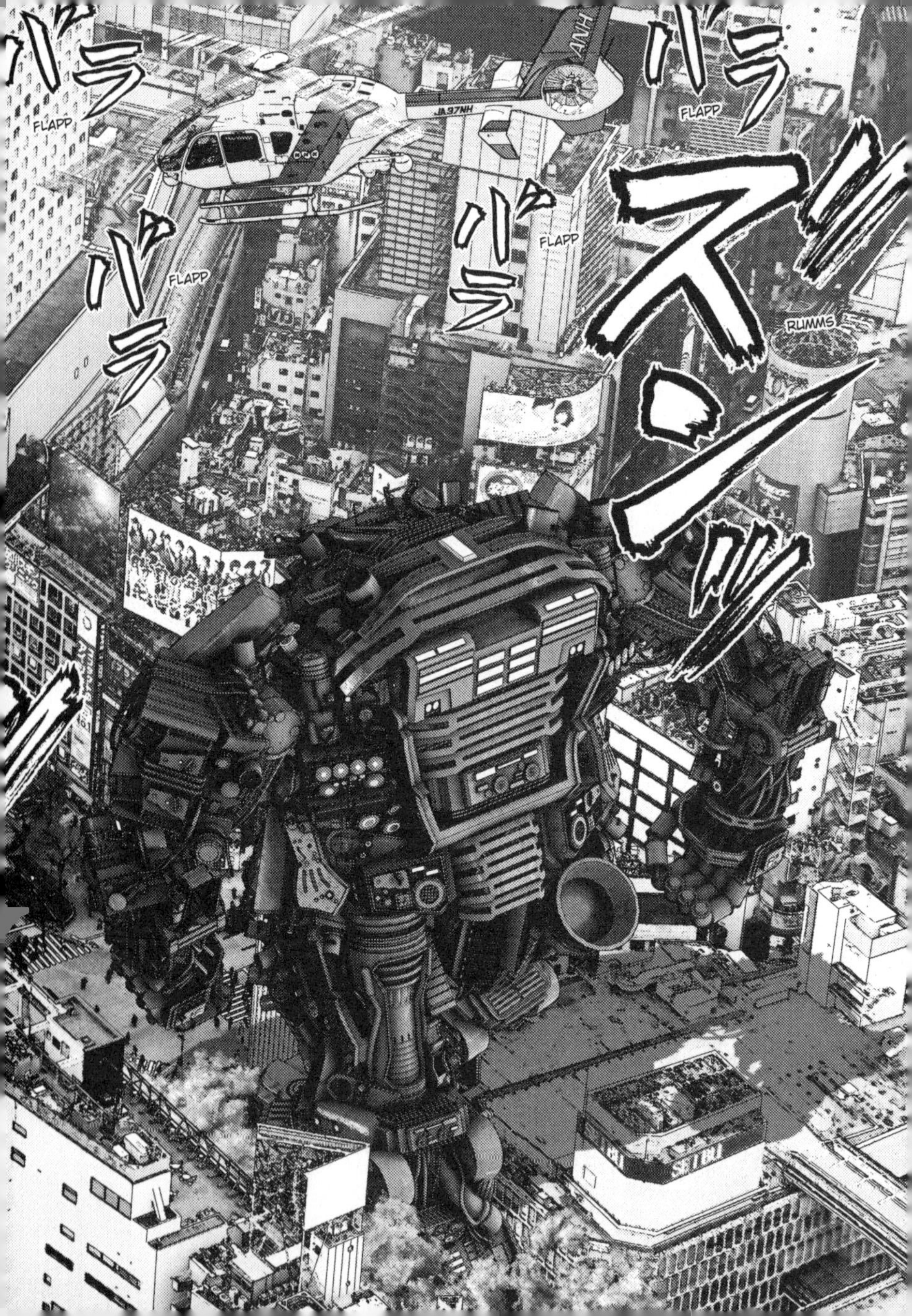

バラ
FLAPP
RUMMS
バラ
FLAPP
バラ
FLAPP
バラ
FLAPP
バラ
FLAPP
JA97NH
SEIBU

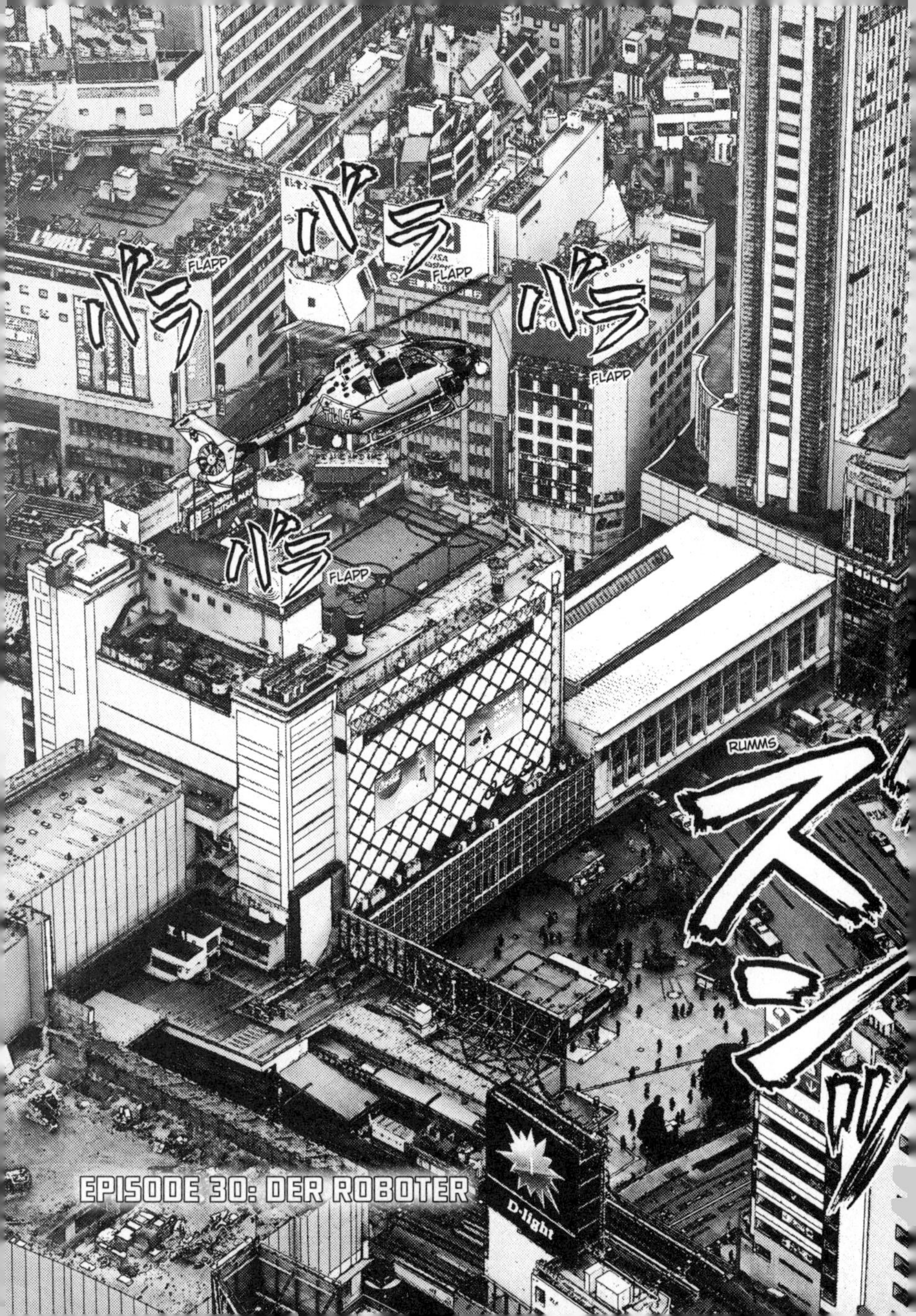

バラ
FLAPP
バラ
FLAPP
バラ
FLAPP
バラ
FLAPP
RUMMS
EPISODE 30: DER ROBOTER
D-light

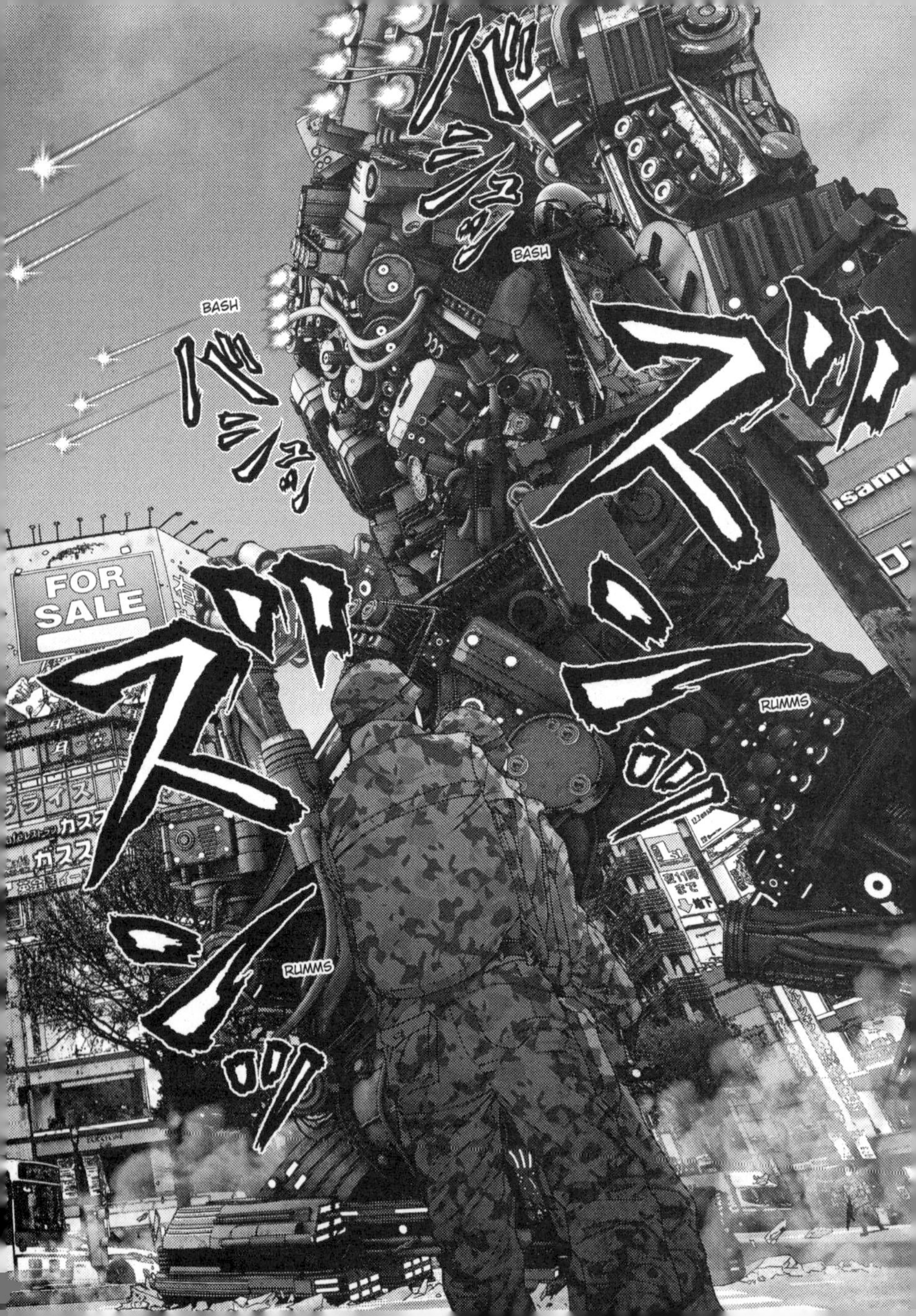
BASH
BASH
RUMMS
RUMMS
FOR SALE

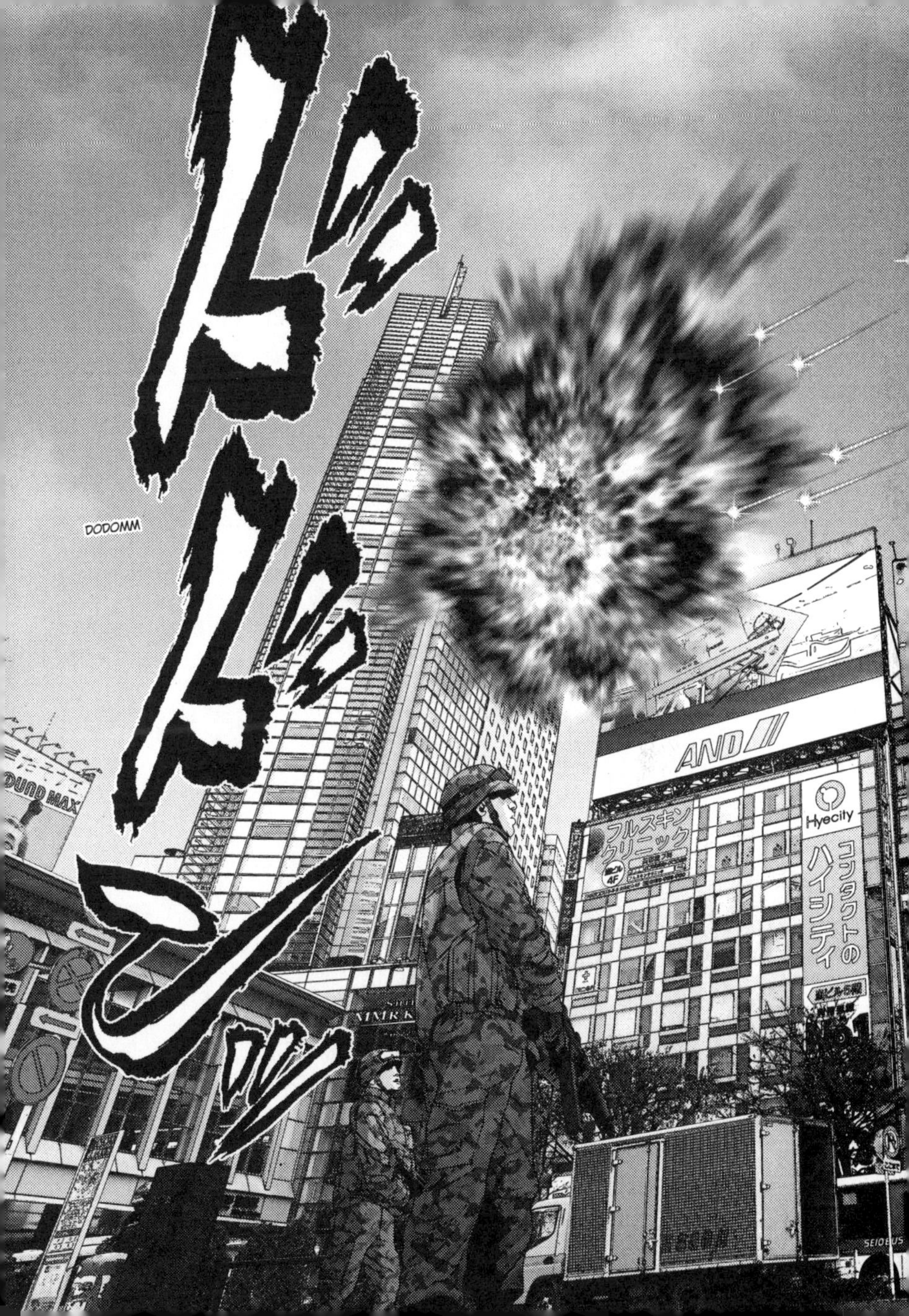
DODOMM
AND
Hyecity
フルスキン
クリニック
コンタクトの
ハイシティ

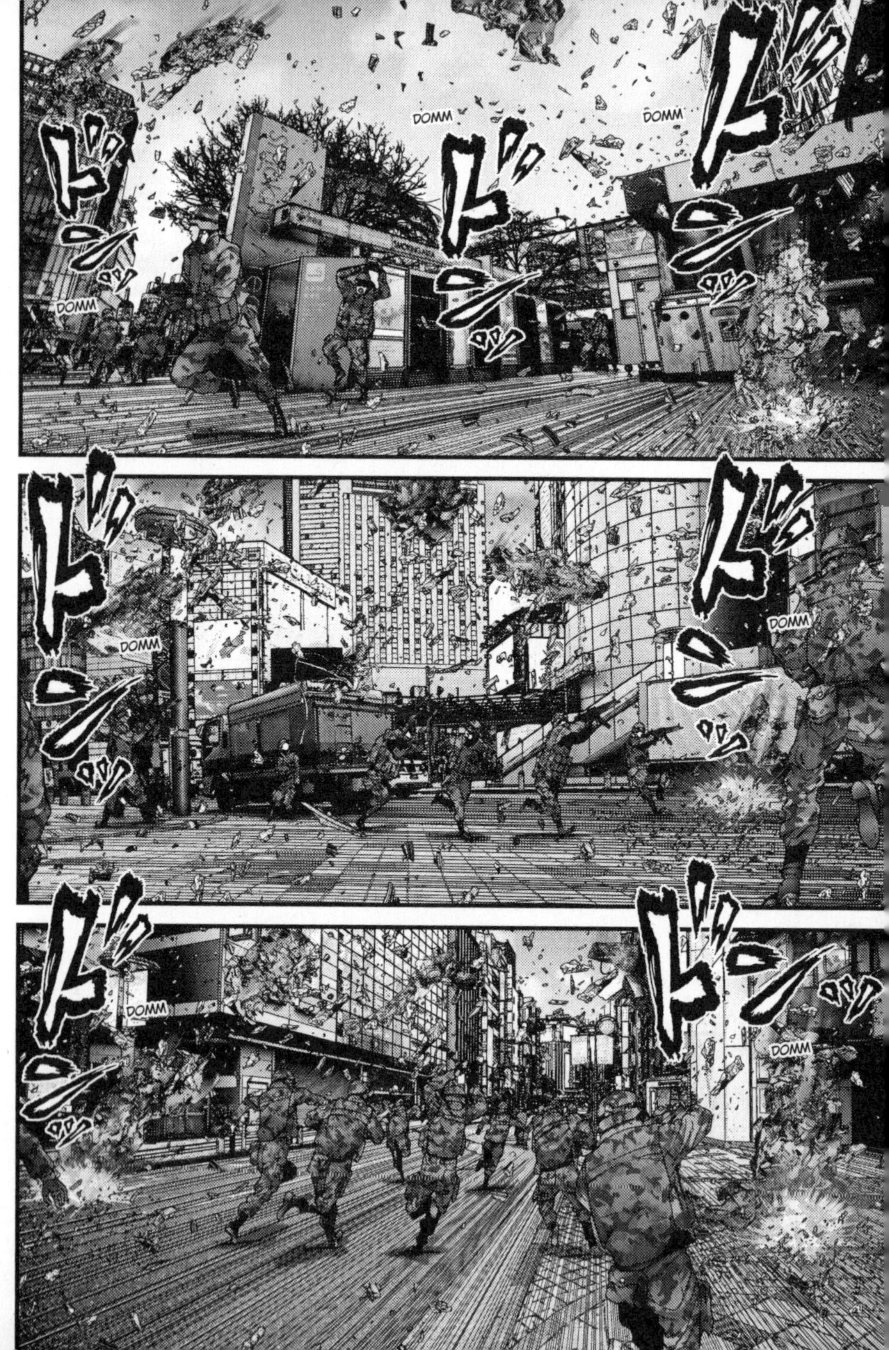
DOMM
DOMM
DOMM
DOMM
DOMM
DOMM
DOMM

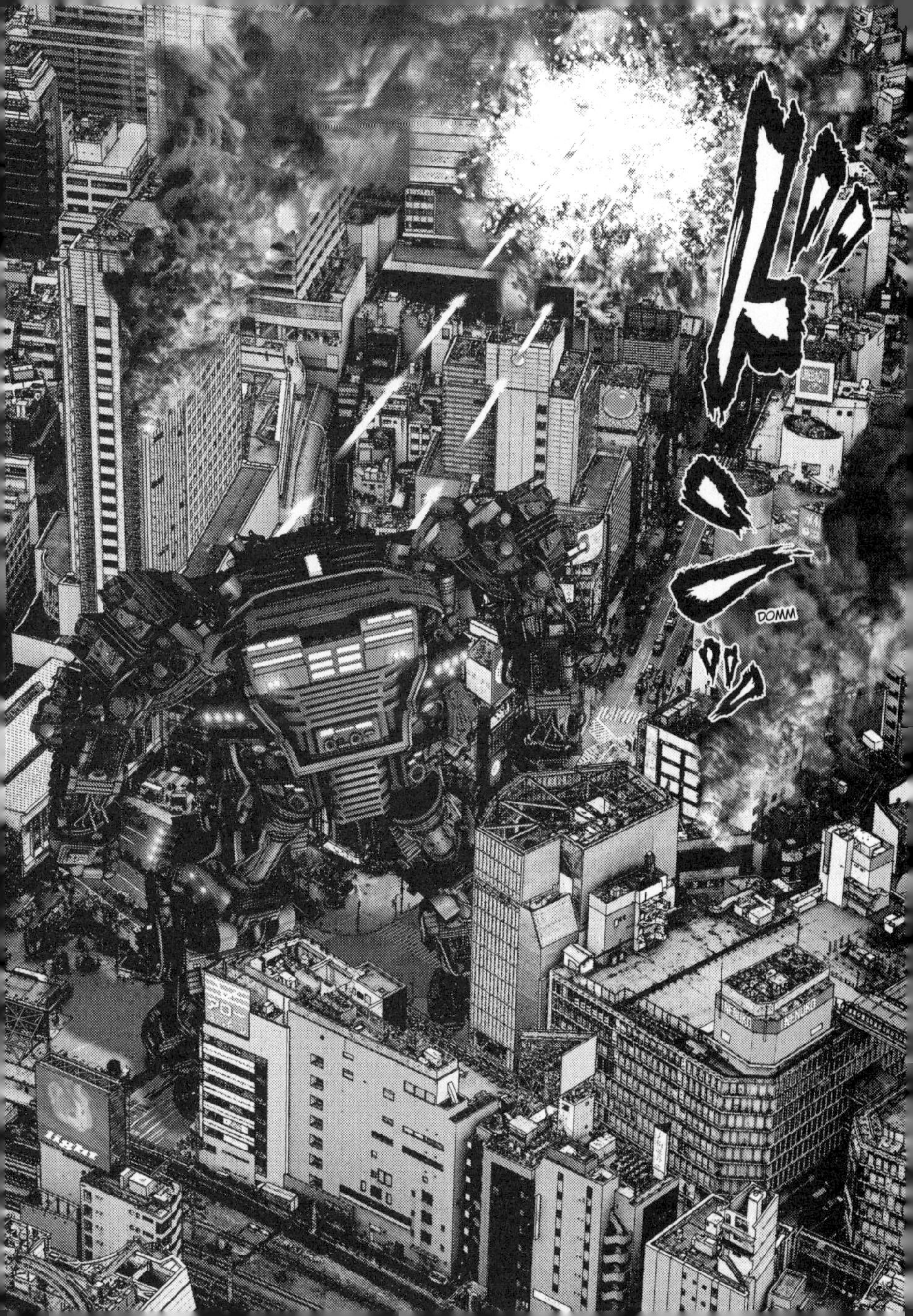
DOMM
light

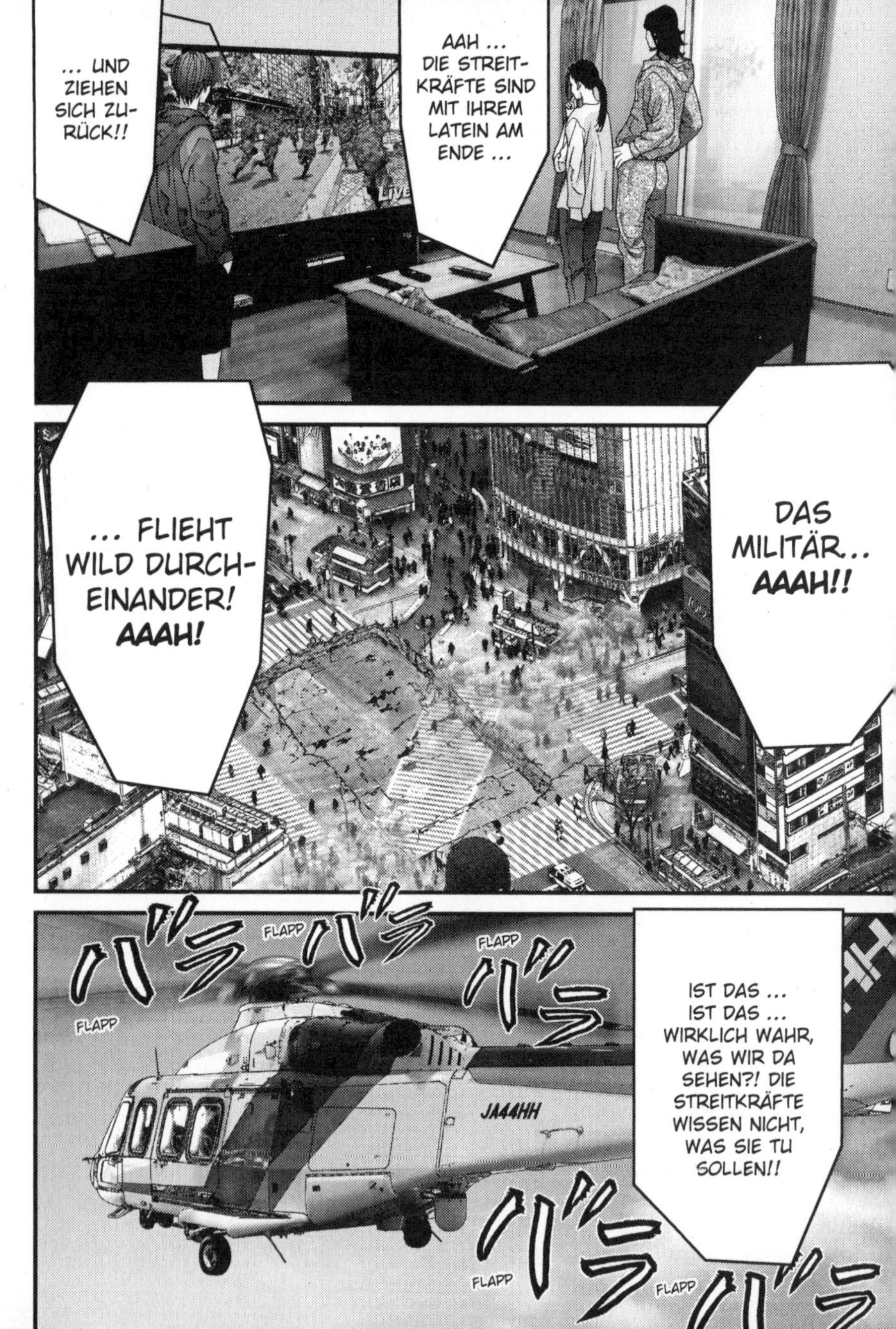
AAH ... DIE STREIT-KRÄFTE SIND MIT IHREM LATEIN AM ENDE ...
... UND ZIEHEN SICH ZU-RÜCK!!
Live
DAS MILITÄR... AAAH!!
... FLIEHT WILD DURCH-EINANDER! AAAH!
IST DAS ... IST DAS ... WIRKLICH WAHR, WAS WIR DA SEHEN?! DIE STREITKRÄFTE WISSEN NICHT, WAS SIE TU SOLLEN!!
バラ FLAPP
バラ FLAPP
バラ FLAPP
JA44HH
バラ FLAPP
バラ FLAPP

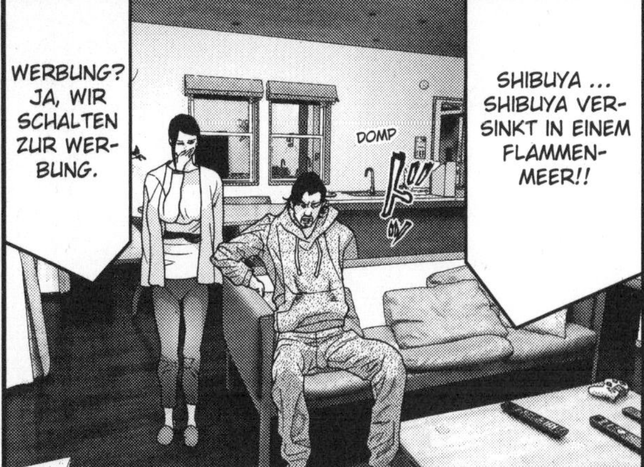
SHIBUYA ... SHIBUYA VERSINKT IN EINEM FLAMMENMEER!!
DOMP
WERBUNG? JA, WIR SCHALTEN ZUR WERBUNG.

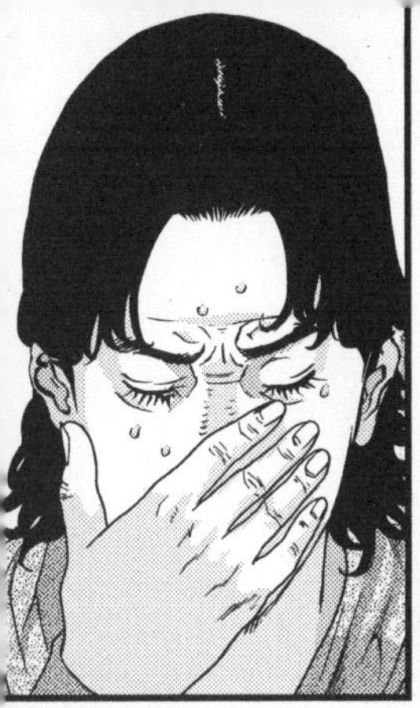

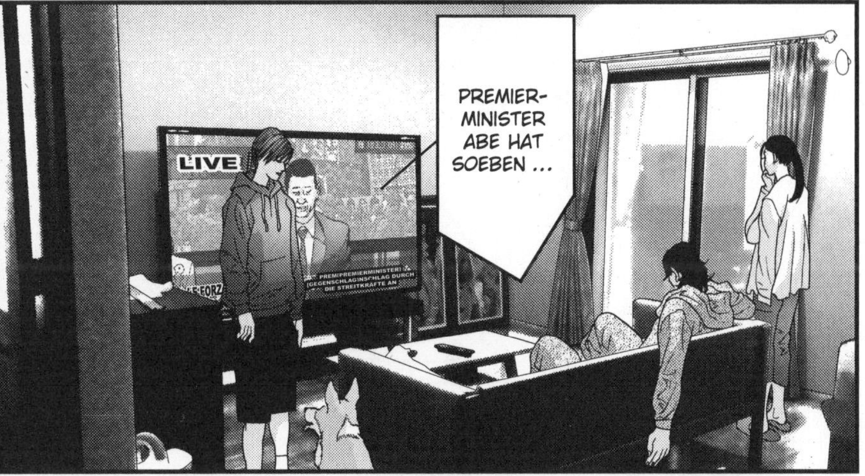
PREMIERMINISTER ABE HAT SOEBEN ...
LIVE
PREMIPREMIERMINISTER!
GEGENSCHLAGINSCHLAG DURCH
DIE STREITKRÄFTE AN

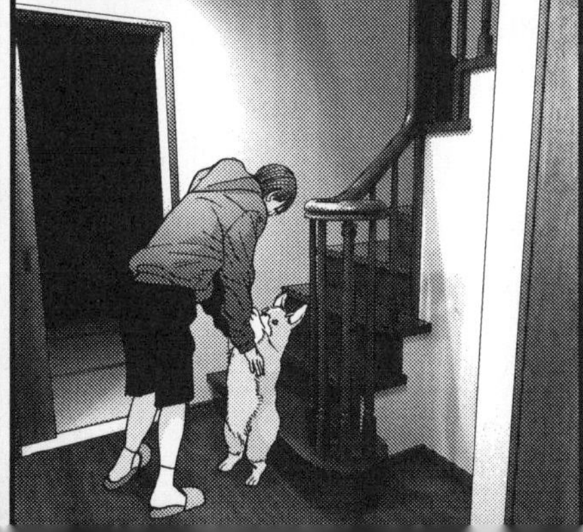

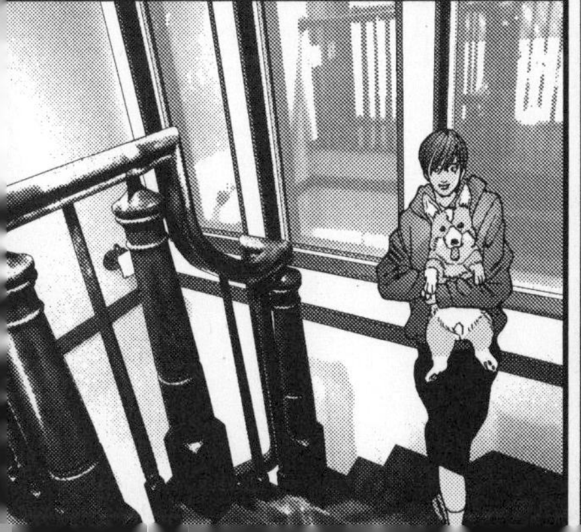

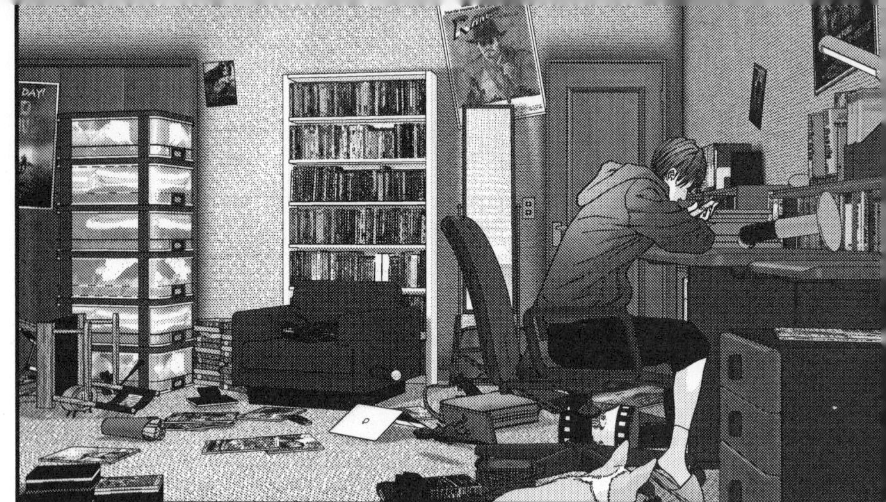

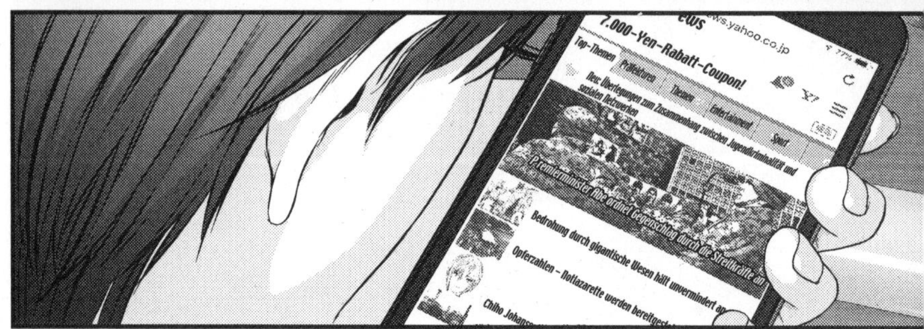

Premierminister Abe: Kausalzusammenhang mit ETE nicht nachweisbar – die gesamten Verteidigungsstreitkräfte werden mobilisiert.

1/16 (Sa) 8.50 gesendet

 7369

The Daily Bugle
DB.com

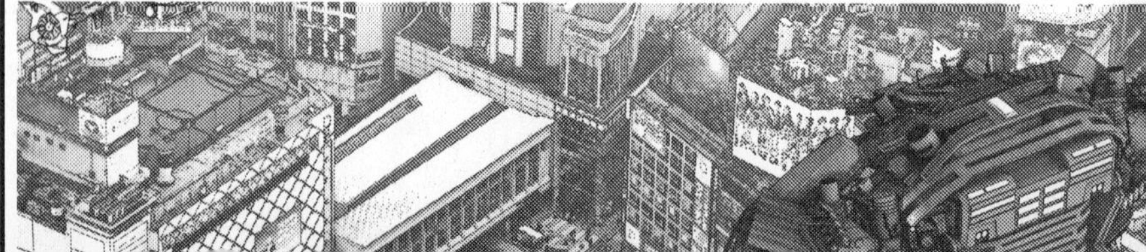

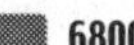 6800

Rodimus**** | Vor 1 Stunde

Hab ich doch gesagt!!
Lasst sofort Papico in die Arena!
Wie viele Leute sollen noch sterben?!

84 Kommentare 55950

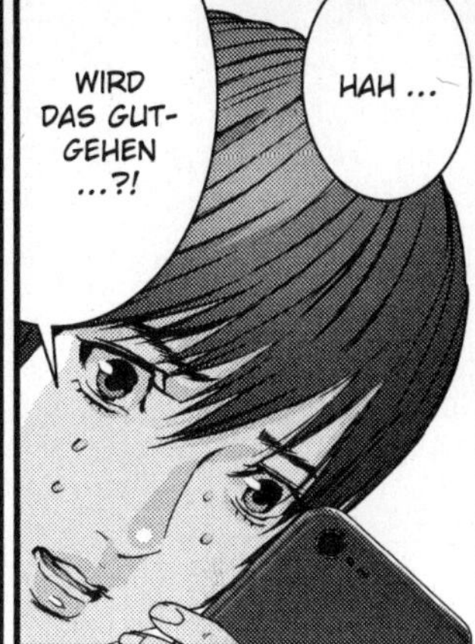

Amatsuki Ame | Vor 1 Stunde

Wenn die Regierung in dieser ausweglosen Lage nicht Papico einsetzt, macht sie sich des Massenmords schuldig. Die sollen sofort vor Papico auf die Knie fallen und sie bitten, dem Spuk ein Ende zu machen!

Bringt Papico zum Einsatz, verdam

Lasst Papico das regeln, sofor

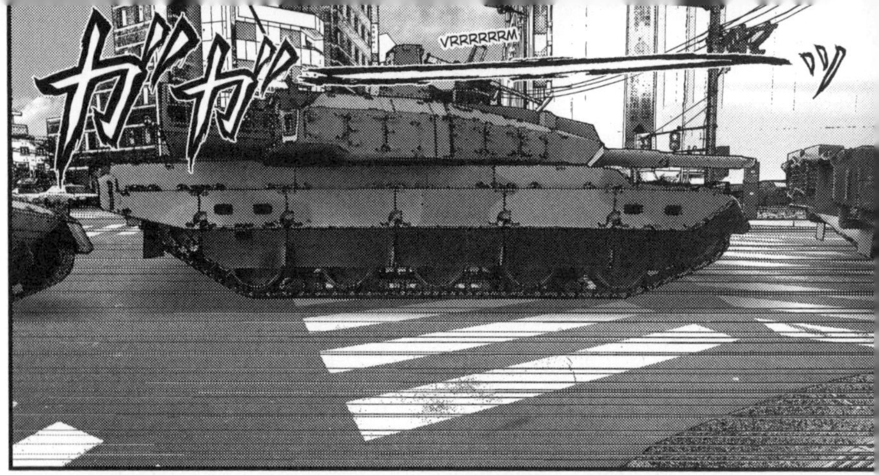
ガガ
VRRRRRRM

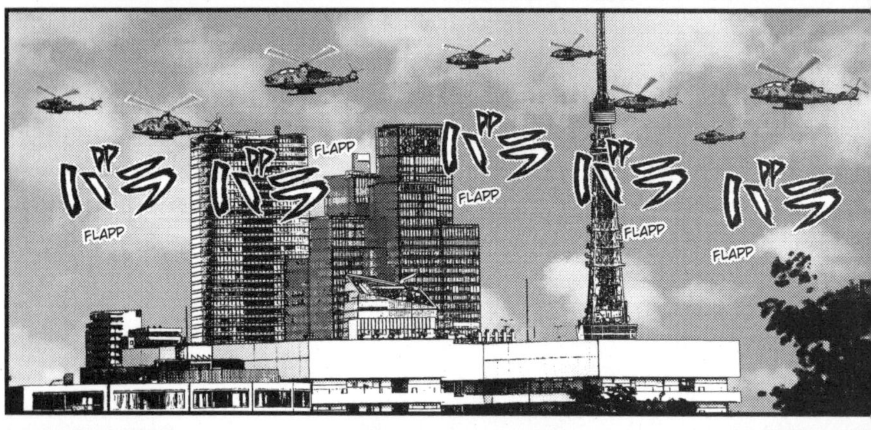
バラ
FLAPP
バラ
FLAPP
バラ
FLAPP
バラ
FLAPP
バラ
FLAPP

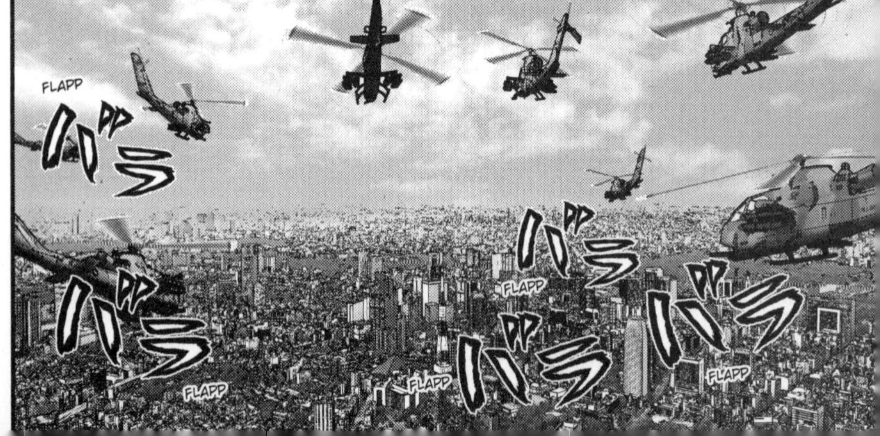
FLAPP
バラ
バラ
FLAPP
バラ
FLAPP
バラ
FLAPP
バラ
FLAPP

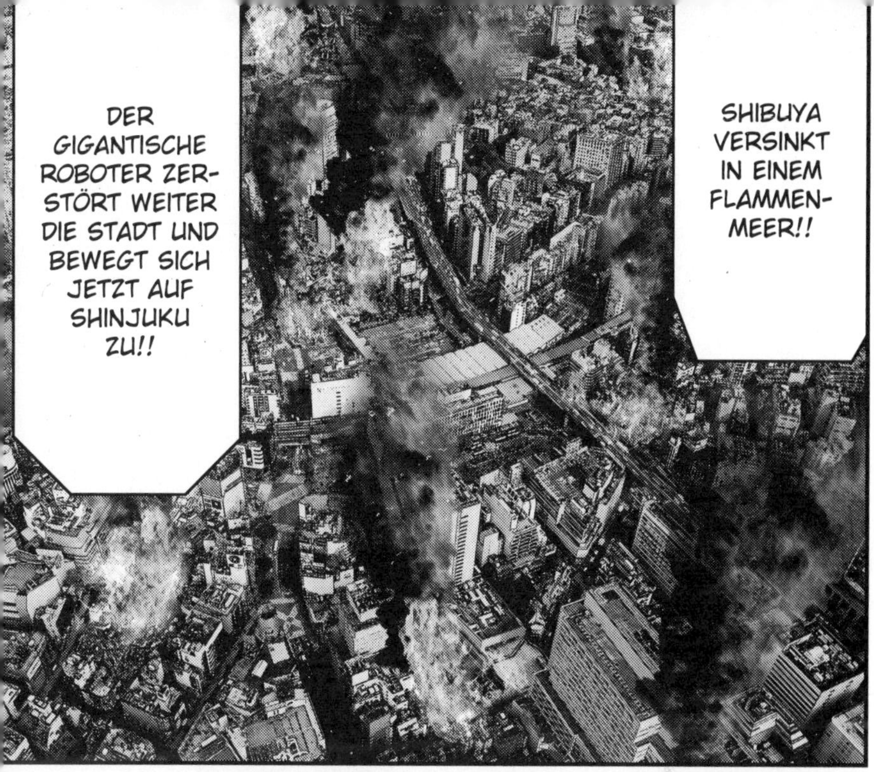

enjoy the end

Forum

1. Name: Anonym 19/01/16(Mi)09:43:21 Nr.734211512

Geschieht euch reeeeecht!
Geschieht dir recht, Tokiooooo!

1. Name: Anonym 19/01/16(Mi)09:43:24 Nr.734211523

Shibuya ist tooooot!

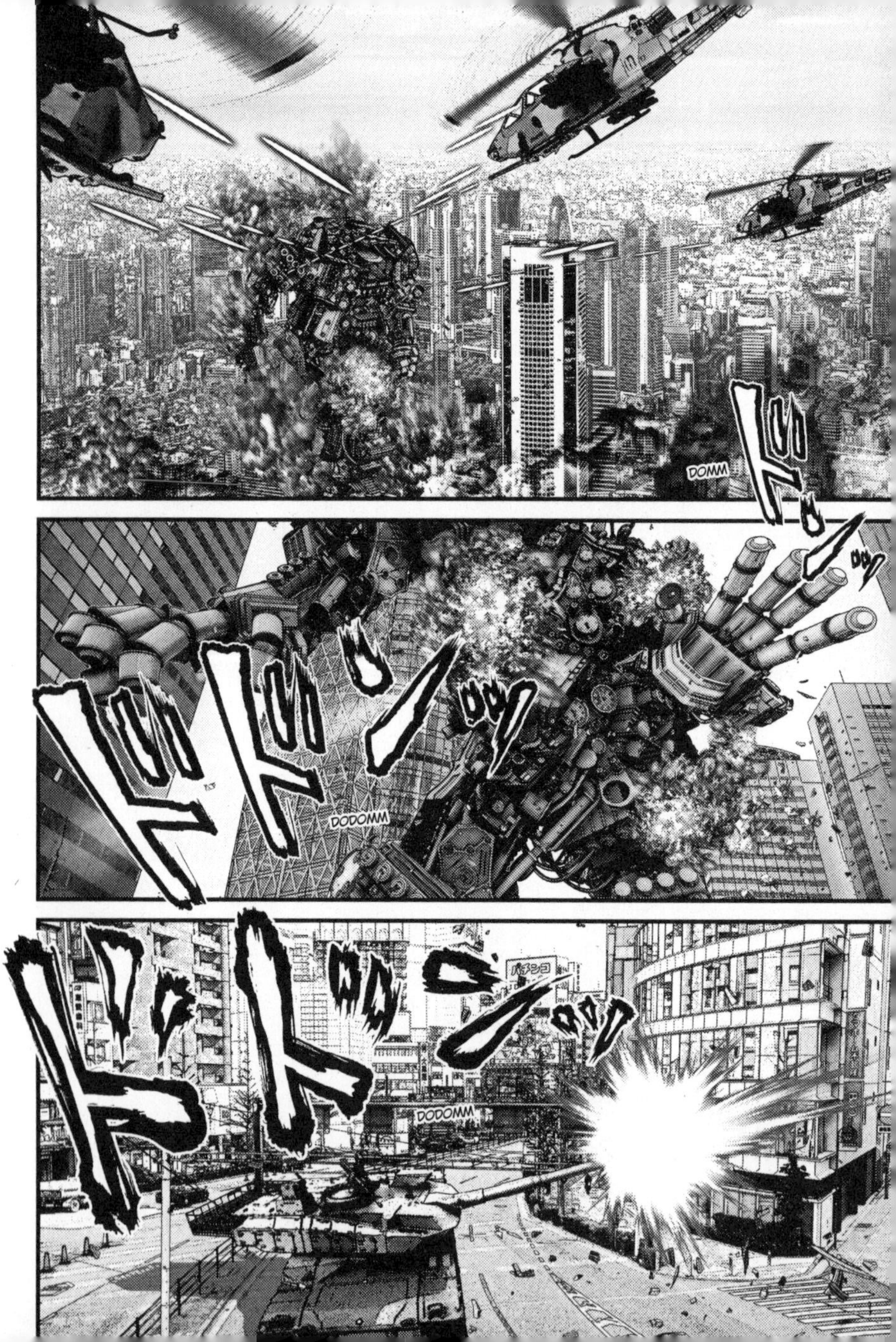

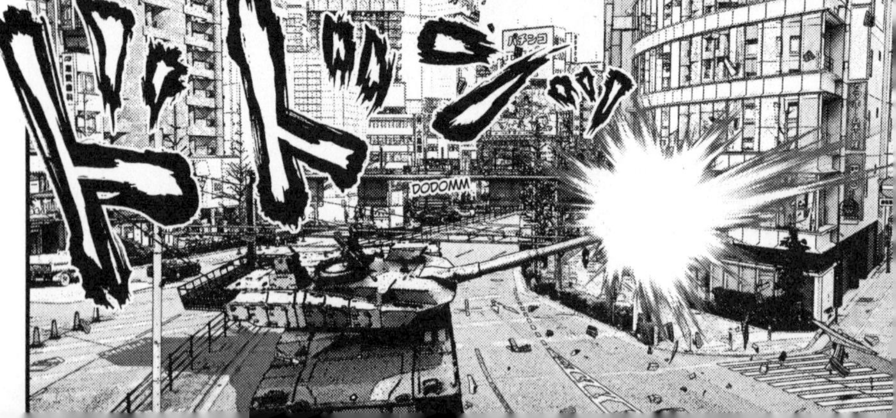
DOMM
DODOMM
DODOMM

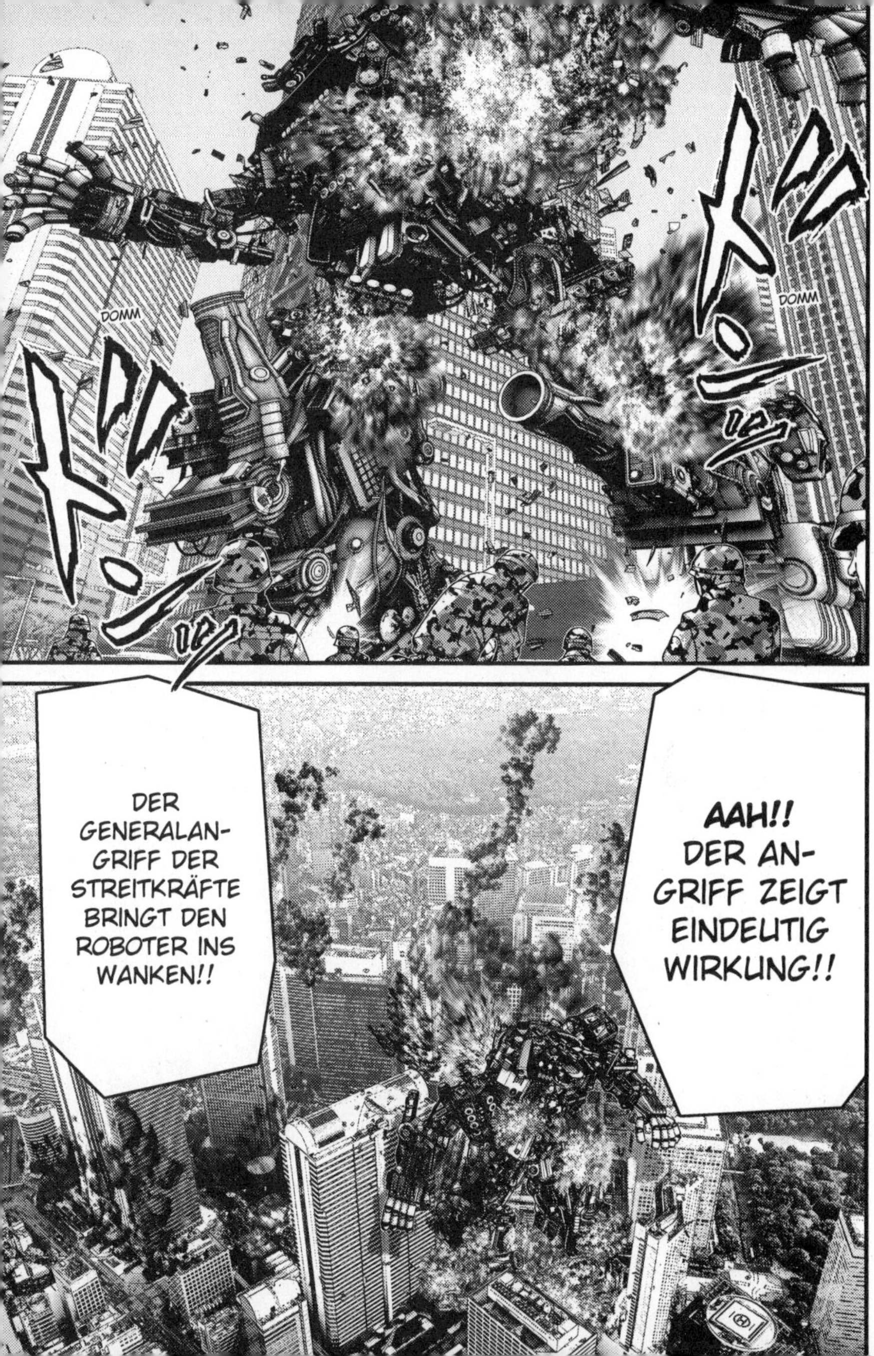

DOMM
DOMM
AAH!! DER ANGRIFF ZEIGT EINDEUTIG WIRKUNG!!
DER GENERALANGRIFF DER STREITKRÄFTE BRINGT DEN ROBOTER INS WANKEN!!

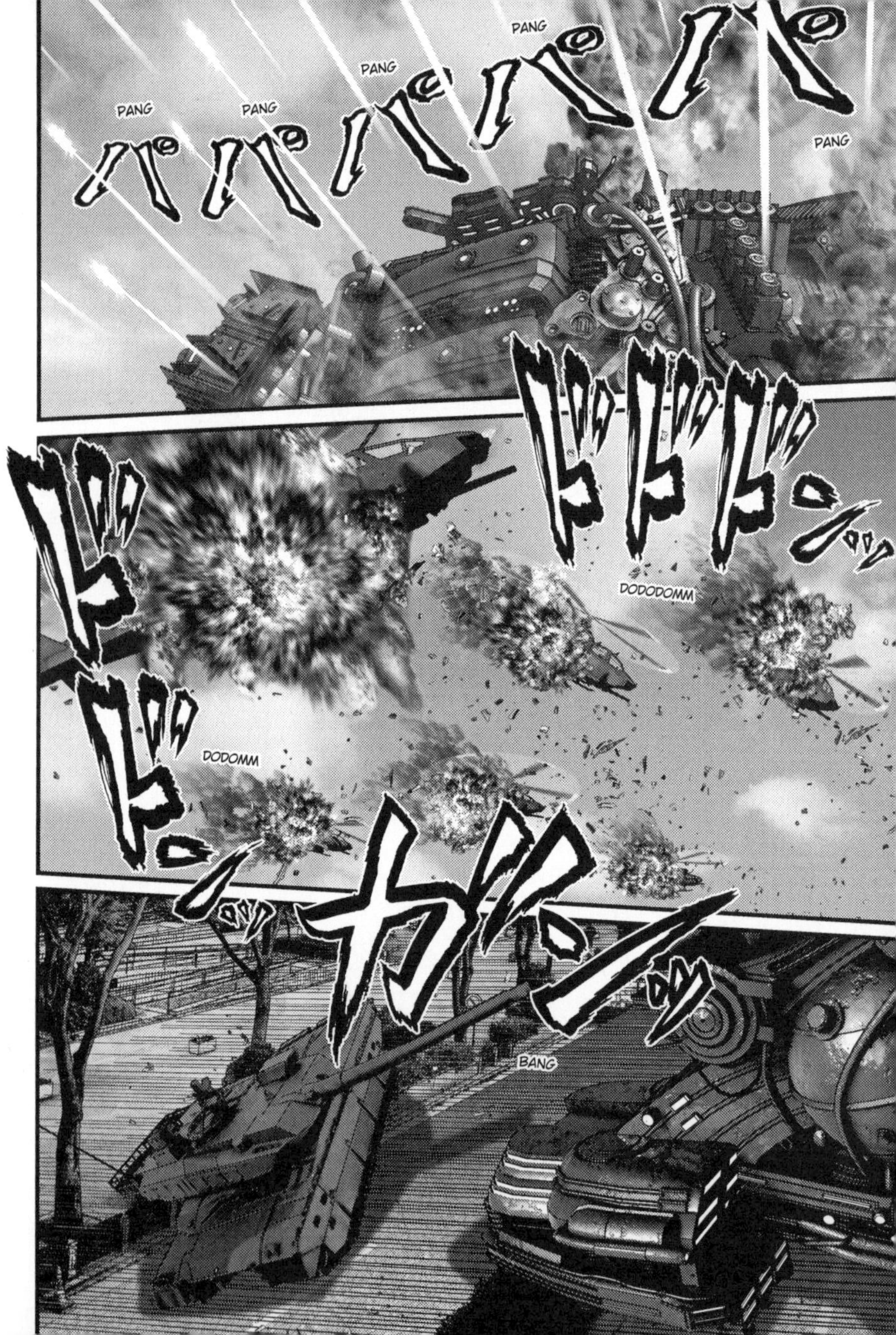

PANG
PANG
PANG
PANG
PANG
PANG
DODODOMM
DODOMM
BANG

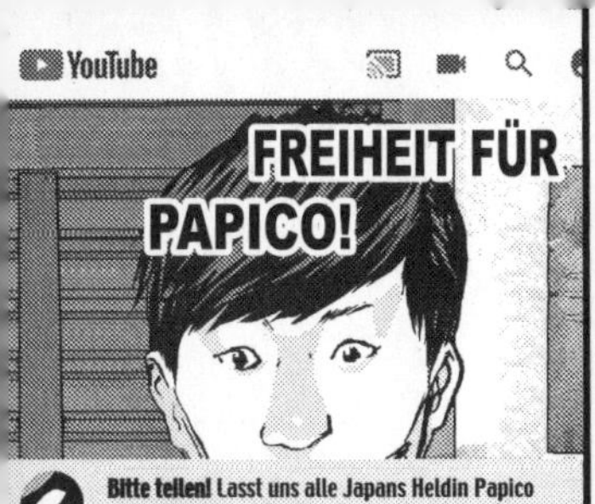
YouTube
FREIHEIT FÜR PAPICO!
Bitte teilen! Lasst uns alle Japans Heldin Papico unterstützen und für ihre Freilassung kämpfen!
Unterstützungsvideo
Jason II.☆ Red Hood 36K subscribers
FREIHEIT FÜR PAPICO!! UNTERSCHREIBT ALLE DIE PETITION!!

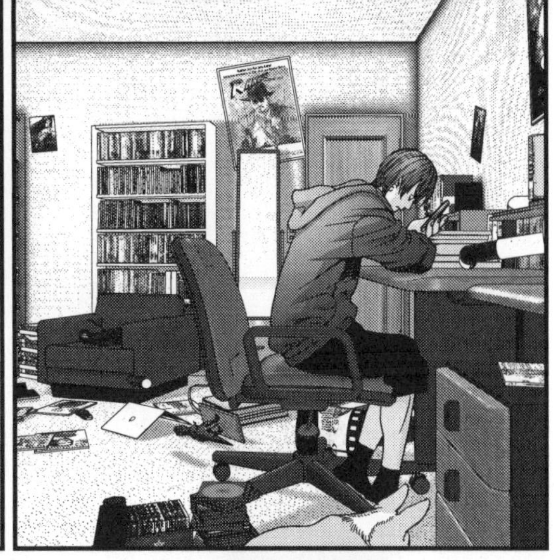

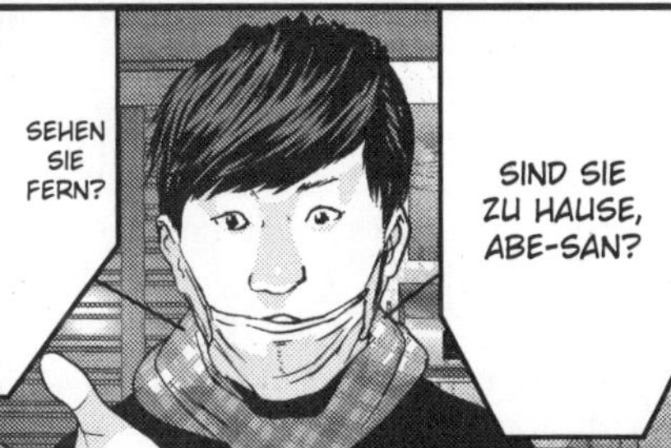
SEHEN SIE FERN?
SIND SIE ZU HAUSE, ABE-SAN?
FAST ALLE JAPANER DENKEN SO, DA BIN ICH SICHER.
HEY, AUSSER PAPICO KANN DOCH DA WIRKLICH NIEMAND MEHR HELFEN!

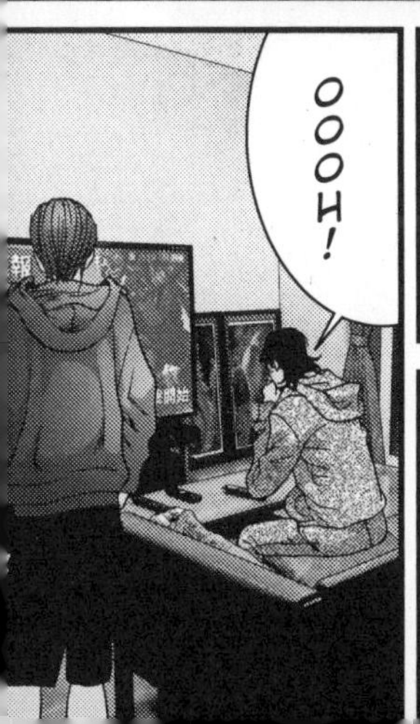
OOOH!

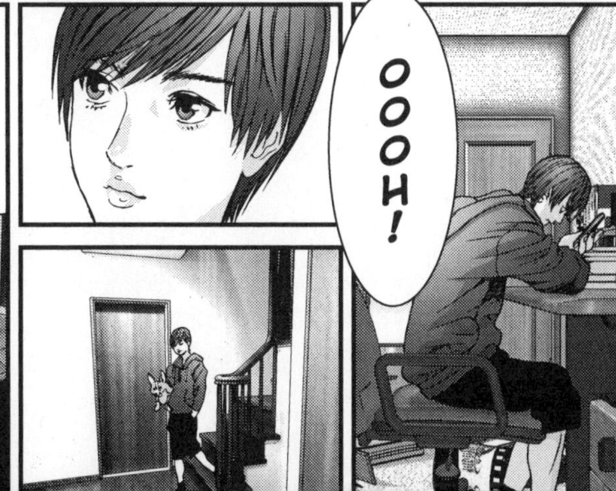
OOOH!

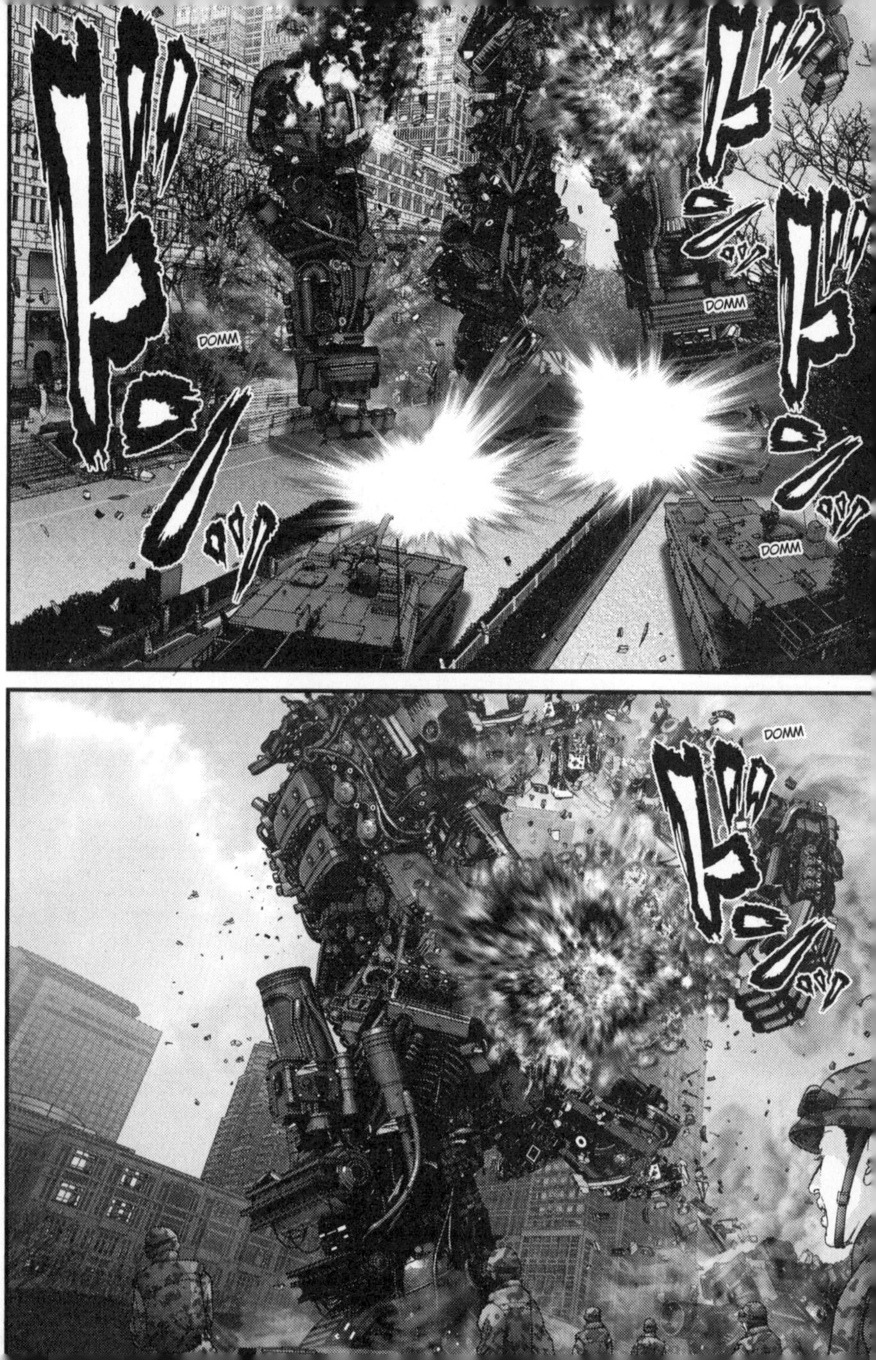

DOMM
DOMM
DOMM
DOMM

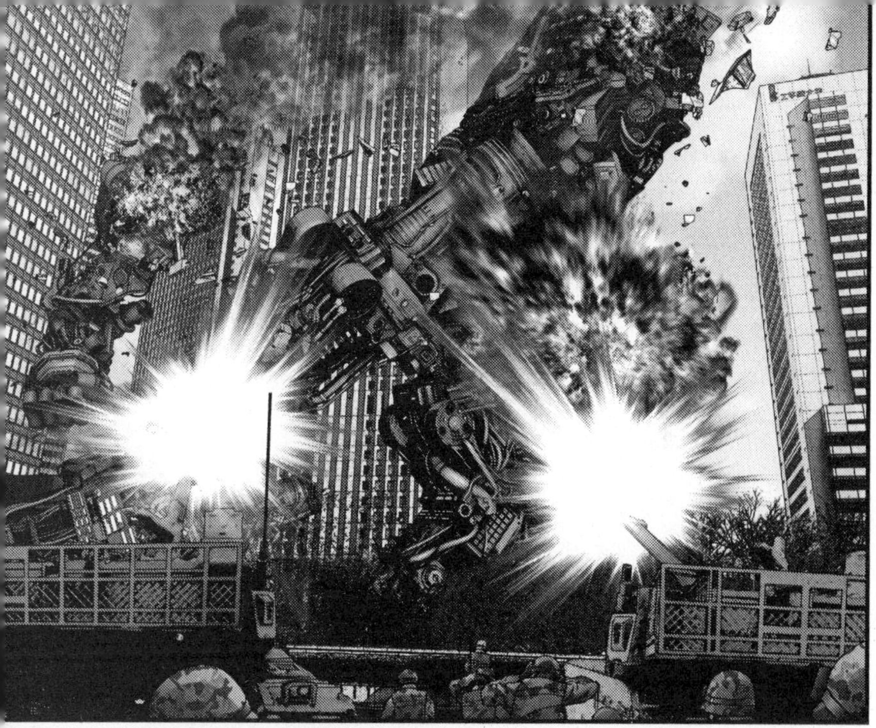

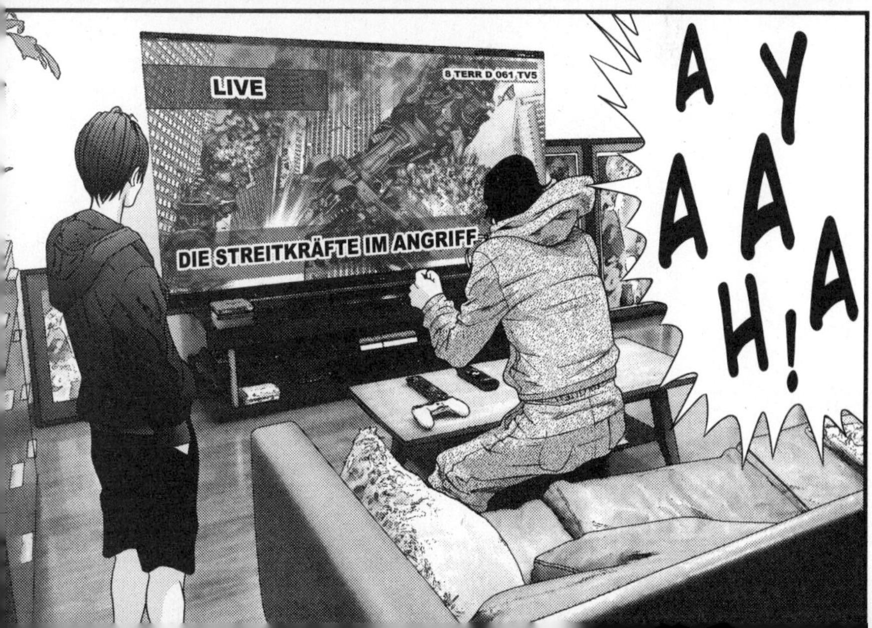

LIVE
8 TERR D 061 TV5
DIE STREITKRÄFTE IM ANGRIFF
AA
YAAH!
A

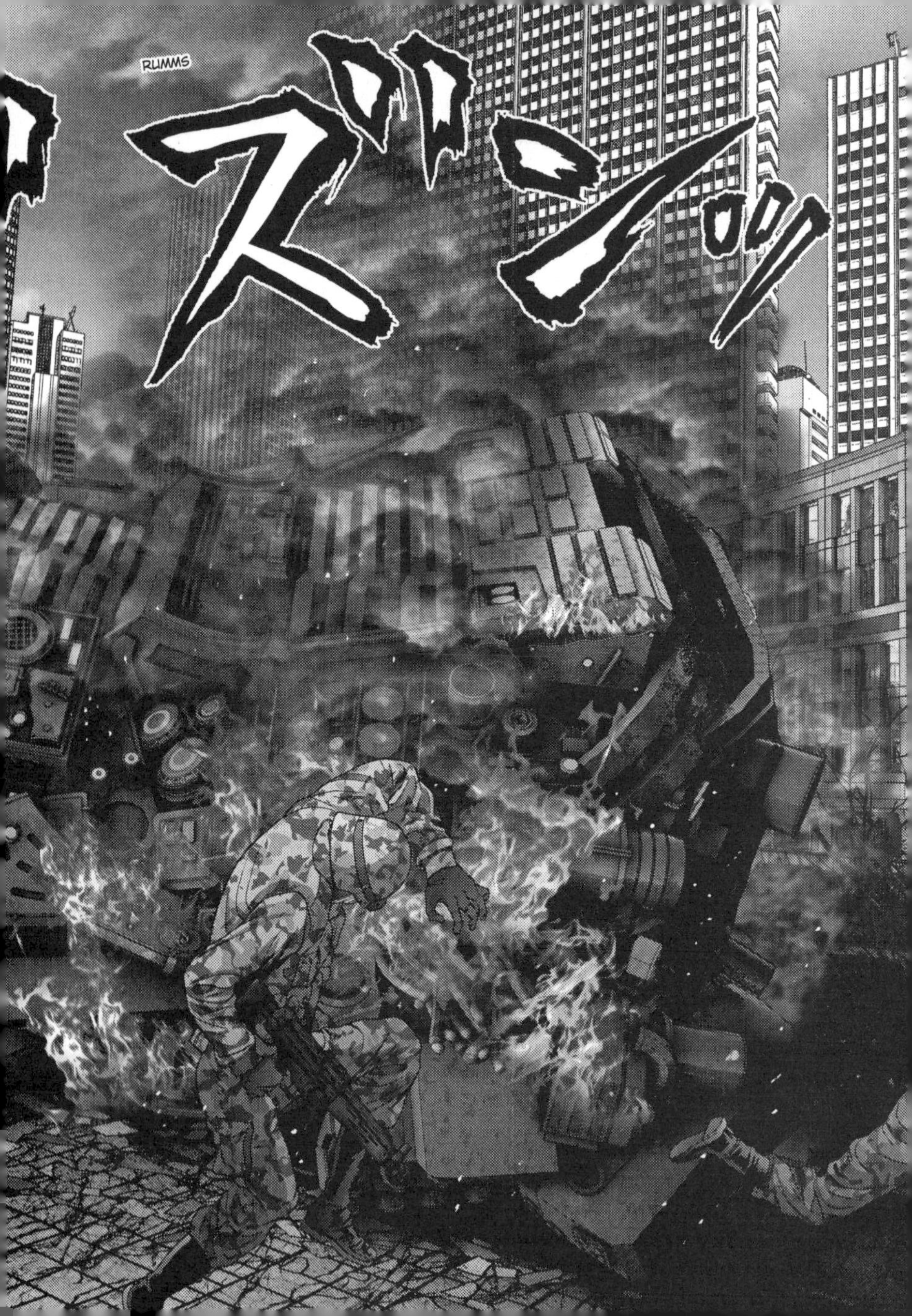
RUMMS

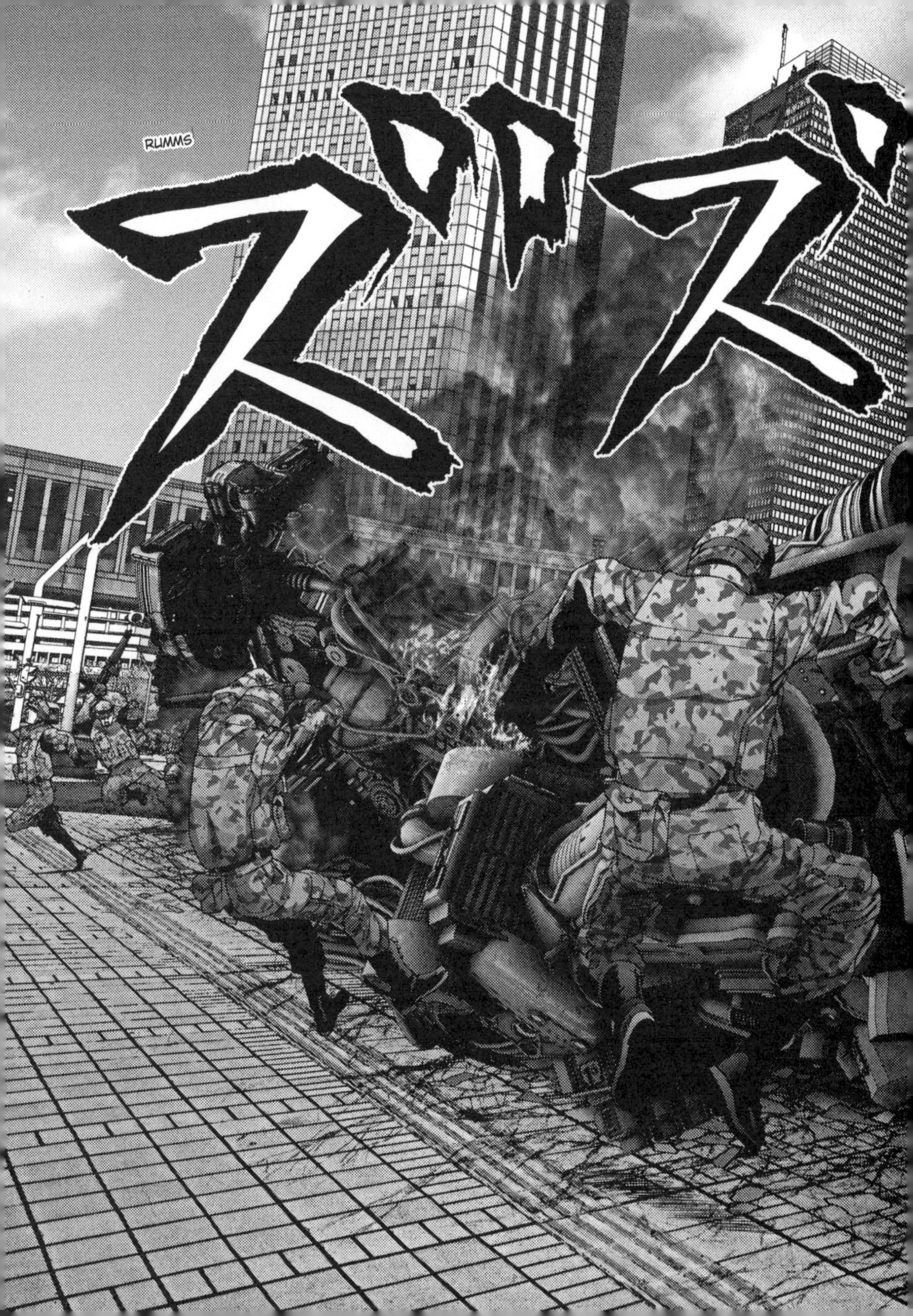

RUMMS
ズドズ

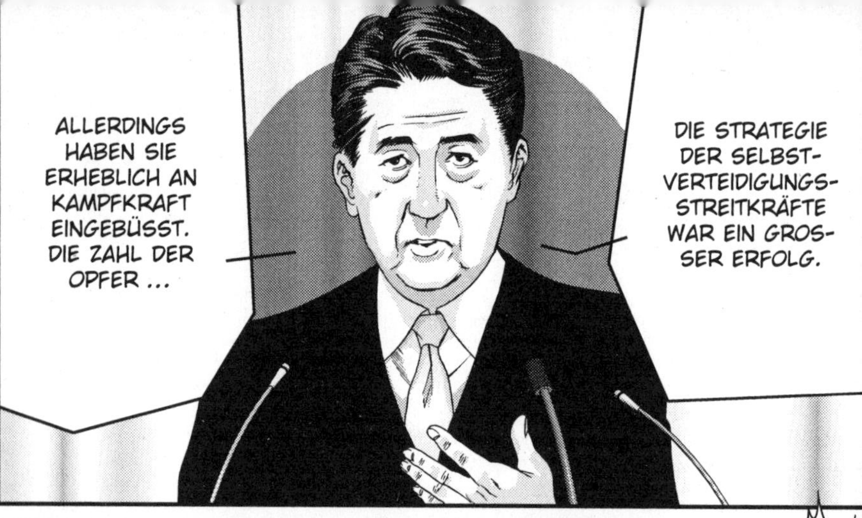
DIE STRATEGIE DER SELBST-VERTEIDIGUNGS-STREITKRÄFTE WAR EIN GROS-SER ERFOLG.
ALLERDINGS HABEN SIE ERHEBLICH AN KAMPFKRAFT EINGEBÜSST. DIE ZAHL DER OPFER …

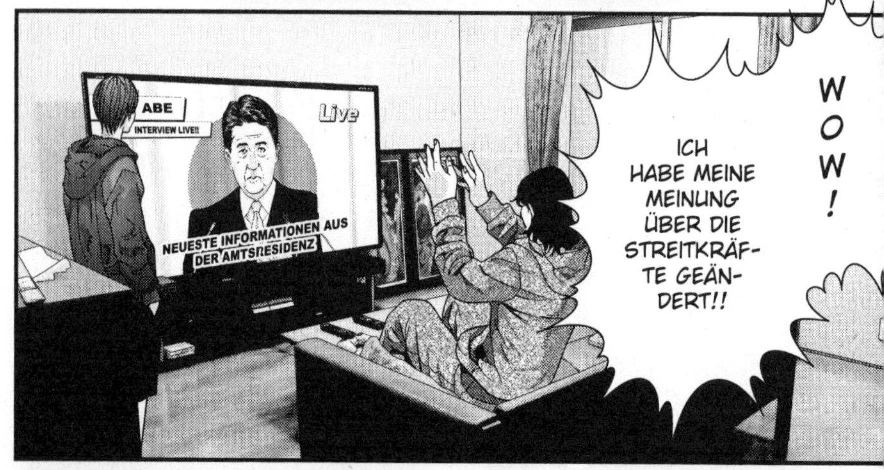
WOW!
ICH HABE MEINE MEINUNG ÜBER DIE STREITKRÄF-TE GEÄN-DERT!!
ABE
INTERVIEW LIVE!!
Live
NEUESTE INFORMATIONEN AUS DER AMTSRESIDENZ

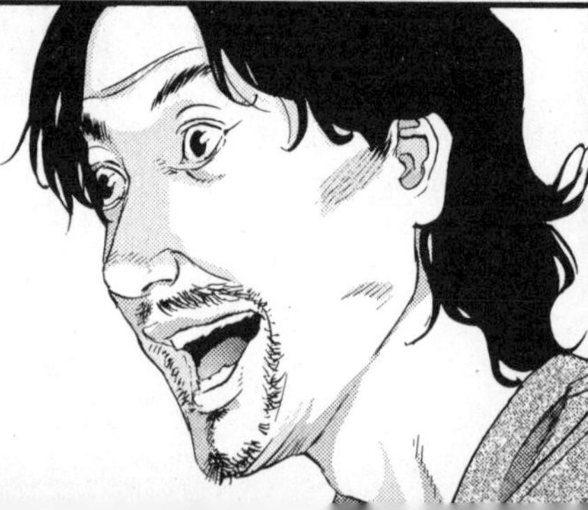

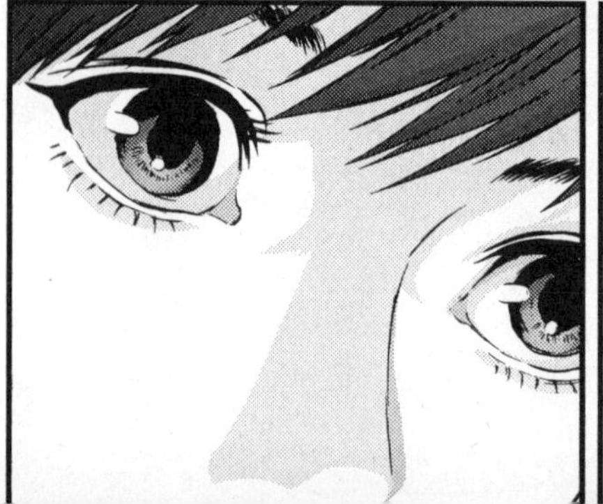

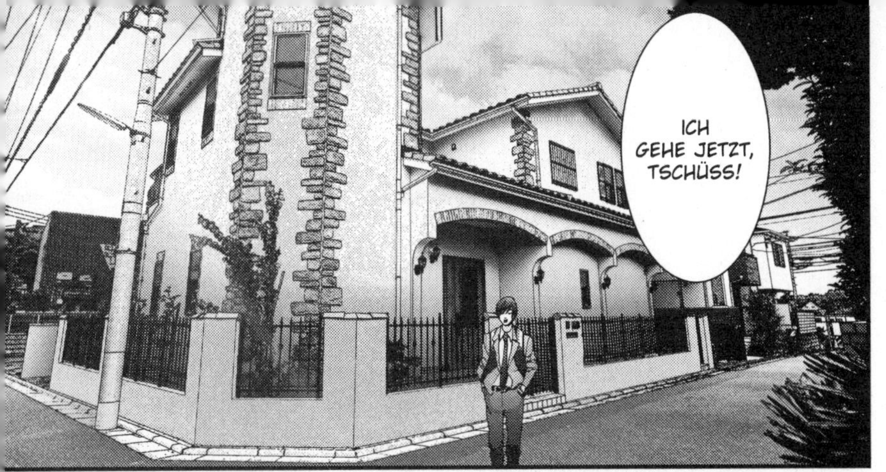
ICH GEHE JETZT, TSCHÜSS!

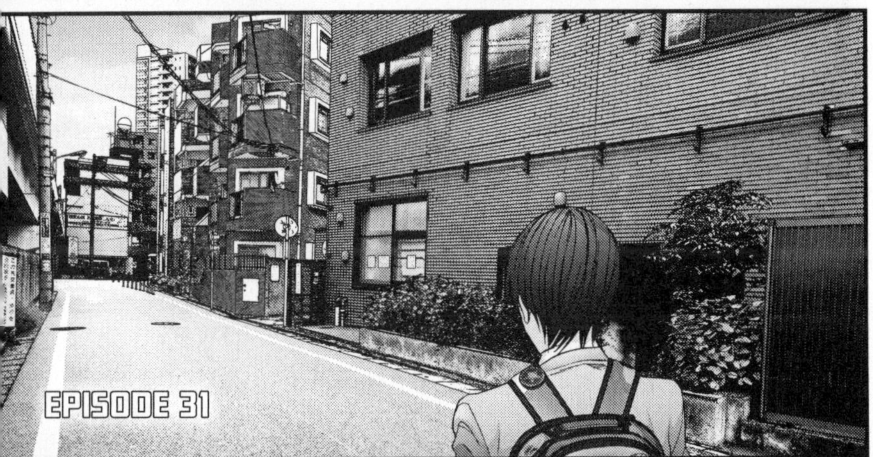
EPISODE 31

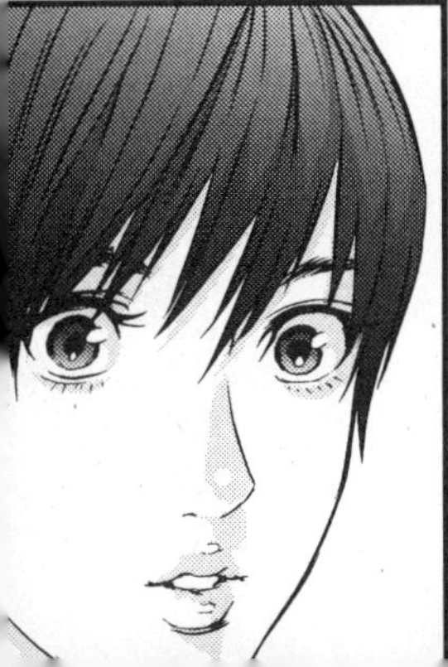

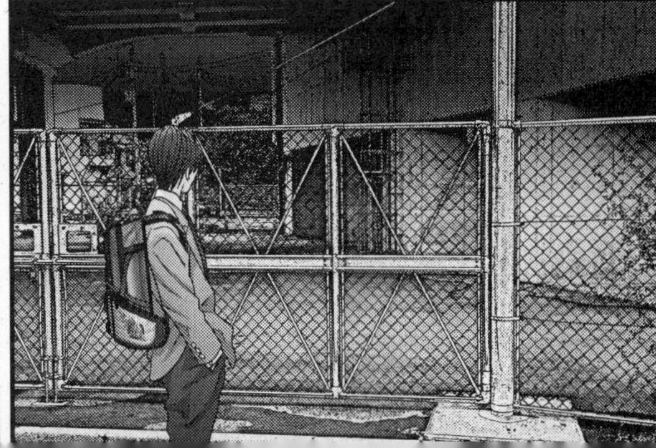

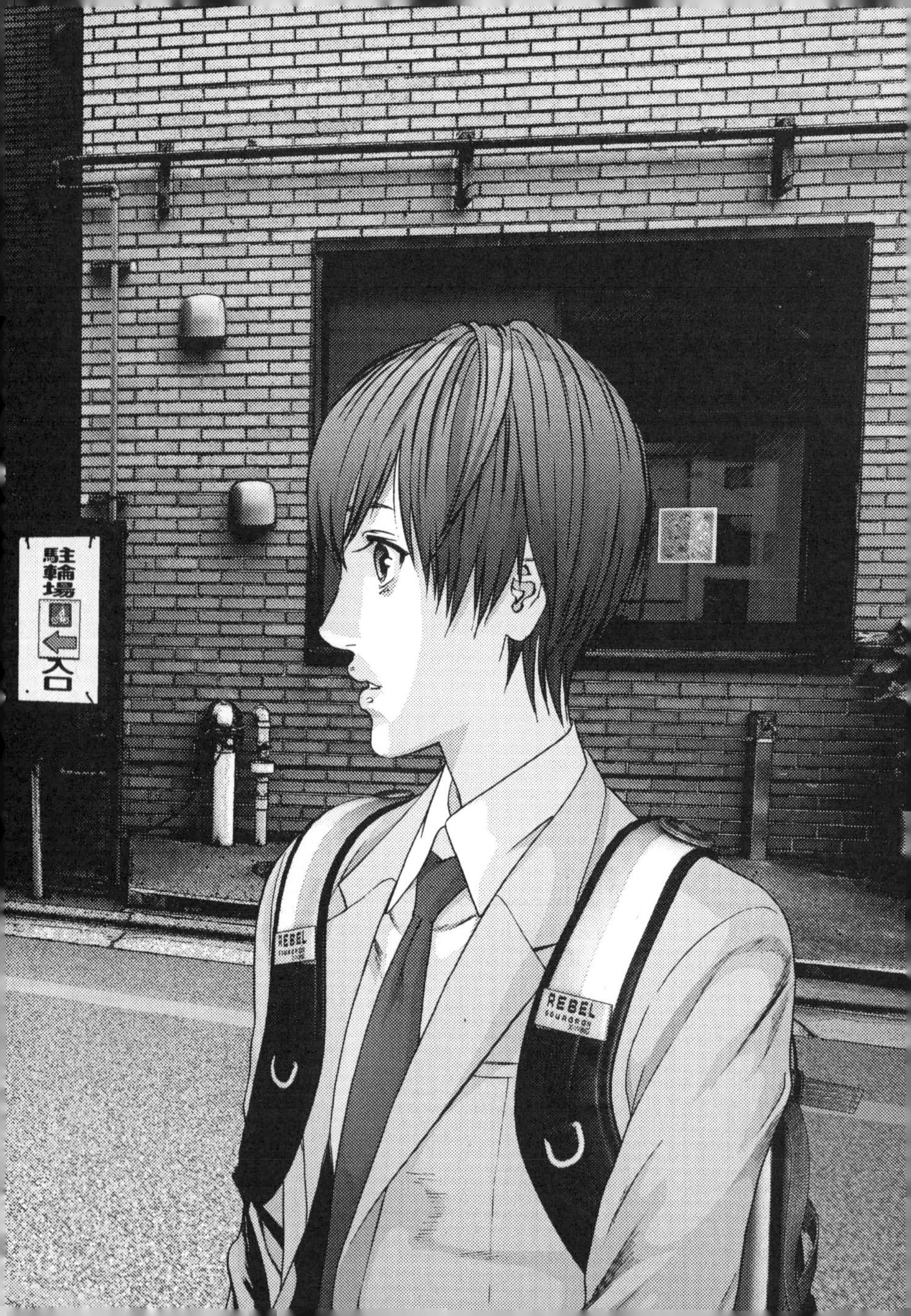
駐輪場
入口
REBEL
REBEL

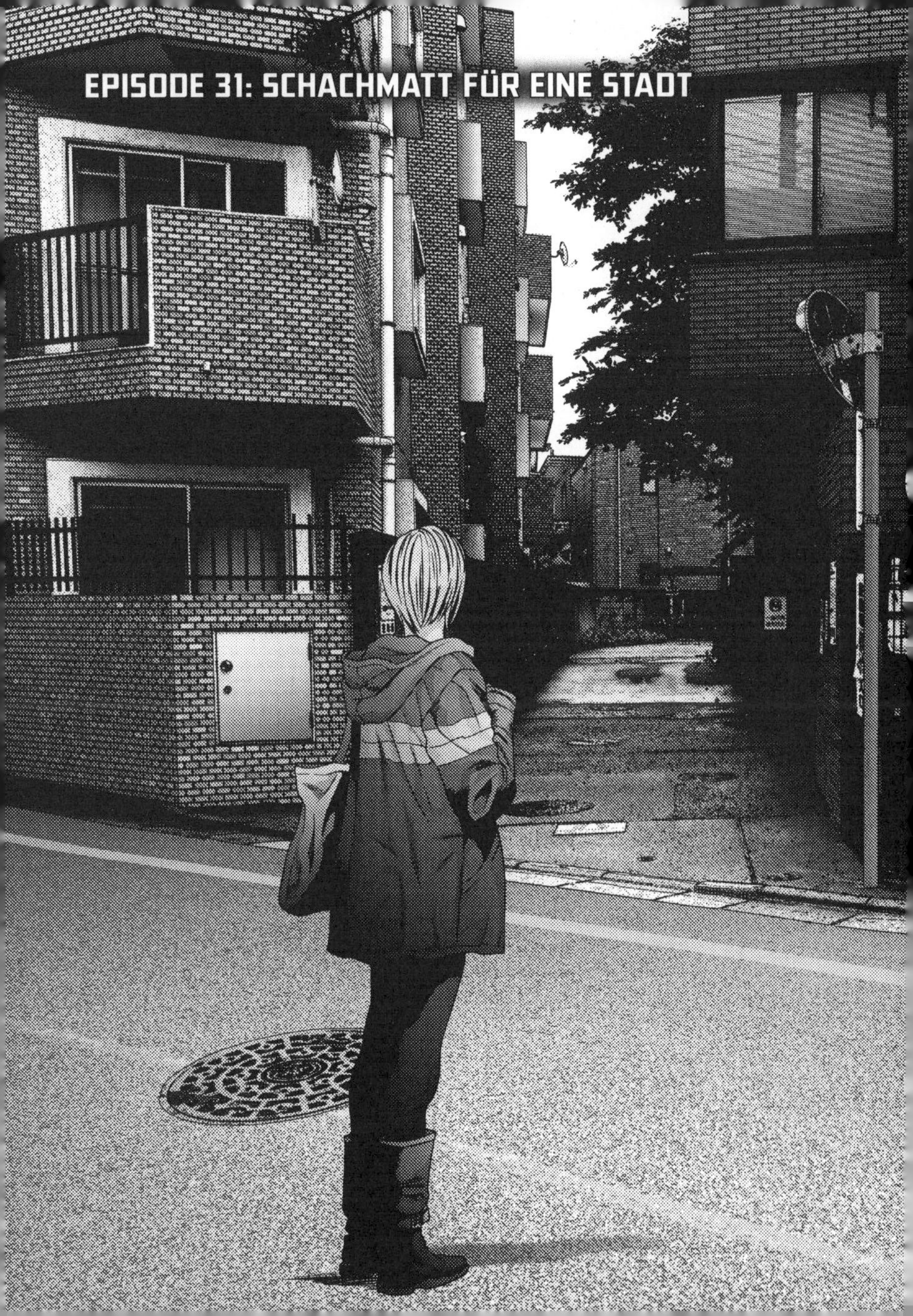
EPISODE 31: SCHACHMATT FÜR EINE STADT

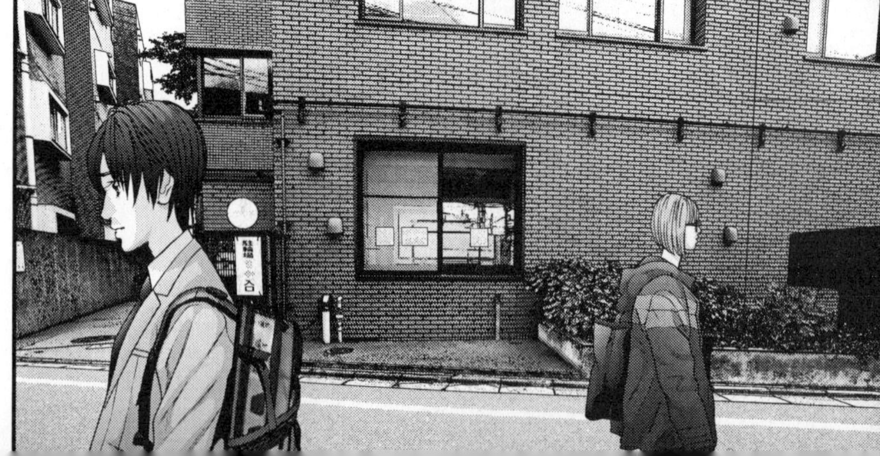

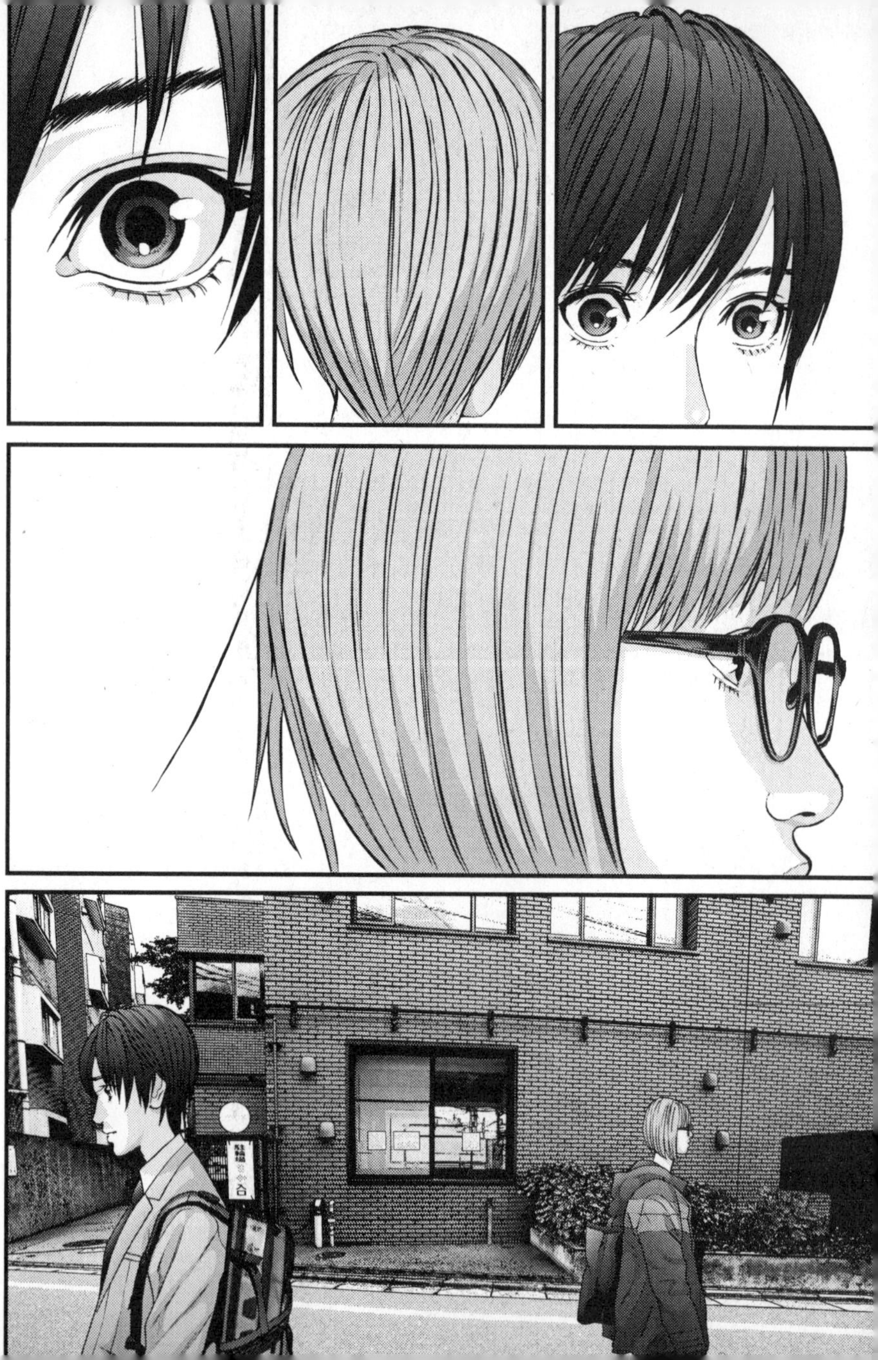

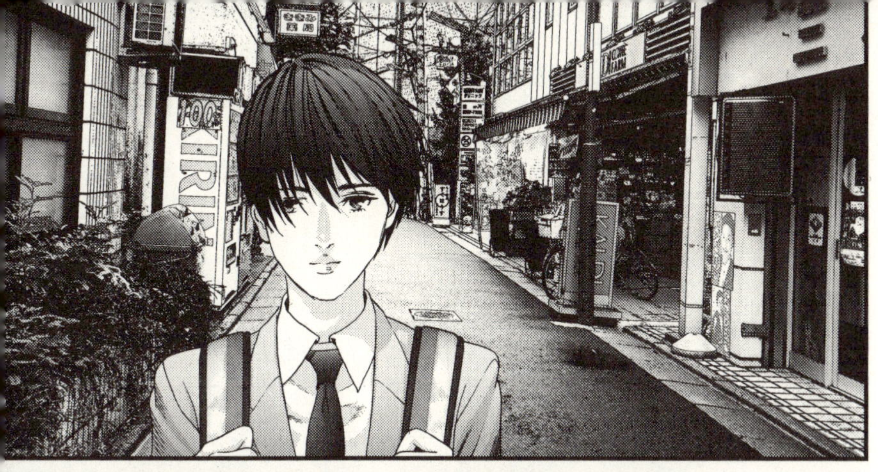
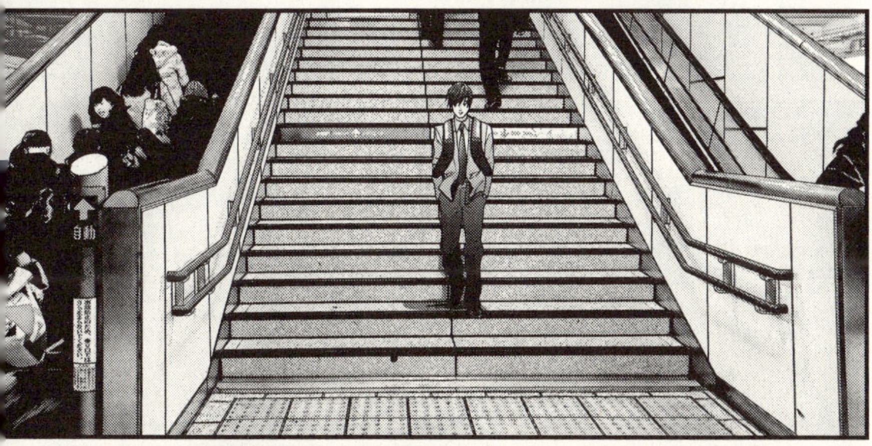
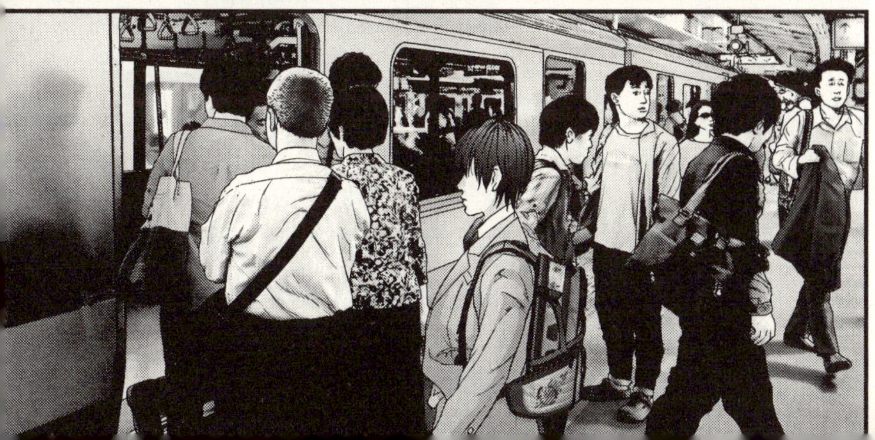

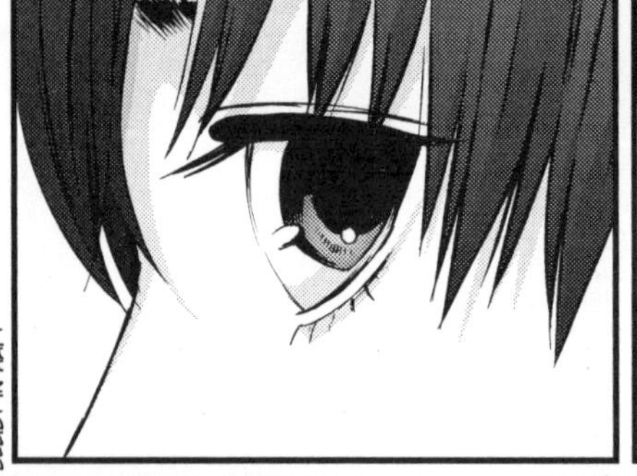
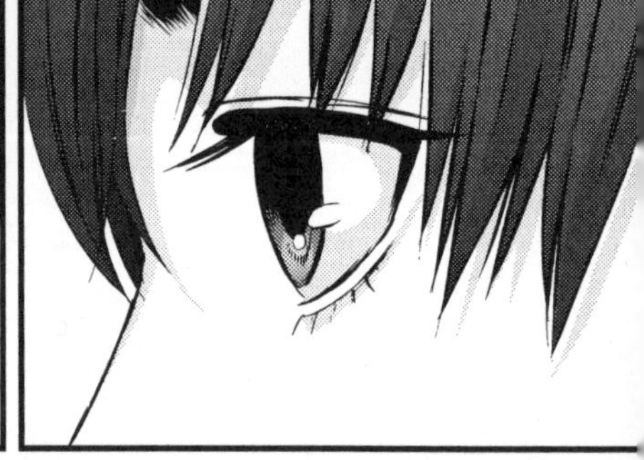
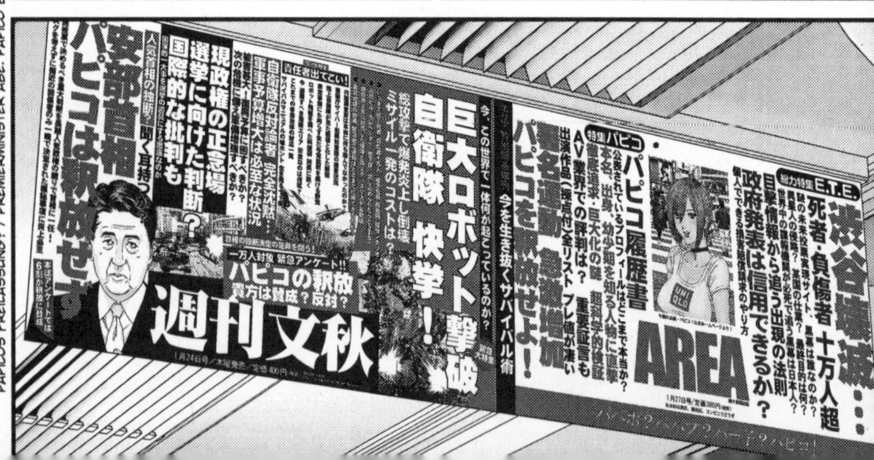

• SHIBUYA IN TRÜMMERN! ÜBER 100.000 TOTE UND VERLETZTE / ETE: WER STECKT HINTER DER RÄTSELHAFTEN WEBSEITE, AUF DER ÜBER ZUKÜNFTIGE EREIGNISSE ABGESTIMMT WIRD? / PAPICOS LEBENSLAUF – INWIEWEIT ENTSPRICHT IHR ÖFFENTLICHES PROFIL DER WAHRHEIT? / „FREIHEIT FÜR PAPICO!" UNTERSCHRIFTENKAMPAGNE NIMMT FAHRT AUF / REGIERUNG VOR ZERREISSPROBE: WAHLTAKTISCHE ENTSCHEIDUNG? / WAS IST NUR LOS IN DIESER WELT? / STREITKRÄFTE VERNICHTEN GIGANTISCHEN ROBOTER! / UMFRAGE: SIND SIE FÜR ODER GEGEN PAPICOS FREILASSUNG? / PREMIERMINISTER ABE: PAPICO BLEIBT IN HAFT

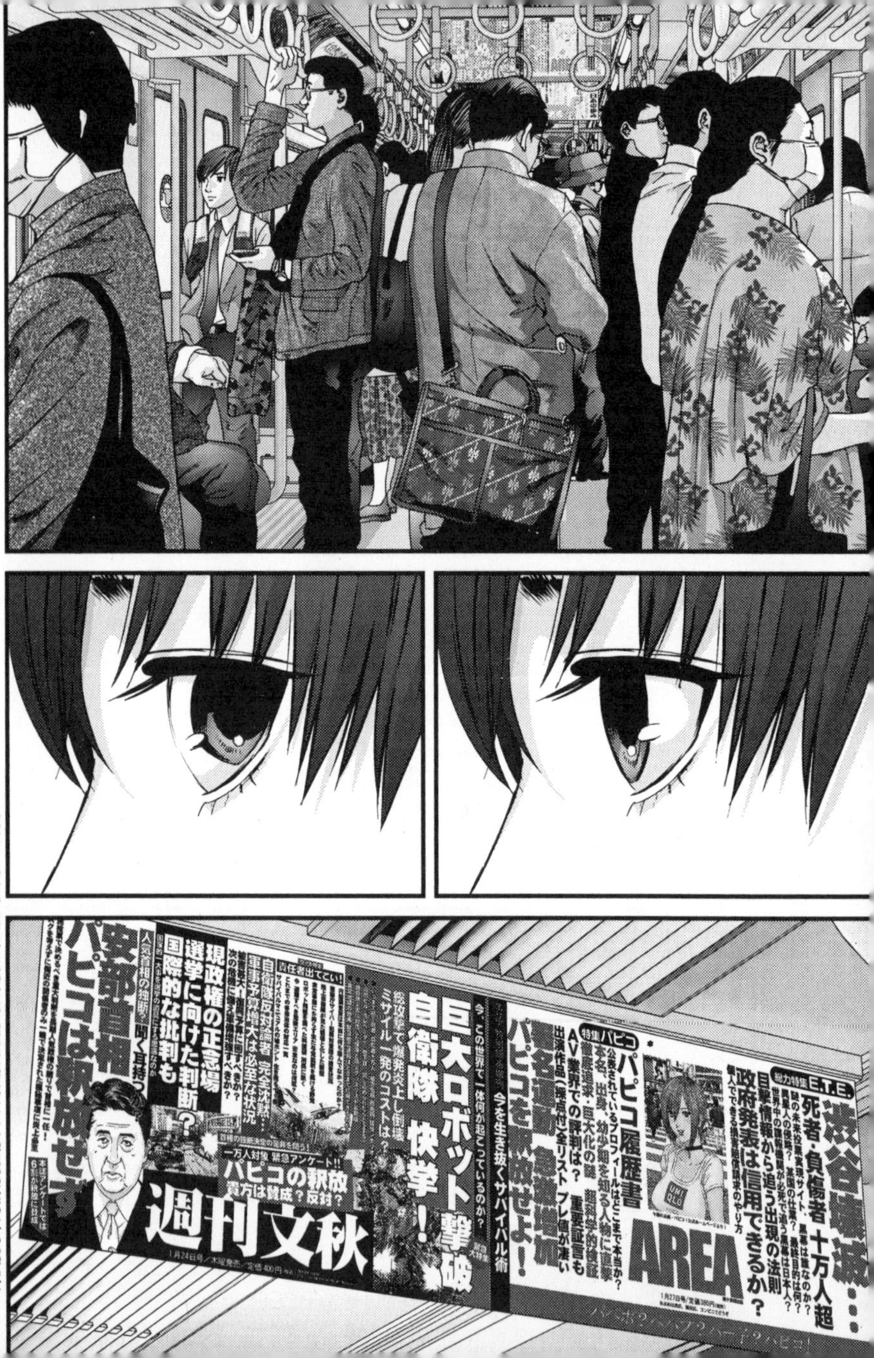

Forum

1. Name: Anonym 19/01/21(Mo)07:12:22 Nr.

Ich bin enttäuscht ...
Ich bin enttäuscht von den Betreibern

2. Name: Anonym 19/01/21(Mo)07:12:24 Nr.

Es gab ja nur 100.000 Tote!

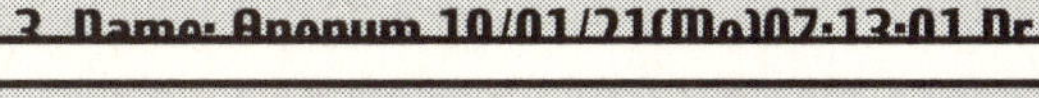

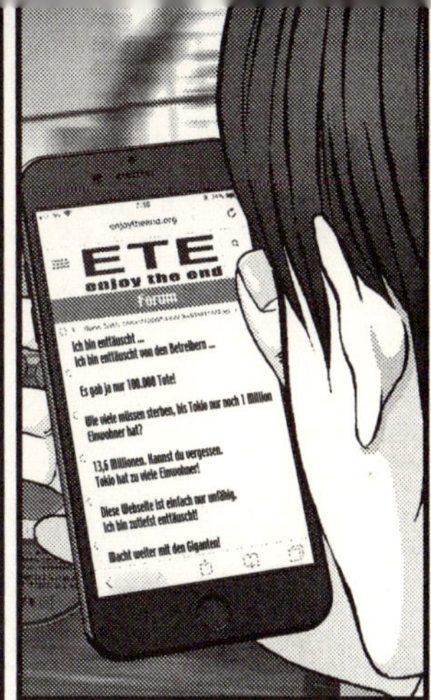

3. Name: Anonym 19/01/21(Mo)07:13:01 Nr.935211524

Wie viele müssen sterben, bis Tokio nur noch 1 Million
Einwohner hat?

4. Name: Anonym 19/01/21(Mo)07:13:10 Nr.9352115

13,6 Millionen. Kannst du vergessen.
Tokio hat zu viele Einwohner!

5. Name: Anonym 19/01/21(Mo)07:13:14 Nr.9352115

Diese Webseite ist einfach nur unfähig.
Ich bin zutiefst enttäuscht!

6. Name: Anonym 19/01/21(Mo)07:13:20 Nr.9352115

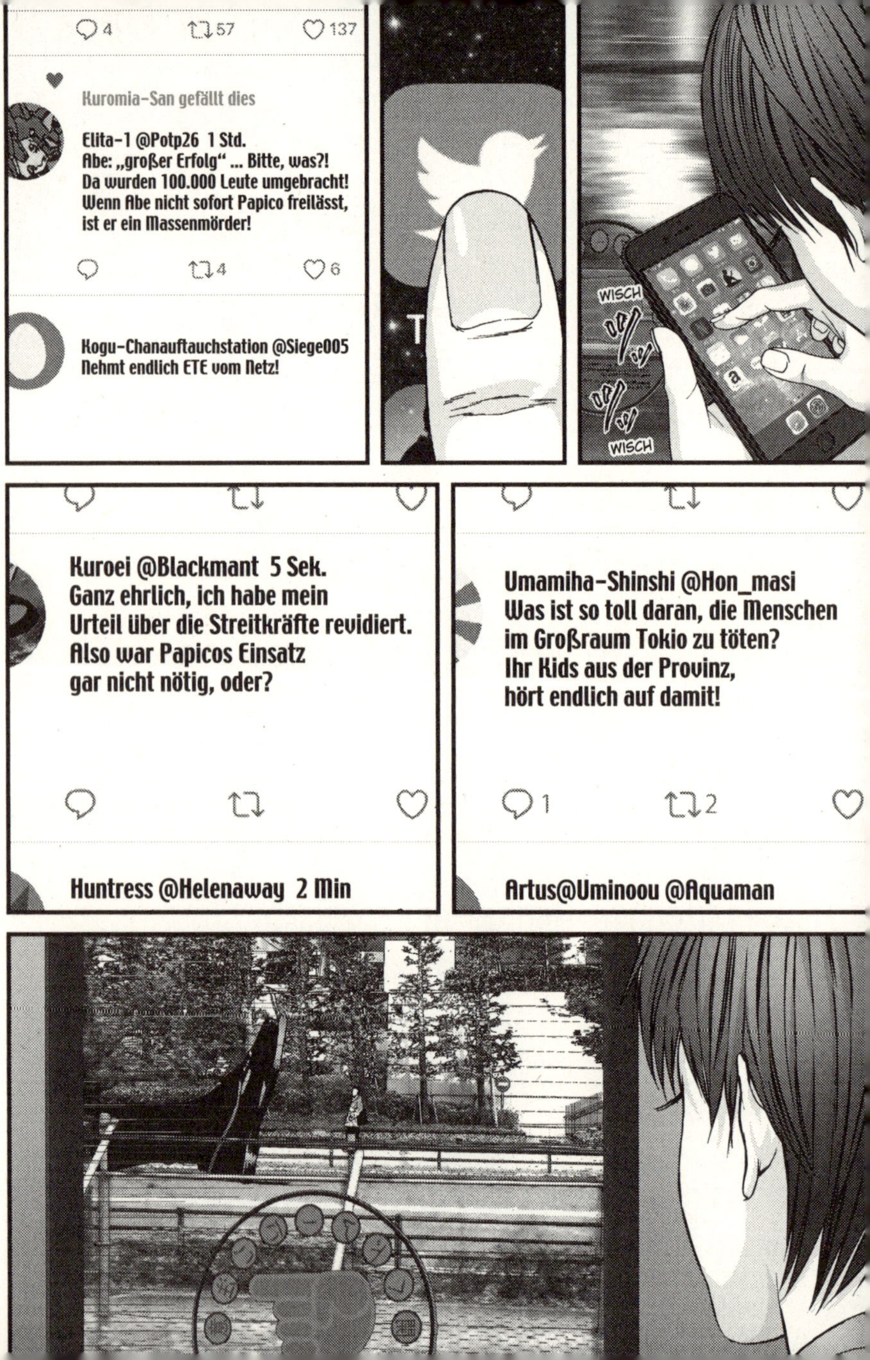

WISCH

WISCH

4 57 137

Kuromia-San gefällt dies

Elita-1 @Potp26 1 Std.
Abe: „großer Erfolg“ … Bitte, was?!
Da wurden 100.000 Leute umgebracht!
Wenn Abe nicht sofort Papico freilässt,
ist er ein Massenmörder!

4 6

Kogu-Chanauftauchstation @Siege005
Nehmt endlich ETE vom Netz!

Umamiha-Shinshi @Hon_masi
Was ist so toll daran, die Menschen
im Großraum Tokio zu töten?
Ihr Kids aus der Provinz,
hört endlich auf damit!

1 2

Artus@Uminoou @Aquaman

Kuroei @Blackmant 5 Sek.
Ganz ehrlich, ich habe mein
Urteil über die Streitkräfte revidiert.
Also war Papicos Einsatz
gar nicht nötig, oder?

Huntress @Helenaway 2 Min

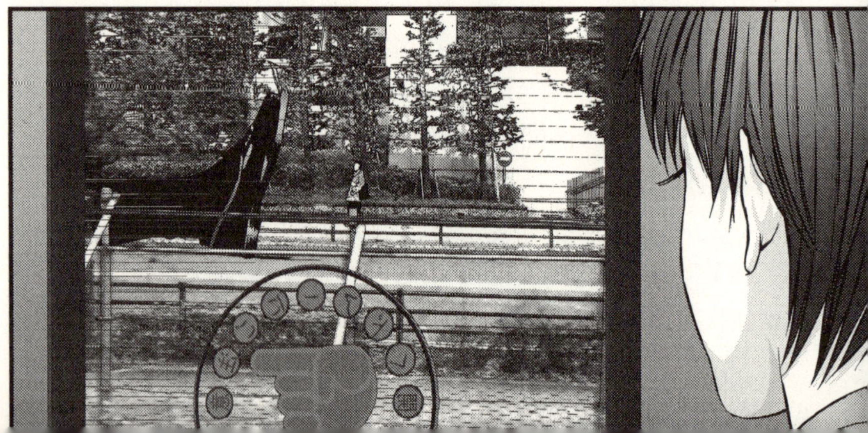

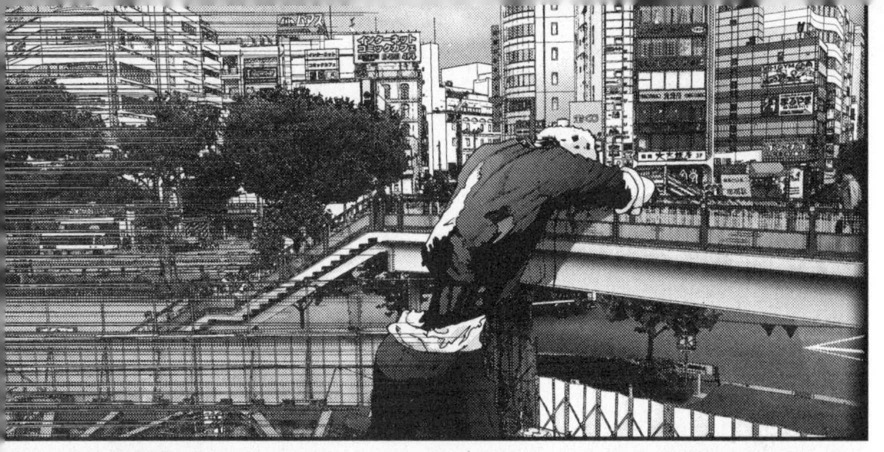
インターネット
コミックカフェ

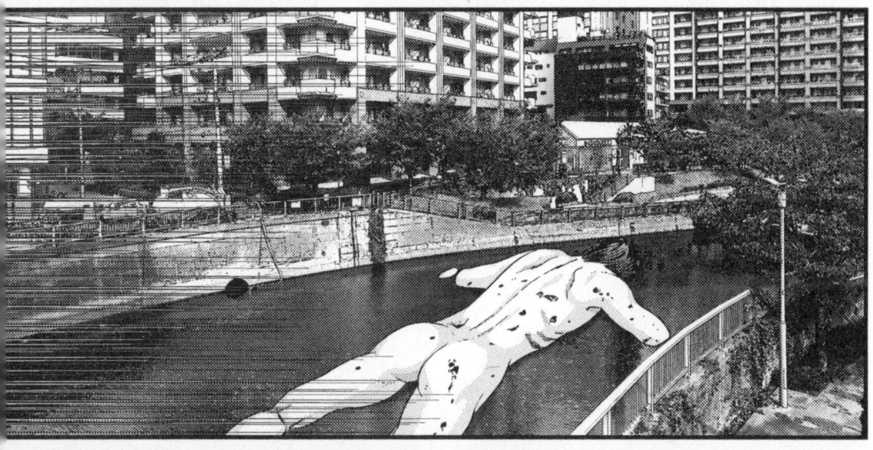

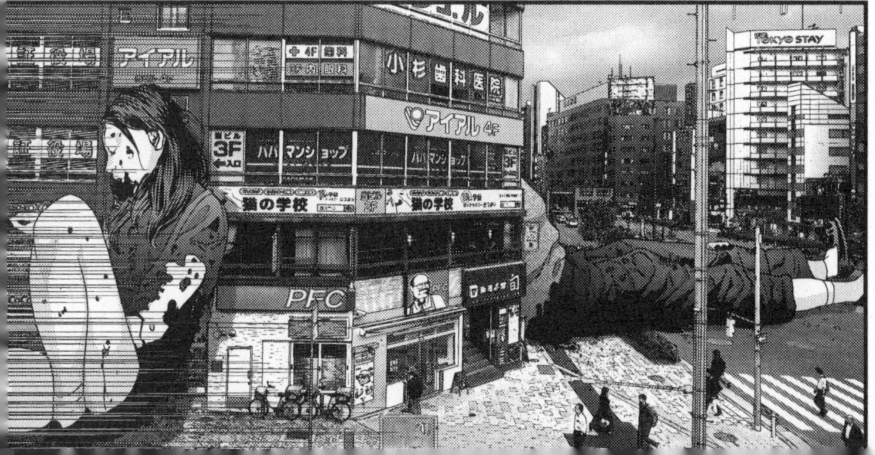
アイアル
小杉歯科医院
アイアル 4F
3F
ハハマンショップ
猫の学校
PFC
Tokyo STAY

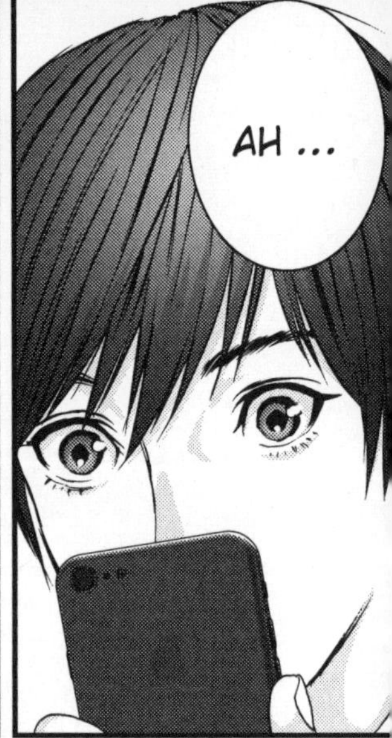

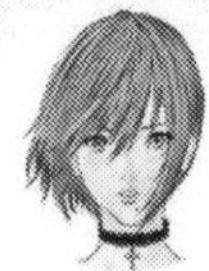
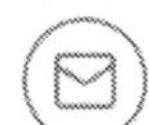
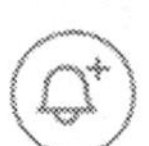

Papico

@papico0209 Folgt dir

Ich bin die Erotikdarstellerin Papico.

Japan

Geburtstag: 17. September

Benutzt Twitter seit Dezember 2011.

588 Following 5568946 Followers

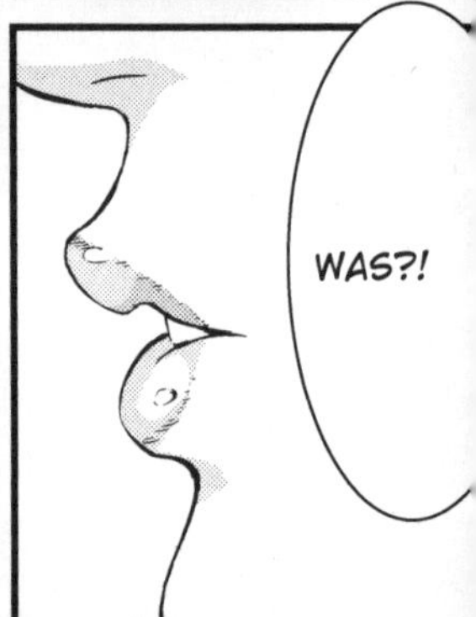

seit Dezembe

5568946 Follow

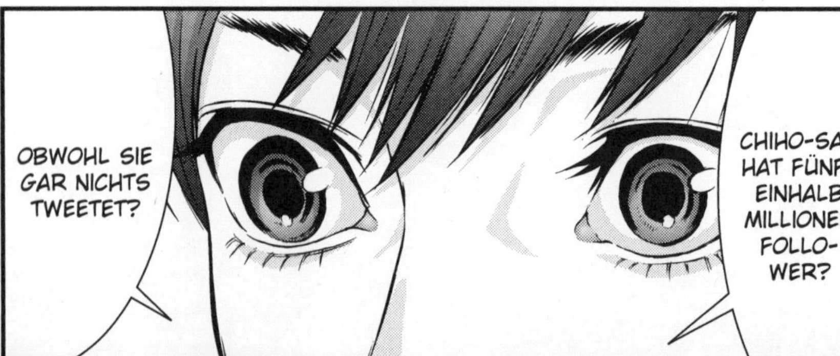

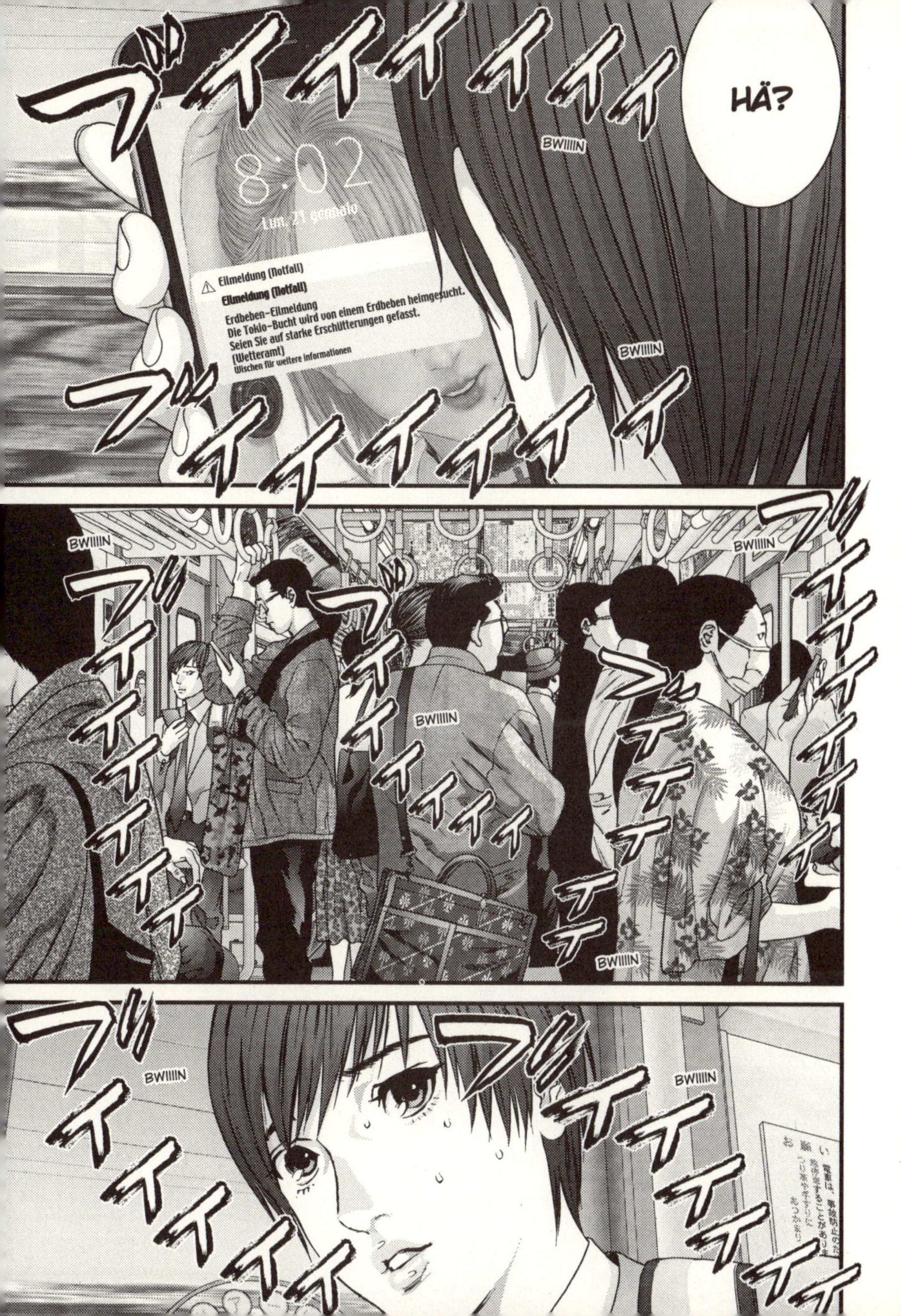
HÄ?
BWIIIN
8:02
Lun. 21 gennaio
Eilmeldung (Notfall)
Eilmeldung (Notfall)
Erdbeben-Eilmeldung
Die Tokio-Bucht wird von einem Erdbeben heimgesucht.
Seien Sie auf starke Erschütterungen gefasst.
(Wetteramt)
Wischen für weitere Informationen
BWIIIN
BWIIIN
BWIIIN
BWIIIN
BWIIIN
BWIIIN
BWIIIN
お願い

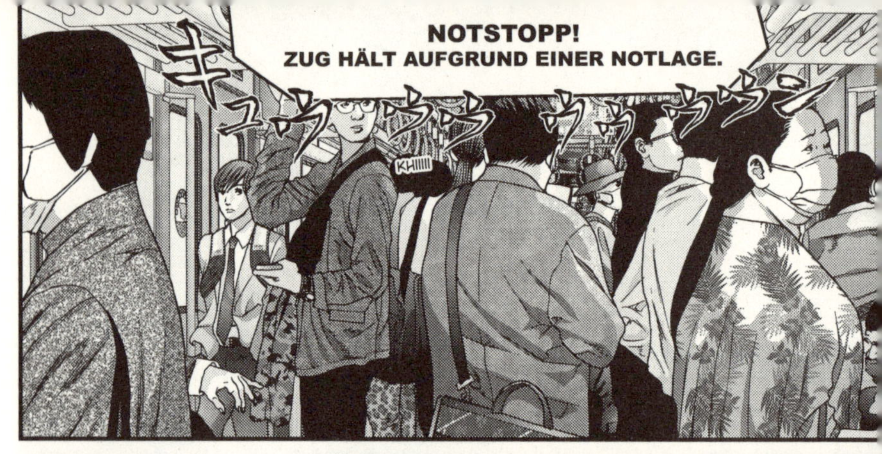
NOTSTOPP!
ZUG HÄLT AUFGRUND EINER NOTLAGE.
KHIIIIIII

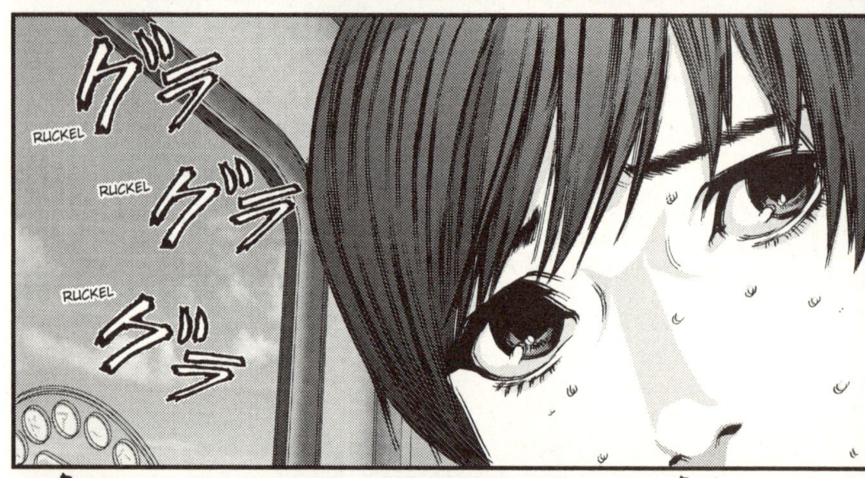
RUCKEL
RUCKEL
RUCKEL

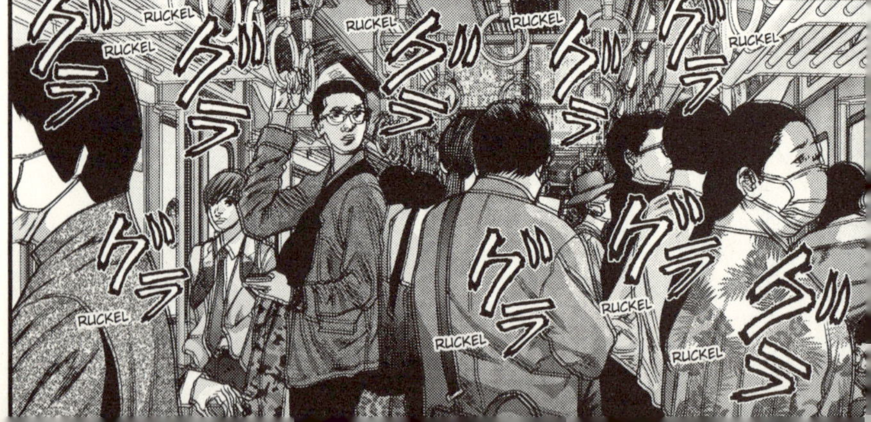
RUCKEL
RUCKEL
RUCKEL
RUCKEL
RUCKEL
RUCKEL
RUCKEL
RUCKEL
RUCKEL

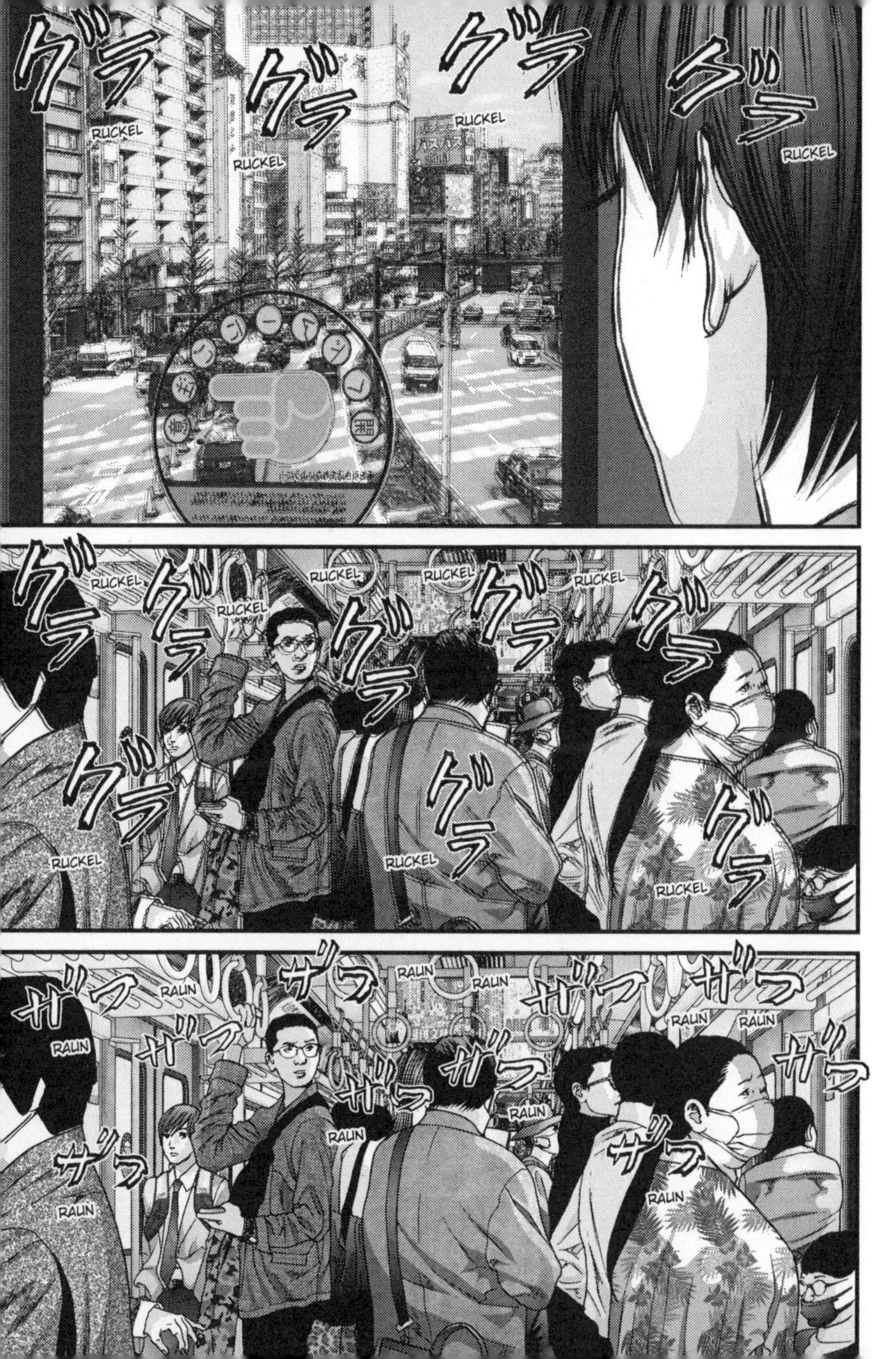

グラ
RUCKEL
グラ
RUCKEL
グラ
RUCKEL
グラ
RUCKEL

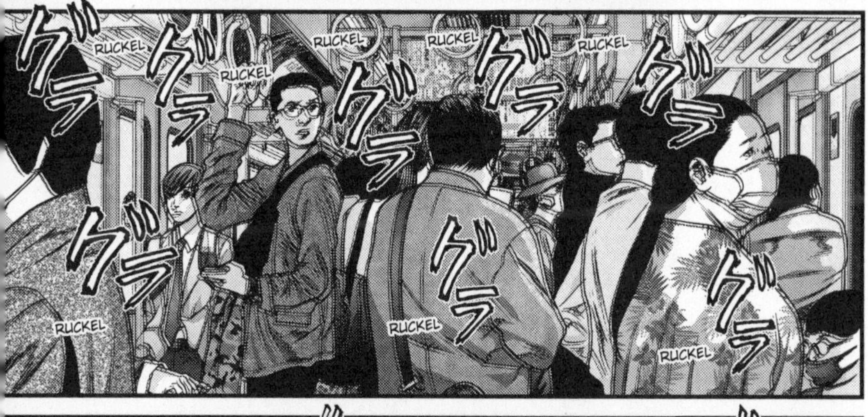
グラ
RUCKEL
グラ
RUCKEL
RUCKEL
グラ
RUCKEL
グラ
RUCKEL
グラ
グラ
RUCKEL
グラ
RUCKEL
グラ
RUCKEL

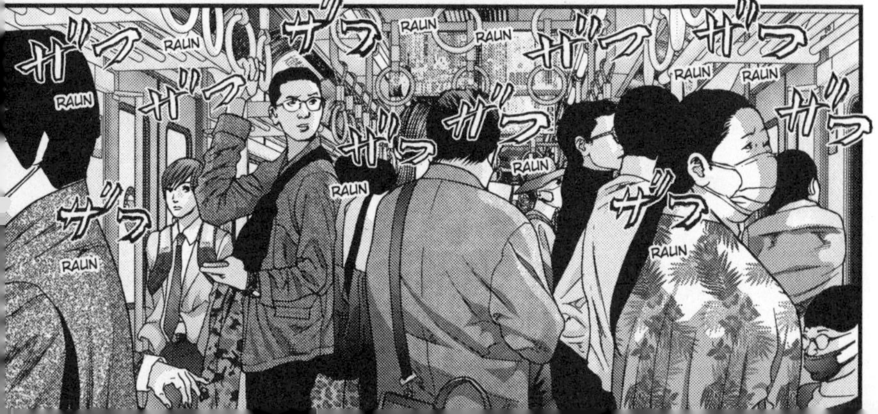
ザワ
RAUN
ザワ
RAUN
ザワ
RAUN
ザワ
RAUN
ザワ
RAUN
ザワ
RAUN
ザワ
RAUN
ザワ
RAUN
ザワ
RAUN
ザワ
RAUN

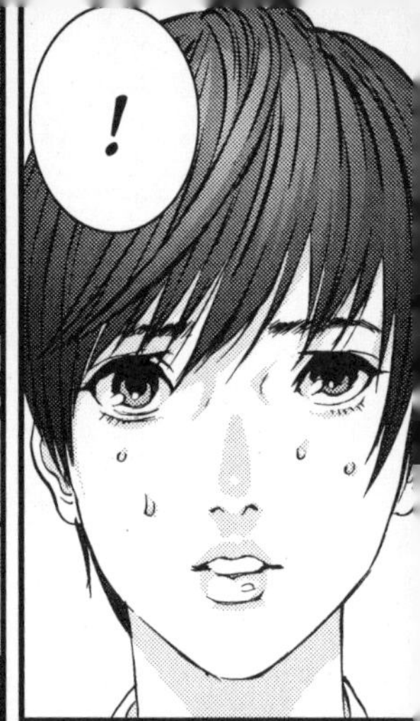

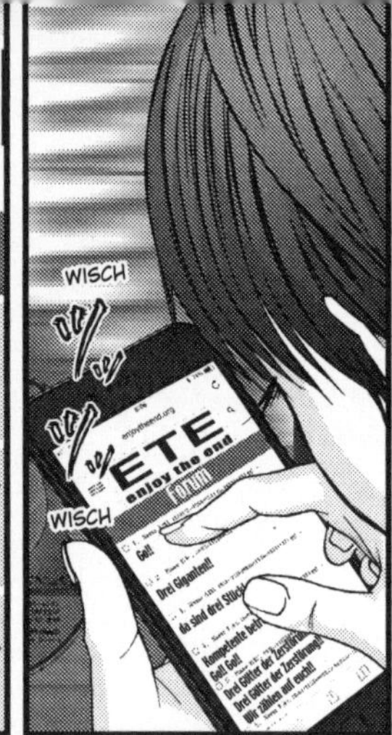

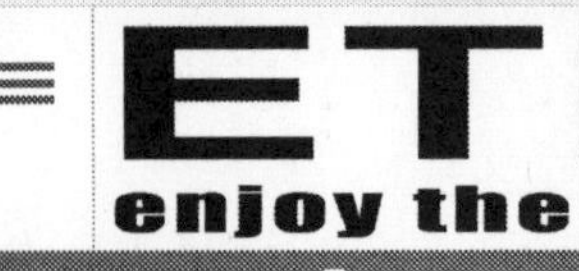

Forum

1. Name: Anonym 19/01/21(Mo)08:02:11 Nr.
Go!! Go!!

2. Name: Anonym 19/01/21(Mo)08:02:14 Nr.
Drei Giganten!!

3. Name: Anonym 19/01/21(Mo)08:02:15 Nr.
Da sind drei Stück!

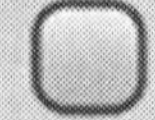

5. Name: Anonym 19/01/21(Mo)

Drei Götter der Zerstörung!!
Drei Götter der Zerstörung!!
Wir zählen auf euch!!

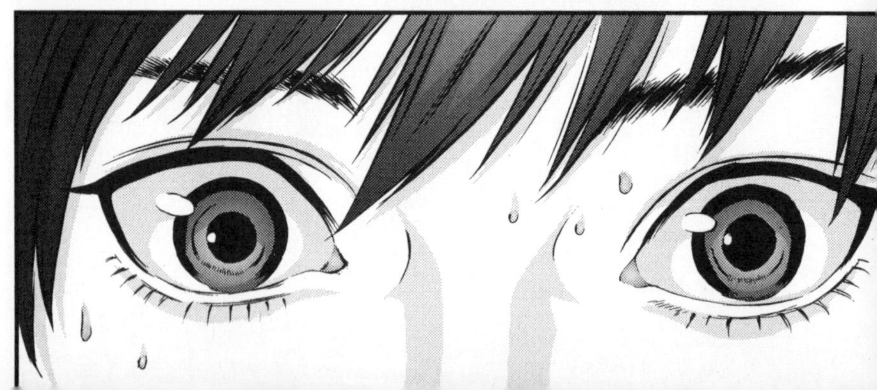

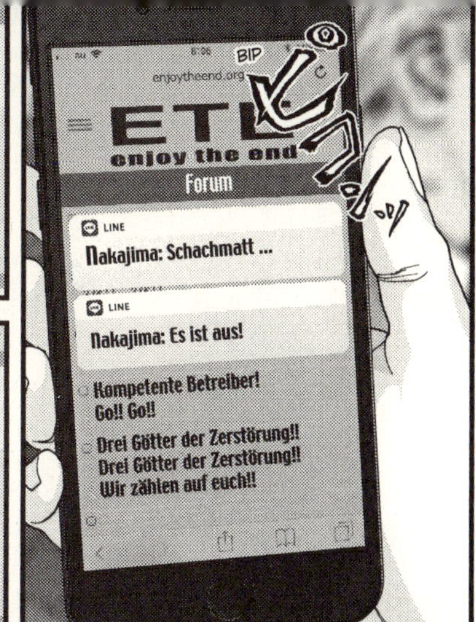

Nakajima: Schachmatt ...

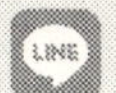

Nakajima: Es ist aus!

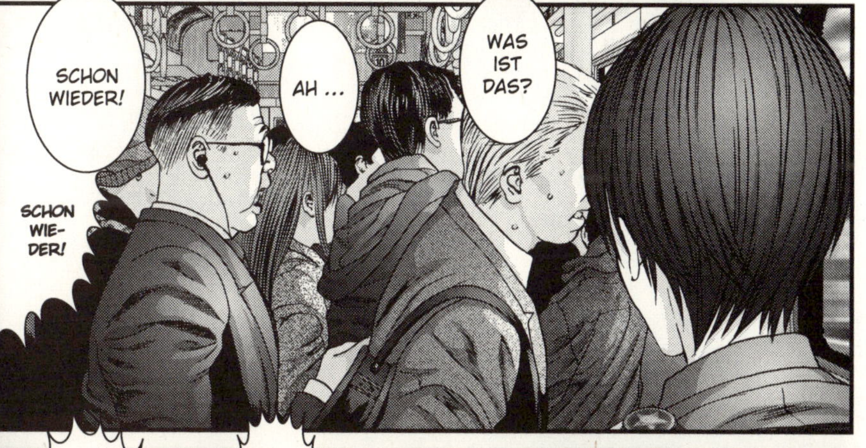

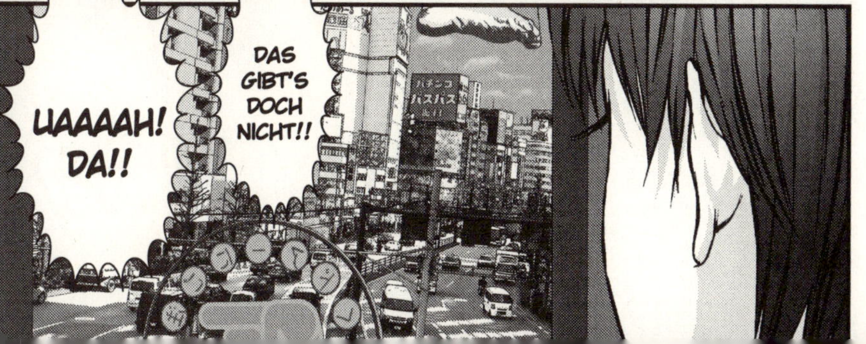

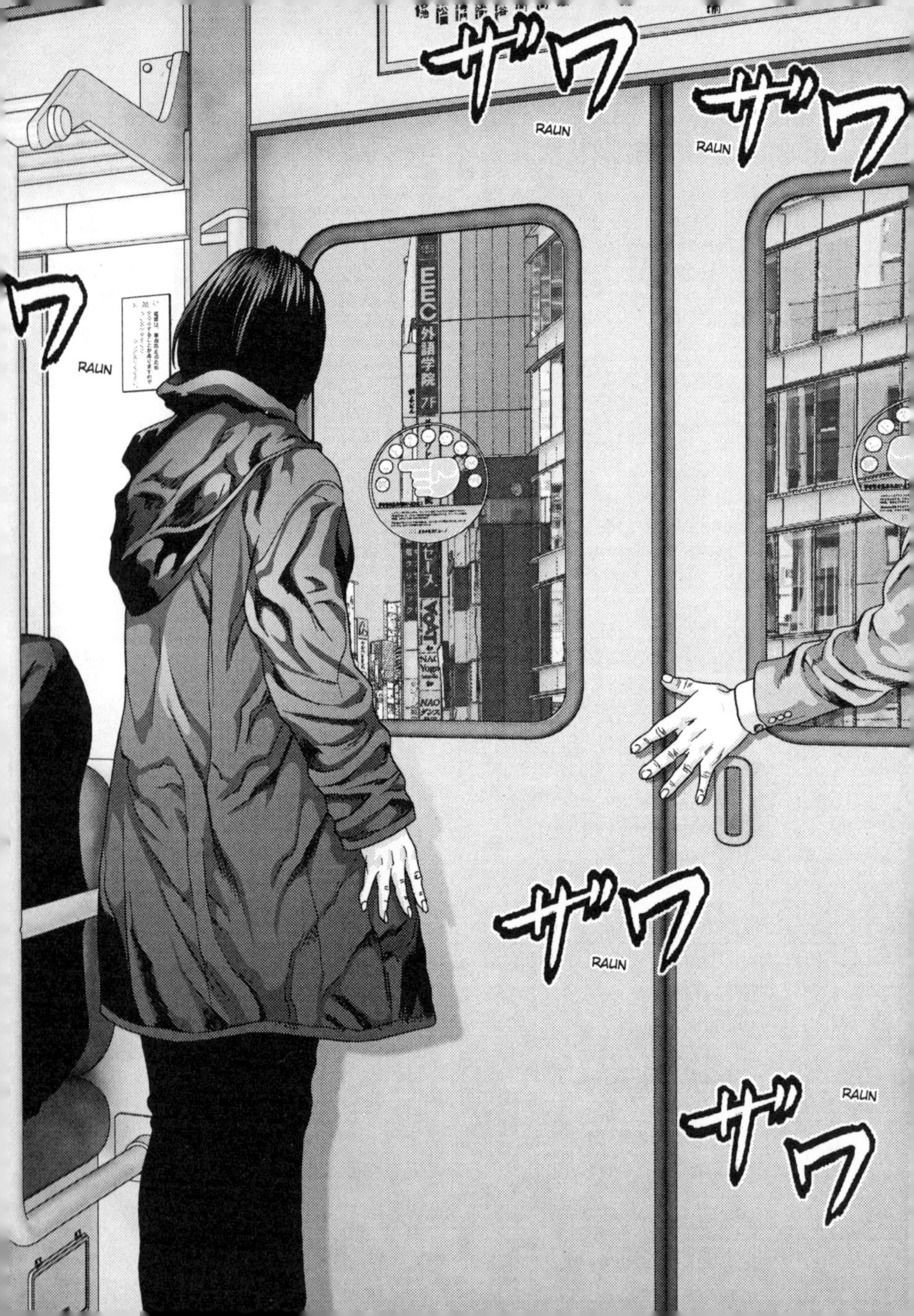
ザワ
RAUN
ザワ
RAUN
ワ
RAUN
EEC
ザワ
RAUN
ザワ
RAUN

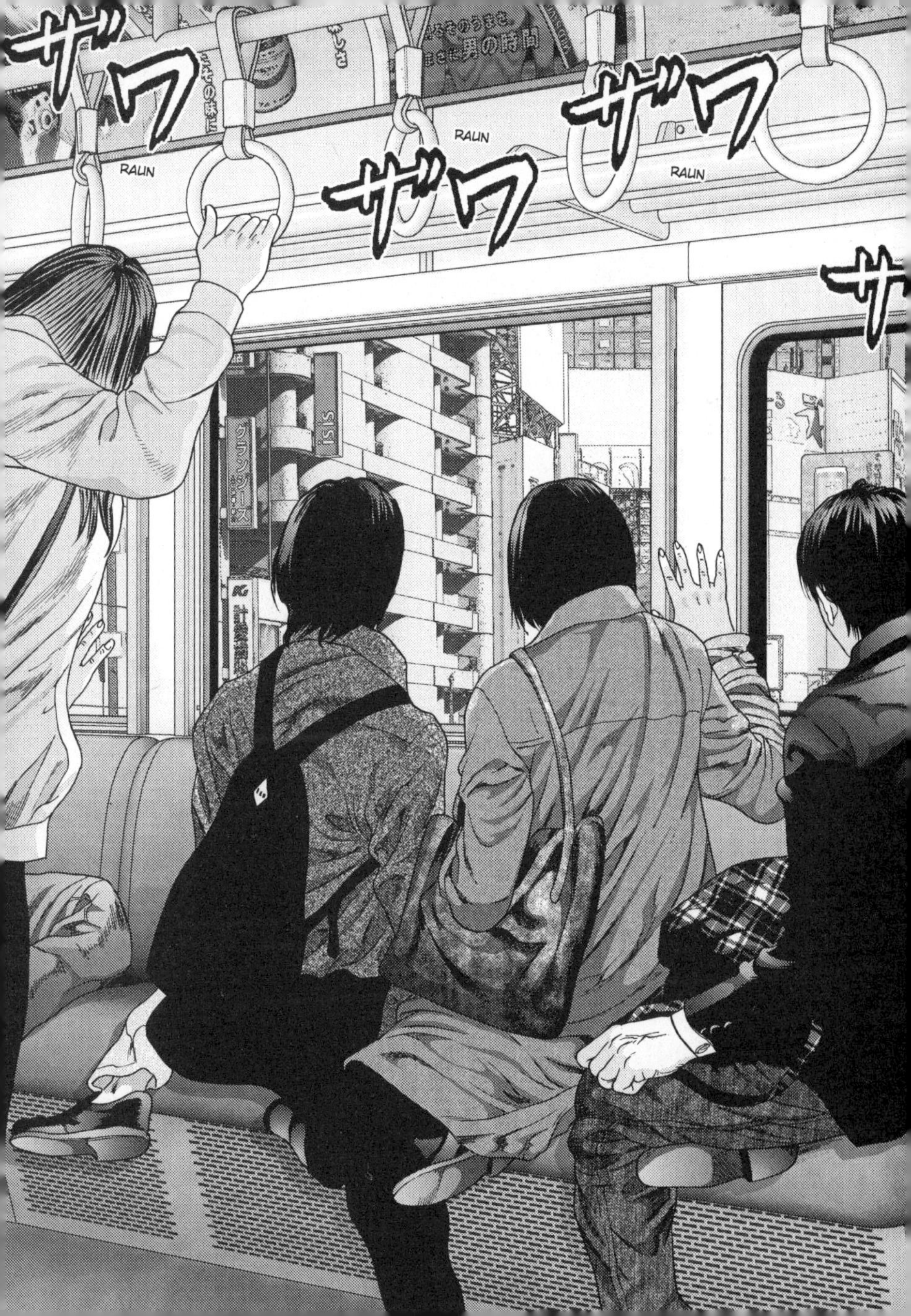

ザワ
ザワ
ザワ
RAUN
RAUN
RAUN

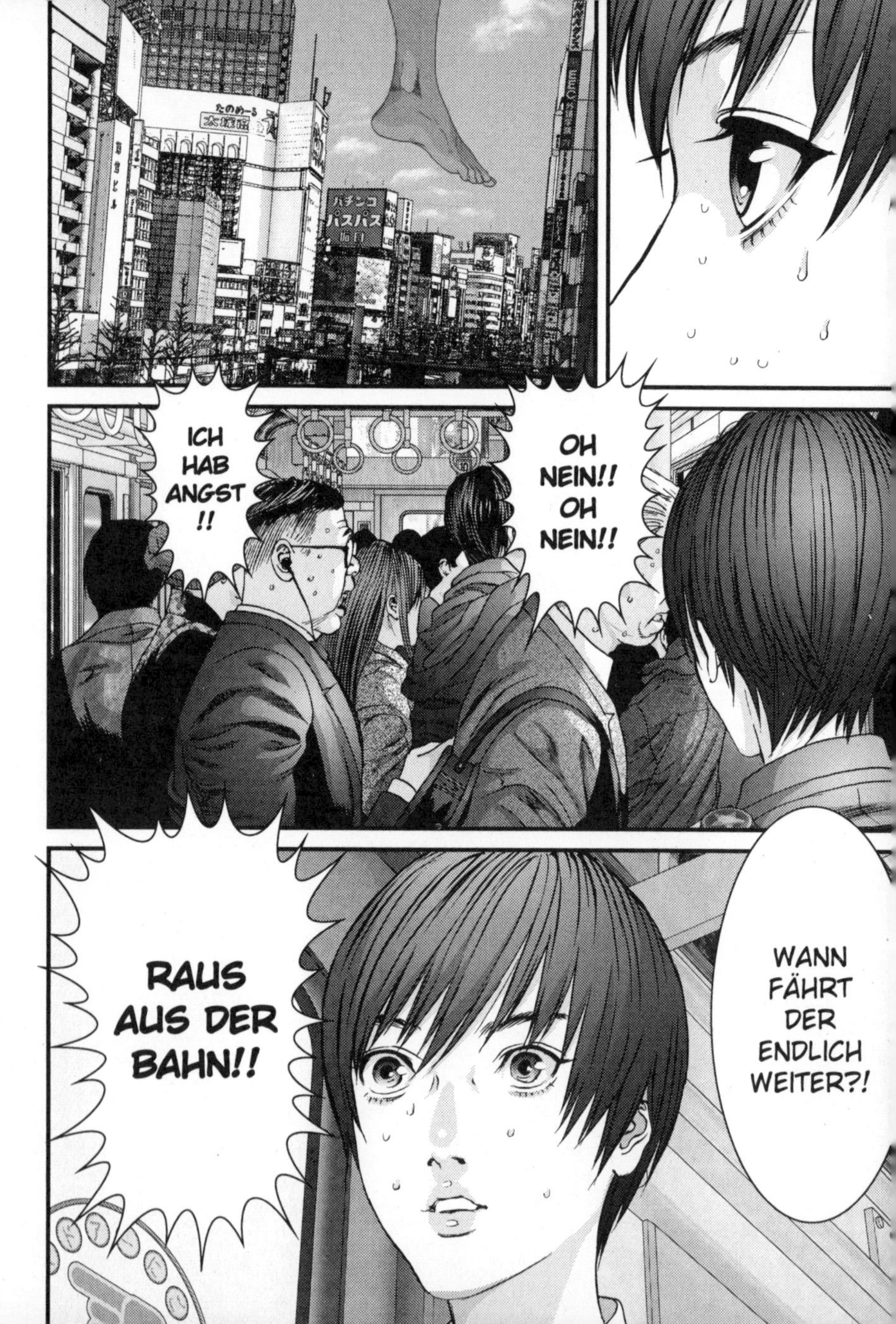

たのめーる
パチンコ
パスパス
OH NEIN!! OH NEIN!!
ICH HAB ANGST!!
WANN FÄHRT DER ENDLICH WEITER?!
RAUS AUS DER BAHN!!

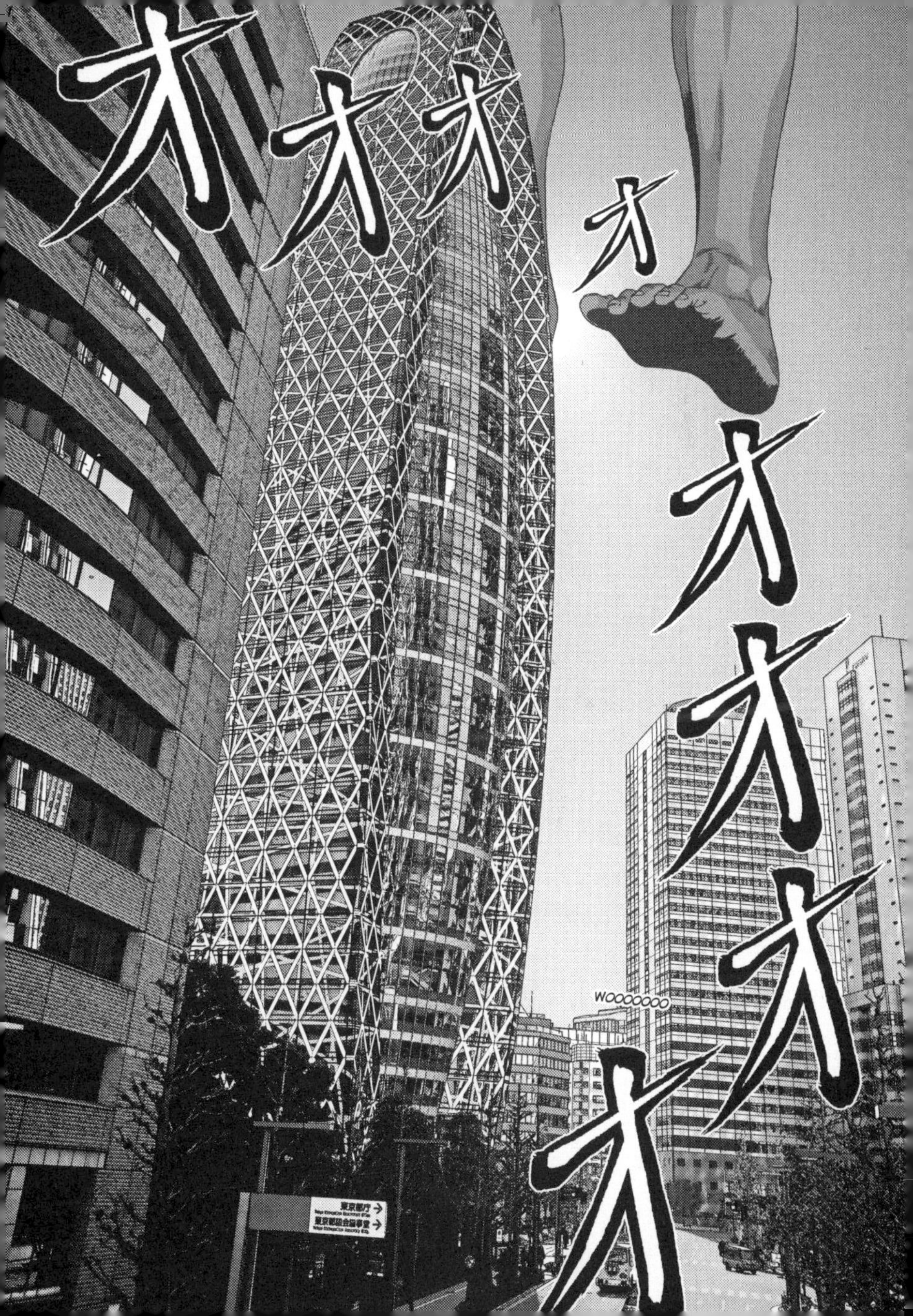
オオオ
オ
オオオオオ
WOOOOOOO
東京都庁
東京都議会議事堂

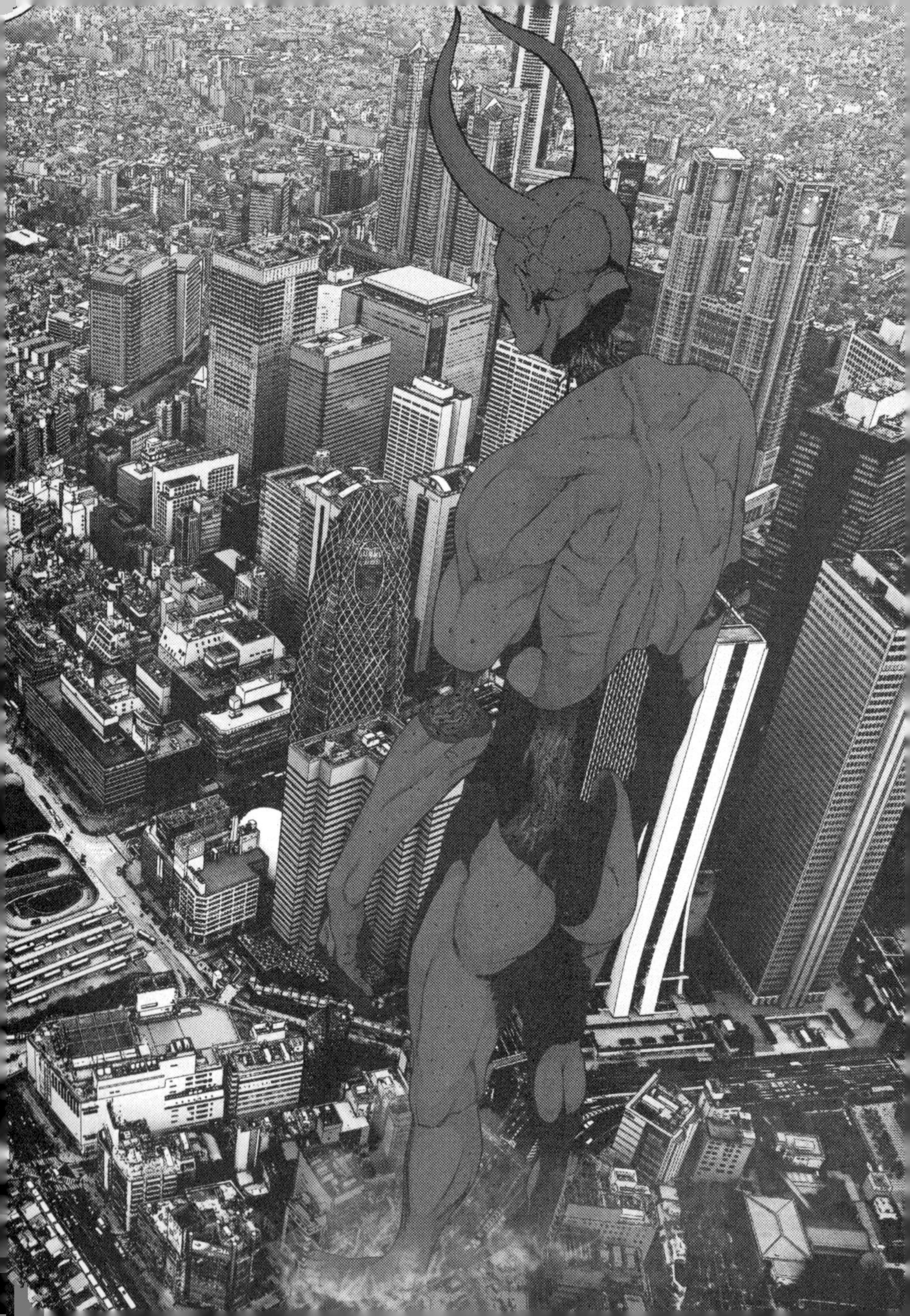

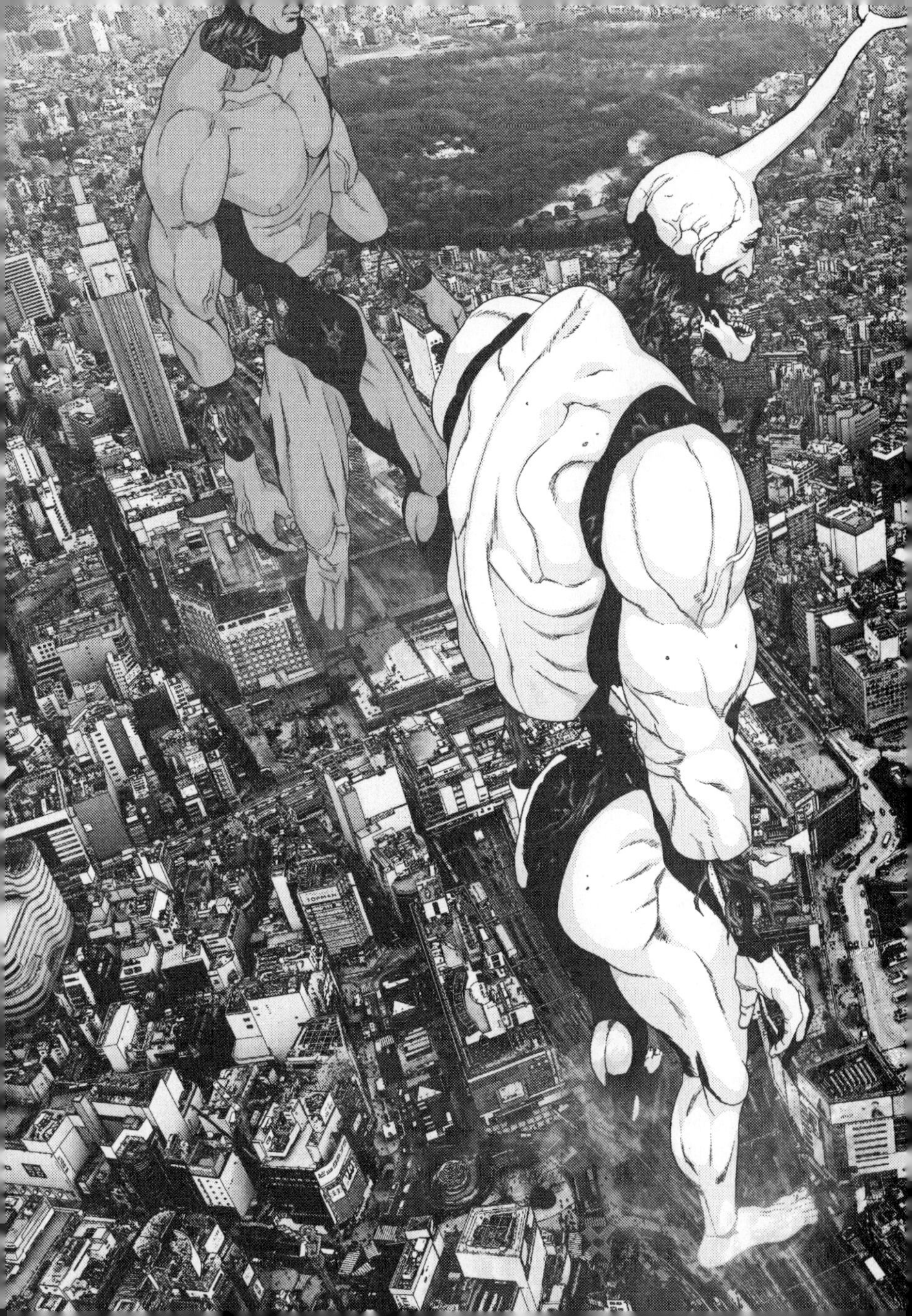

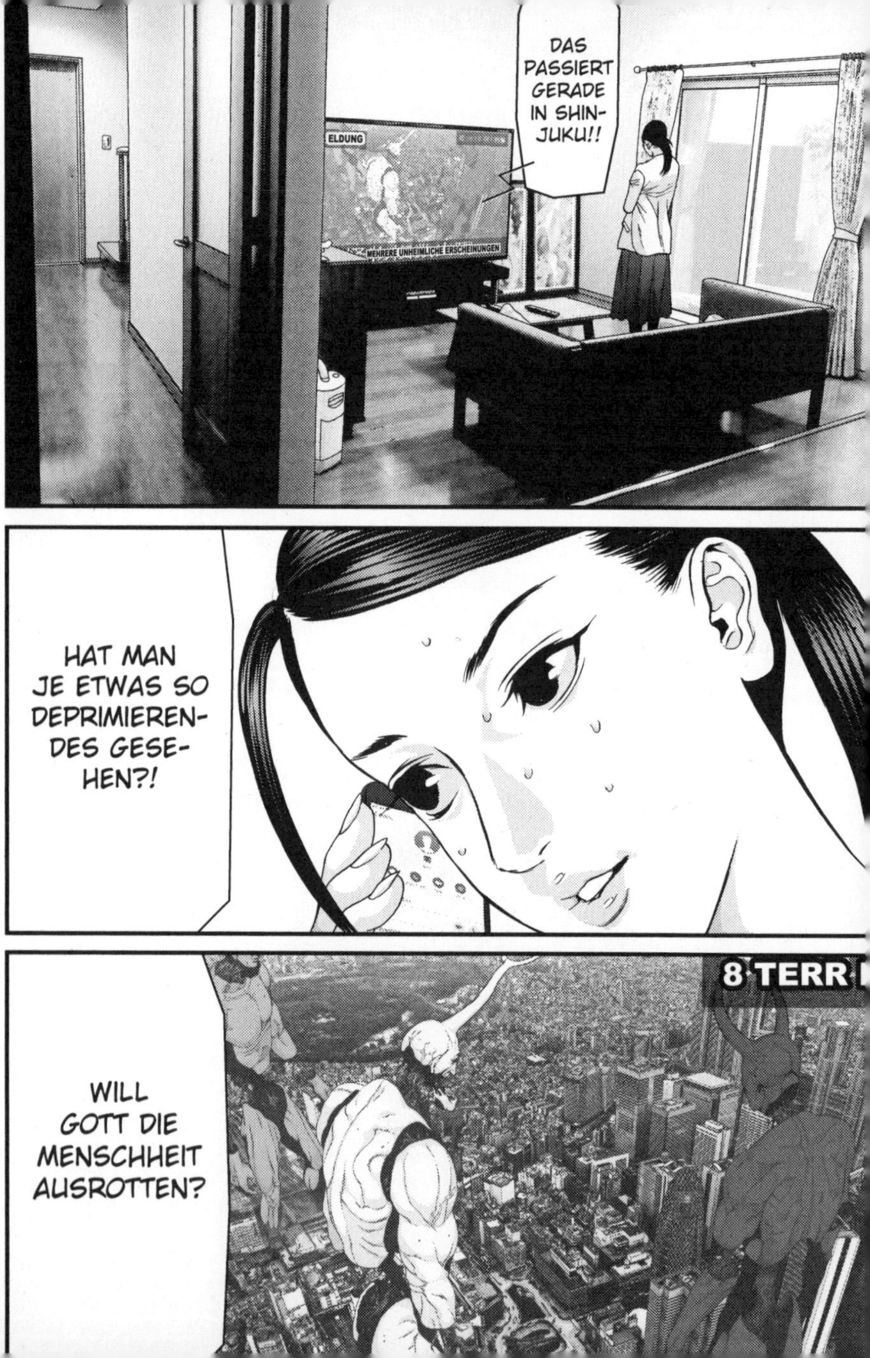

ELDUNG

MEHRERE UNHEIMLICHE ERSCHEINUNGEN

DAS PASSIERT GERADE IN SHINJUKU!!

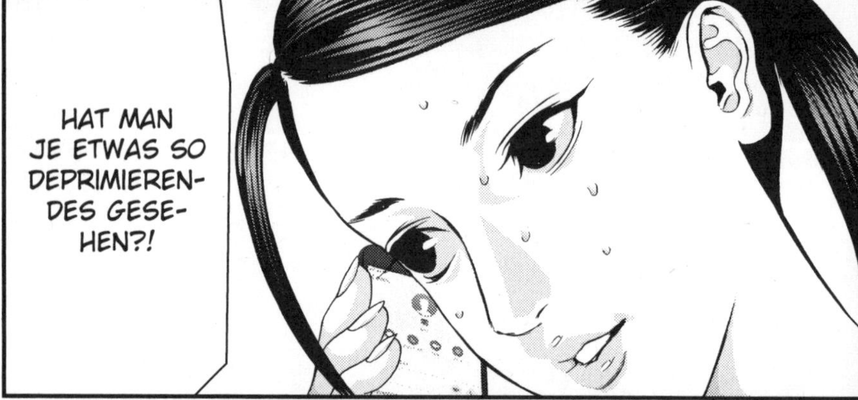

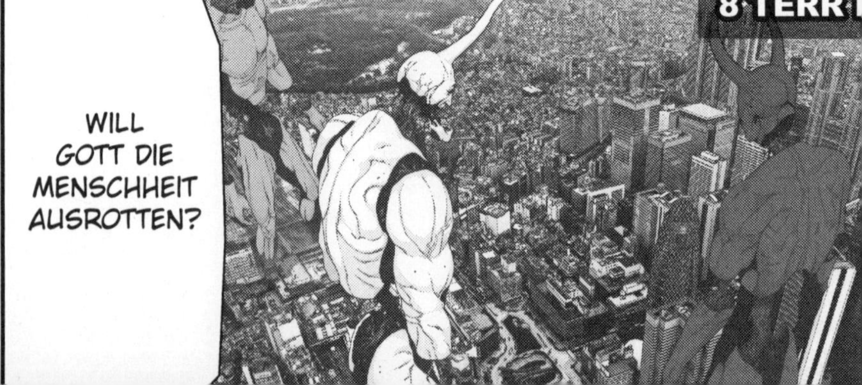

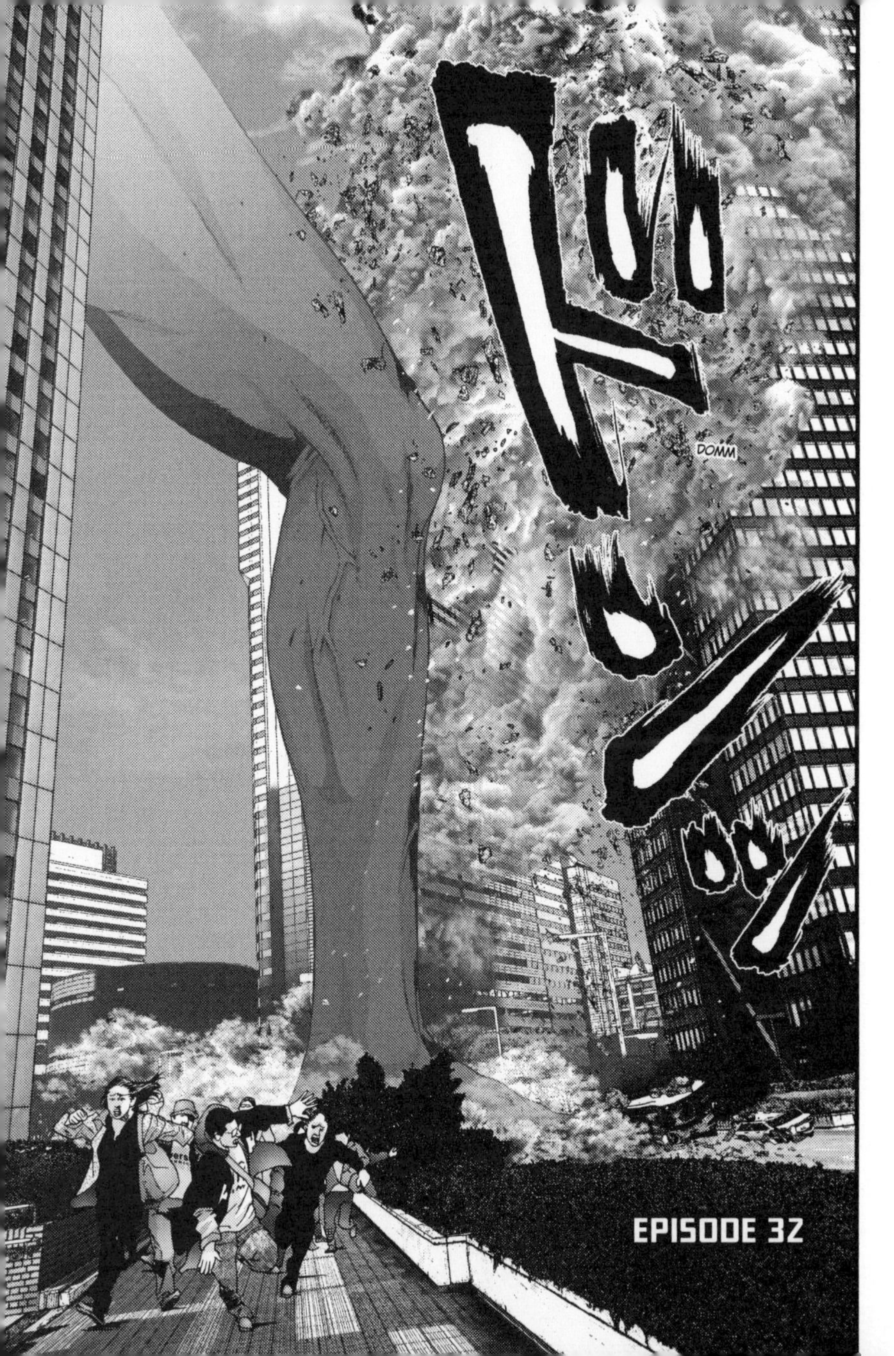
DOMM
EPISODE 32

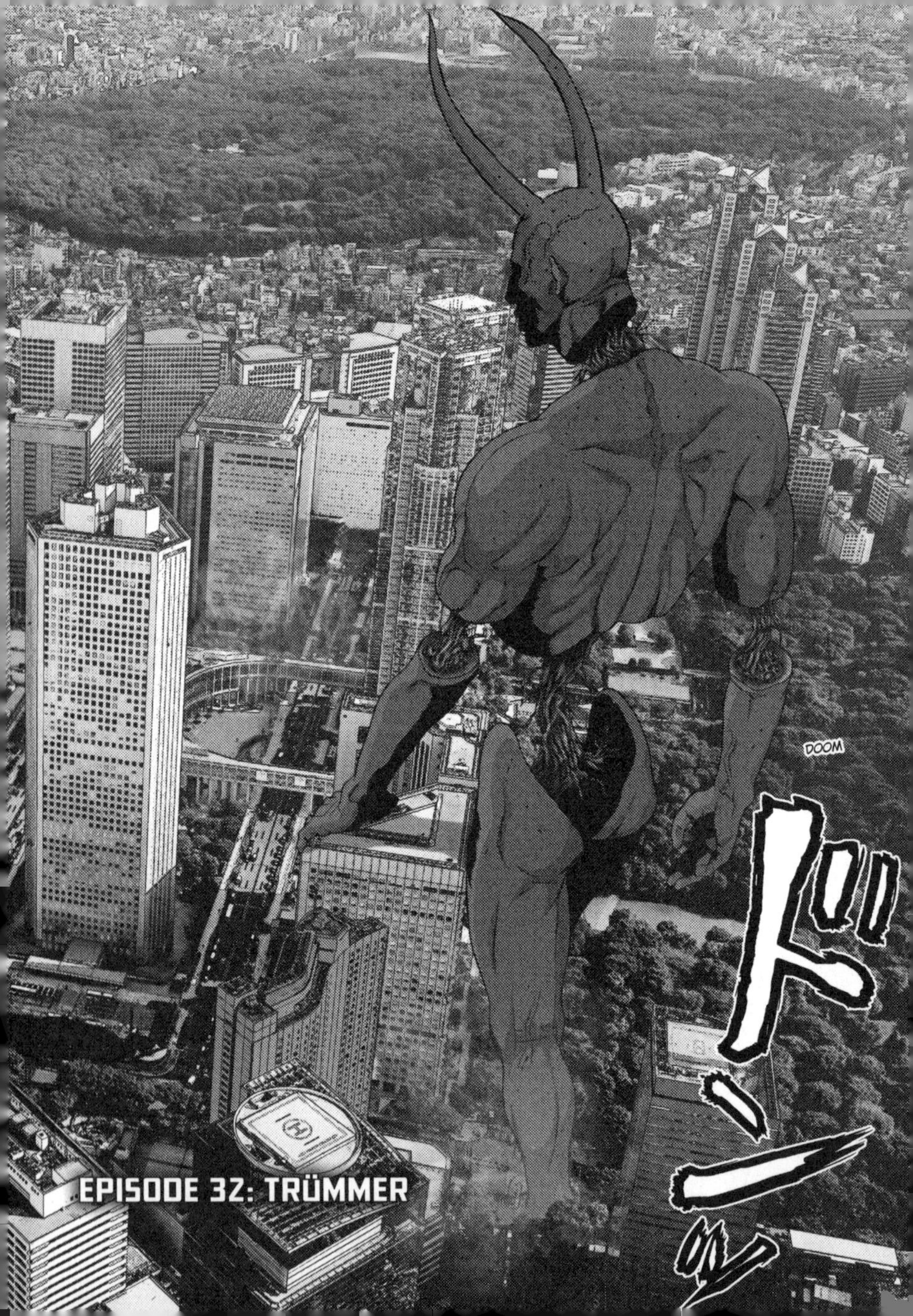
DOOM
ドーン
EPISODE 32: TRÜMMER

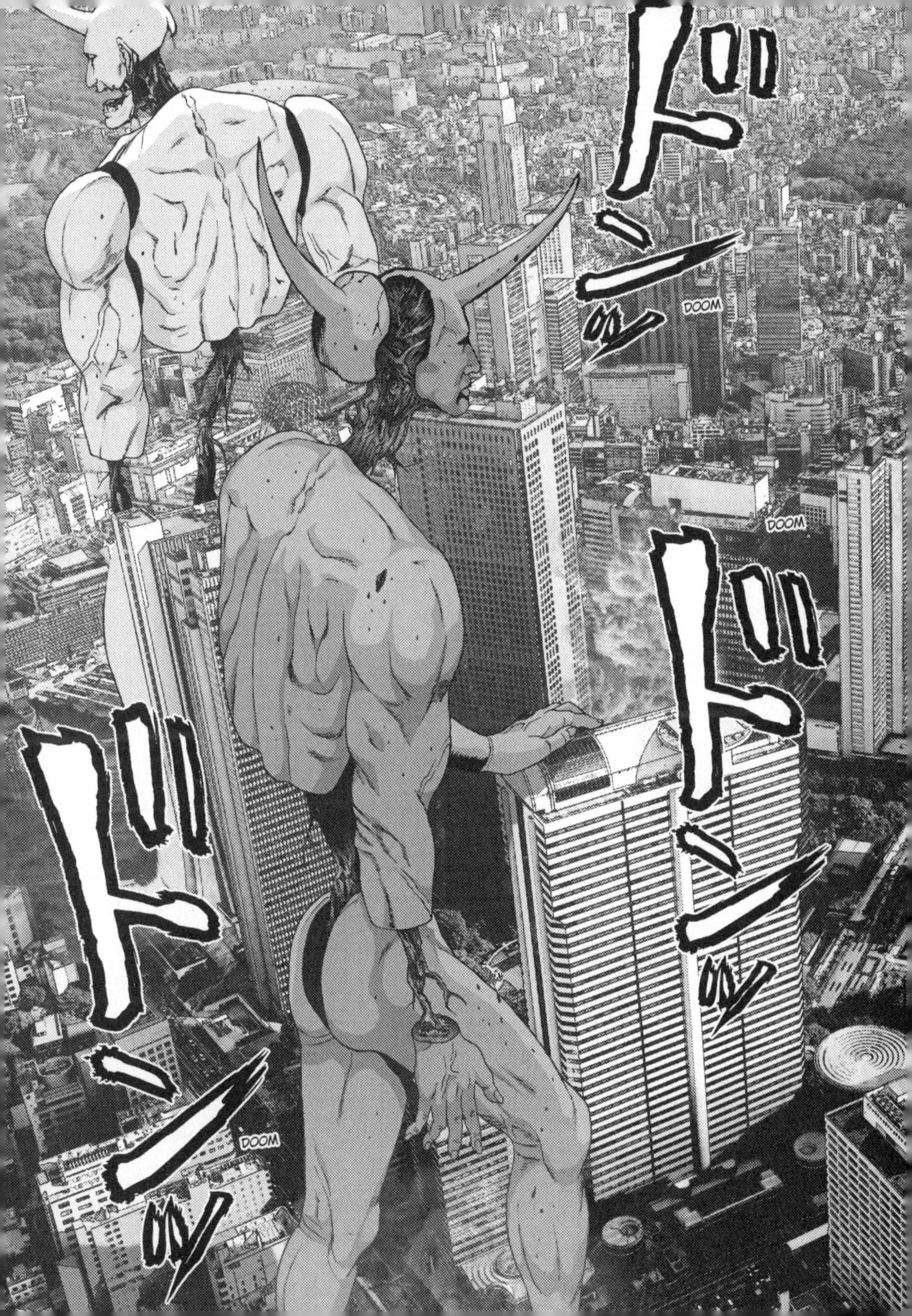
DOOM
DOOM
DOOM

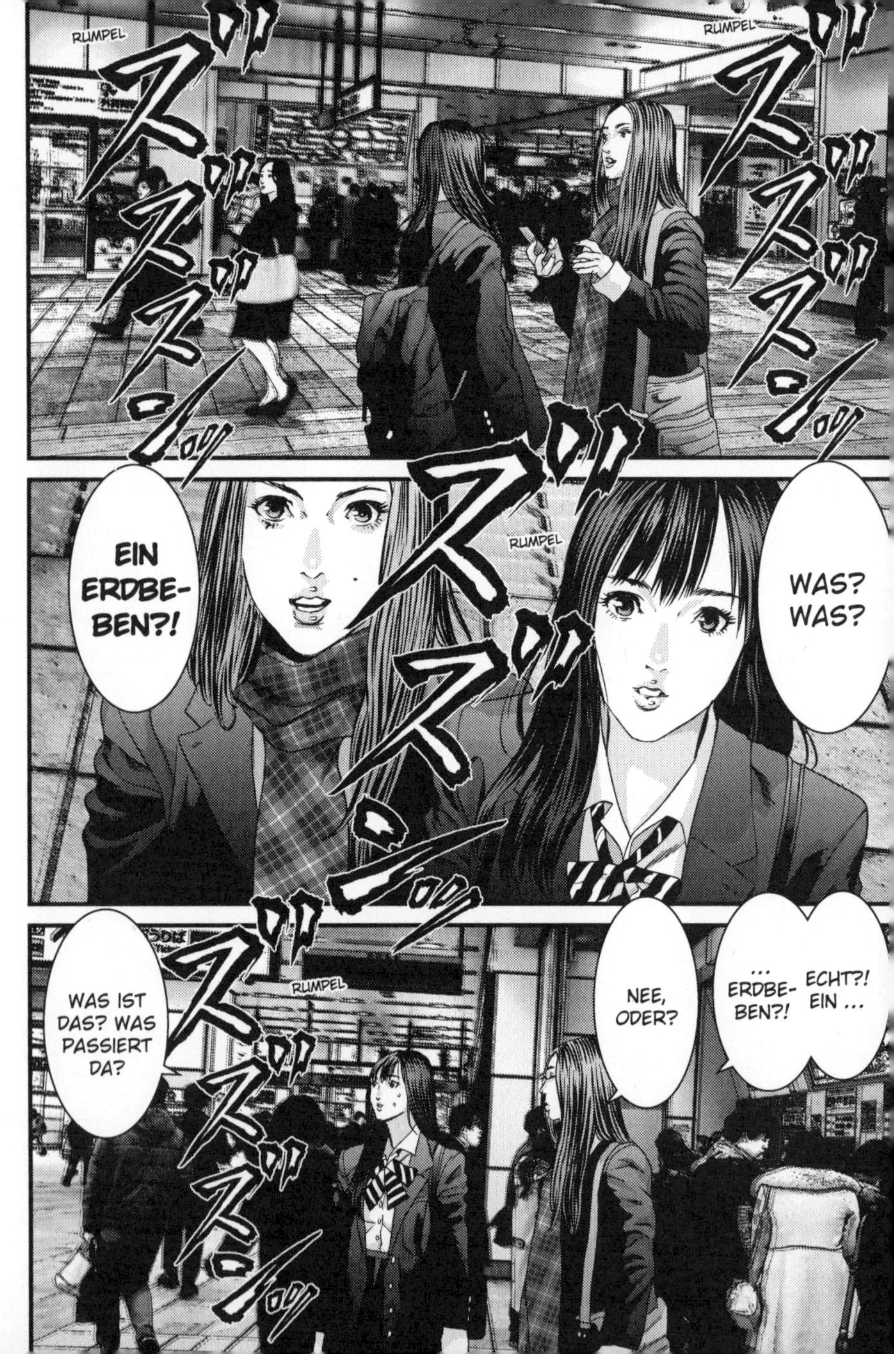
RUMPEL
RUMPEL
RUMPEL
WAS? WAS?
EIN ERDBEBEN?!
RUMPEL
ECHT?! EIN …
… ERDBEBEN?!
NEE, ODER?
WAS IST DAS? WAS PASSIERT DA?

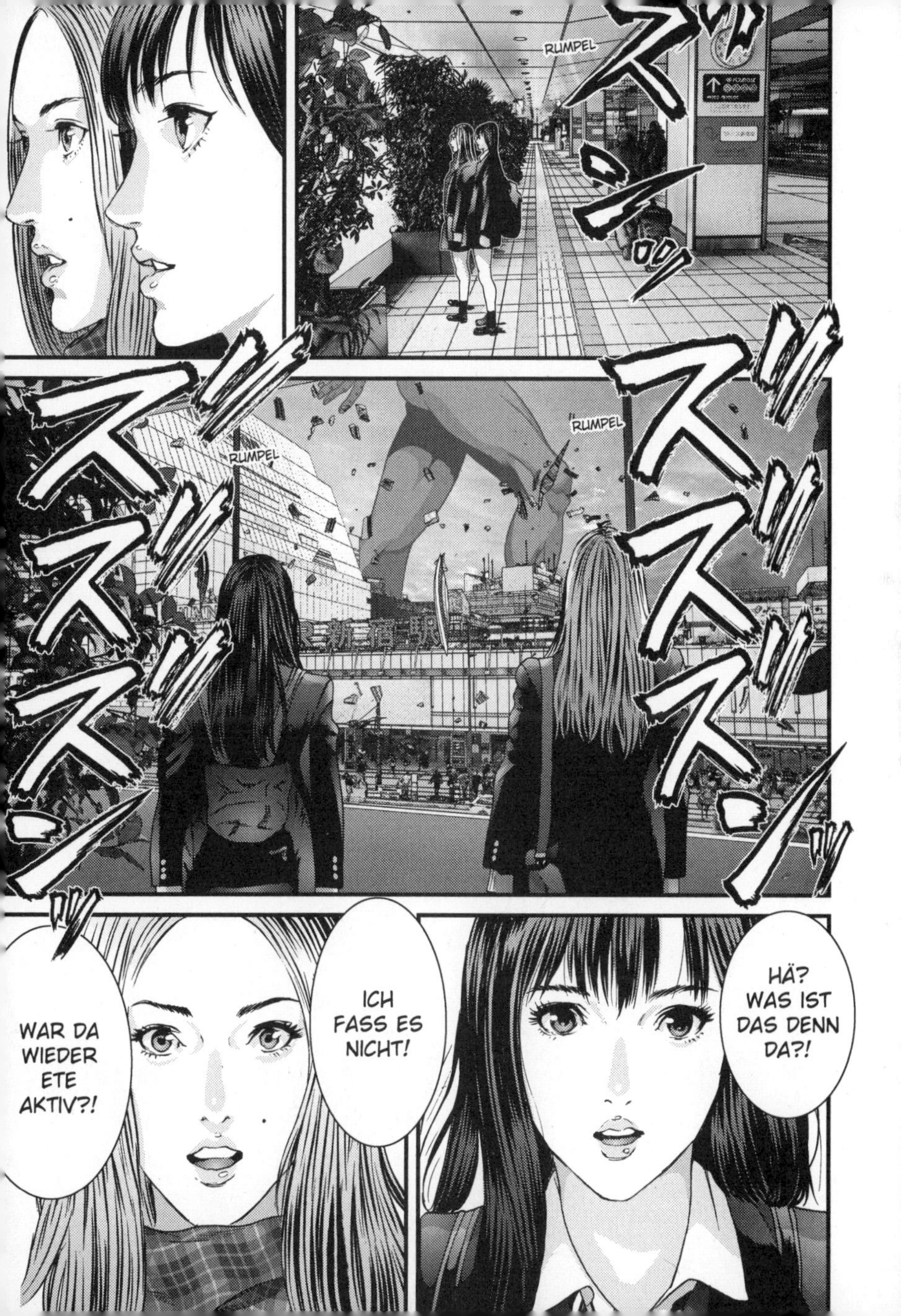
RUMPEL
RUMPEL
RUMPEL
HÄ? WAS IST DAS DENN DA?!
ICH FASS ES NICHT!
WAR DA WIEDER ETE AKTIV?!

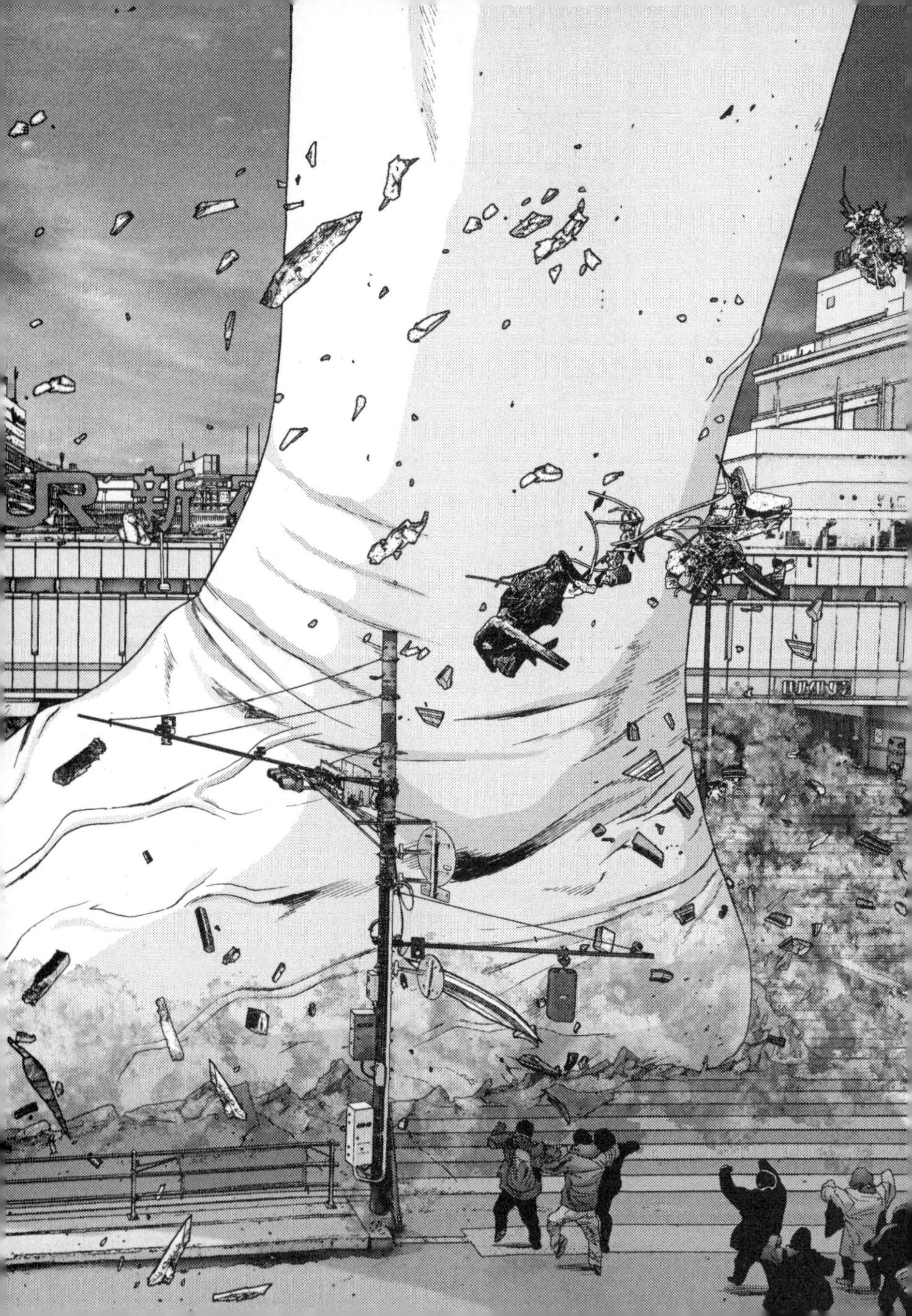
JR新

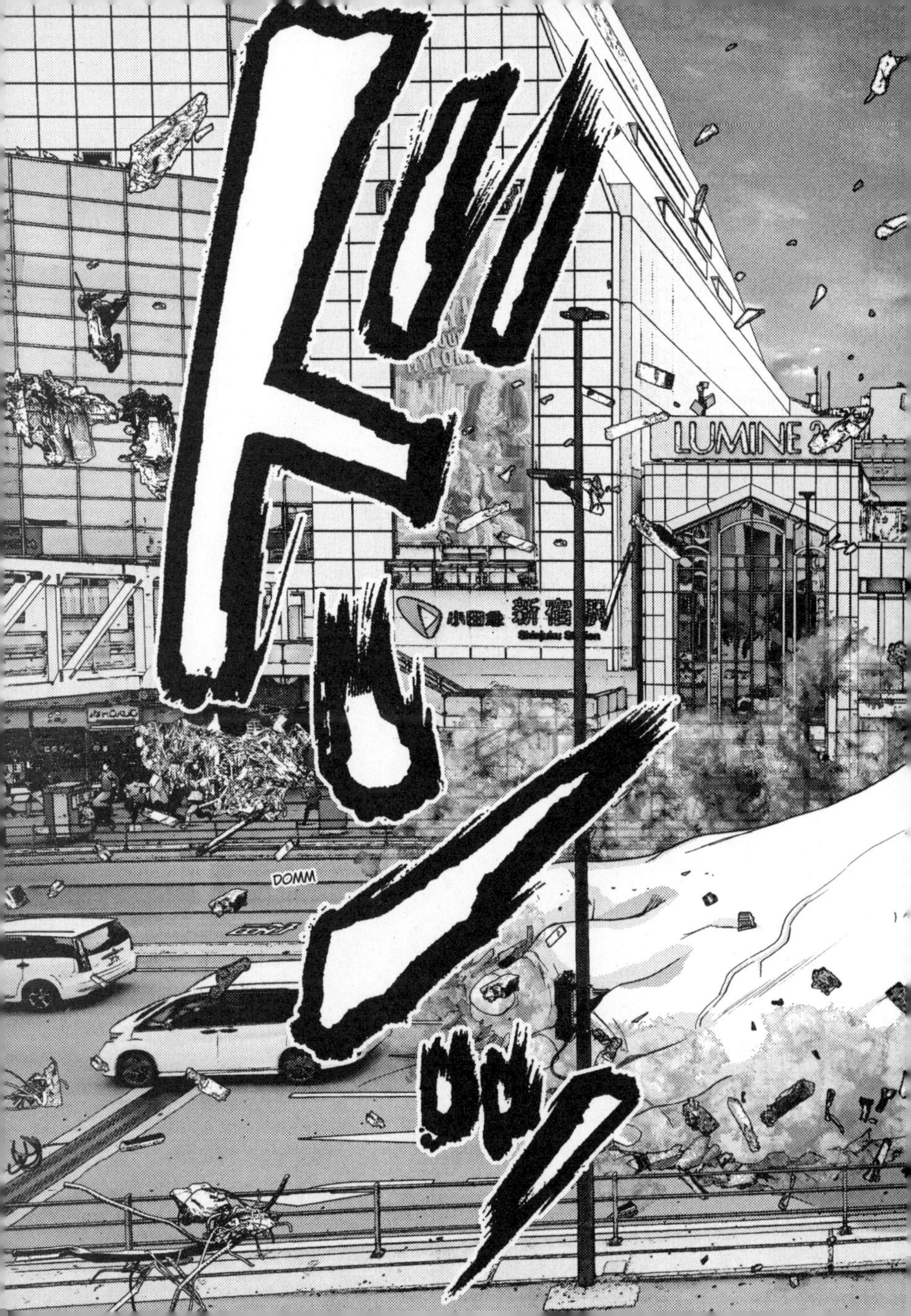
LUMINE 2
小田急 新宿駅
DOMM

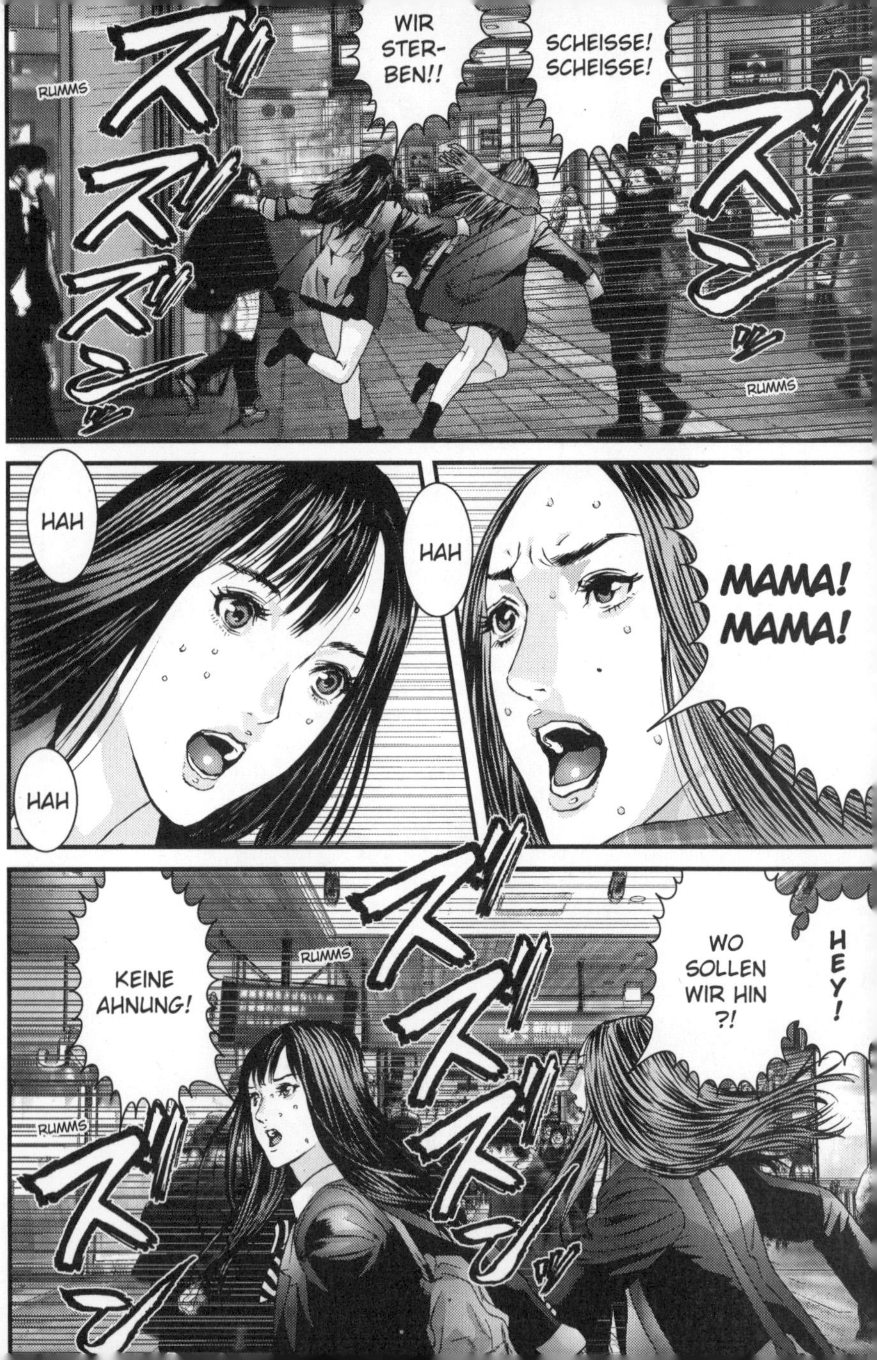

SCHEISSE! SCHEISSE!

WIR STER-BEN!!

RUMMS

RUMMS

MAMA! MAMA!

HAH

HAH

HAH

HEY!

WO SOLLEN WIR HIN ?!

KEINE AHNUNG!

RUMMS

RUMMS

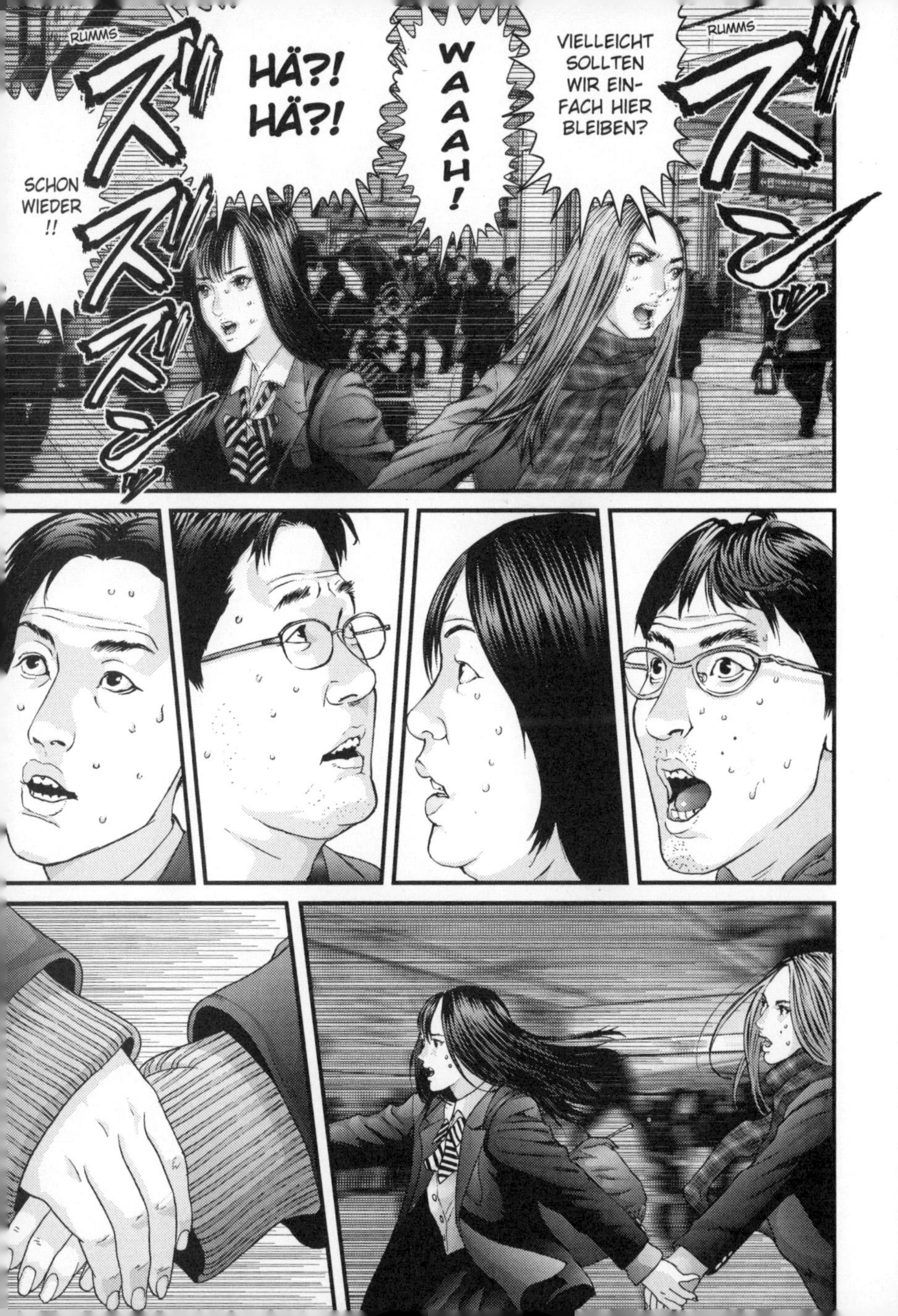

RUMMS
VIELLEICHT SOLLTEN WIR EIN-FACH HIER BLEIBEN?
WAAAAH!
HÄ?! HÄ?!
RUMMS
SCHON WIEDER !!

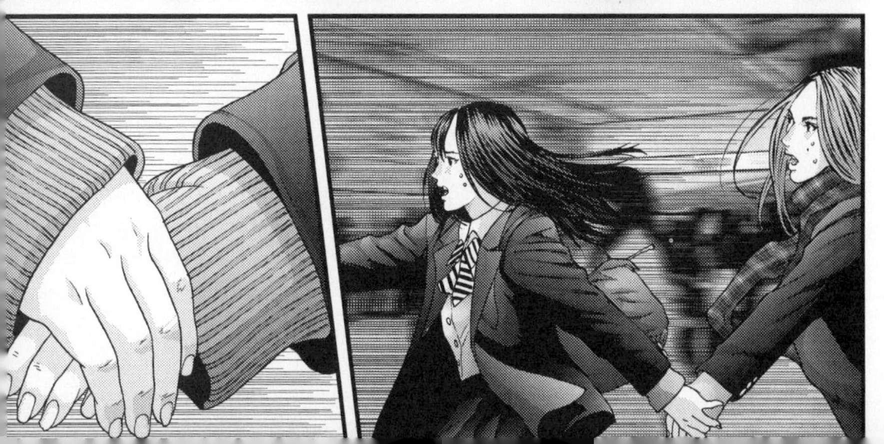

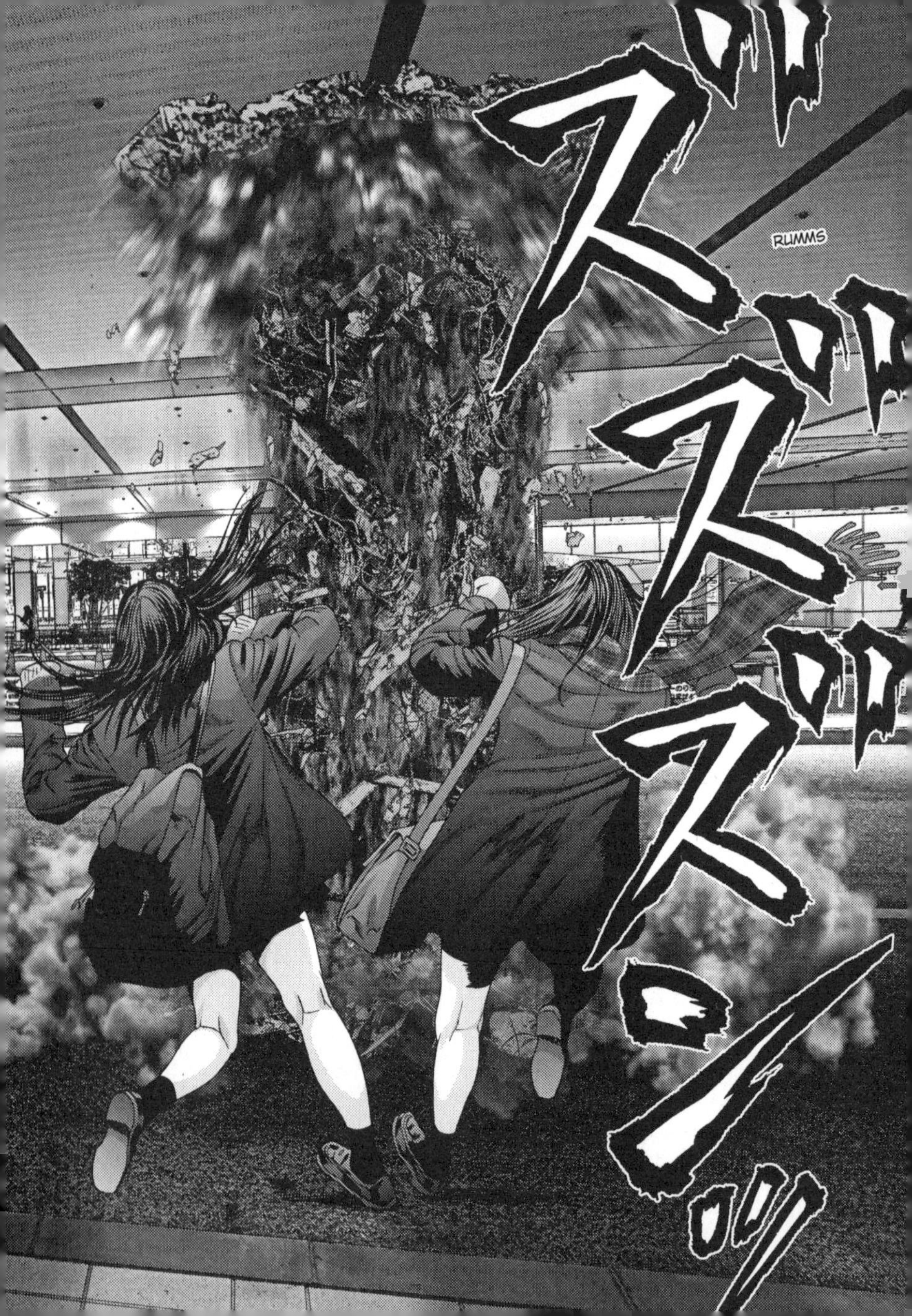

ズズズズーンッ
RUMMS

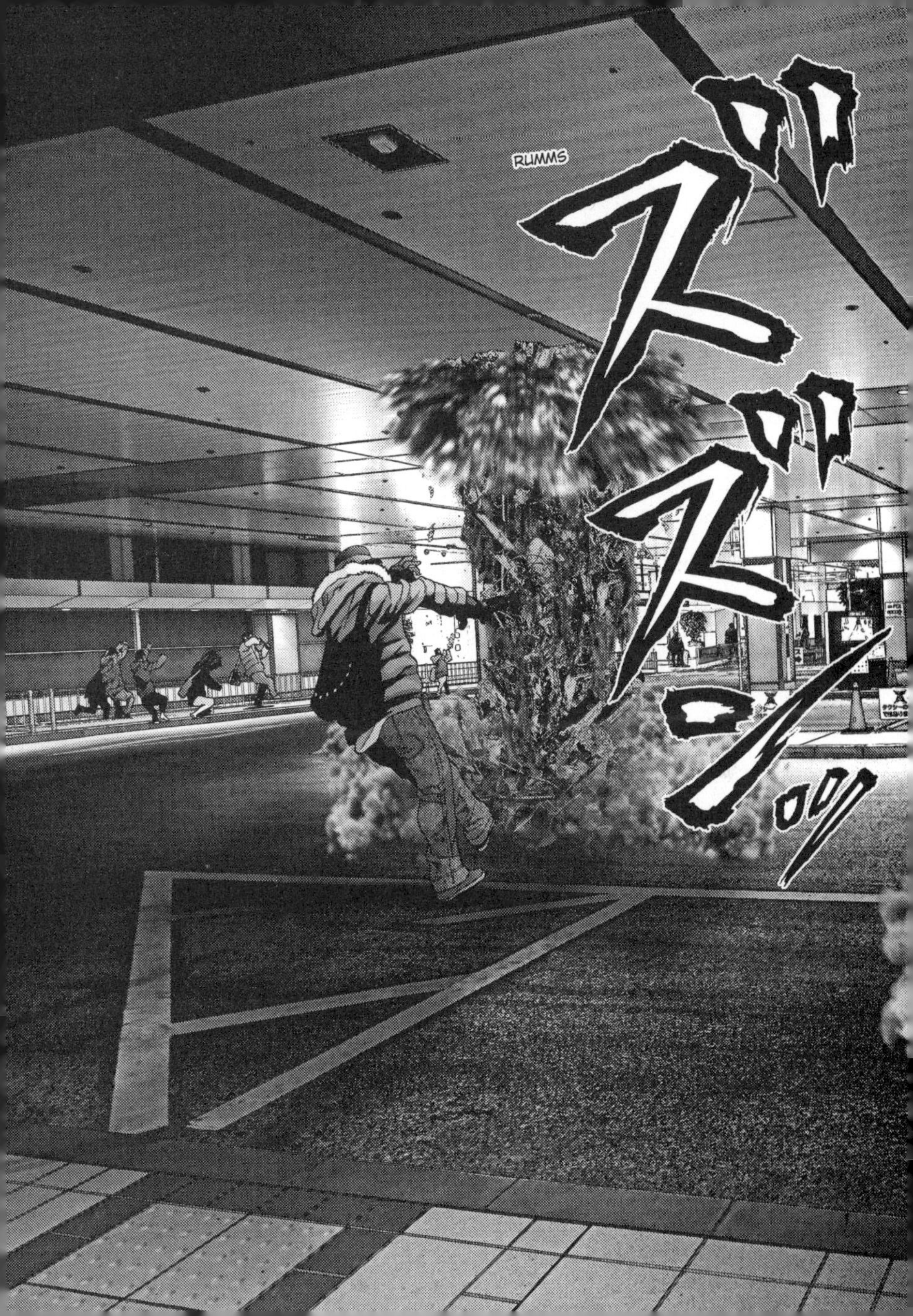
RUMMS

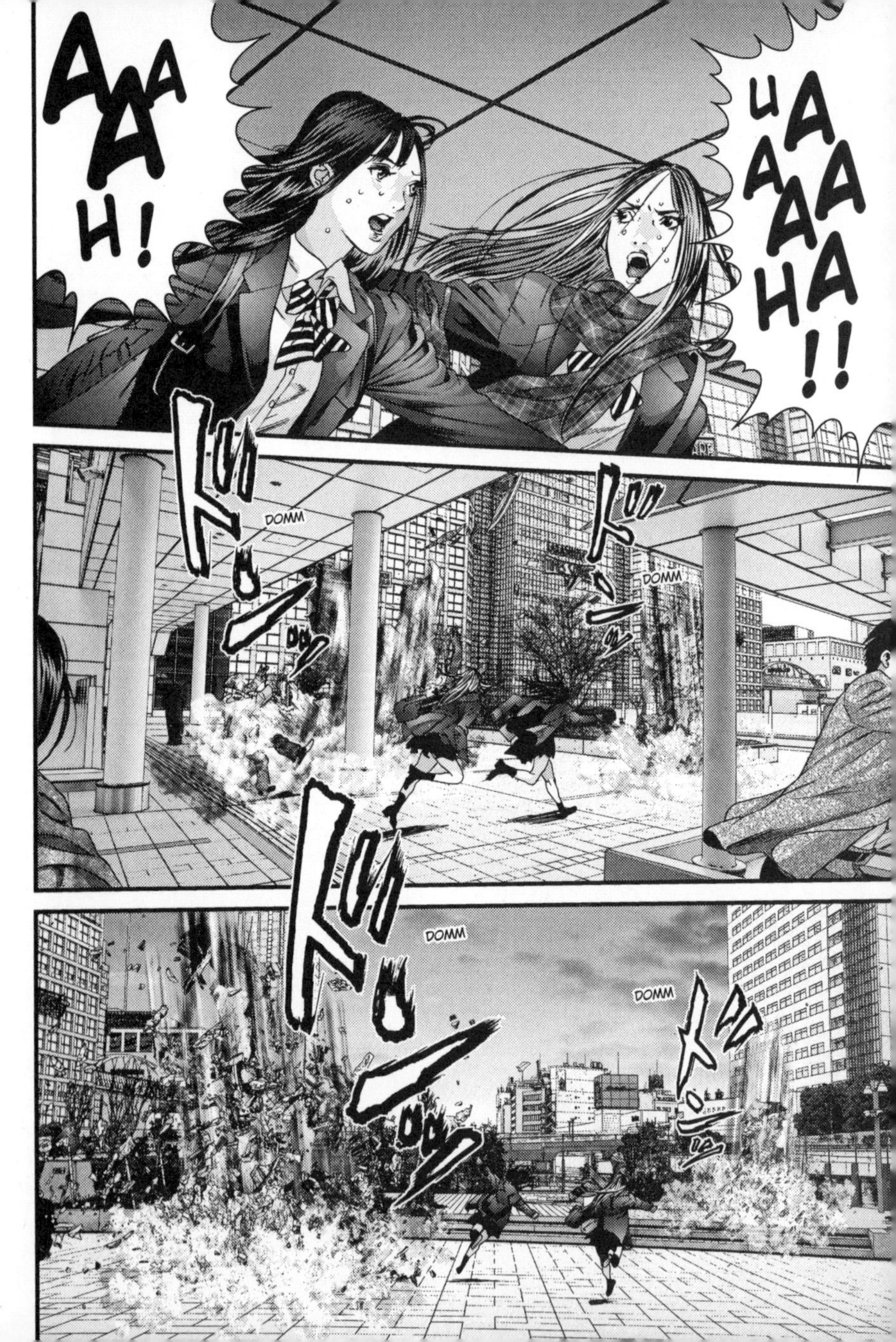
uAAAAHA!!
AAAAH!
DOMM
DOMM
DOMM
DOMM
DOMM

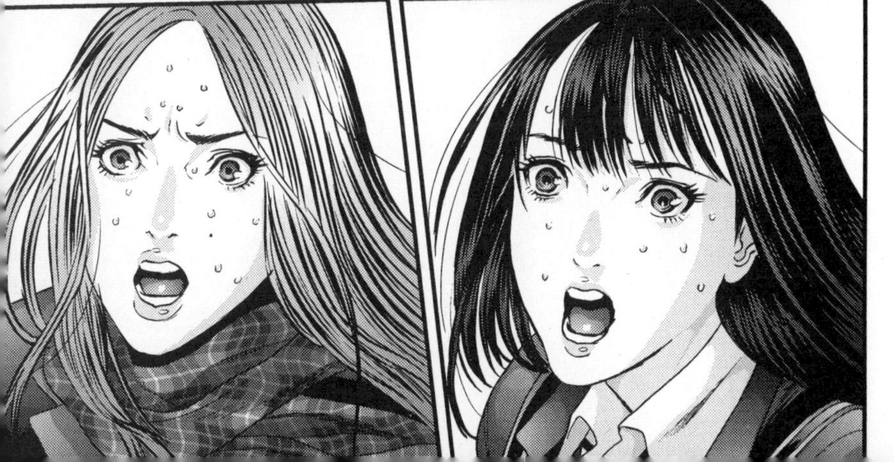
DOMM
GWOOO
GWOMM

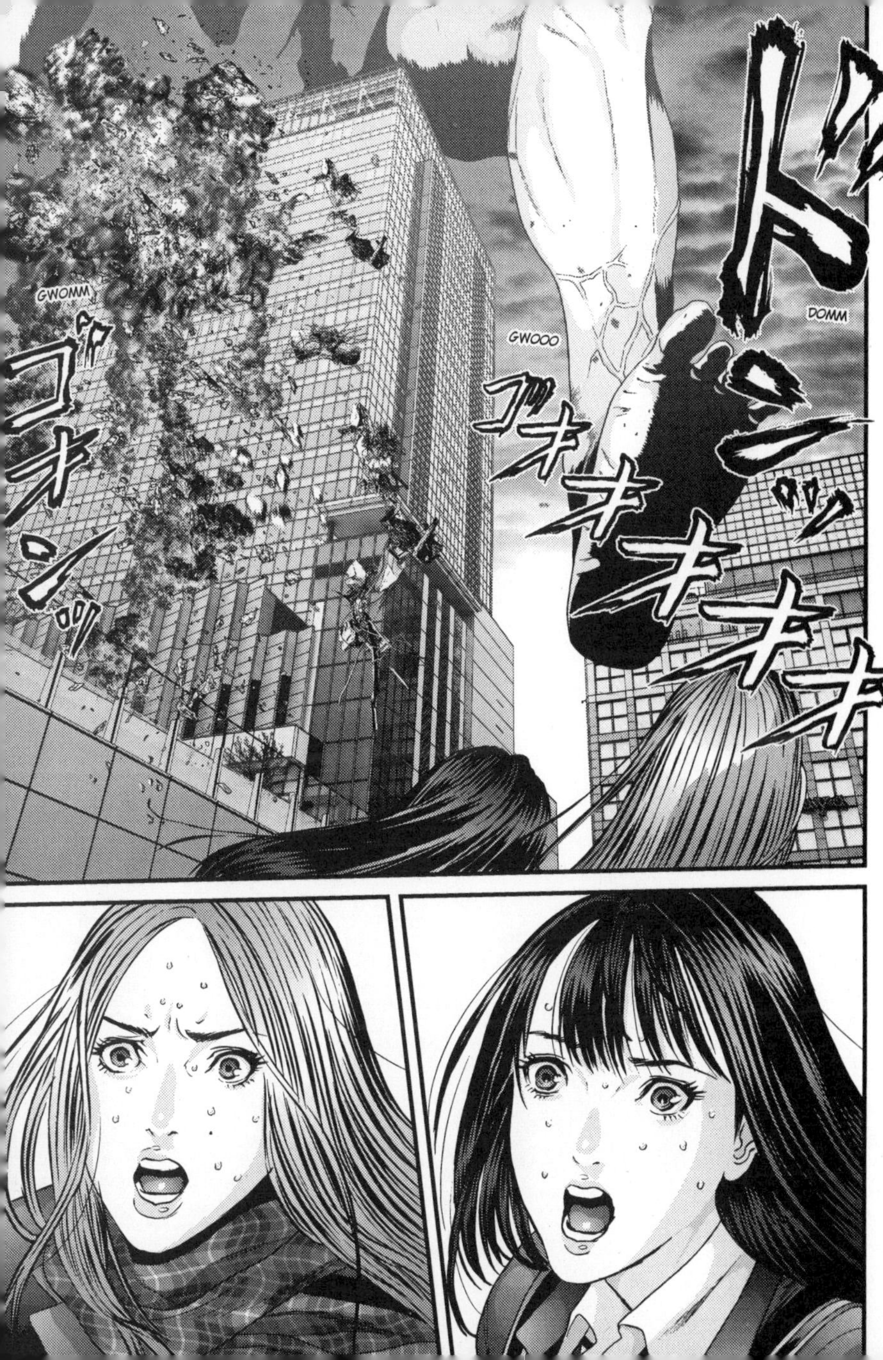

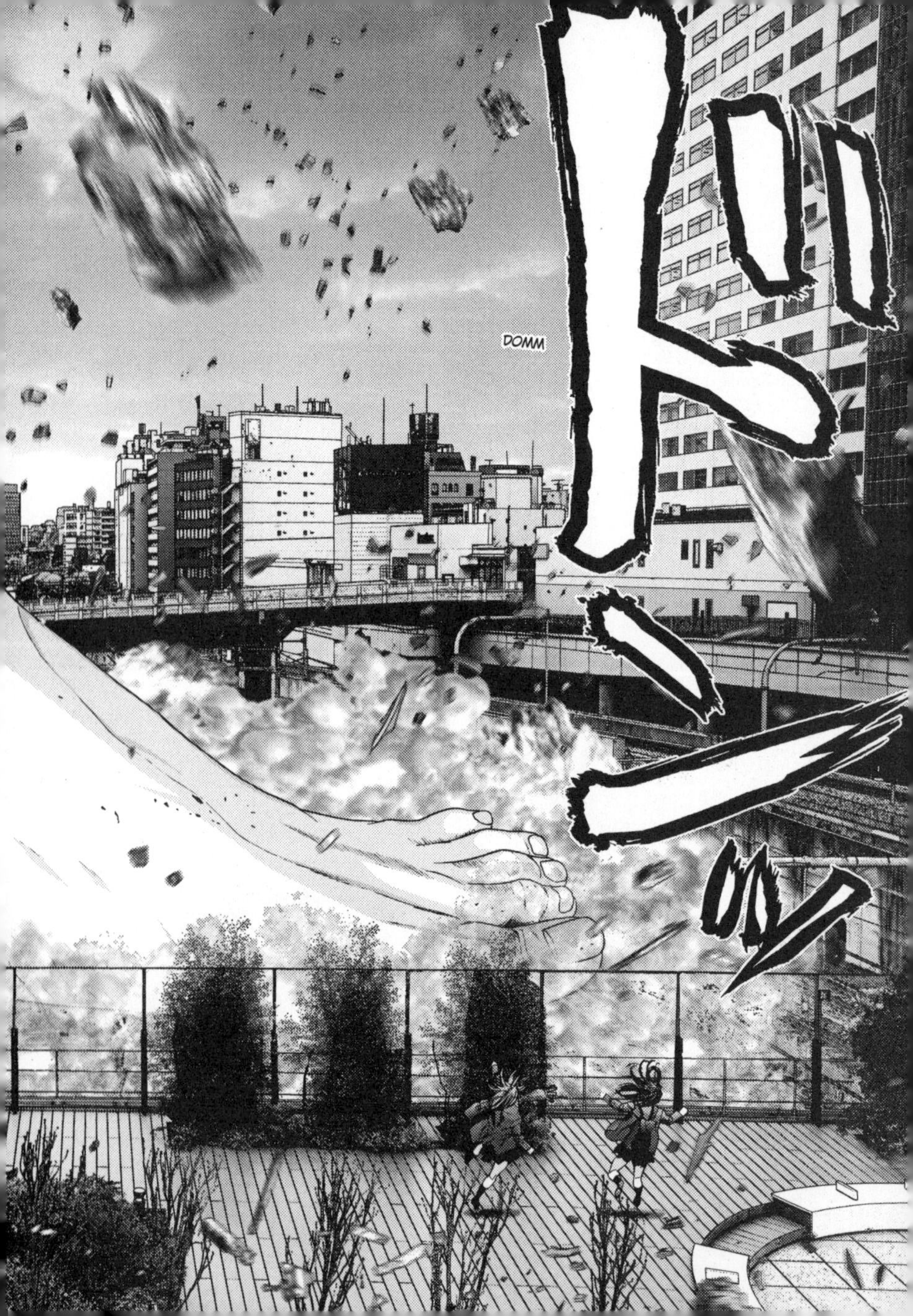
DOMM

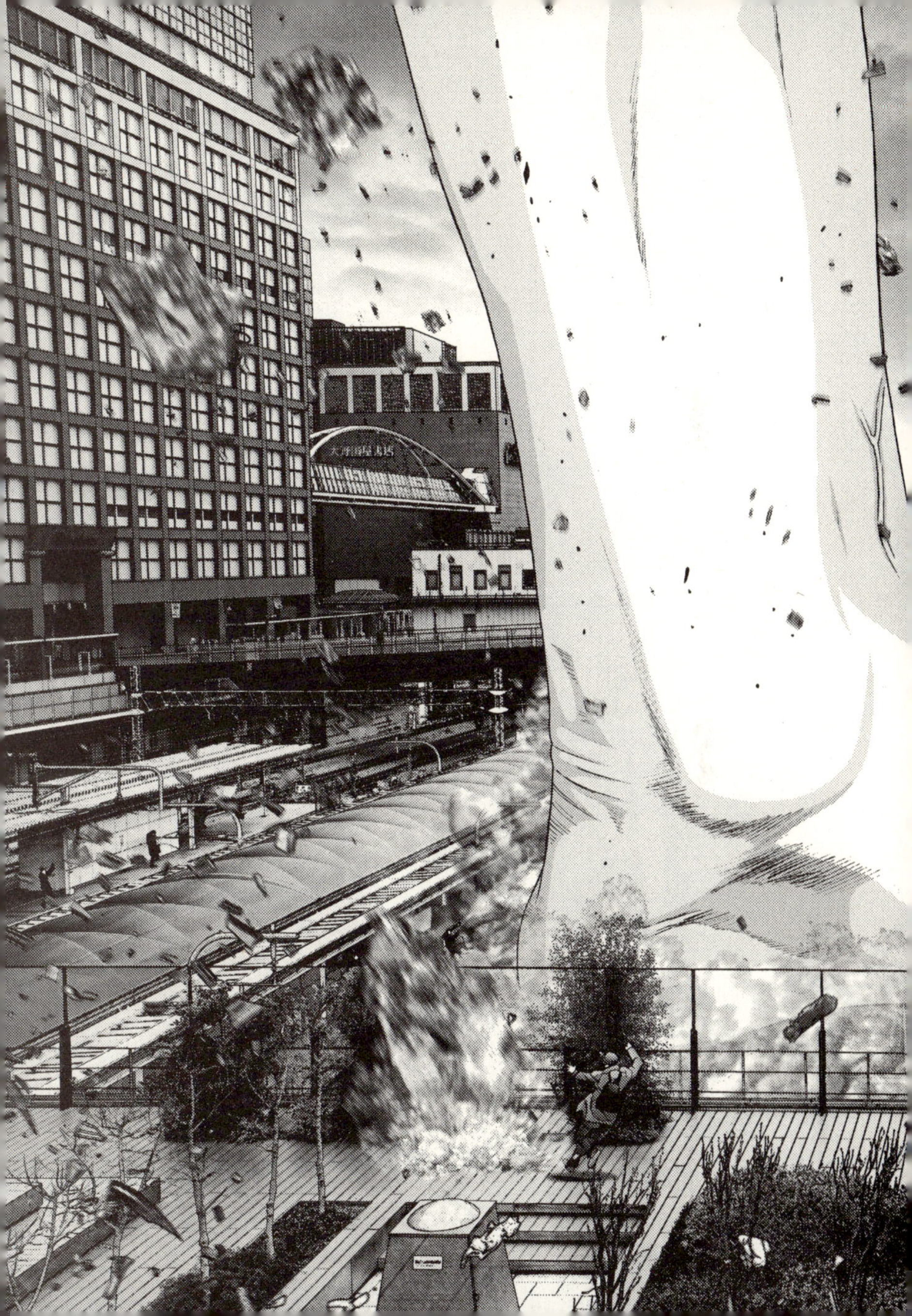

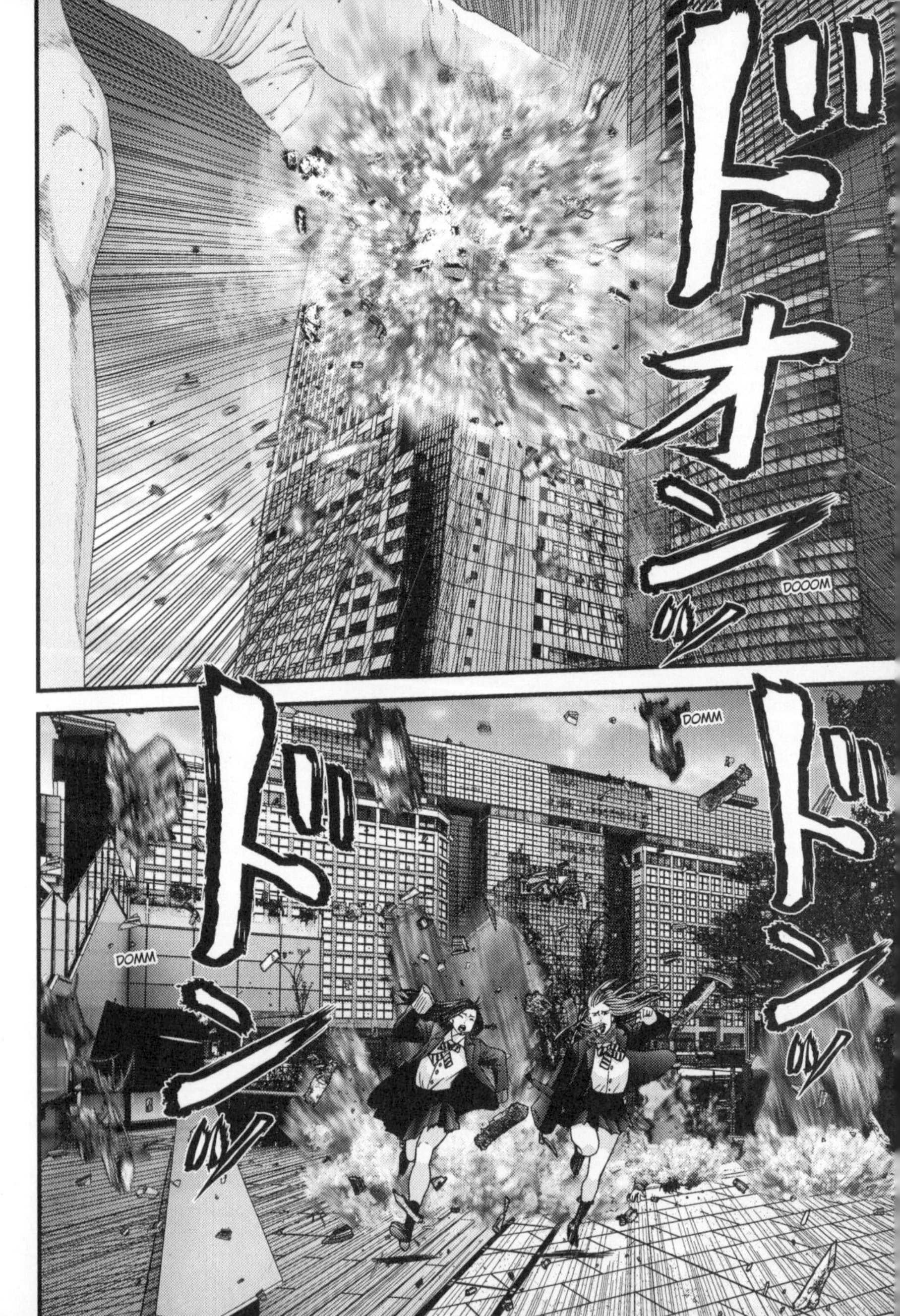
ドオーンッ
DOOOM
ドドーンッ
DOMM
ドドーンッ
DOMM

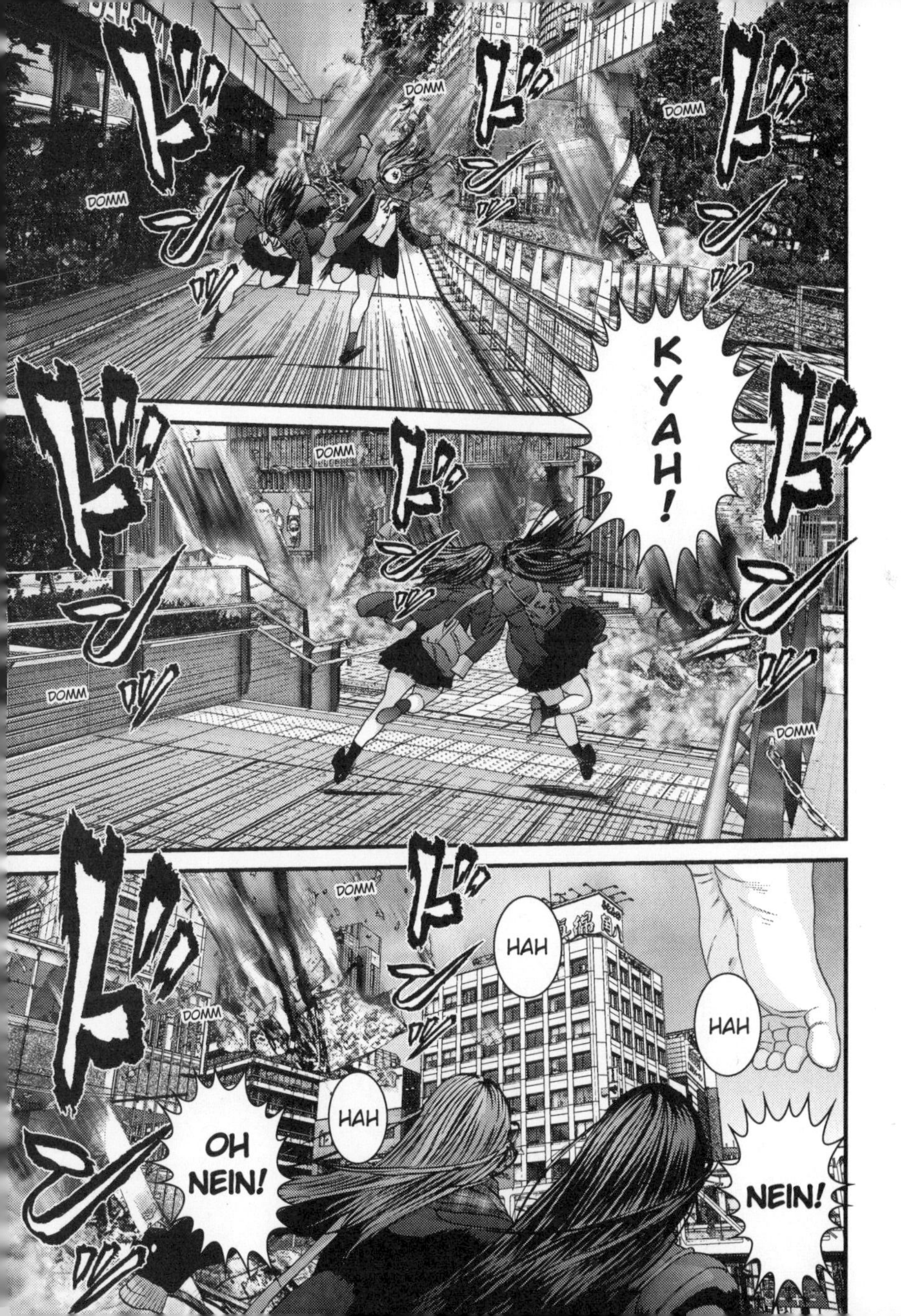

DOMM
DOMM
DOMM
KYAH!
DOMM
DOMM
DOMM
DOMM
DOMM
HAH
HAH
HAH
NEIN!
OH NEIN!
DOMM

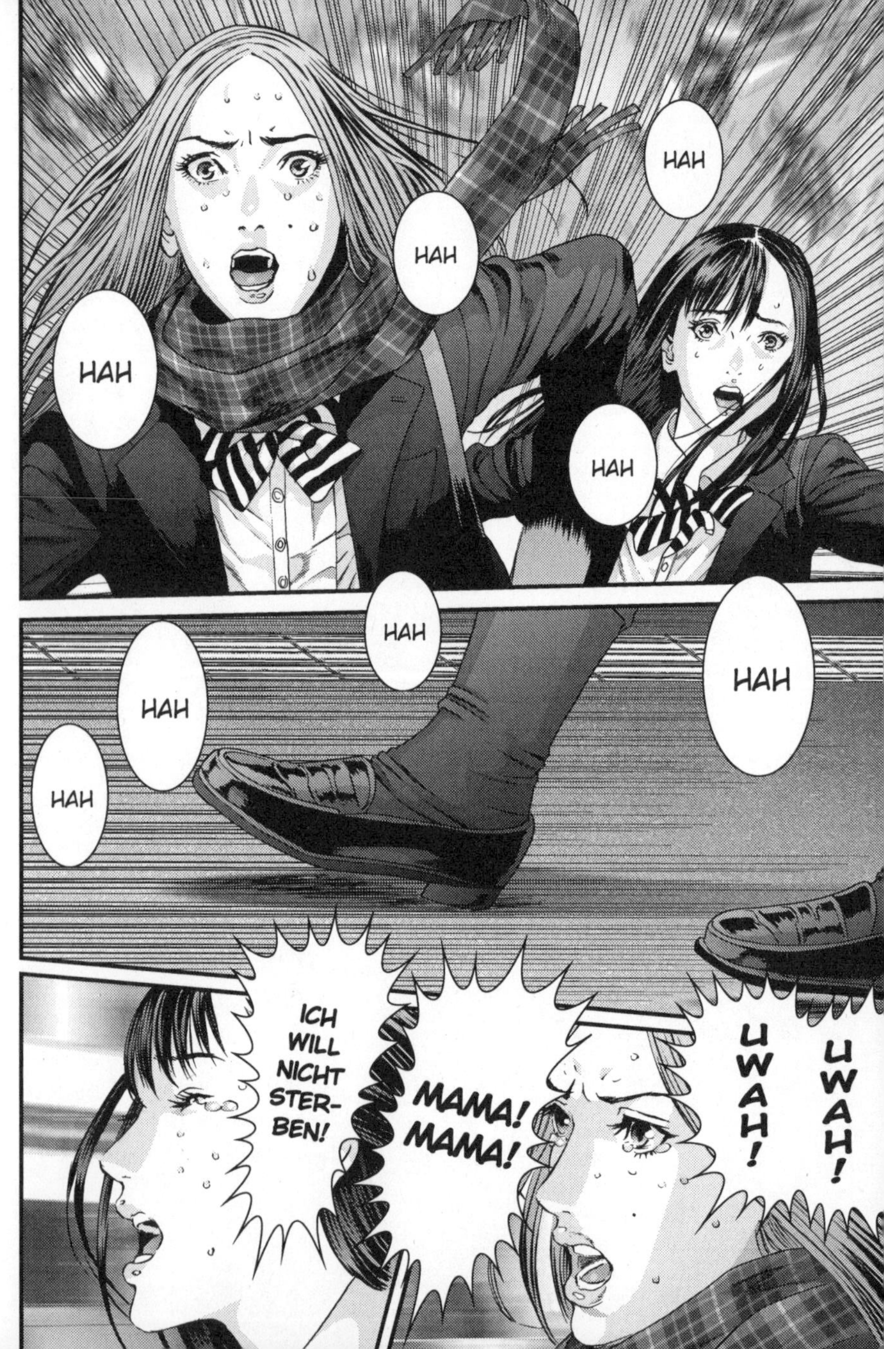
HAH
HAH
HAH
HAH
HAH
HAH
HAH
HAH
UWAH!
UWAH!
MAMA! MAMA!
ICH WILL NICHT STER-BEN!

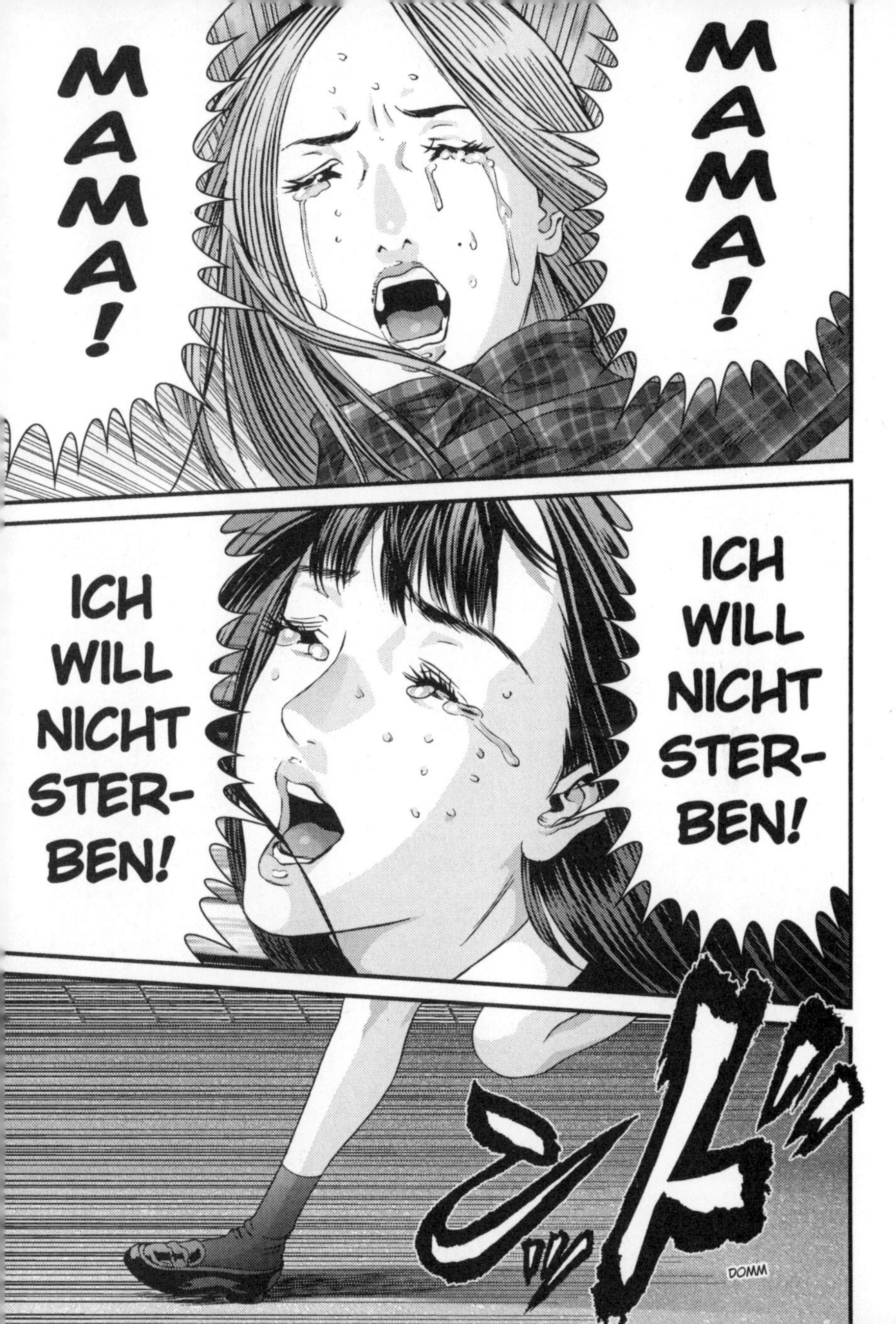
MAMA!
MAMA!
ICH WILL NICHT STER-BEN!
ICH WILL NICHT STER-BEN!
DOMM

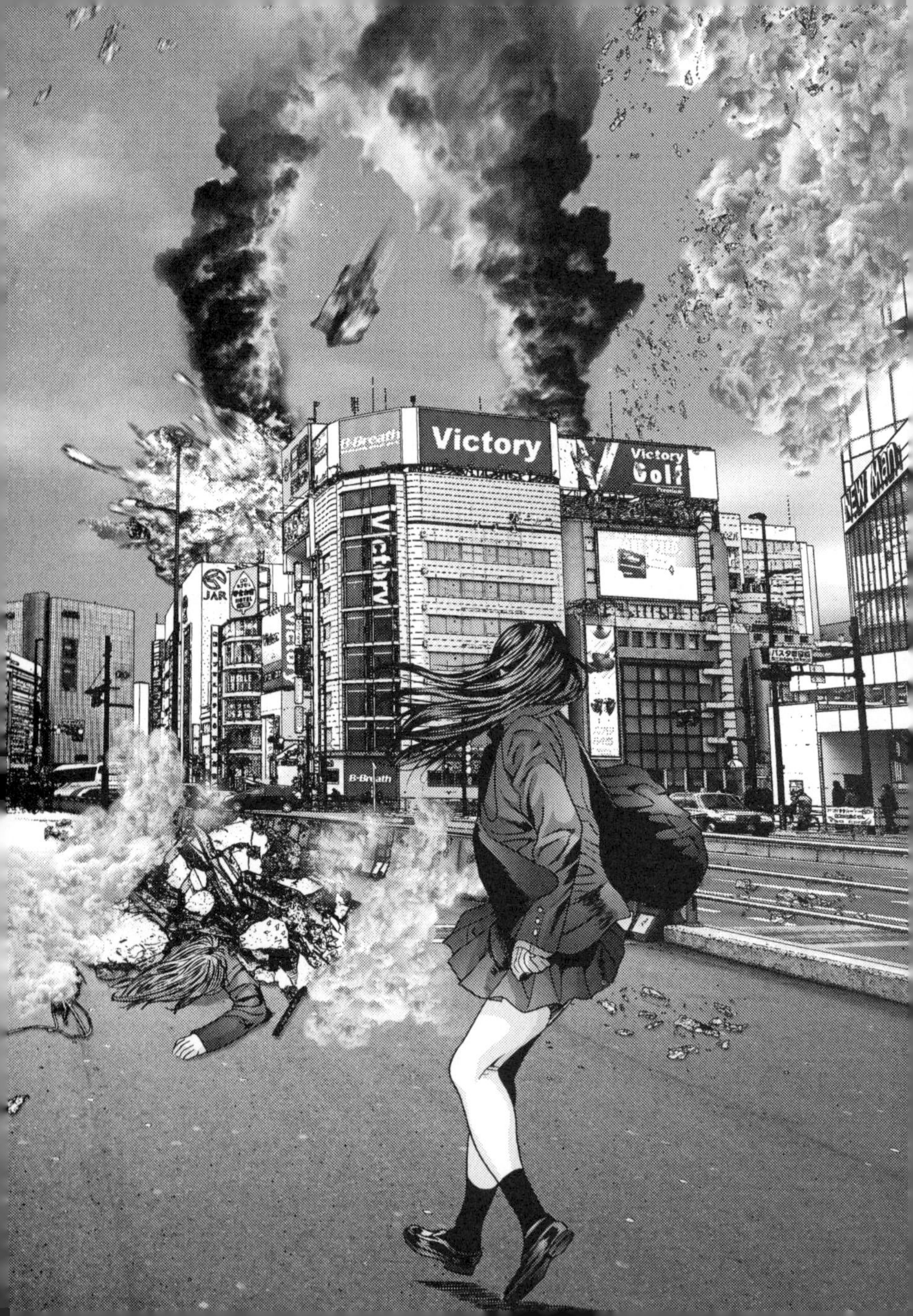
B-Breath
Victory
Victory
Golf
Premium
NEW Man
JAR
Victory
B-Breath

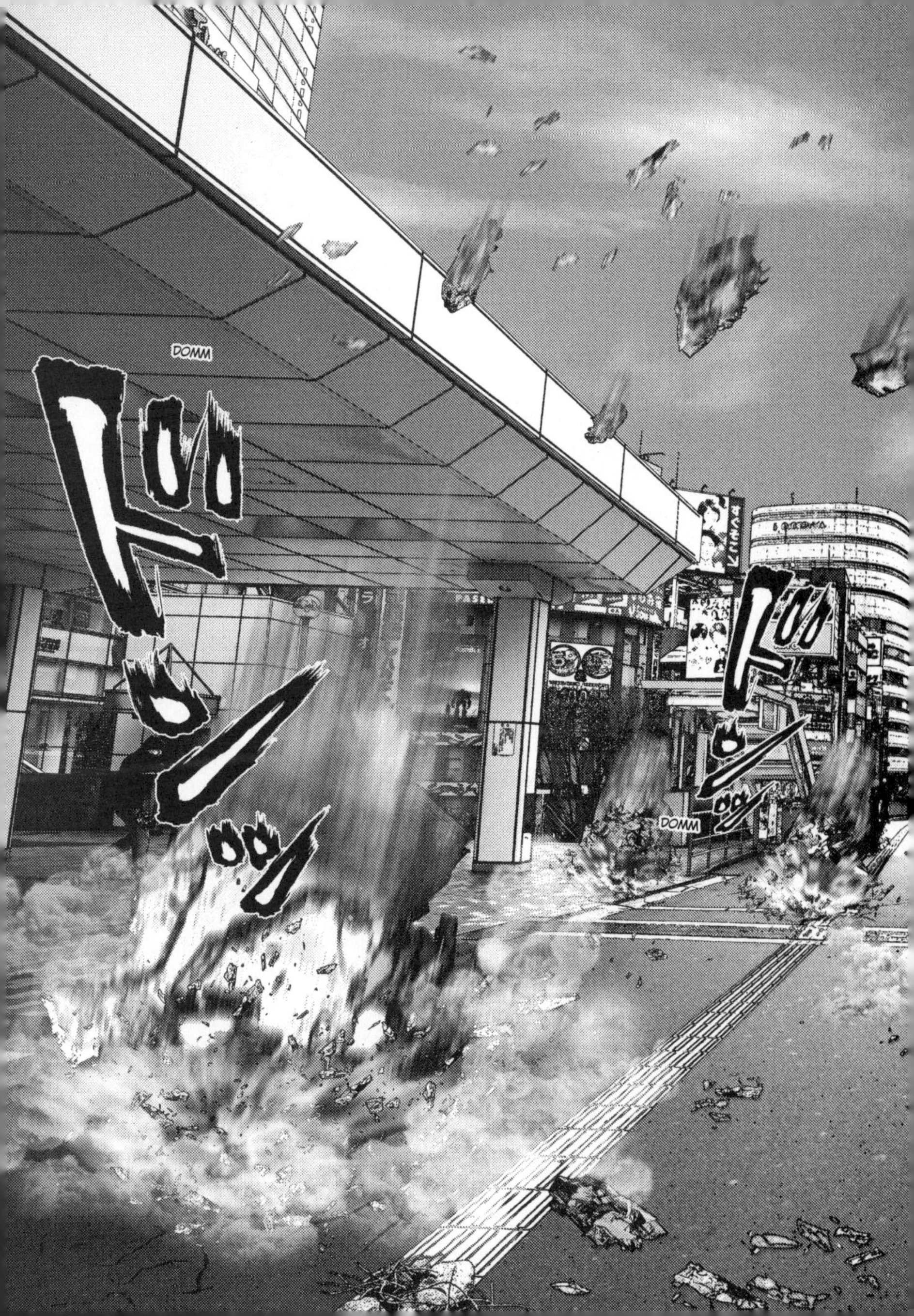
DOMM
DOMM

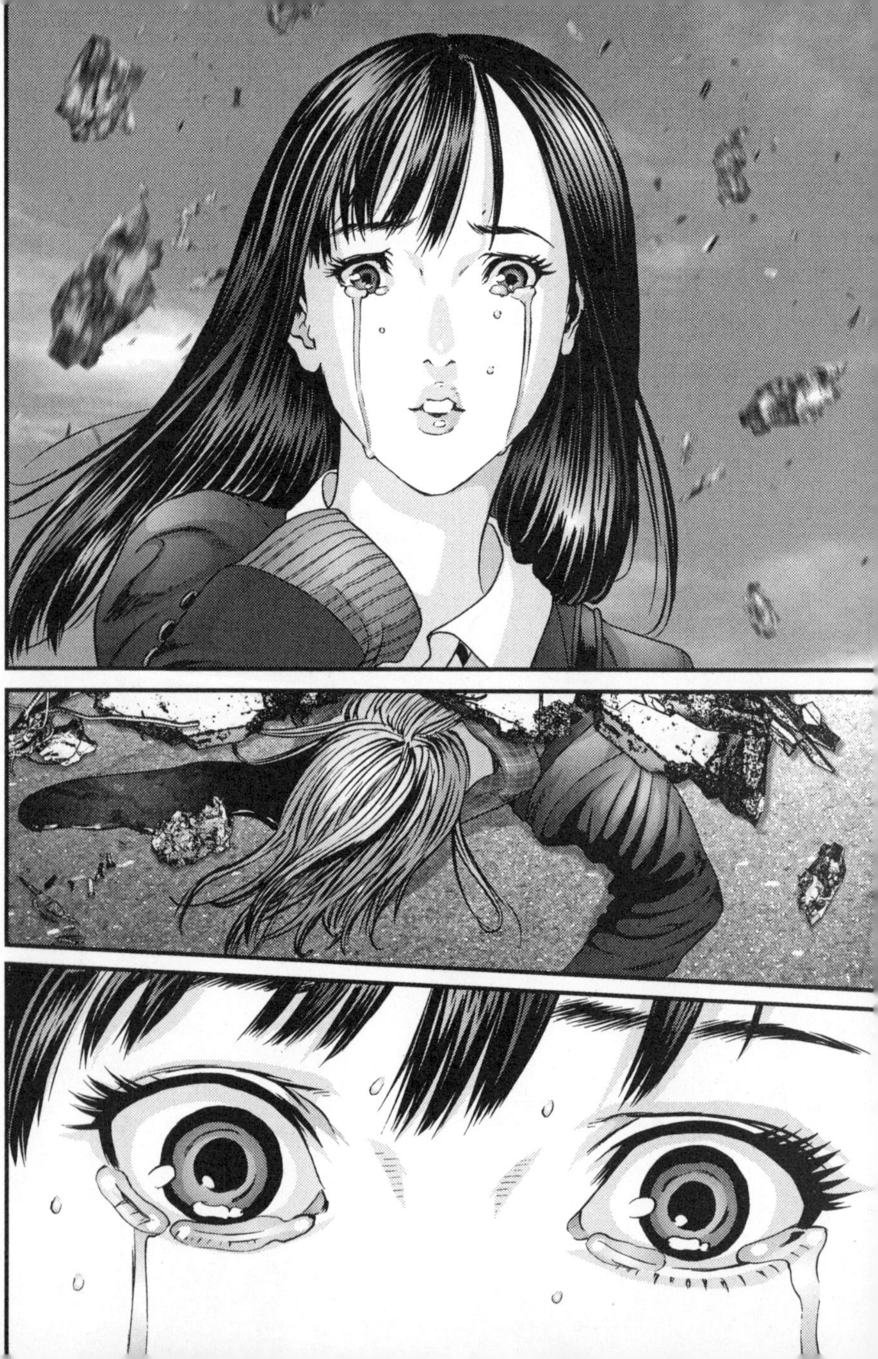

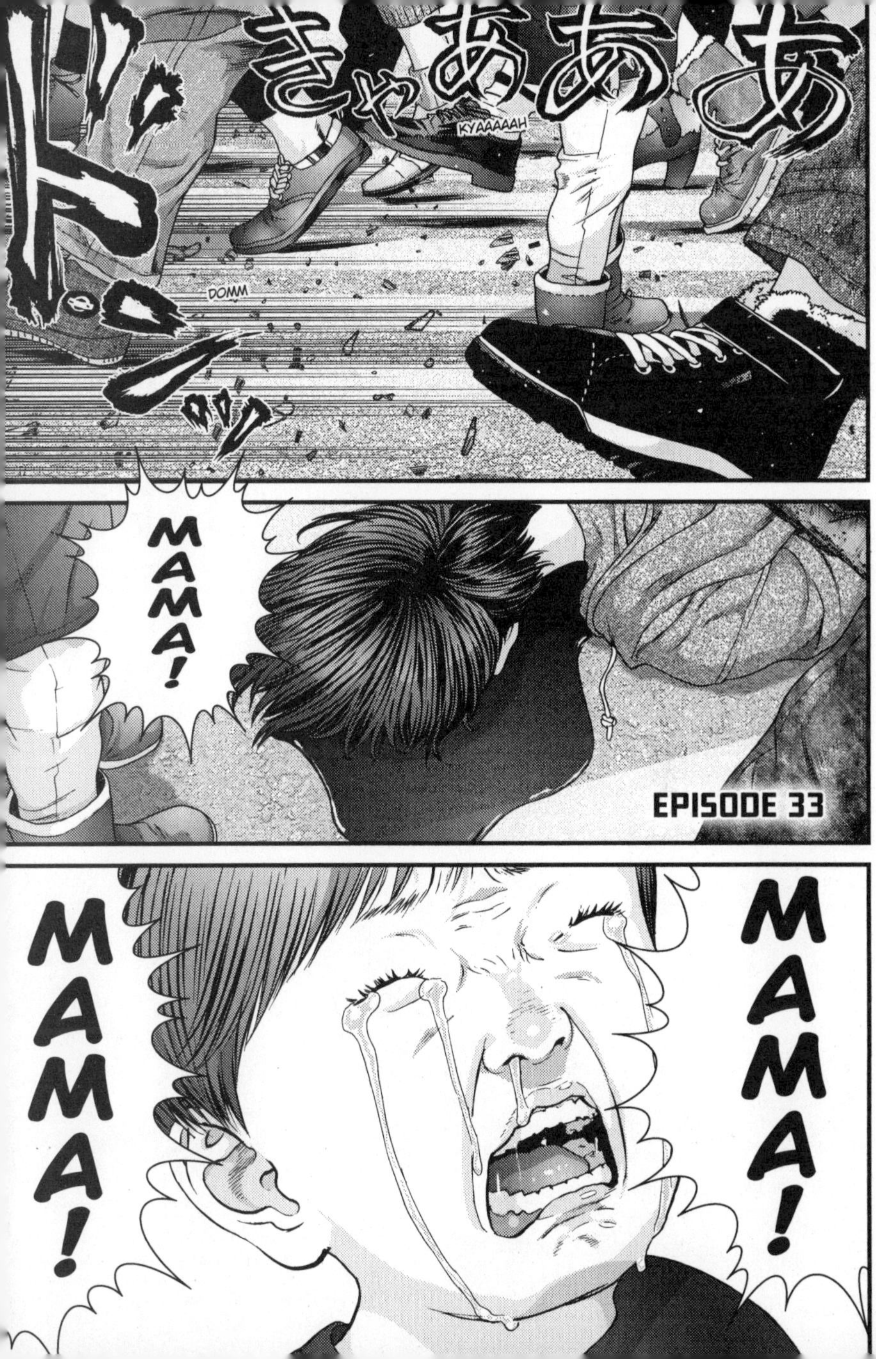

きゃあああ

KYAAAAAH

DOMM

MAMA!

EPISODE 33

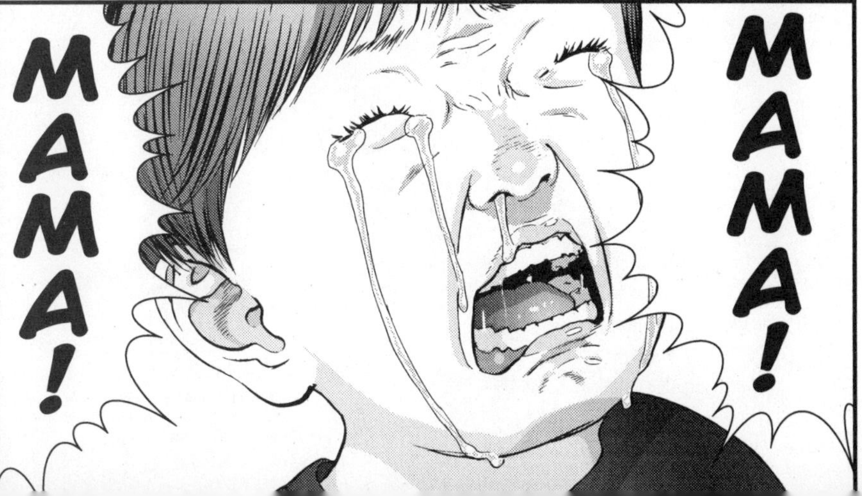

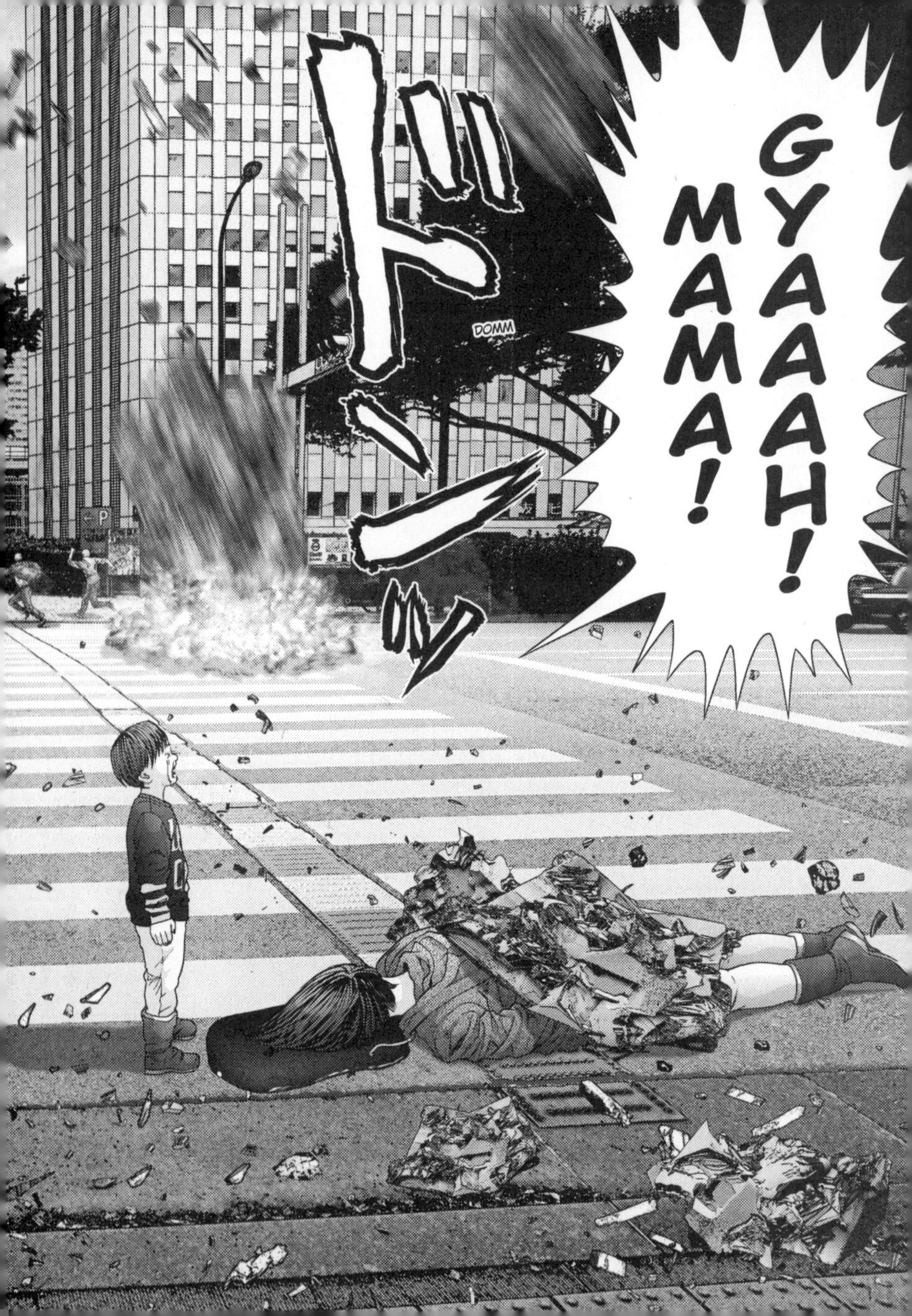
GYAAAH! MAMA!
DOMM

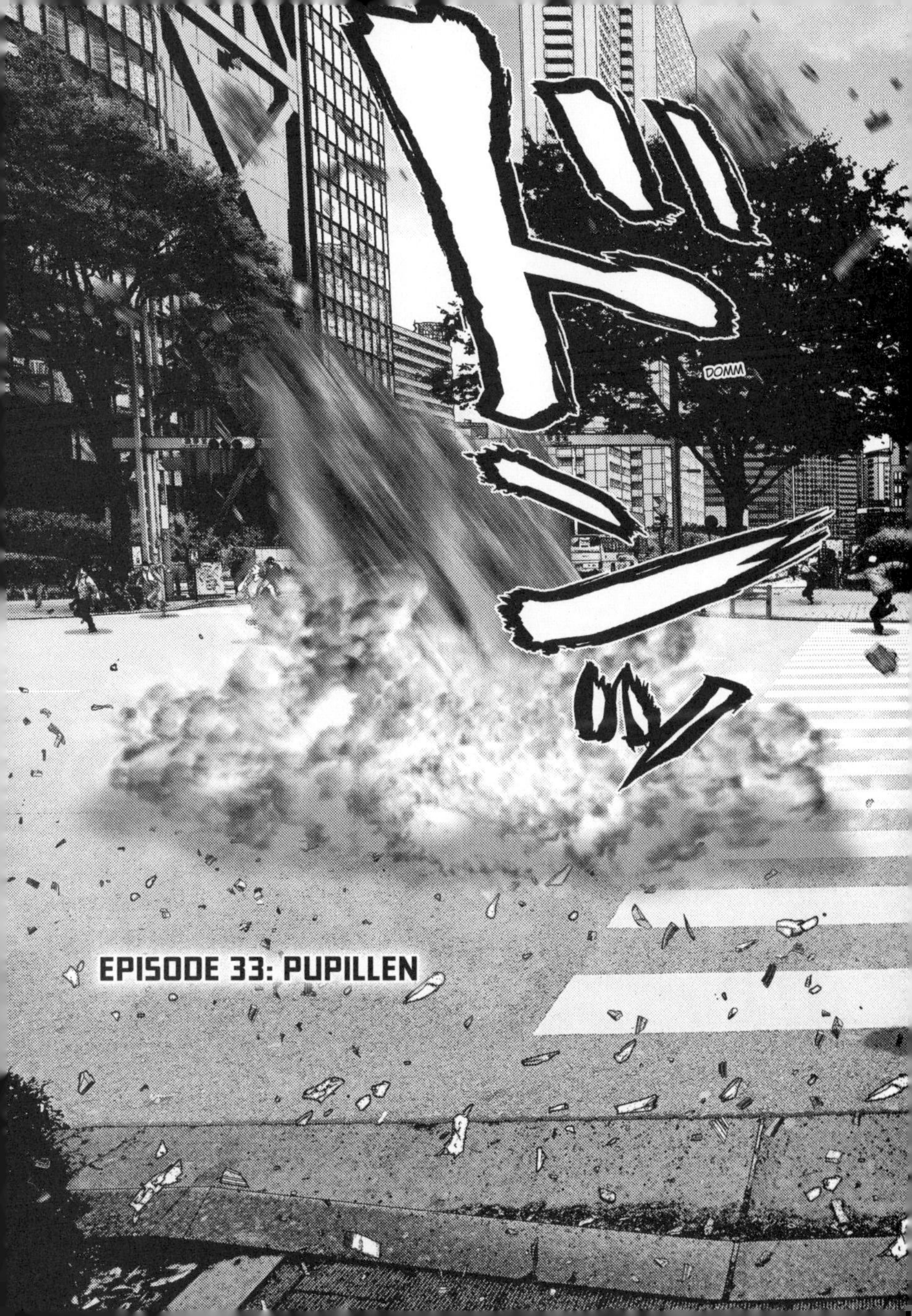
DOMM
EPISODE 33: PUPILLEN

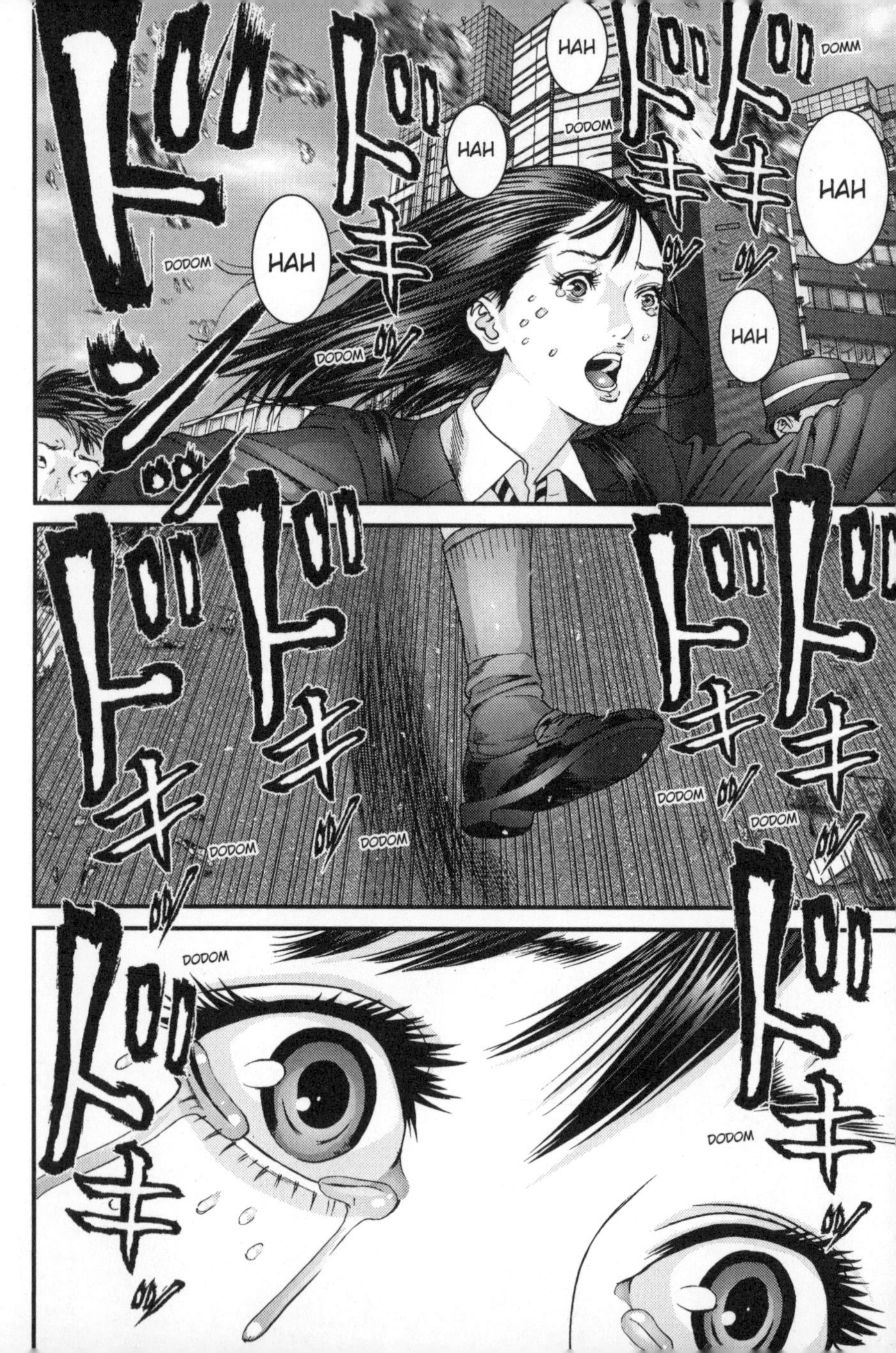

DOMM
HAH
DODOM
HAH
HAH
HAH
DODOM
HAH
DODOM
DODOM
DODOM
DODOM
DODOM
DODOM
DODOM

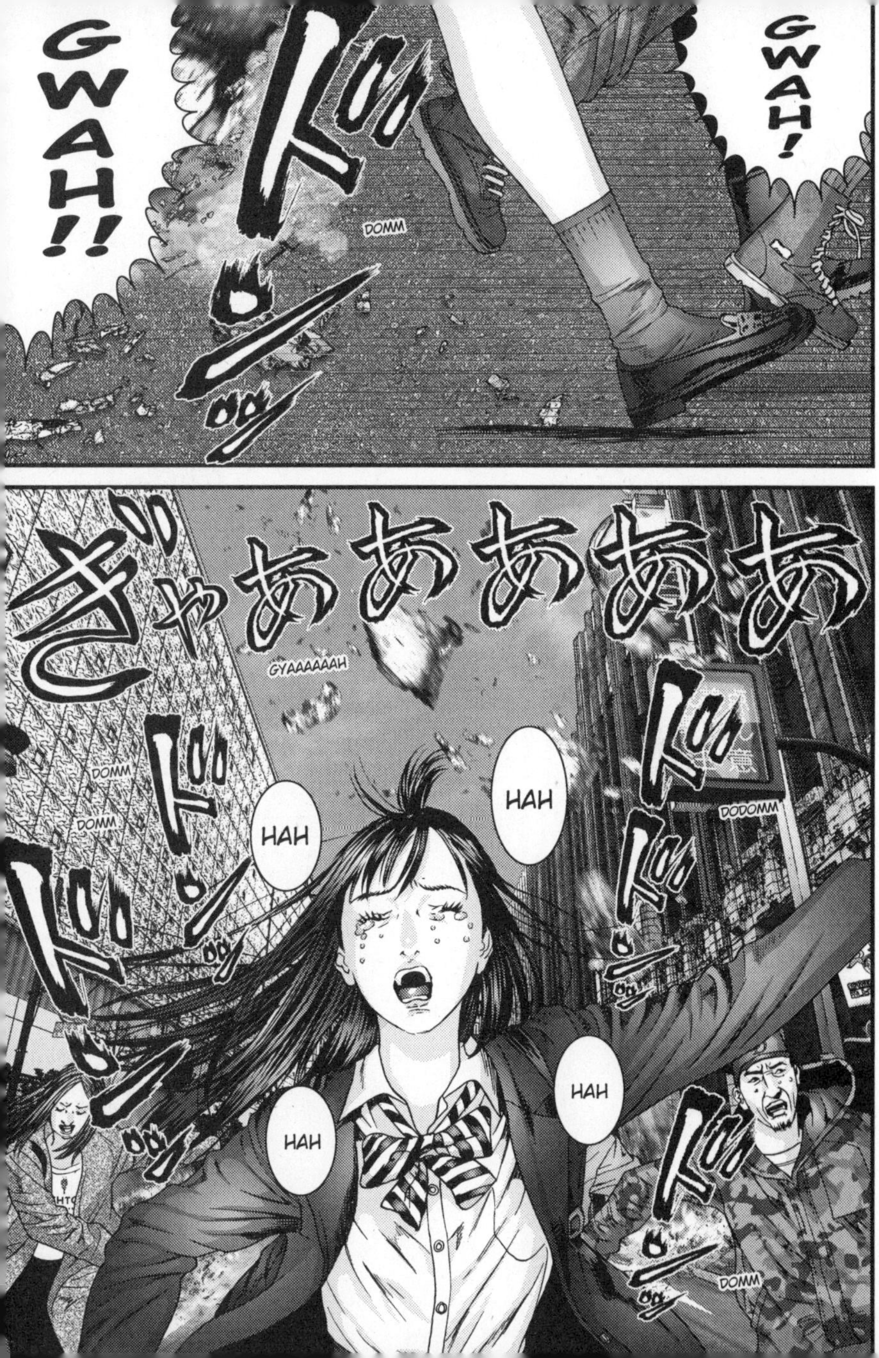

GWAH!
GWAH!!
DOMM
ぎゃあああああ
GYAAAAAAH
DODOMM
HAH
HAH
DOMM
DOMM
HAH
HAH
DOMM

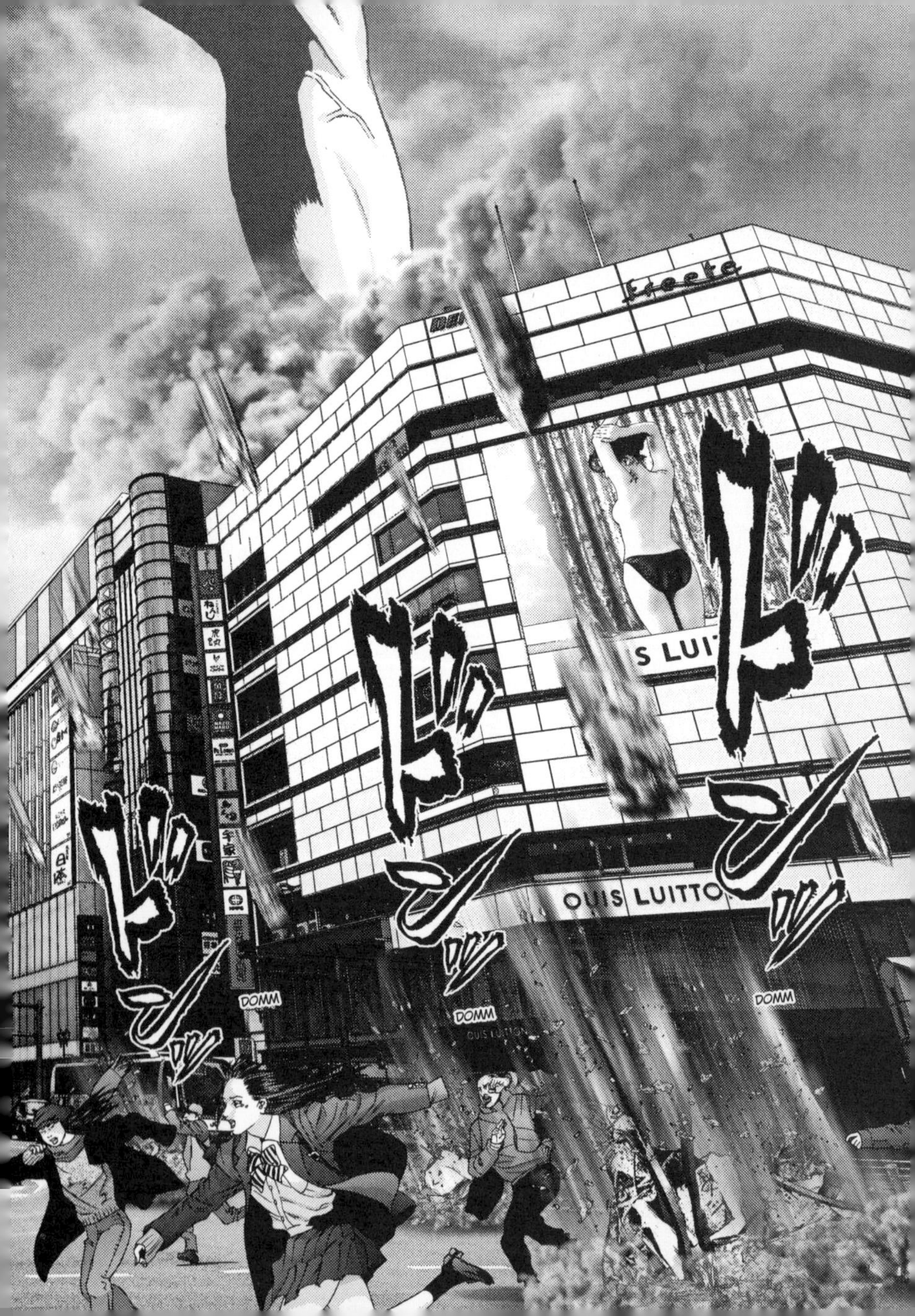
DOMM
DOMM
DOMM

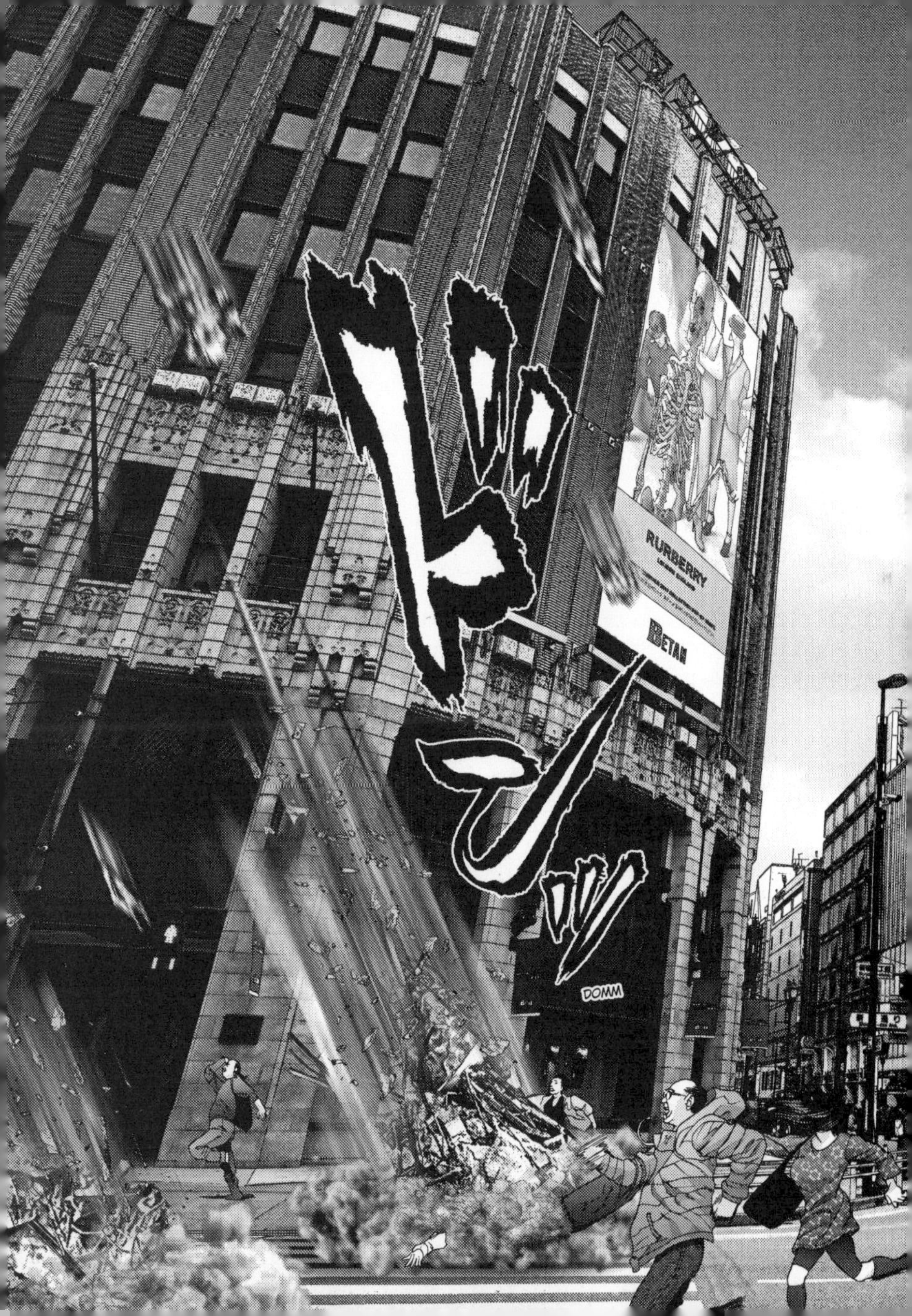
RURBERRY
BETAN
DOMM

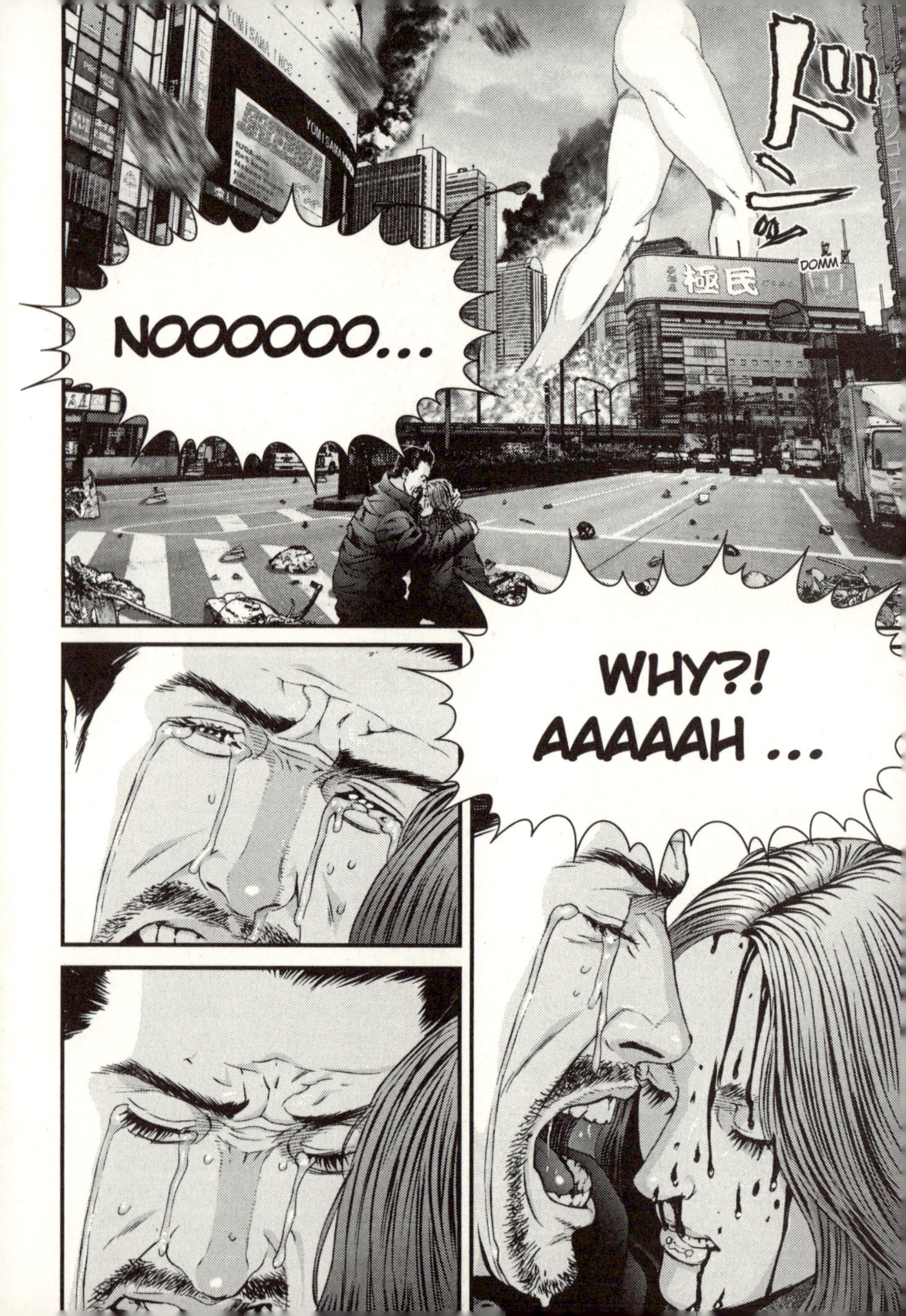
DOMM
極民
NOOOOOO...
WHY?!
AAAAAH ...

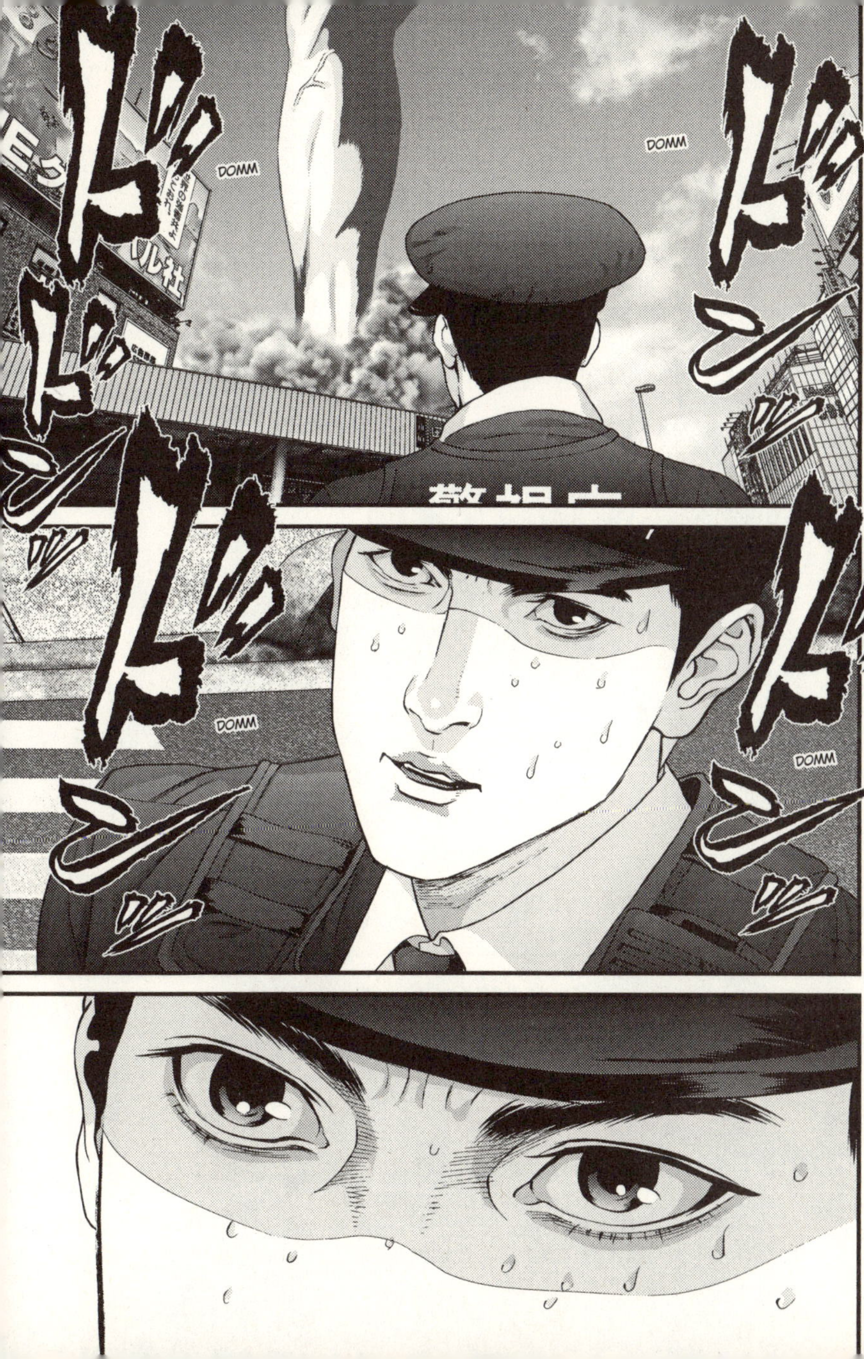

DOMM
DOMM
DOMM
DOMM

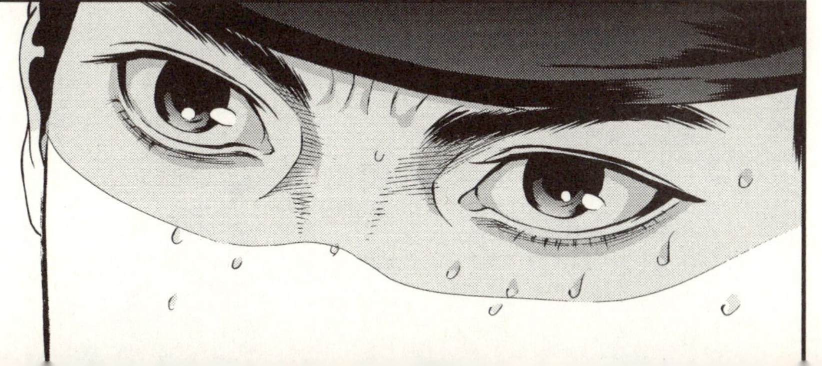

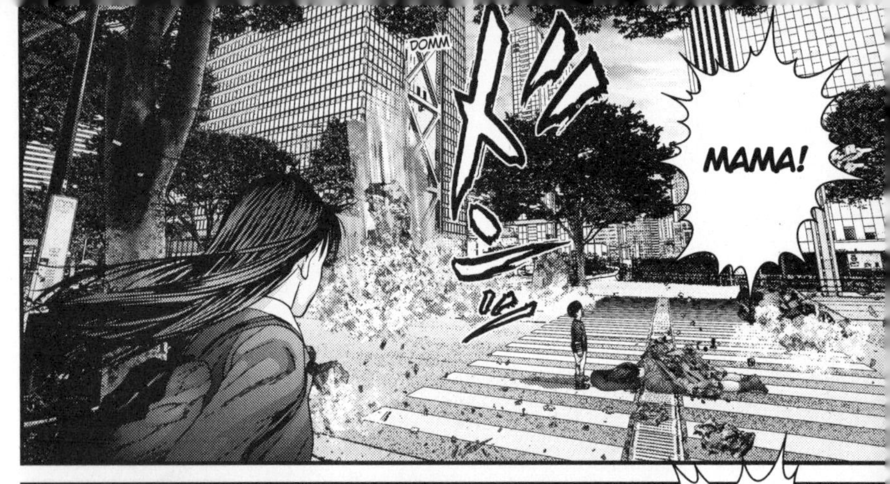
DOMM
MAMA!

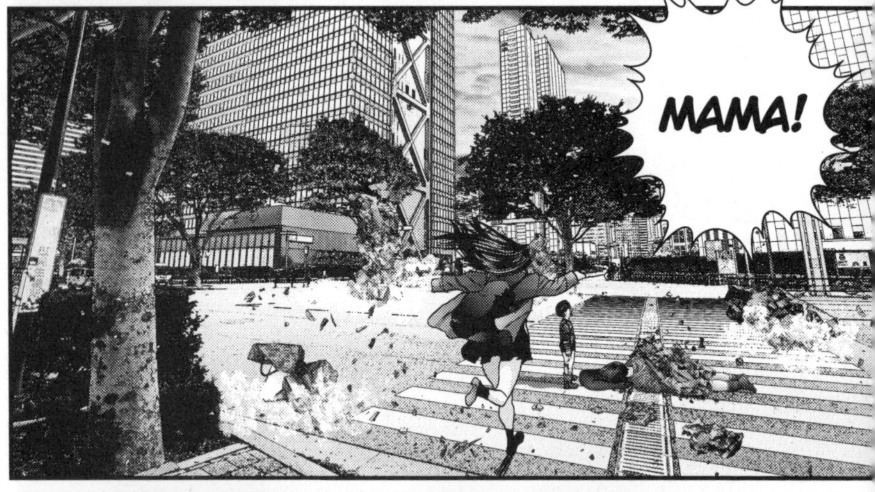
MAMA!

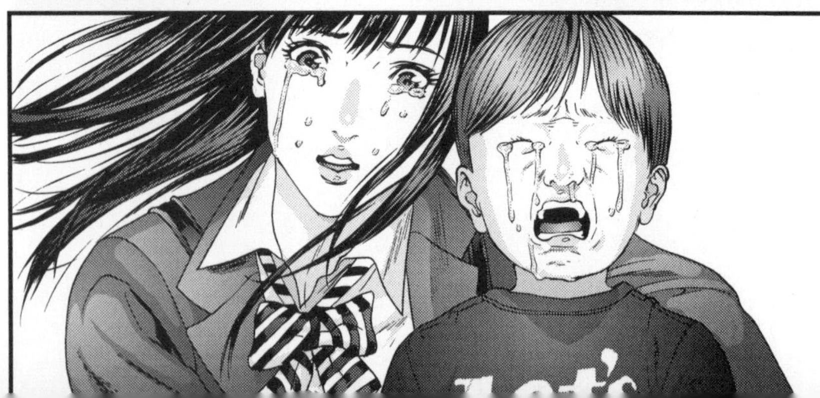

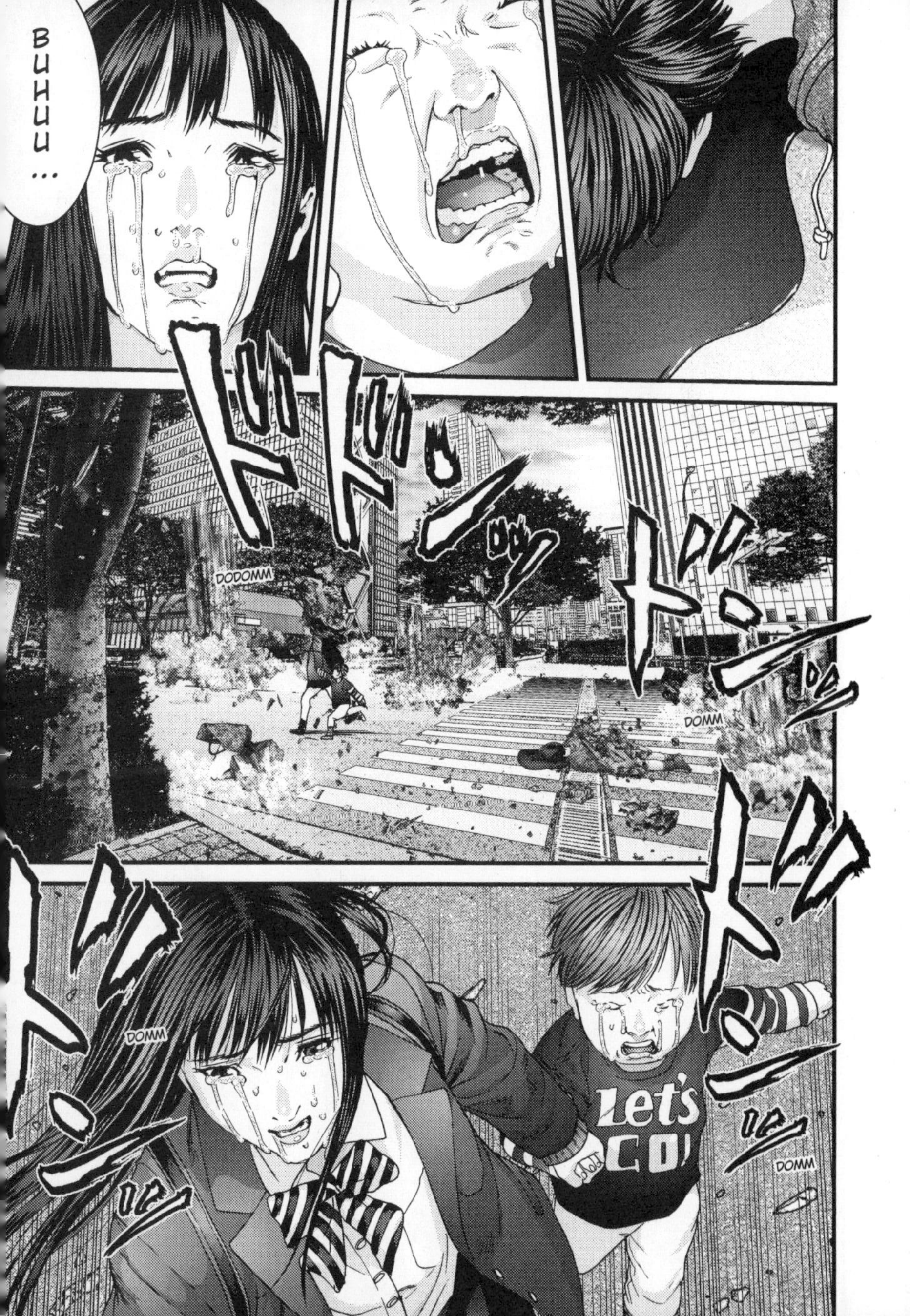
BUHUUU ...
DODOMM
DOMM
DOMM
Let's GO!
DOMM

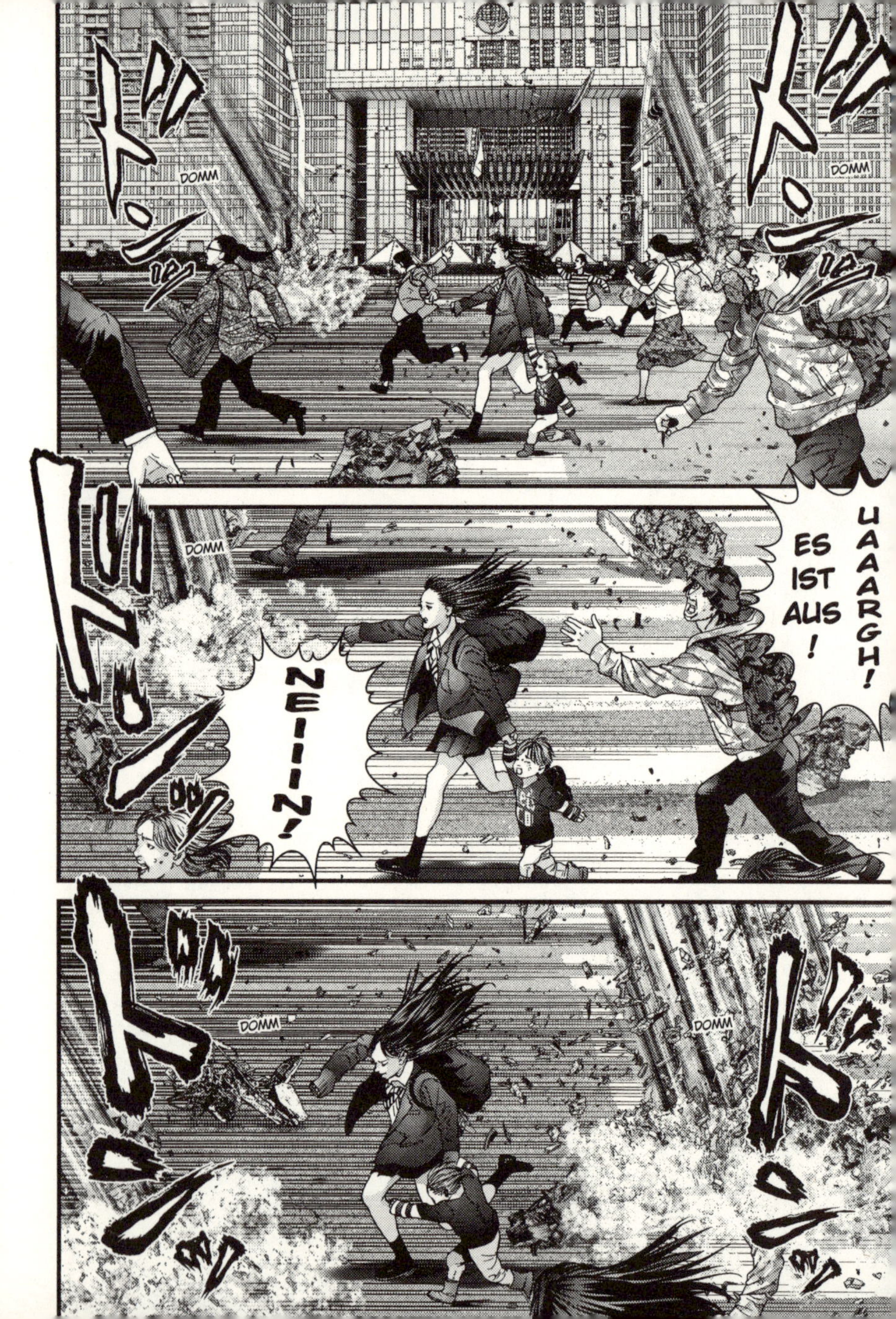
DOMM
DOMM
UAAAARGH!
ES IST AUS!
NEIIIIN!
DOMM
DOMM
DOMM

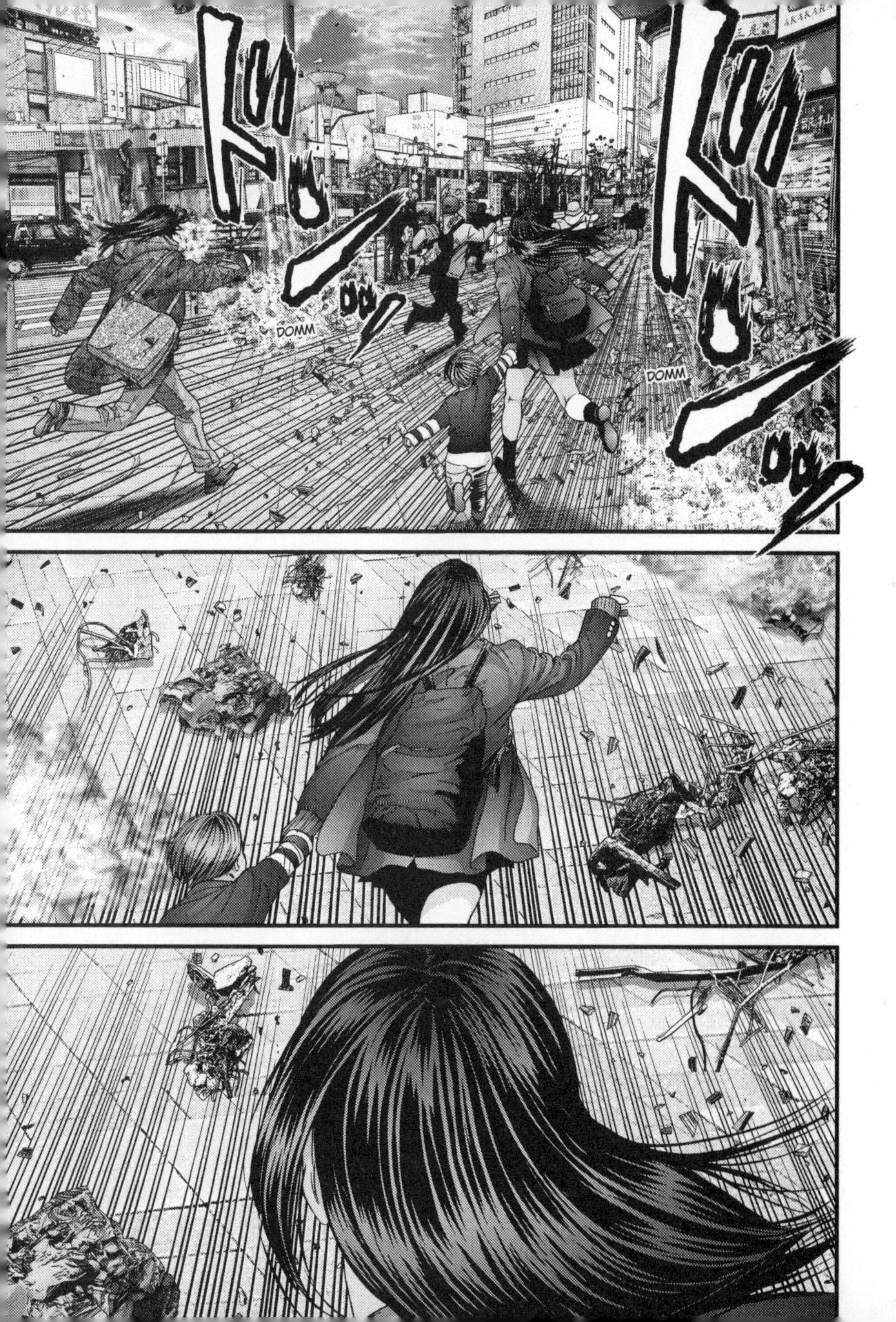

DOMM
DOMM

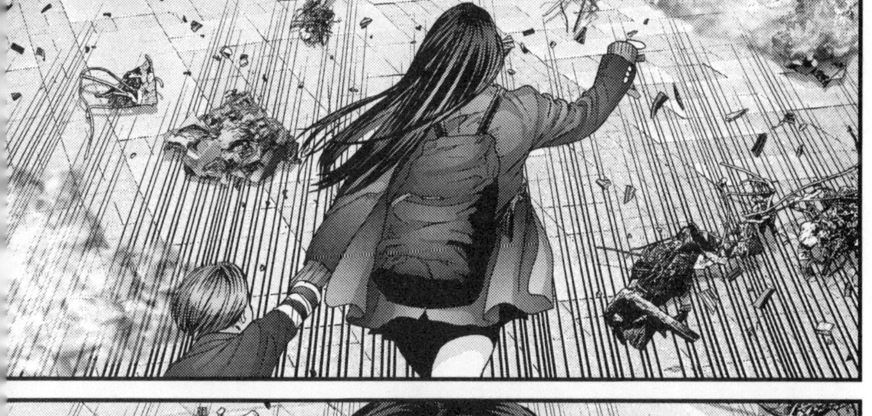

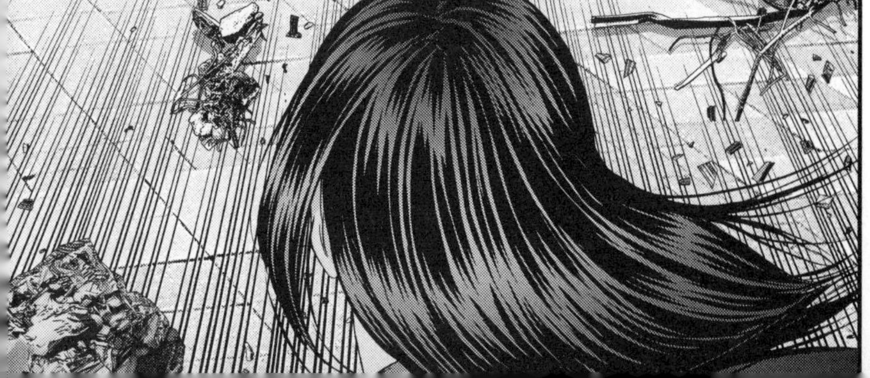

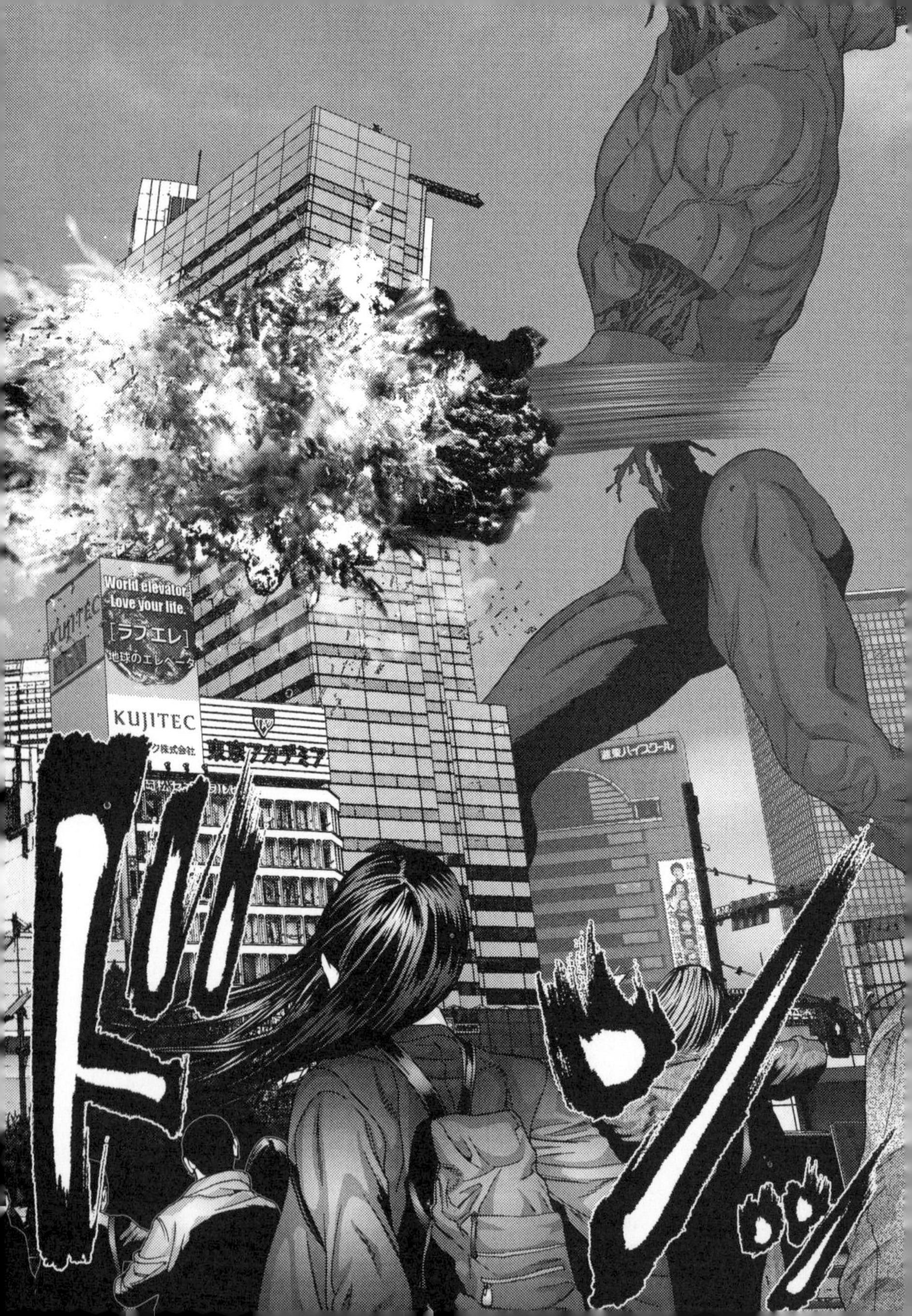
World elevator
Love your life.
[ラブエレ]
地球のエレベータ
KUJITEC
東京アカデミア

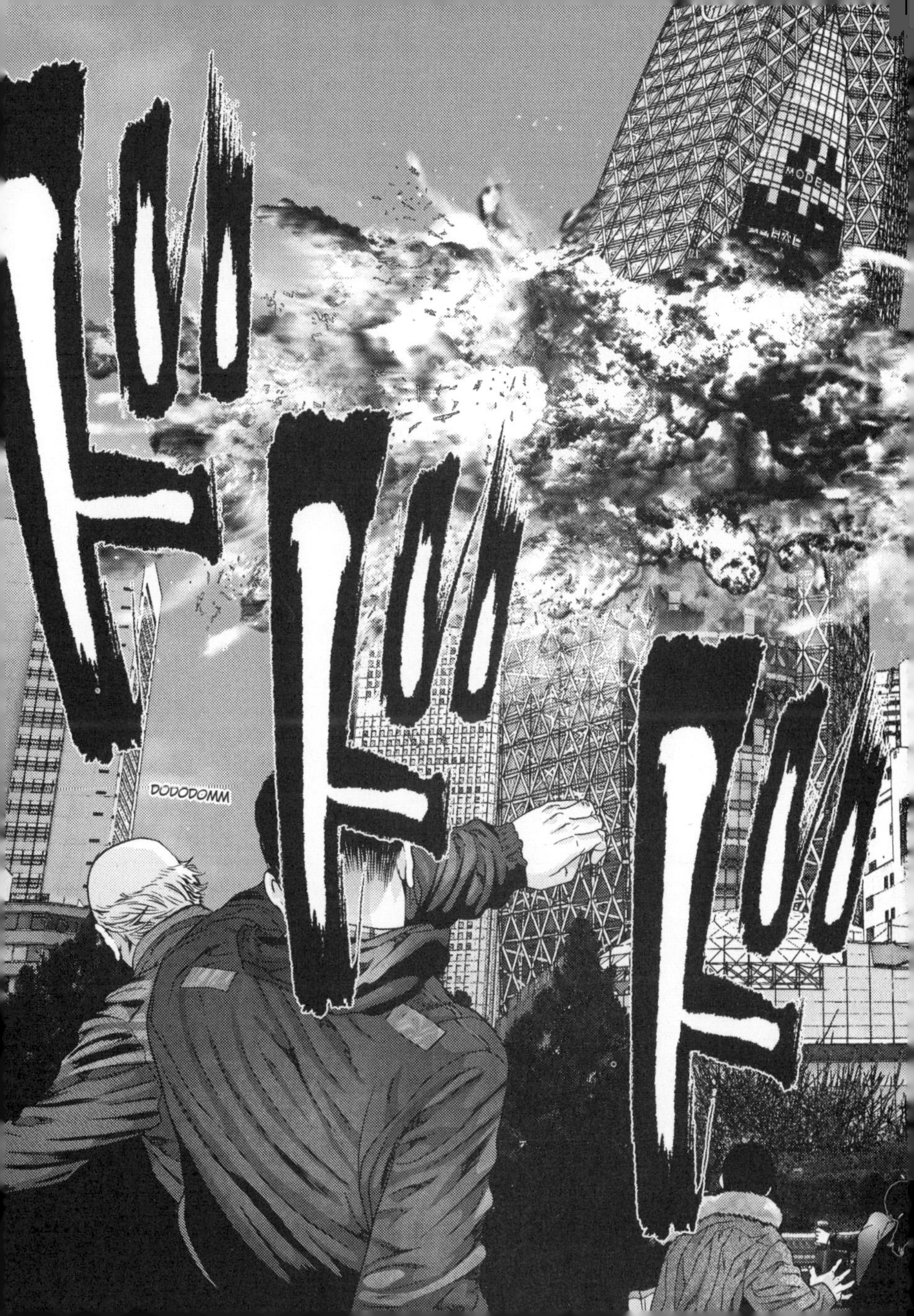
MODE
DODODOMM

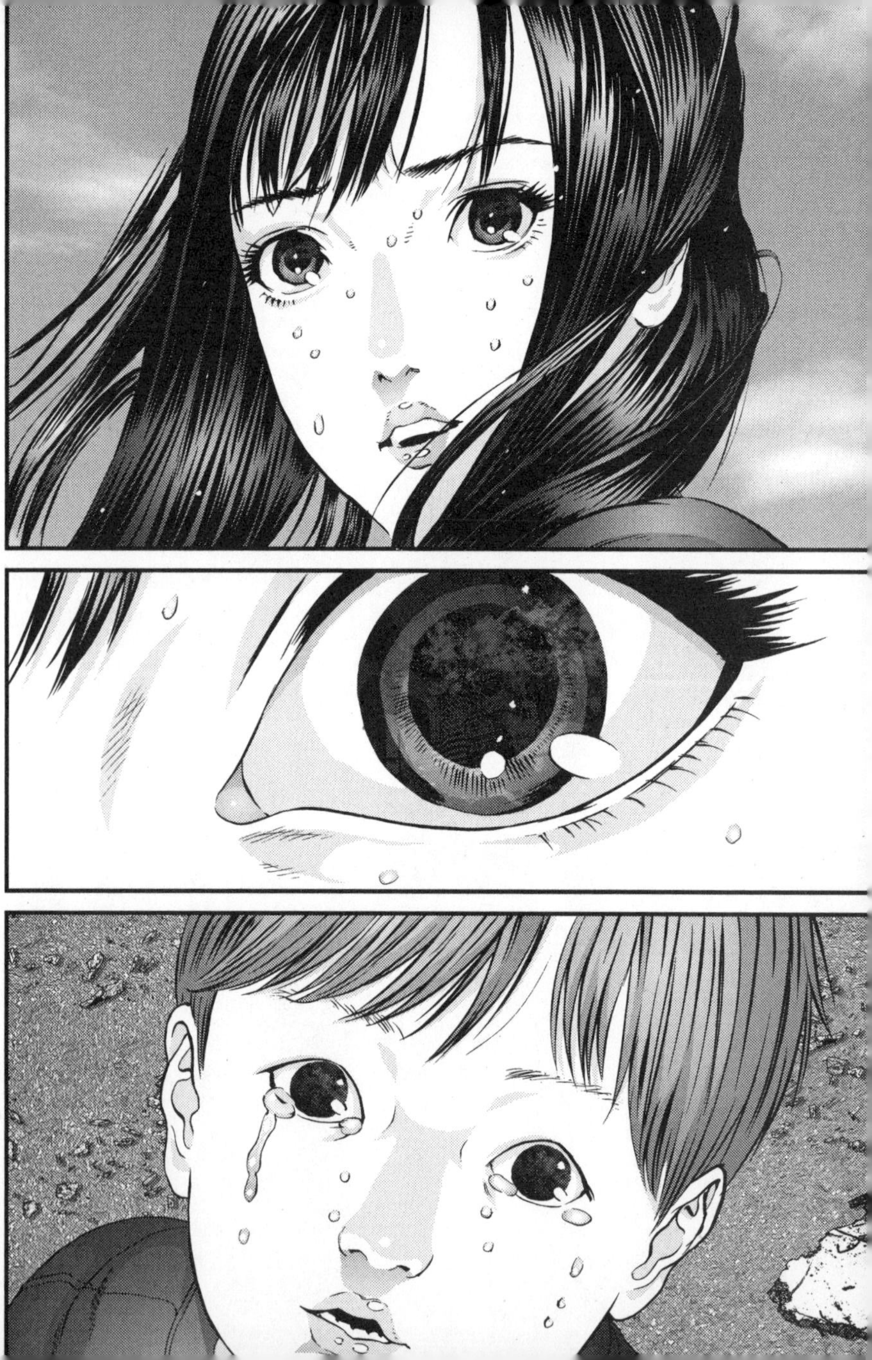

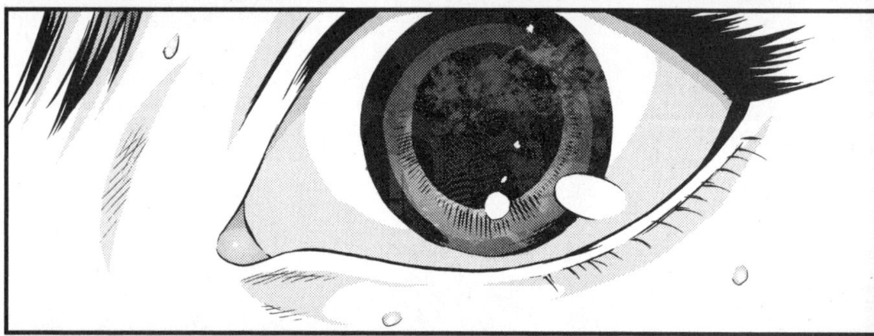

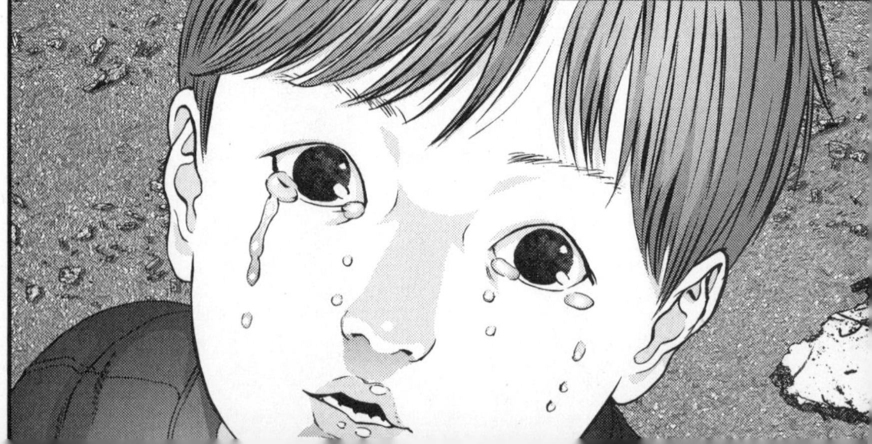

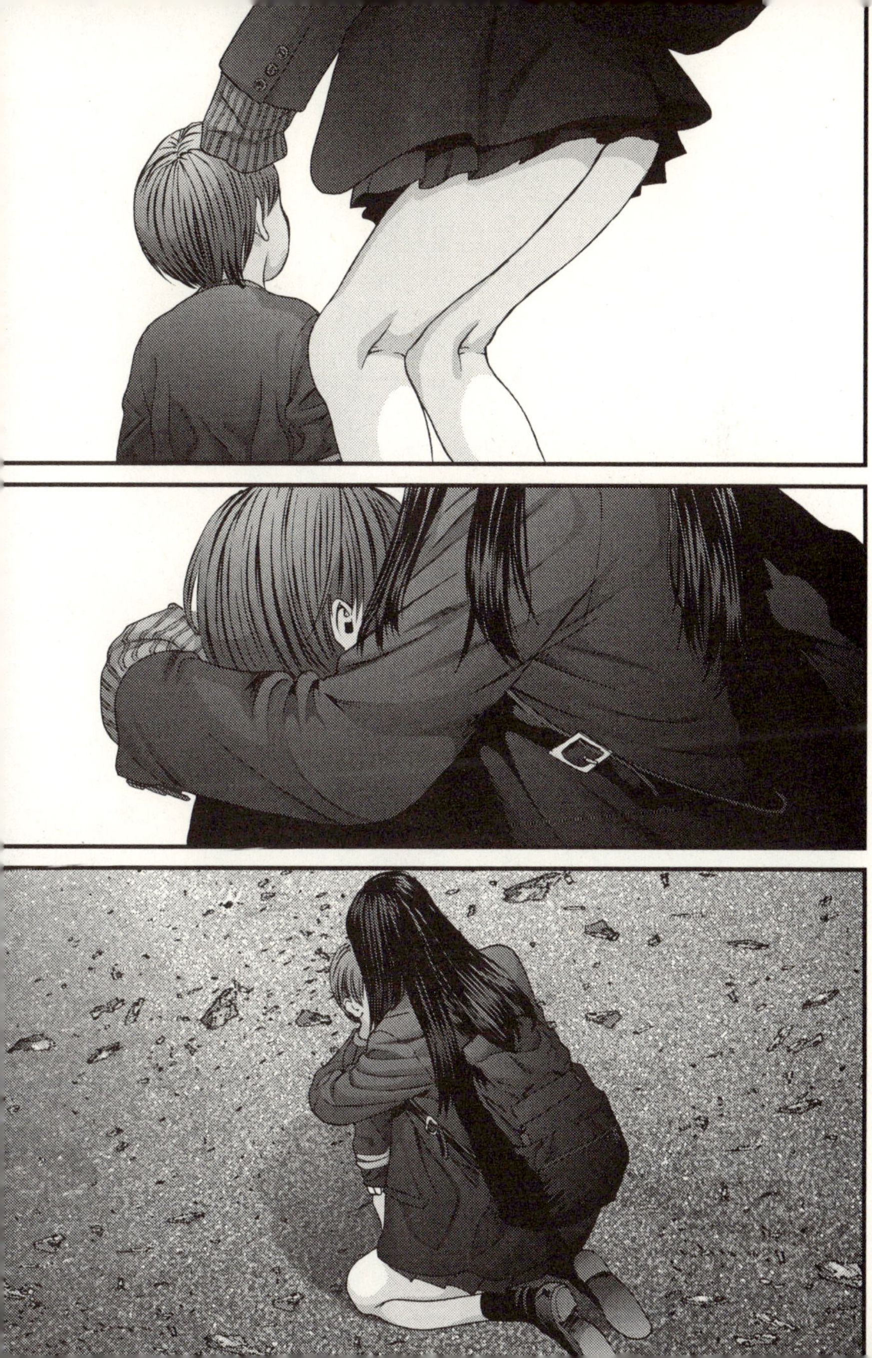

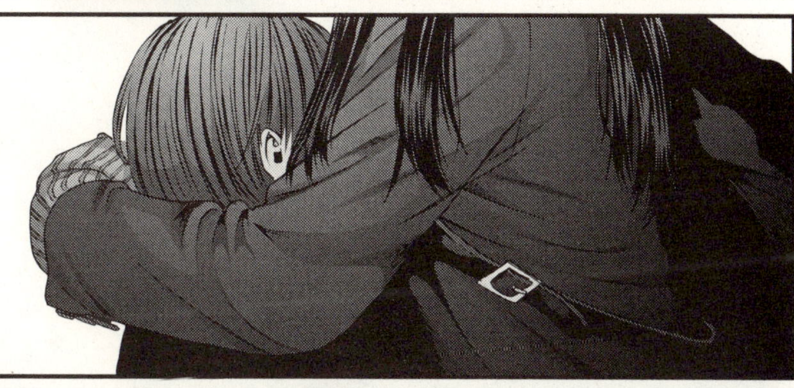

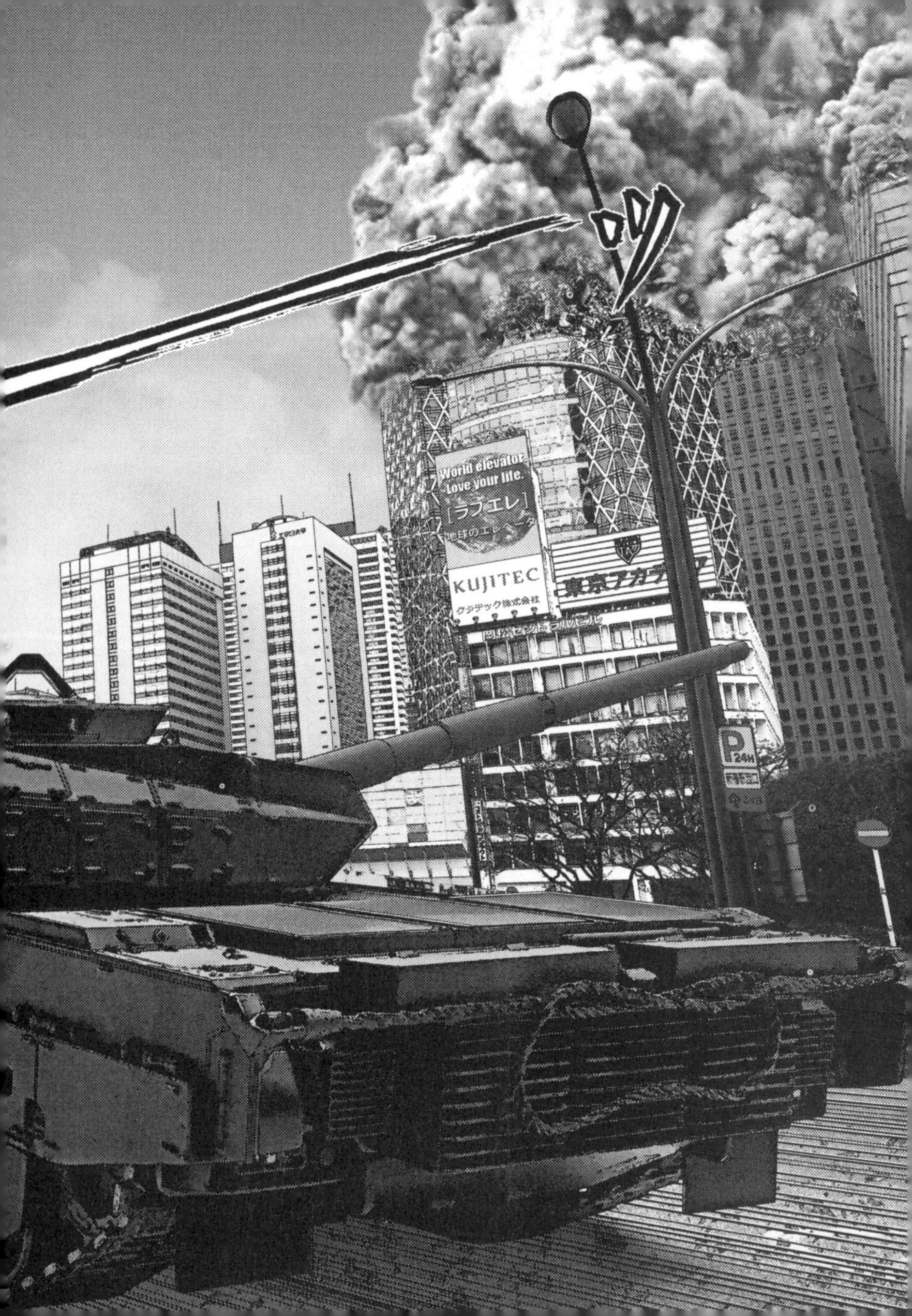
World elevator.
Love your life.
［ラブエレ］
KUJITEC
クジテック株式会社
P
24H

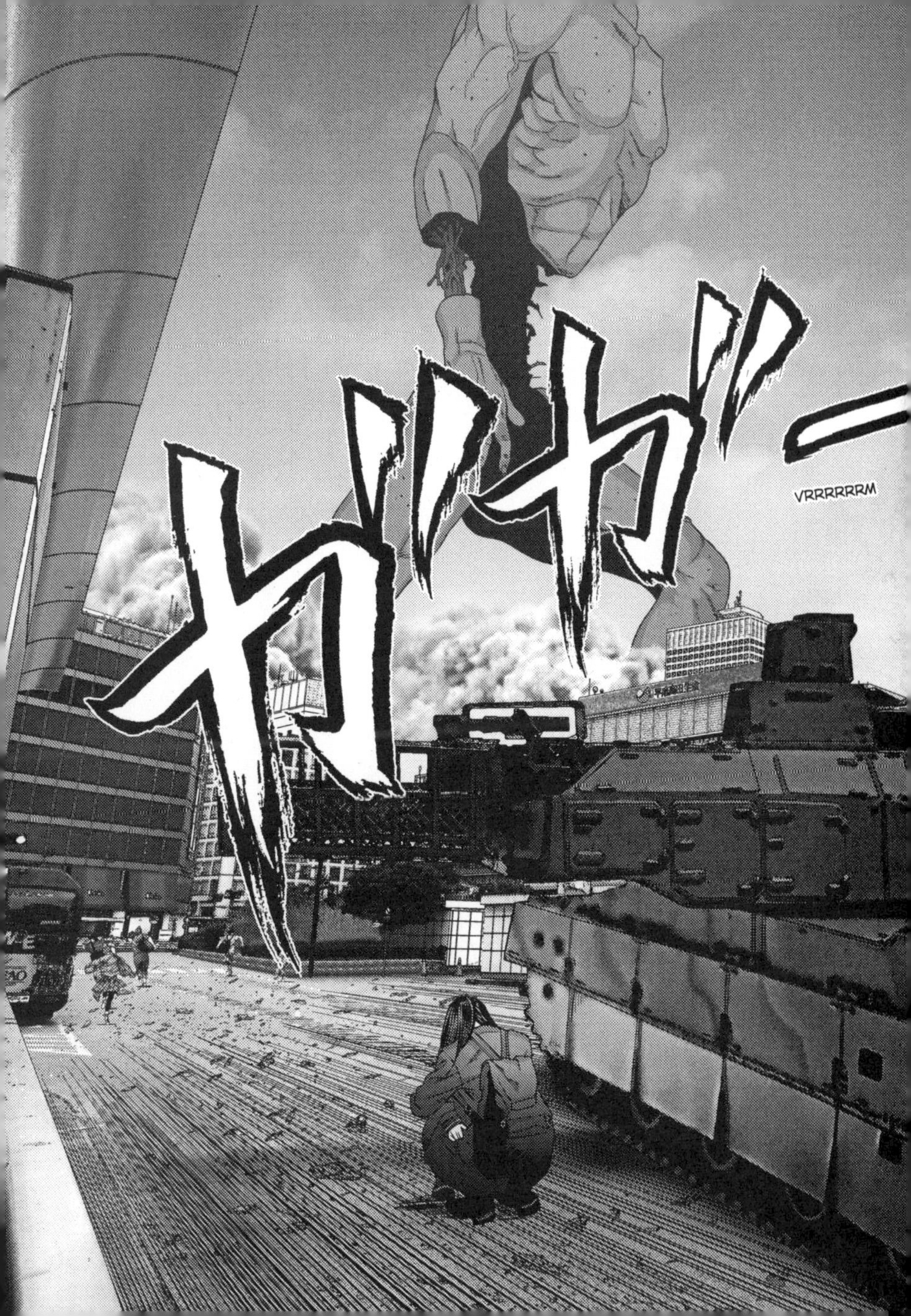
VRRRRRRM

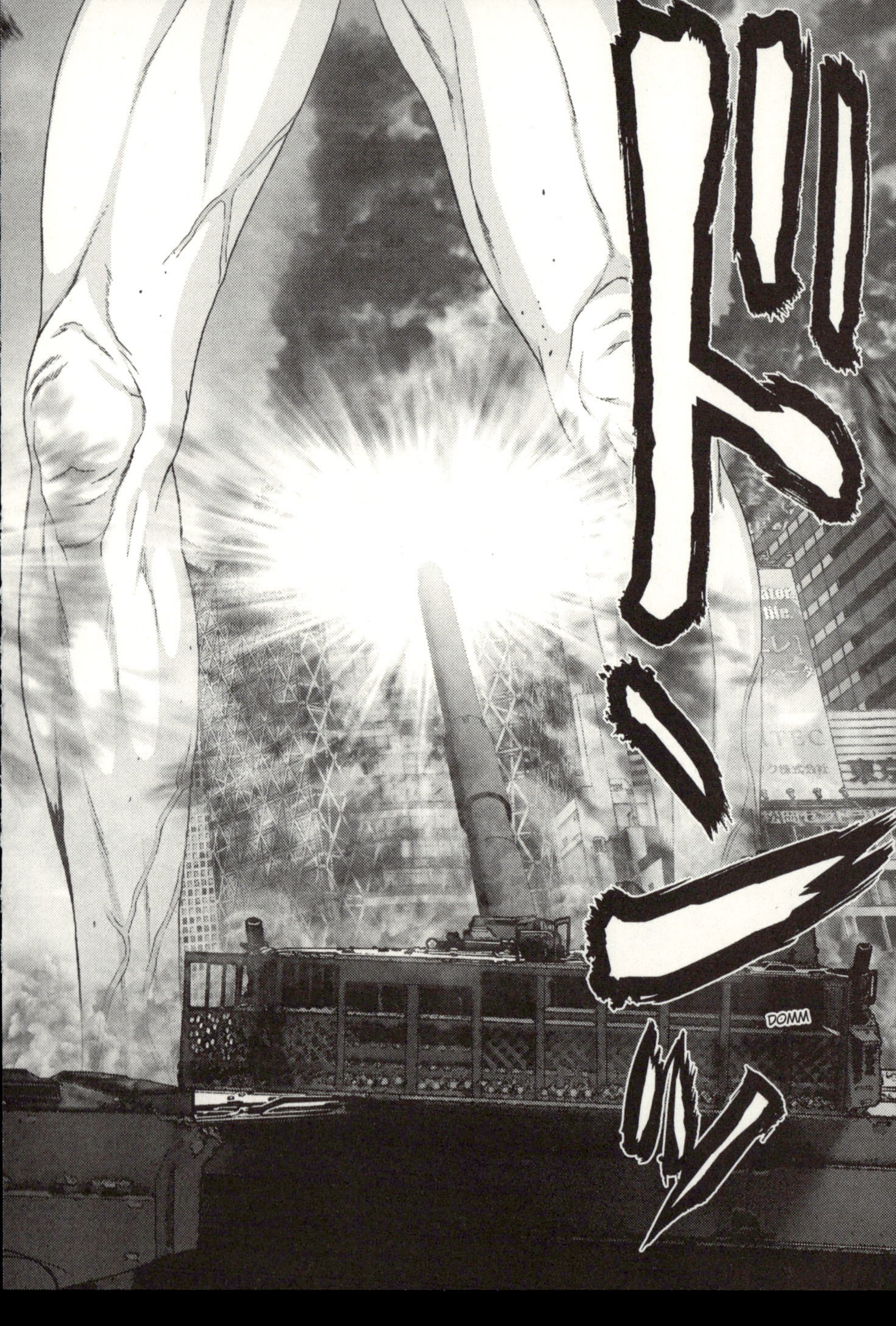
DOMM

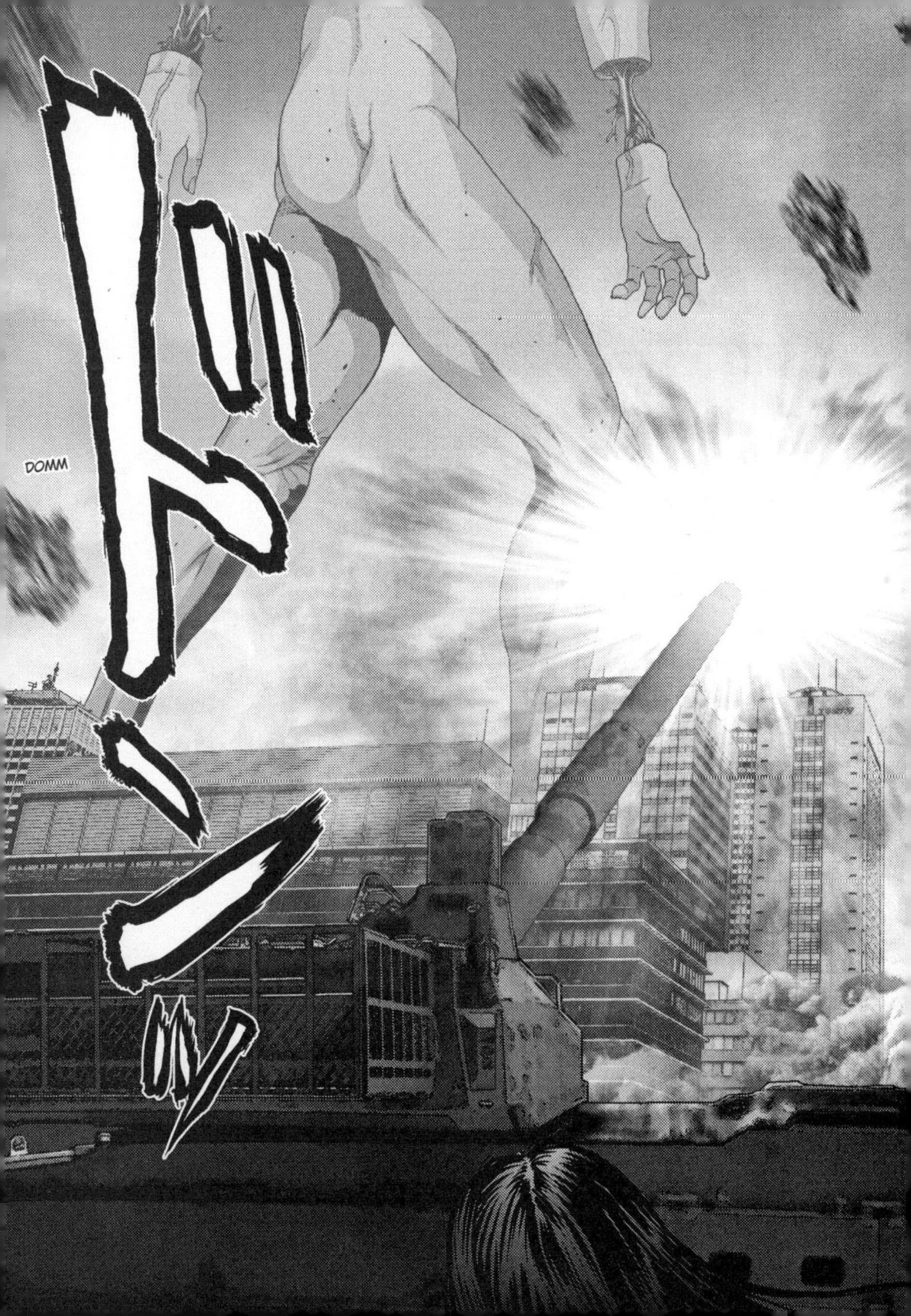
DOMM

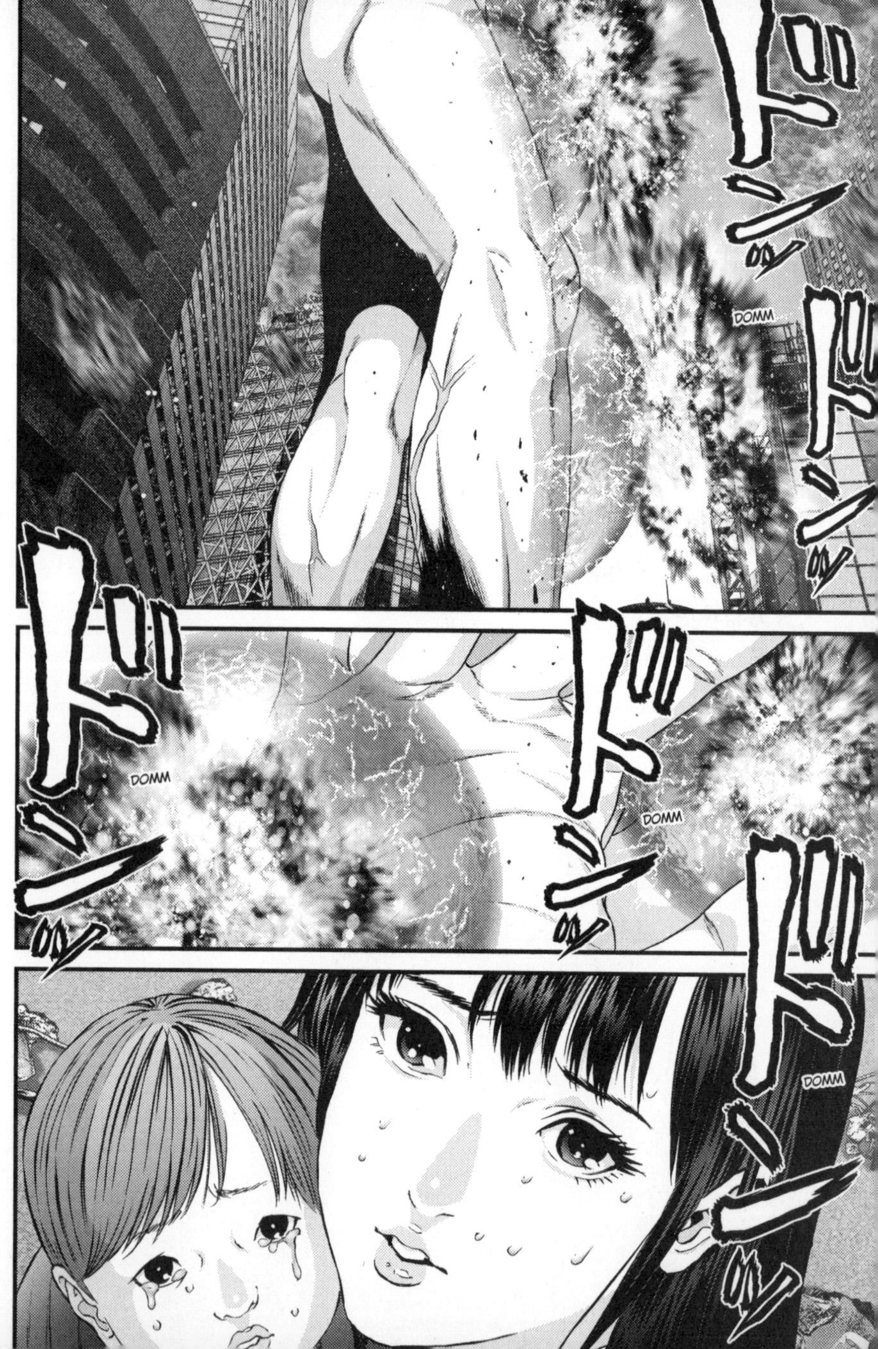

DOMM
DOMM
DOMM
DOMM

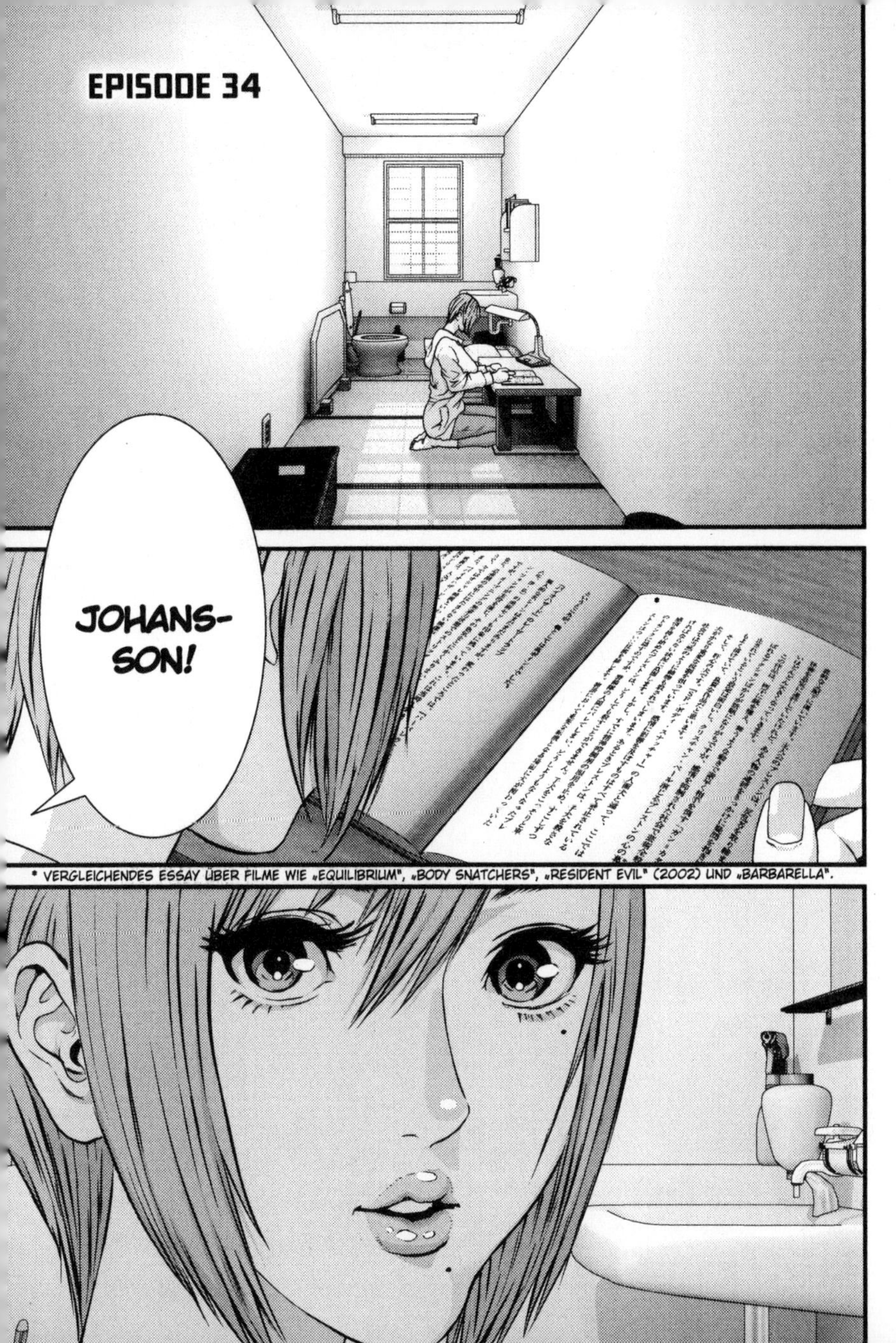
EPISODE 34
JOHANS-
SON!
* VERGLEICHENDES ESSAY ÜBER FILME WIE „EQUILIBRIUM", „BODY SNATCHERS", „RESIDENT EVIL" (2002) UND „BARBARELLA".

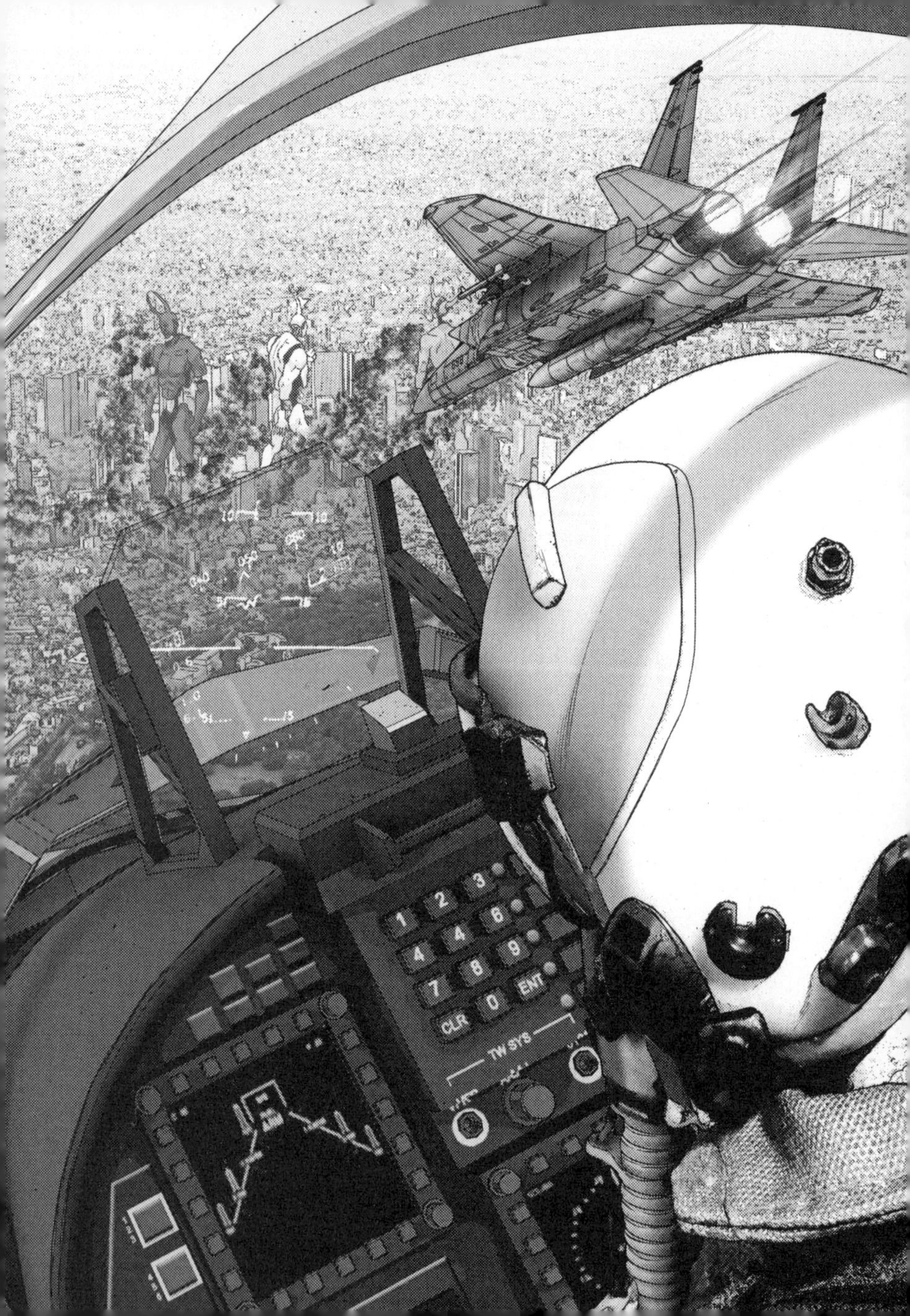

ENT
CLR
TW SYS

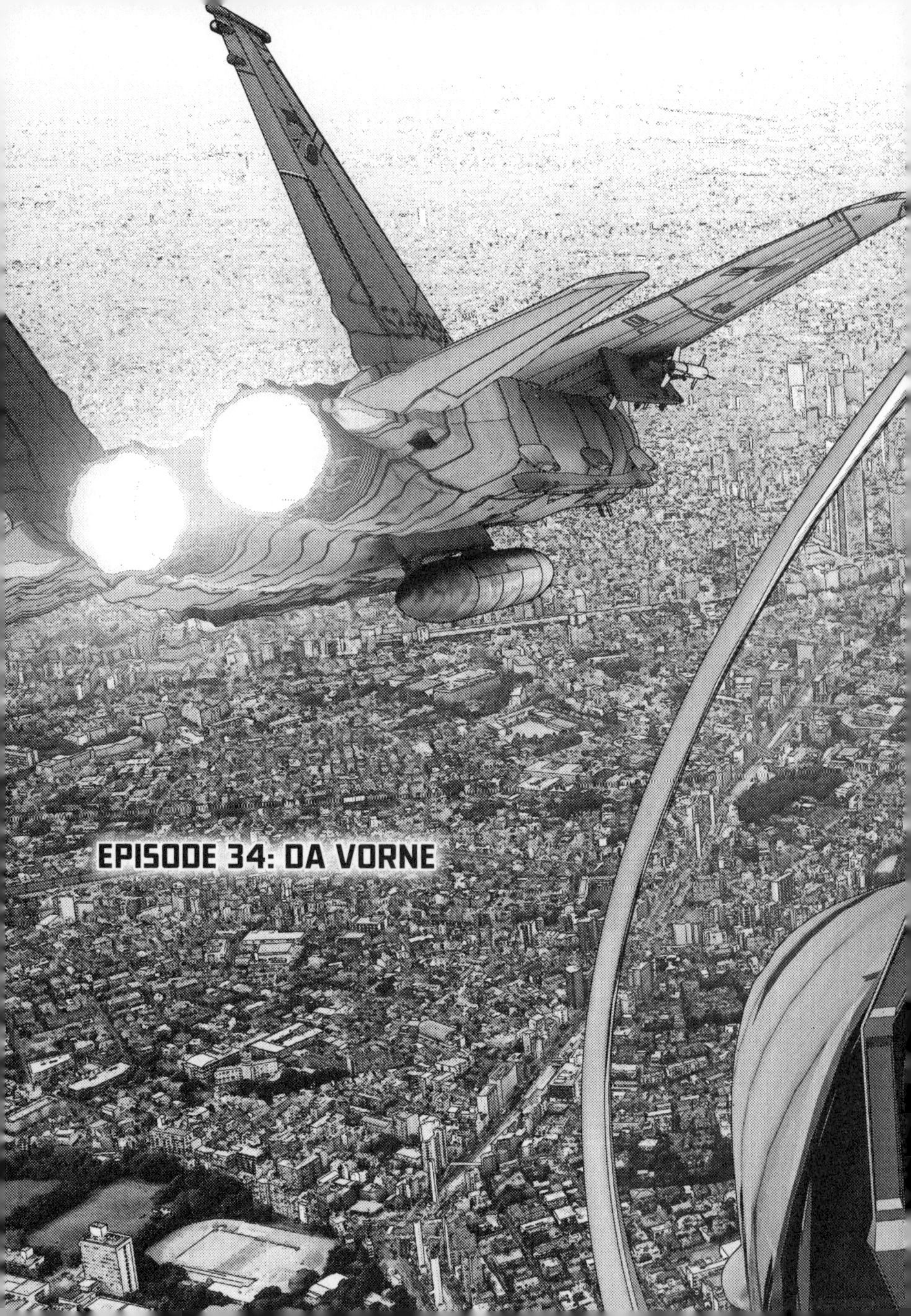
EPISODE 34: DA VORNE

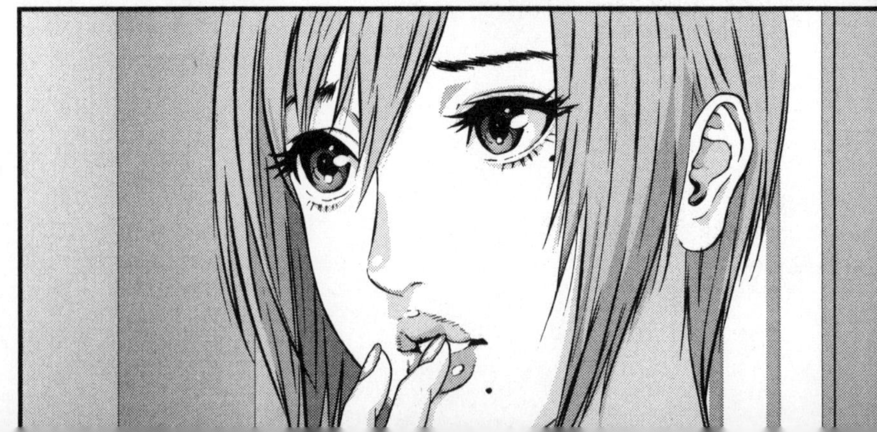

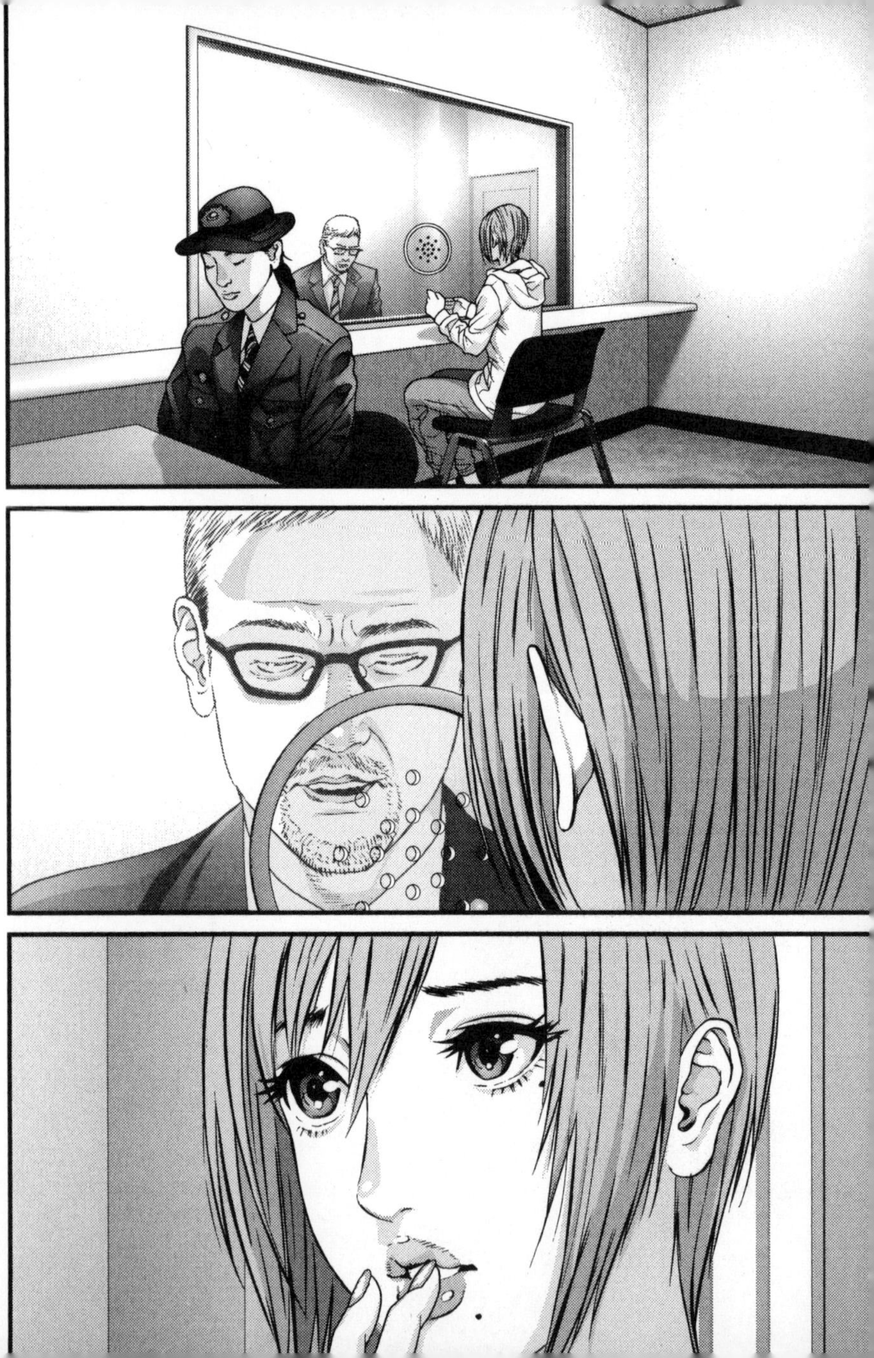

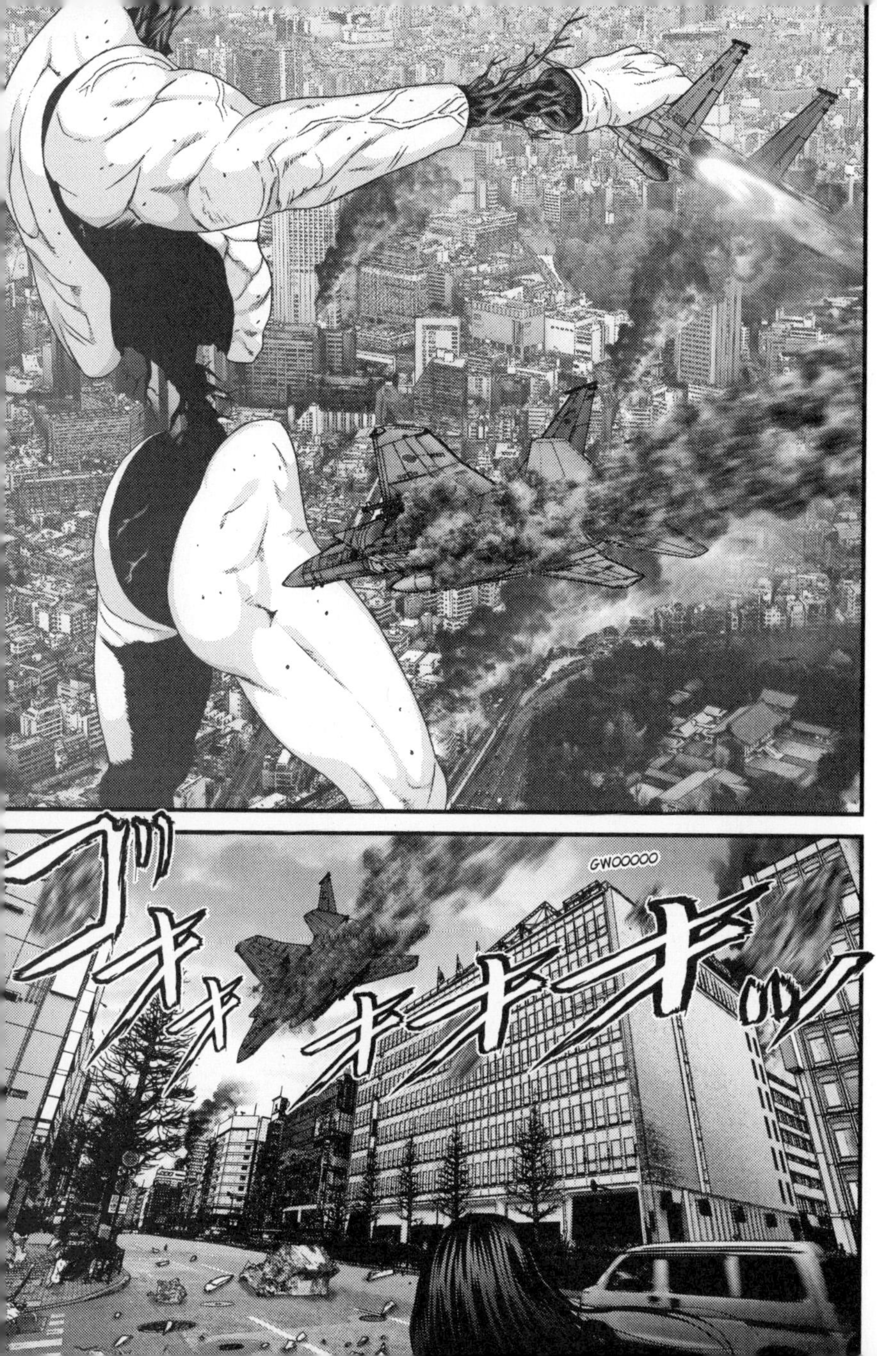

ゴォォオーオーオッン
GWOOOOO

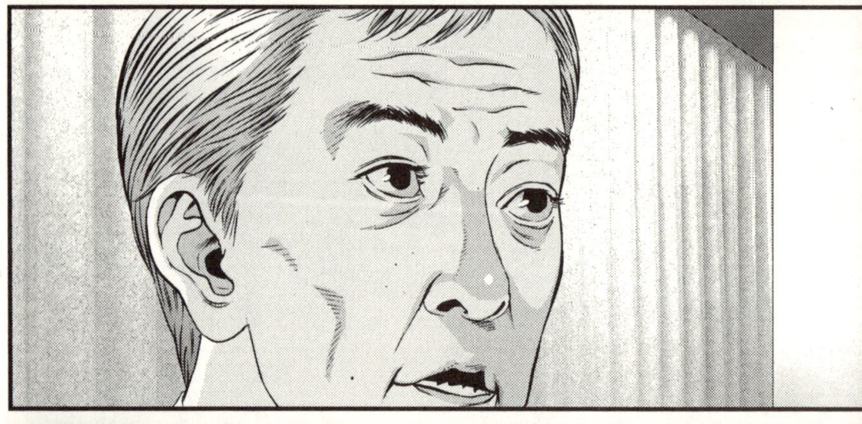

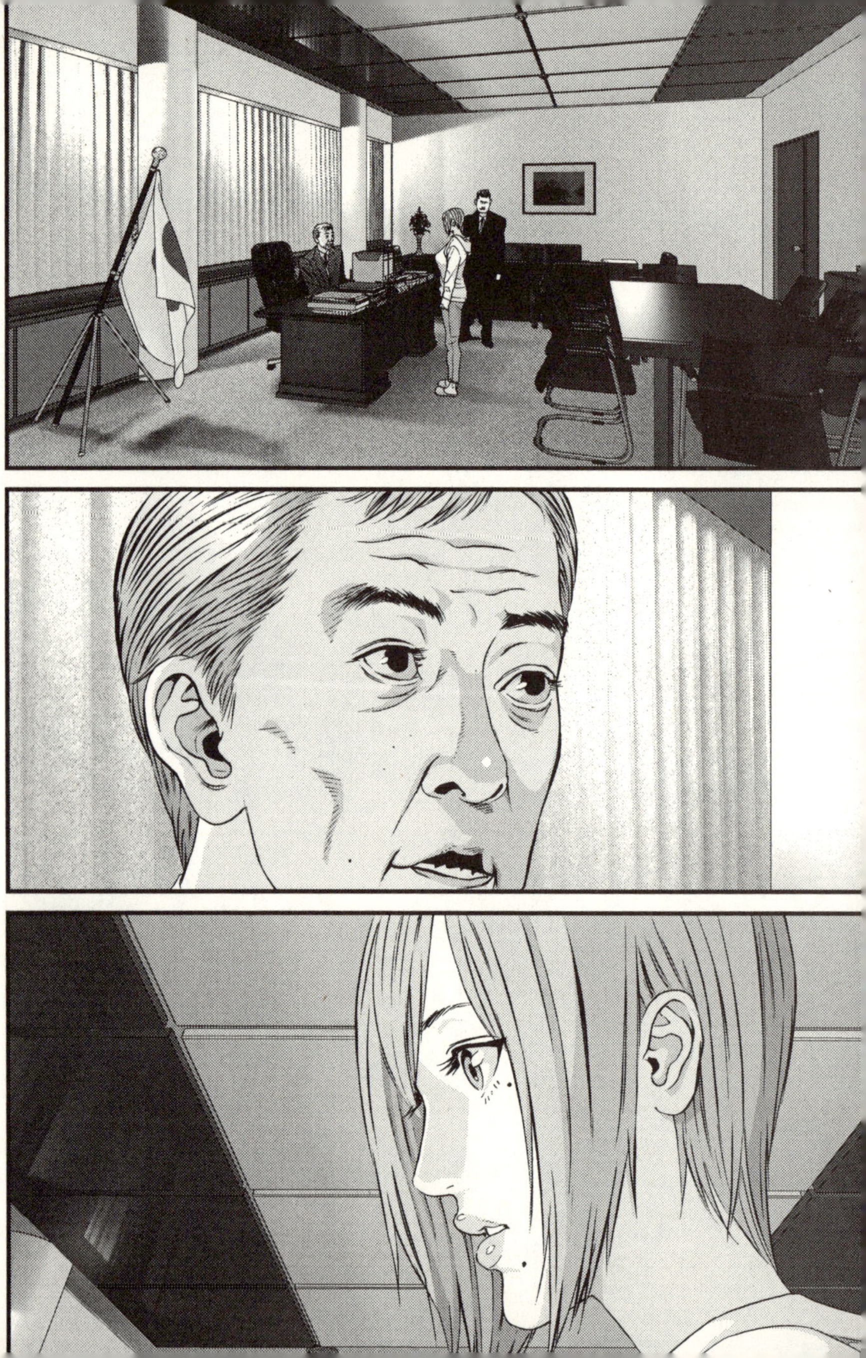

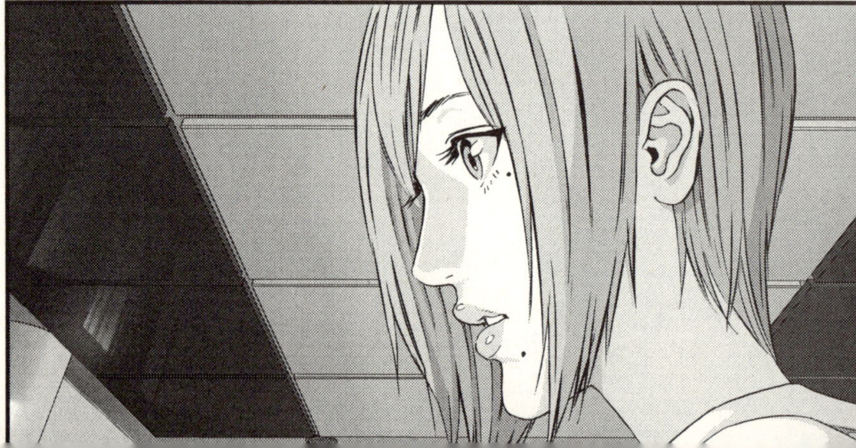

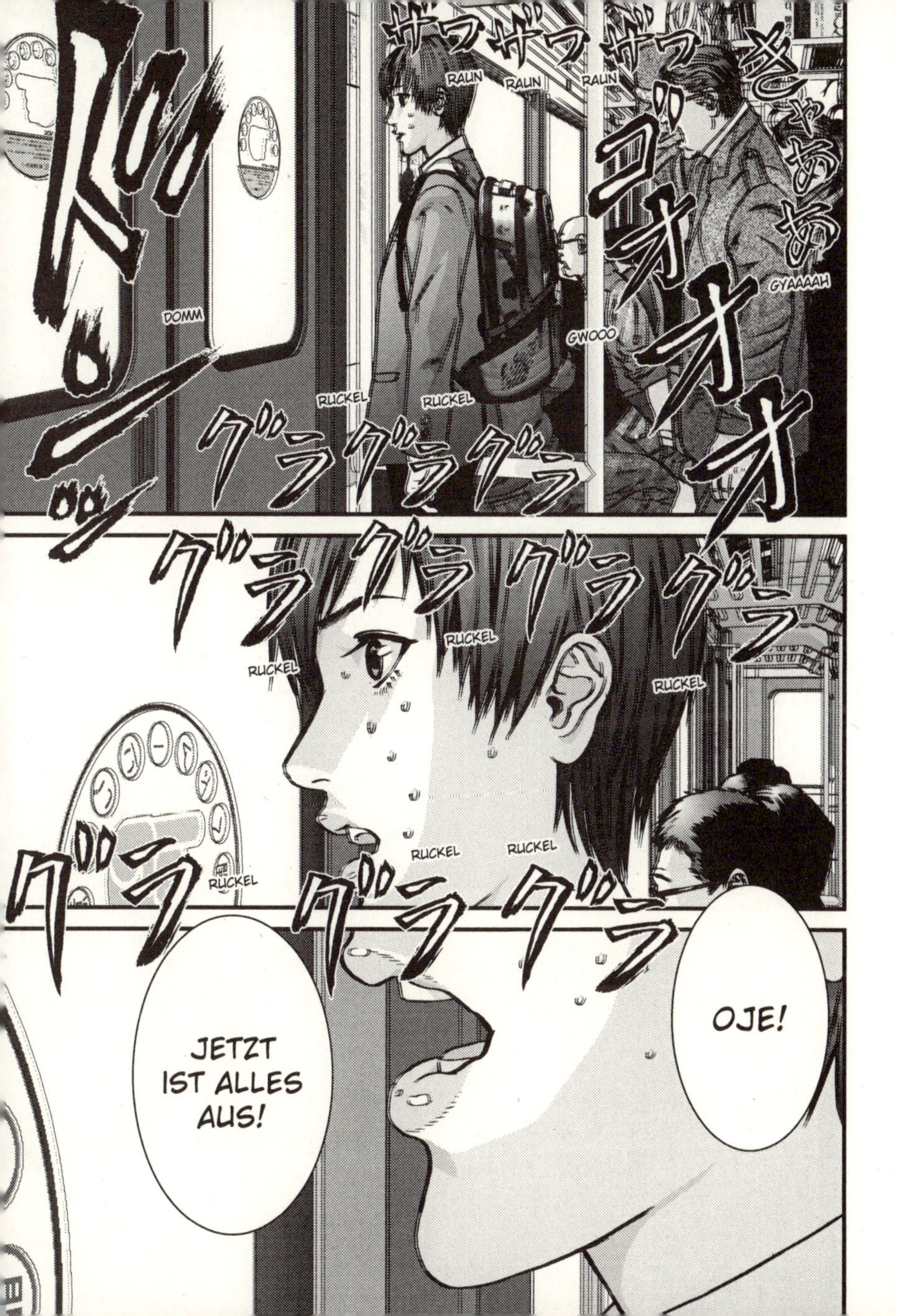

ザワザワザワ
RAUN RAUN RAUN
ぎゃあああ
GYAAAAH
ゴオオオオ
GWOOO
ドッ
DOMM
グラグラグラ
RUCKEL RUCKEL
グラグラグラグラ
RUCKEL RUCKEL RUCKEL
グラグラグラ
RUCKEL RUCKEL RUCKEL
OJE!
JETZT IST ALLES AUS!

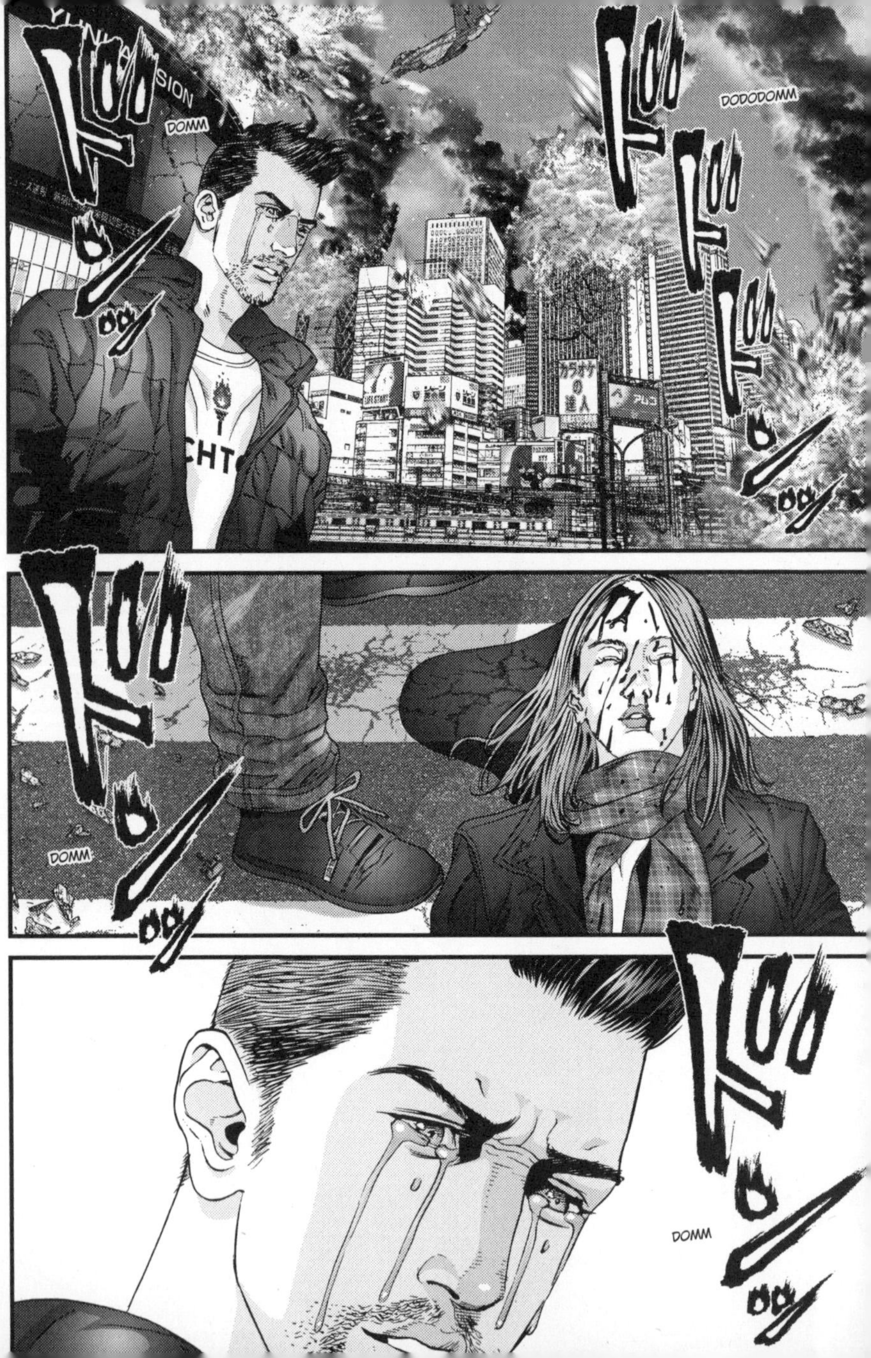

DODODOMM
DOMM

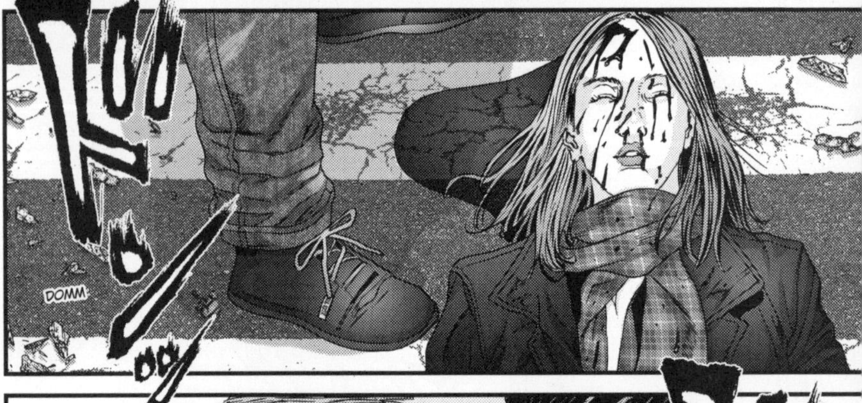

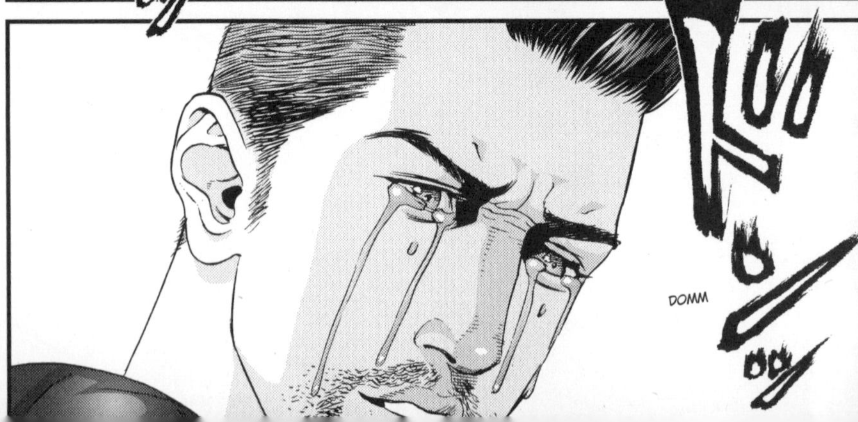

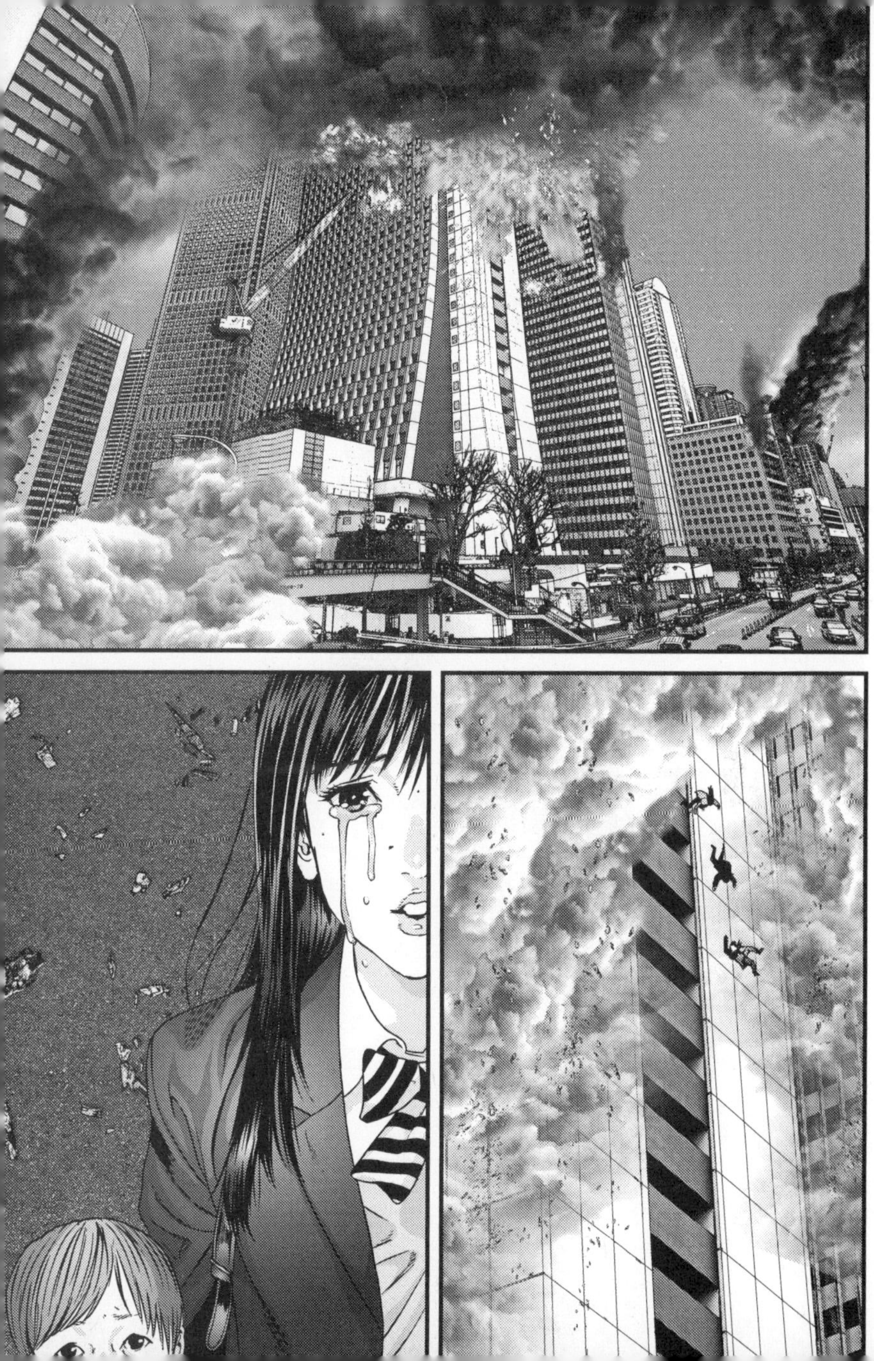

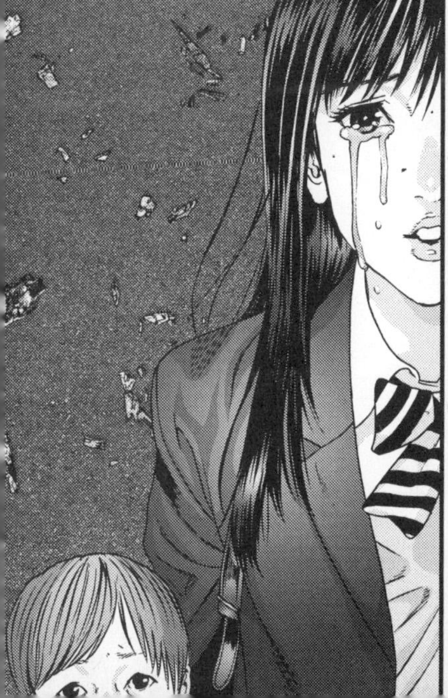
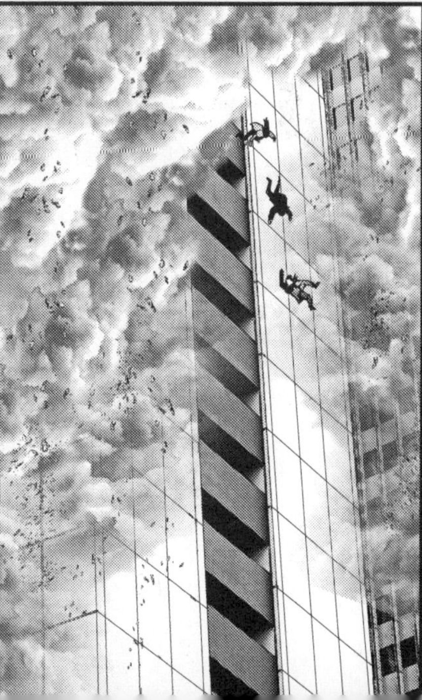

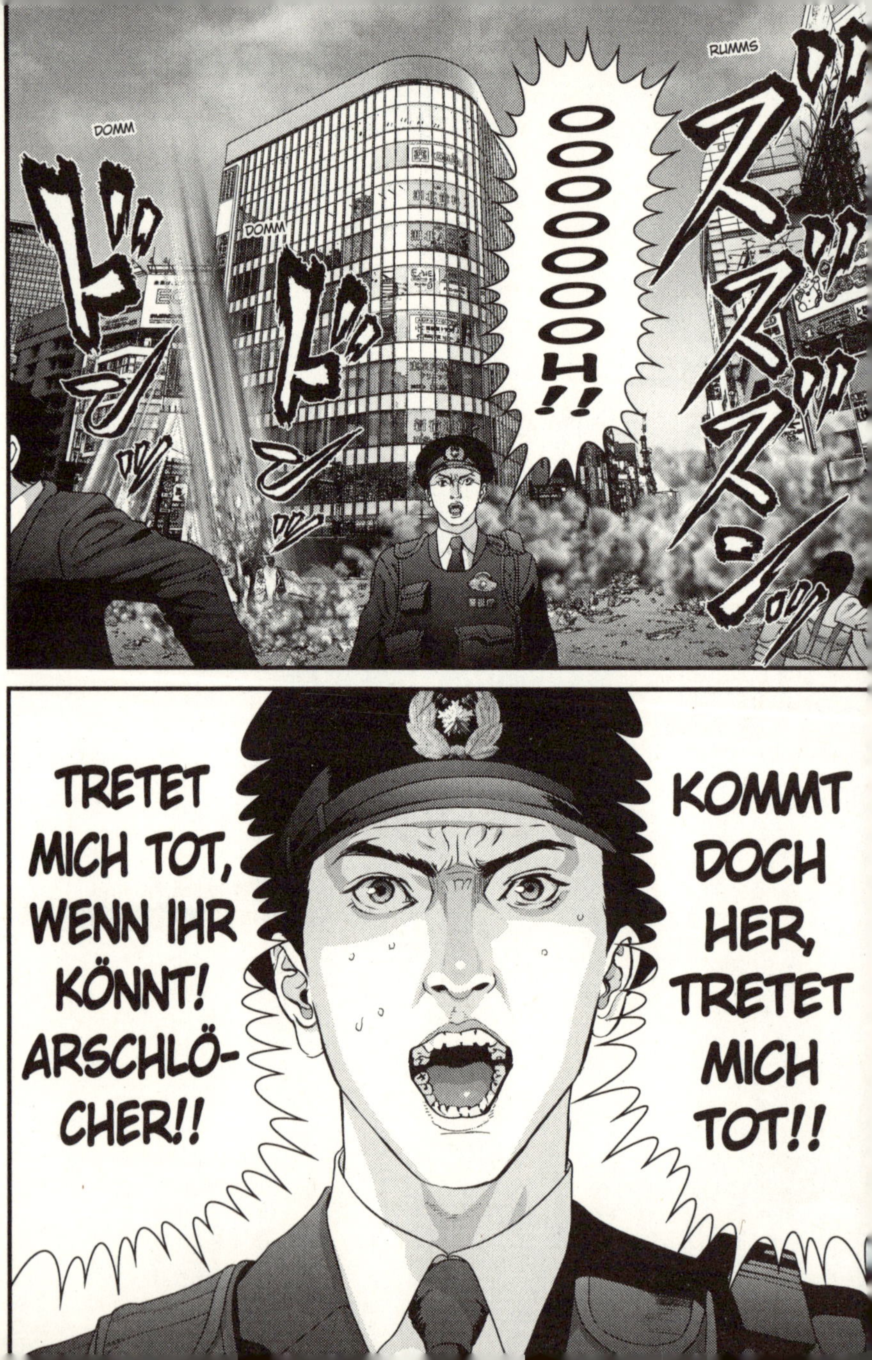

RUMMS

OOOOOOOOH!!

DOMM

DOMM

KOMMT DOCH HER, TRETET MICH TOT!!

TRETET MICH TOT, WENN IHR KÖNNT! ARSCHLÖ-CHER!!

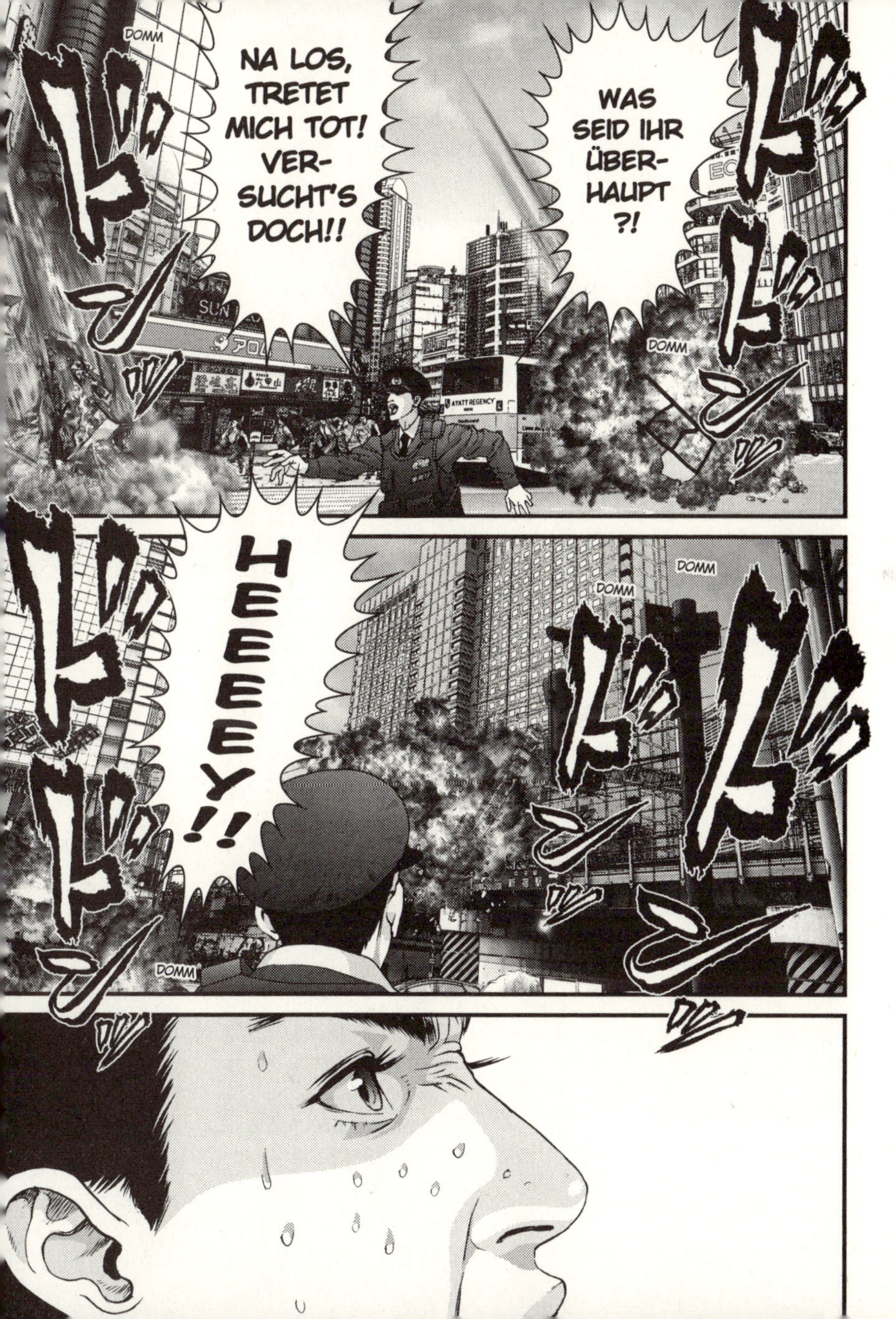
DOMM
WAS SEID IHR ÜBER-HAUPT ?!
NA LOS, TRETET MICH TOT! VER-SUCHT'S DOCH!!
DOMM
DOMM
DOMM
HEEEEEY!!
DOMM

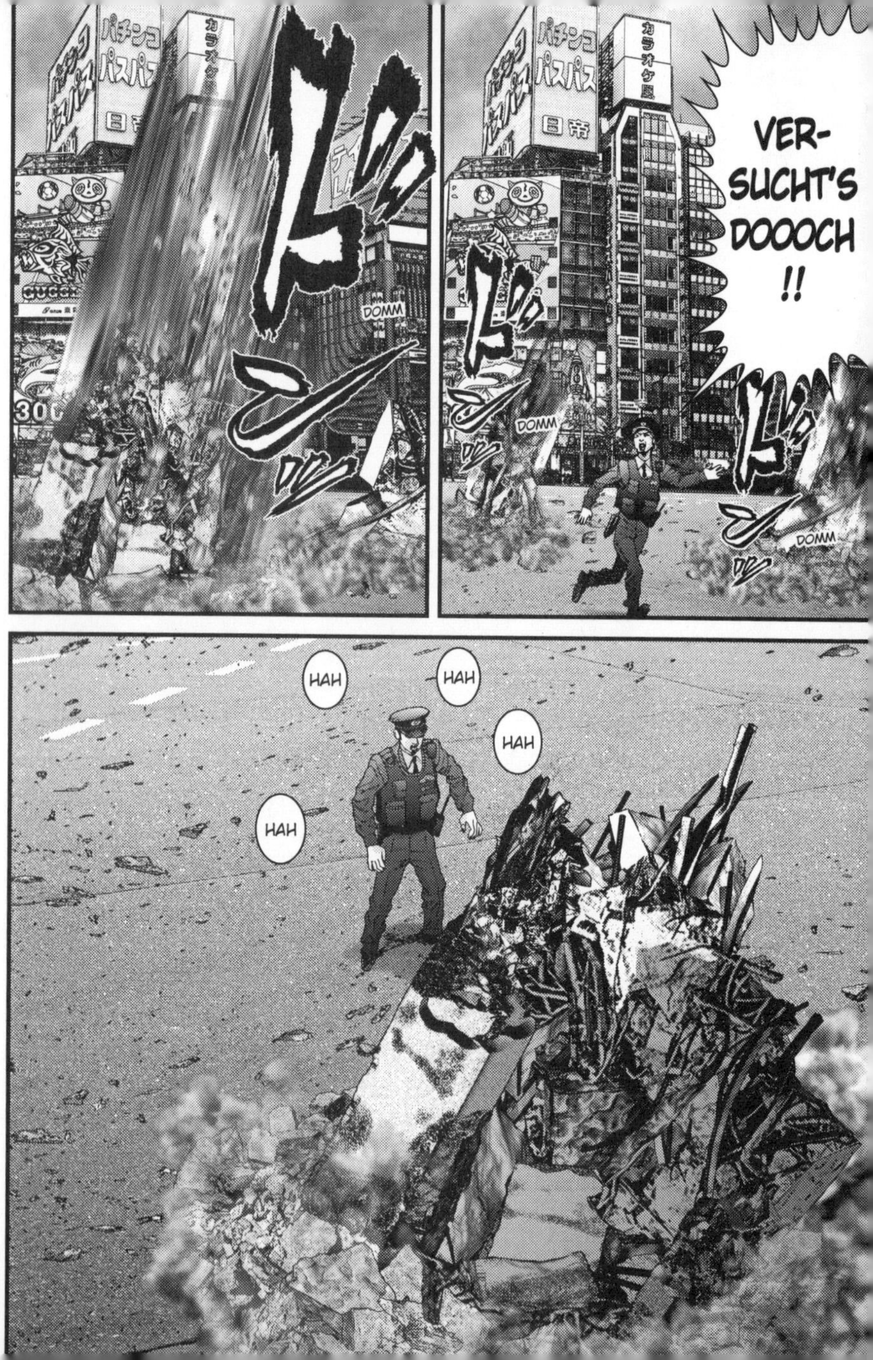

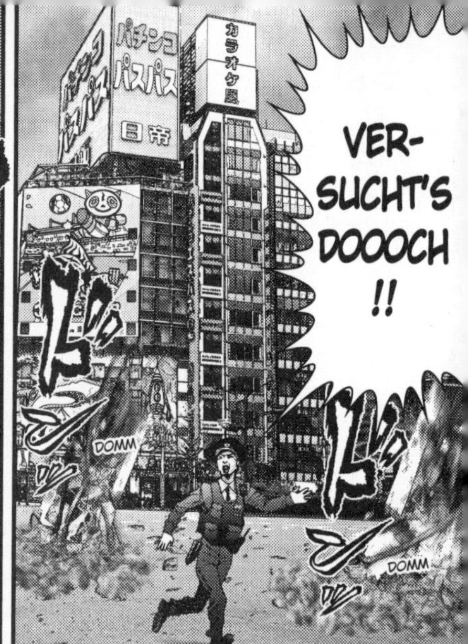
VER-
SUCHT'S
DOOOCH
!!
DOMM
DOMM

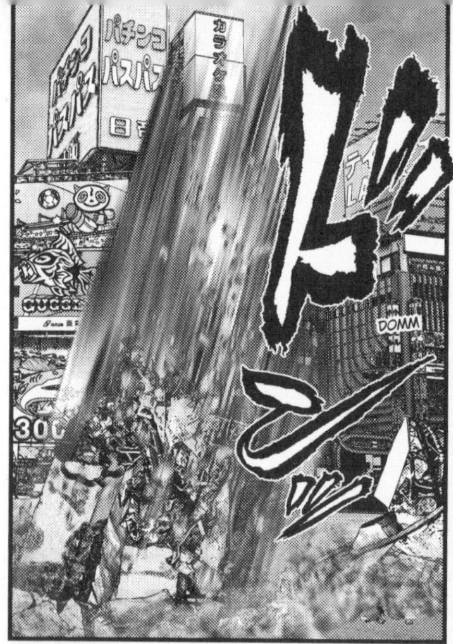
DOMM

HAH
HAH
HAH
HAH

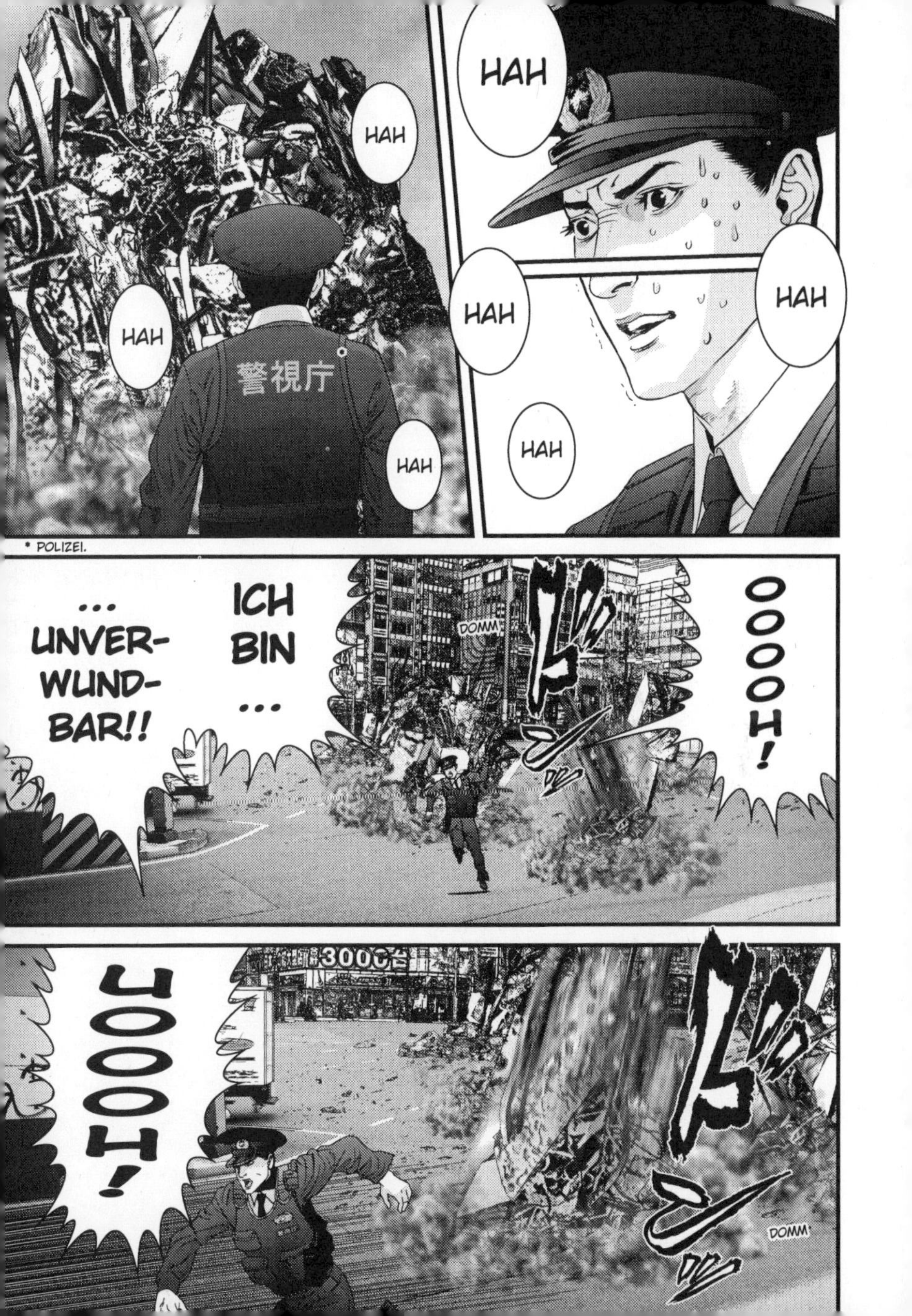

HAH
HAH
HAH
HAH
HAH
HAH
HAH

* POLIZEI.

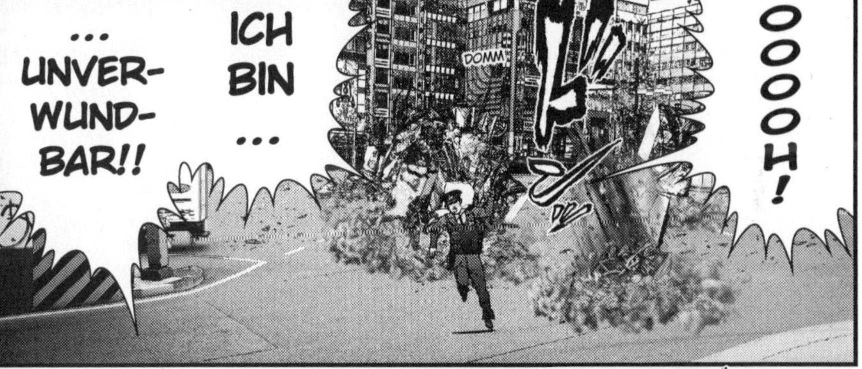

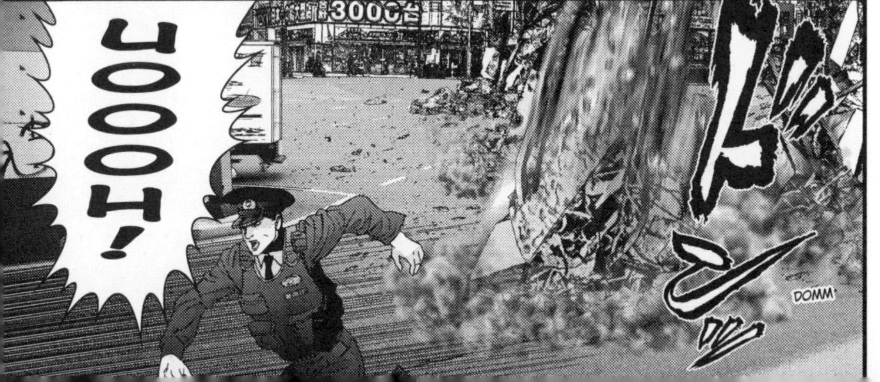

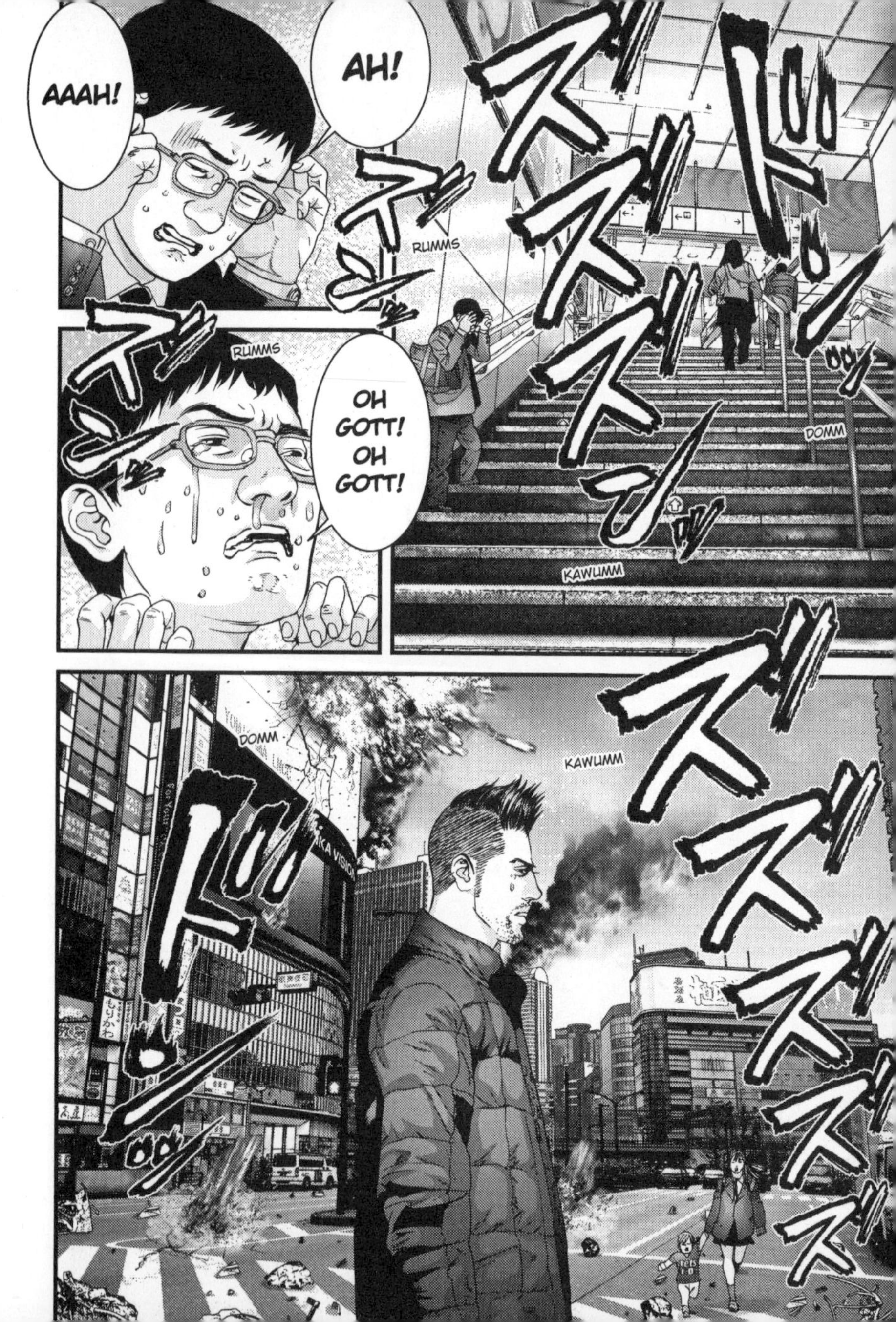

DOMM
KAWUMM
AH!
AAAH!
RUMMS
RUMMS
OH GOTT! OH GOTT!
KAWUMM
DOMM

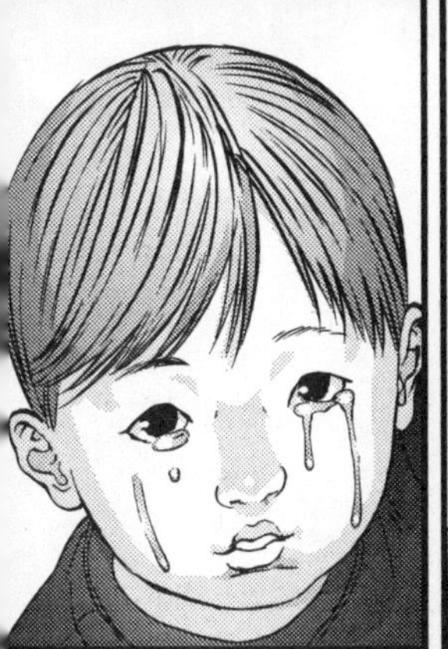

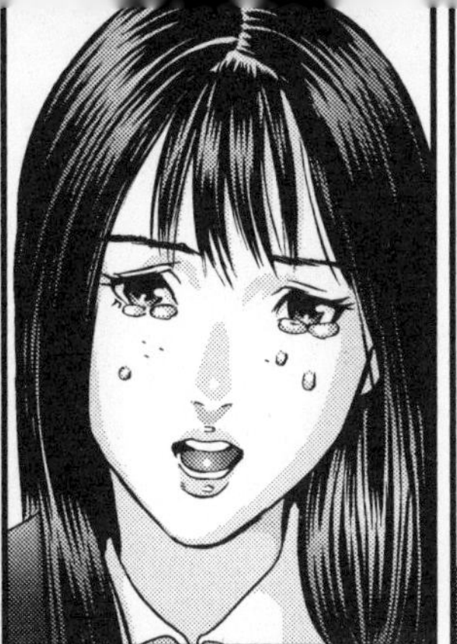

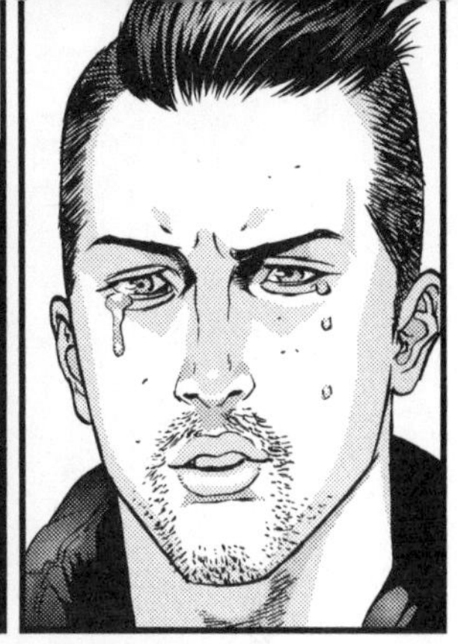

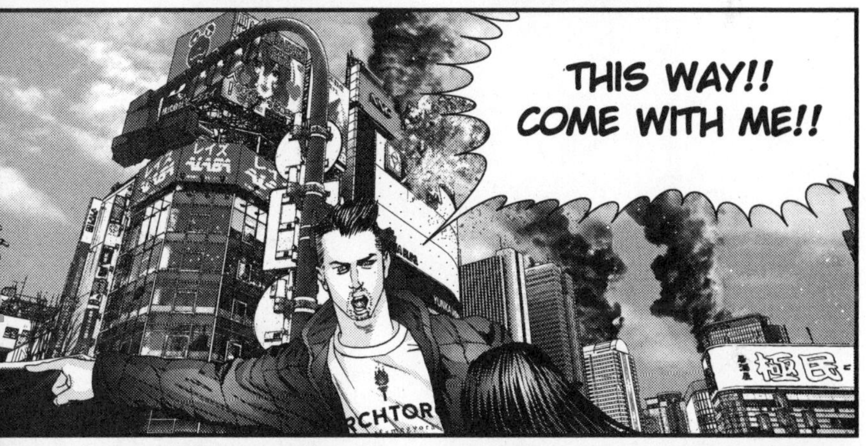
THIS WAY!!
COME WITH ME!!
極民

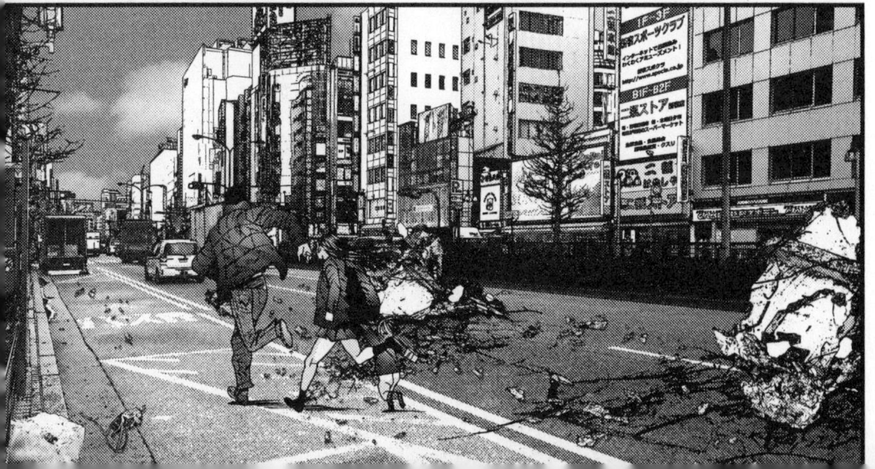

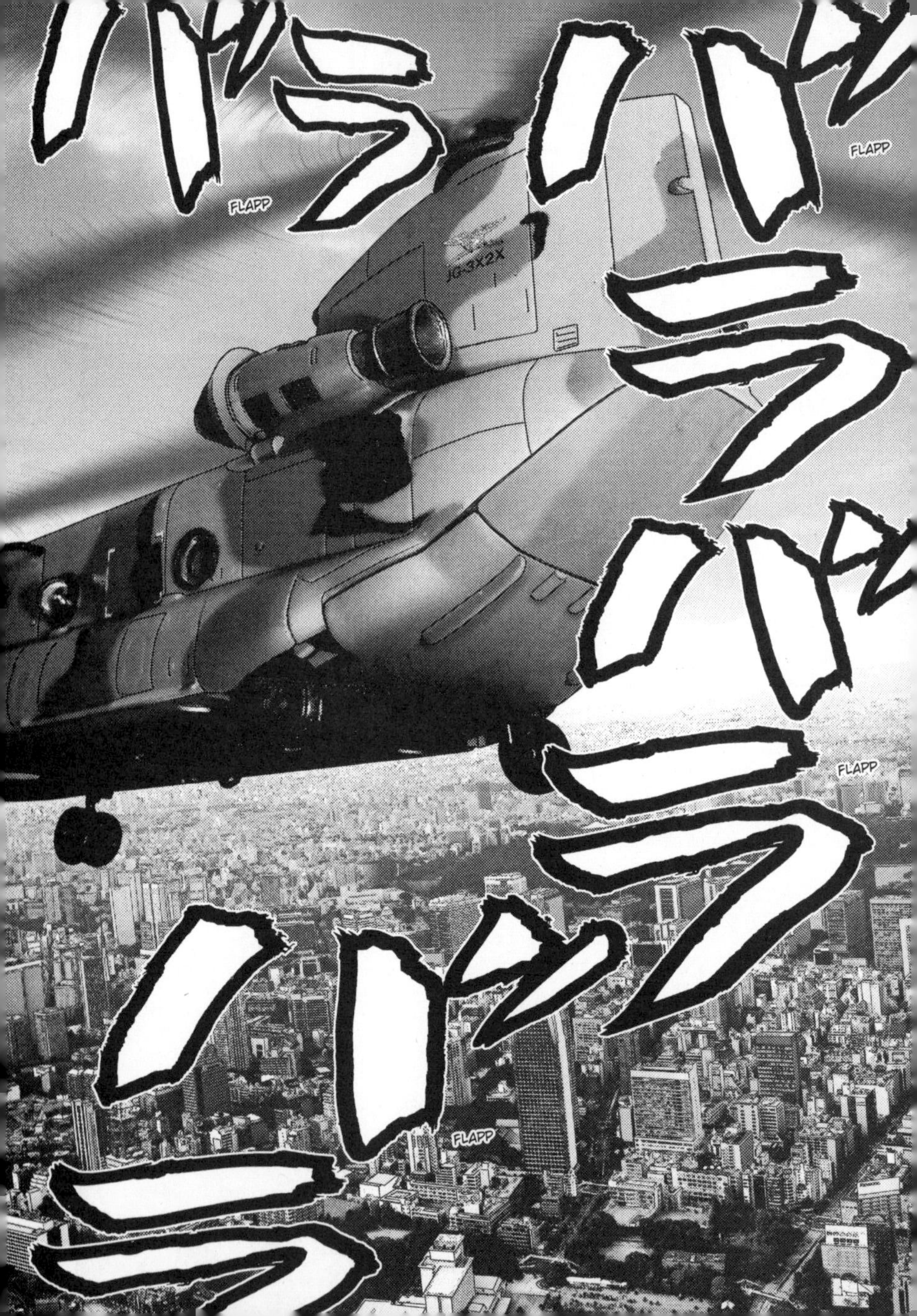

バラバラ
FLAPP
FLAPP
JG-3X2X
バラ
FLAPP
バラ
FLAPP

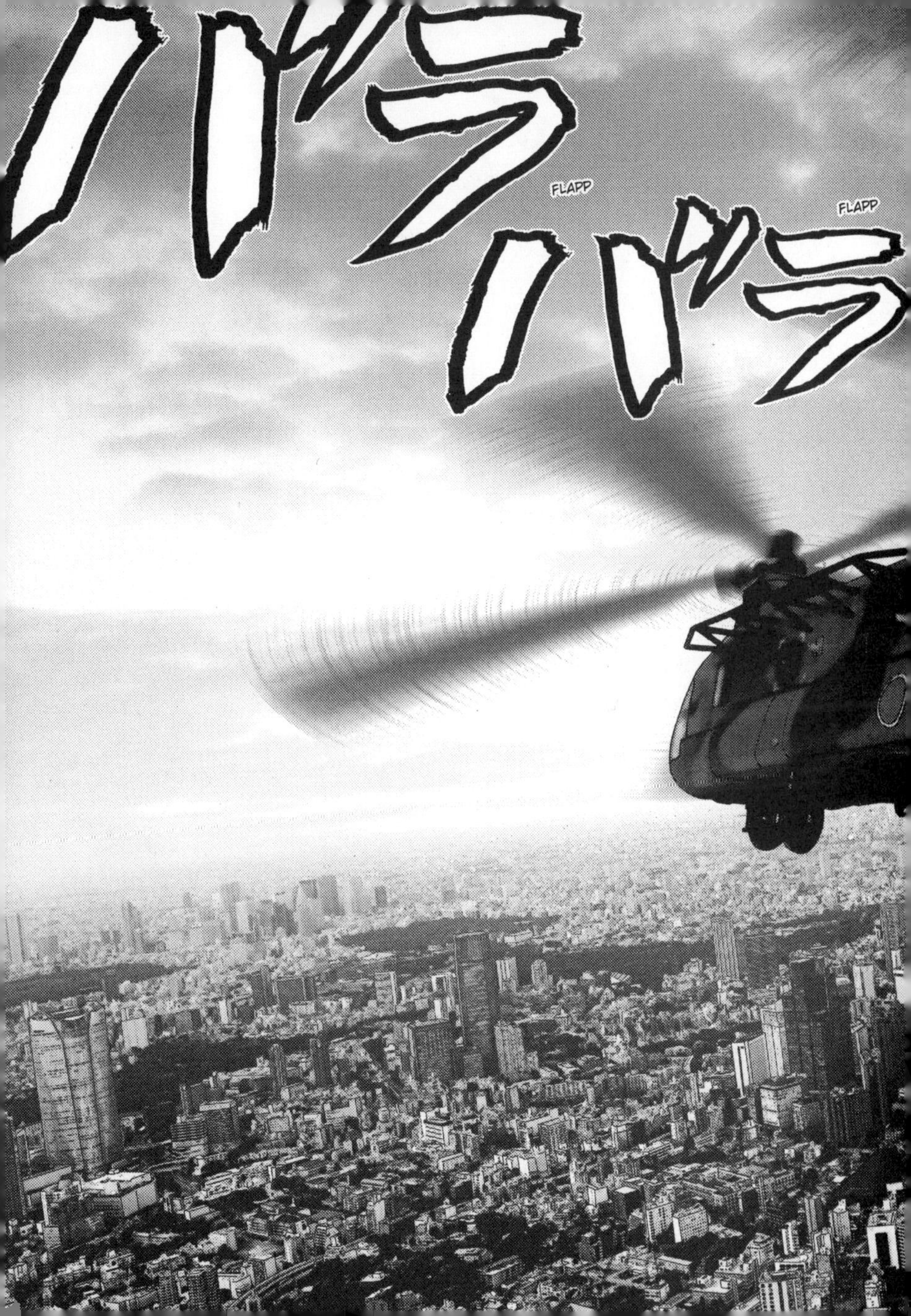
バラ
FLAPP
バラ
FLAPP

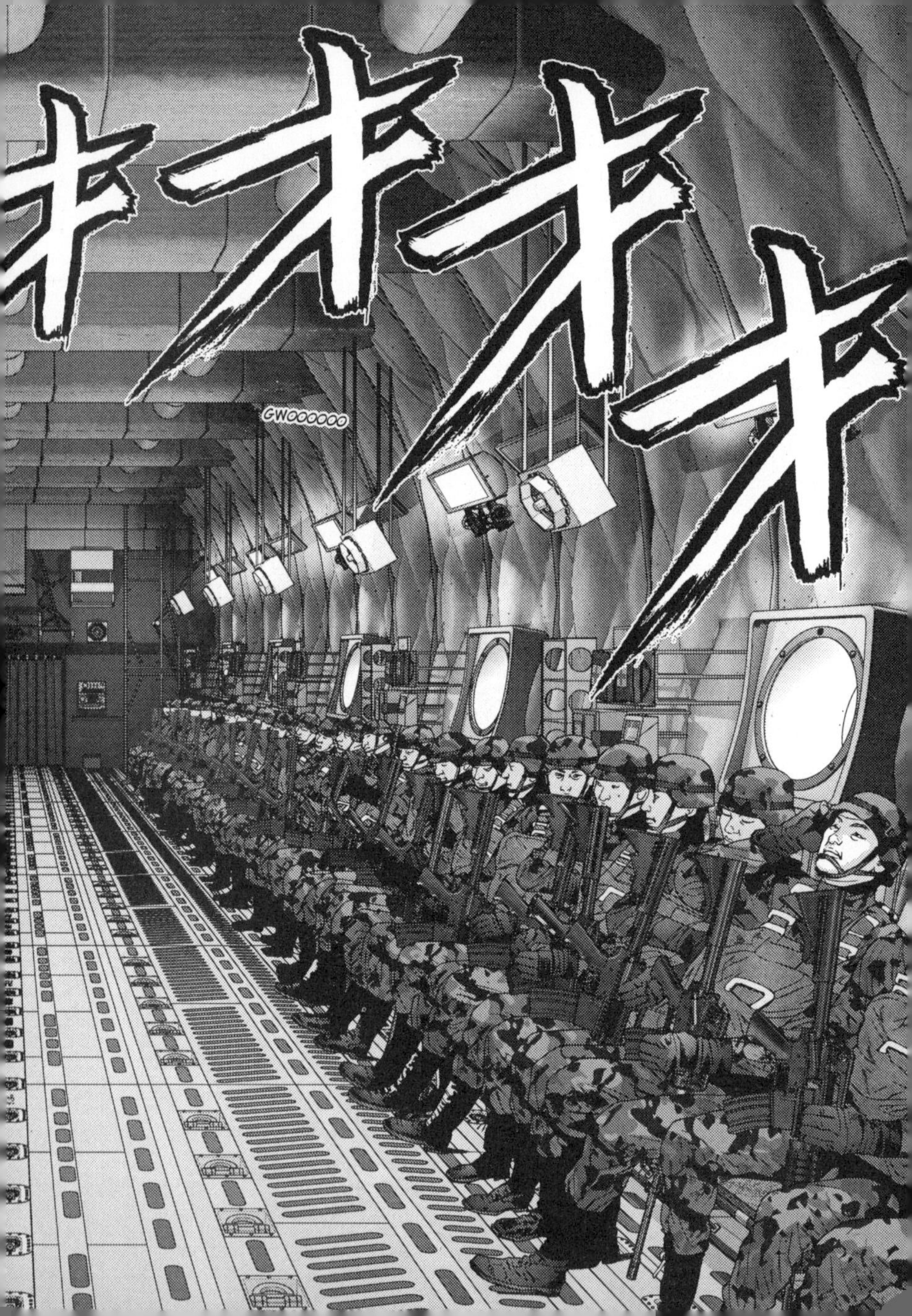
オオオオ
GWOOOOOO

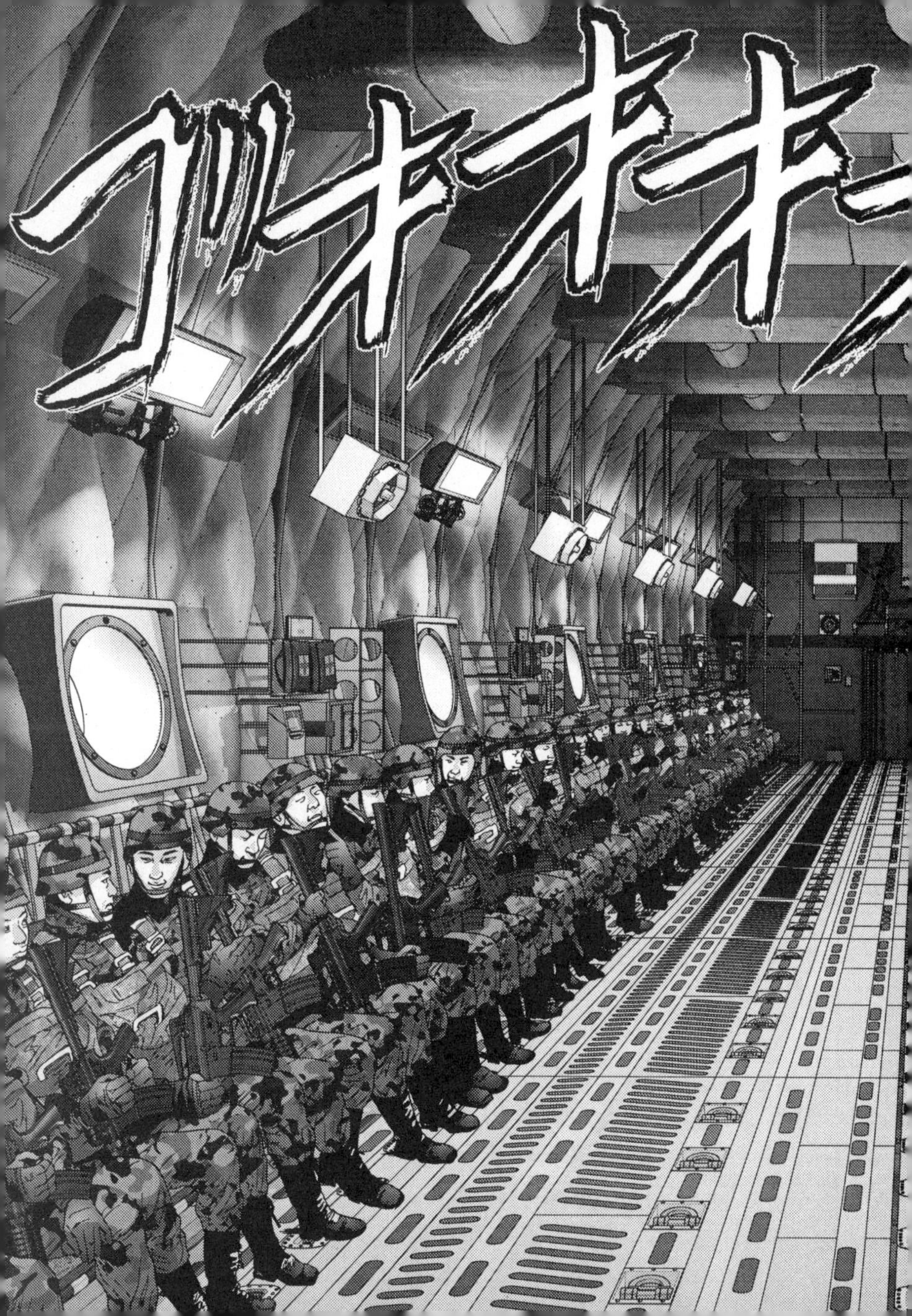
ブルオオオ

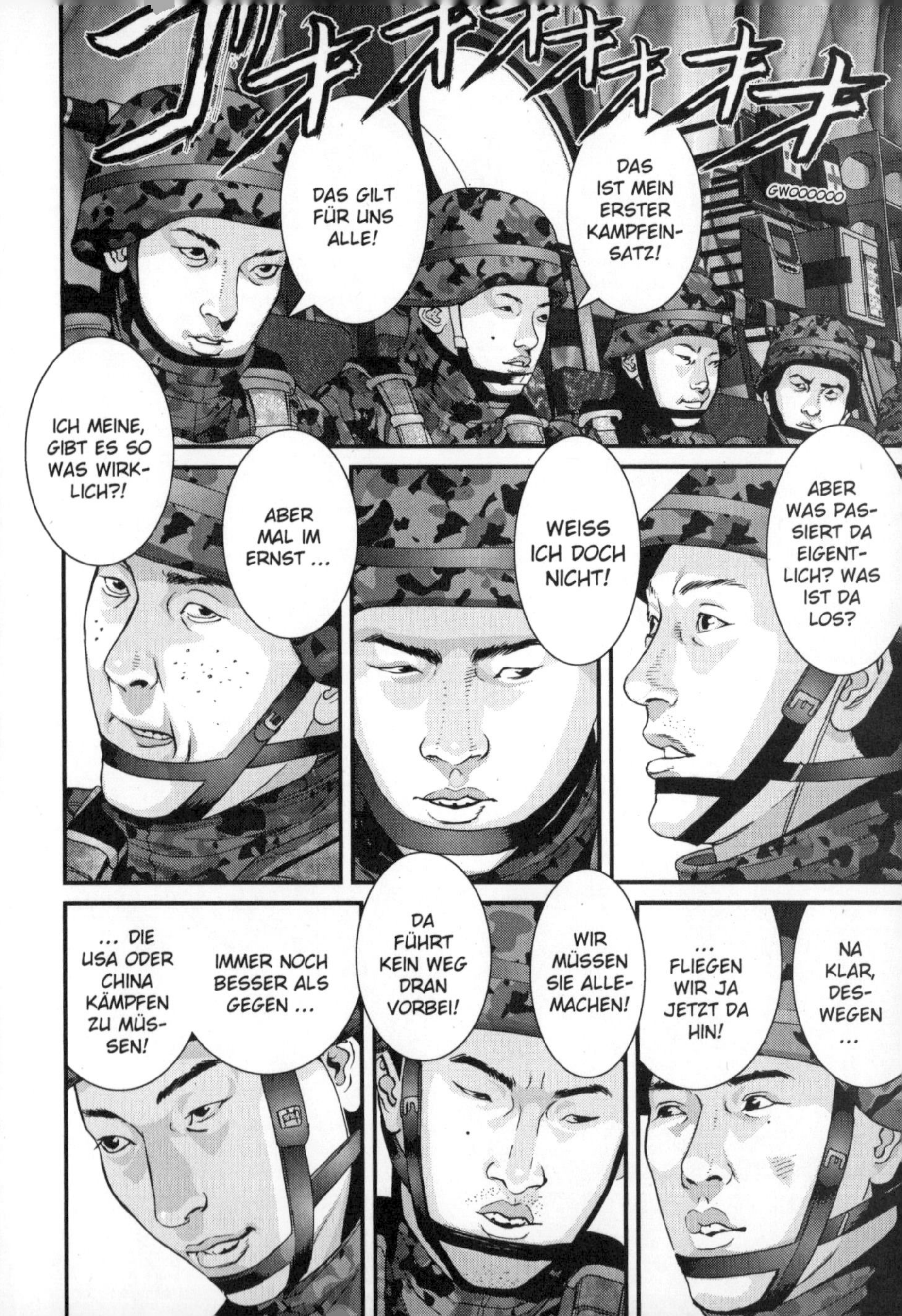
GWOOOOOOO
DAS IST MEIN ERSTER KAMPFEINSATZ!
DAS GILT FÜR UNS ALLE!
ABER WAS PASSIERT DA EIGENTLICH? WAS IST DA LOS?
WEISS ICH DOCH NICHT!
ABER MAL IM ERNST ...
ICH MEINE, GIBT ES SO WAS WIRKLICH?!
NA KLAR, DESWEGEN ...
... FLIEGEN WIR JA JETZT DA HIN!
WIR MÜSSEN SIE ALLEMACHEN!
DA FÜHRT KEIN WEG DRAN VORBEI!
IMMER NOCH BESSER ALS GEGEN ...
... DIE USA ODER CHINA KÄMPFEN ZU MÜSSEN!

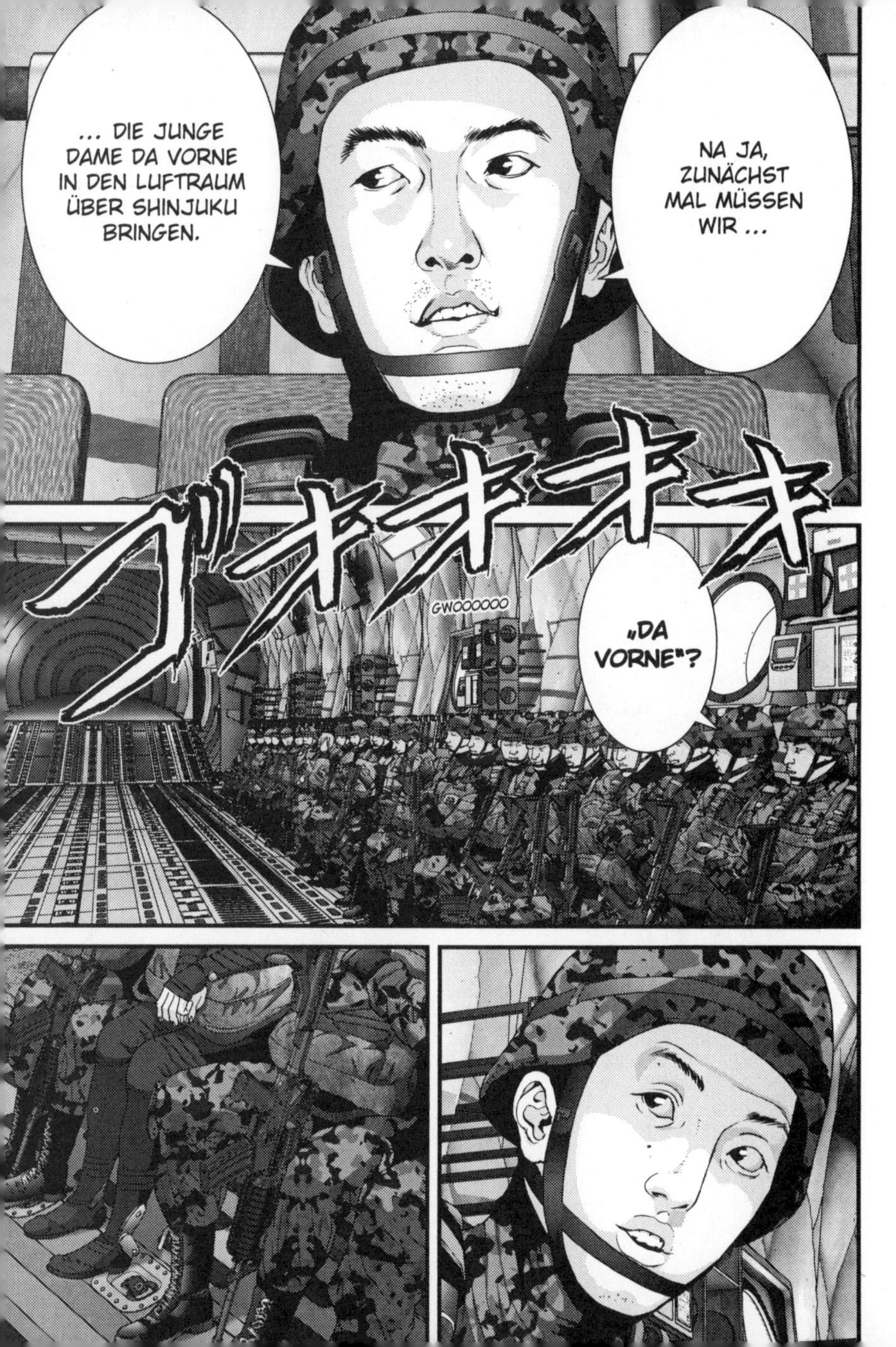

NA JA, ZUNÄCHST MAL MÜSSEN WIR ...

... DIE JUNGE DAME DA VORNE IN DEN LUFTRAUM ÜBER SHINJUKU BRINGEN.

GWOOOOOO

„DA VORNE"?

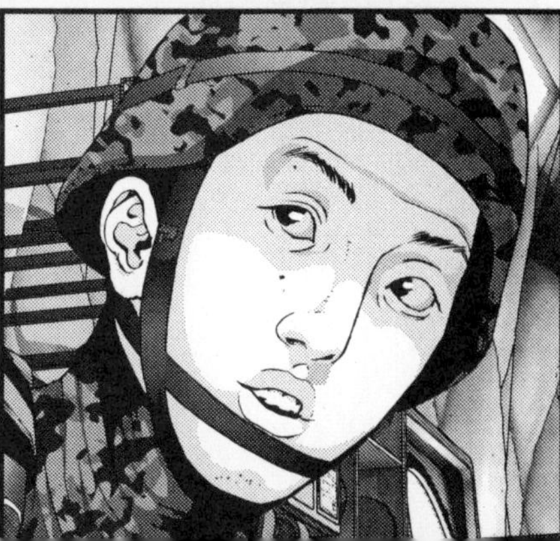

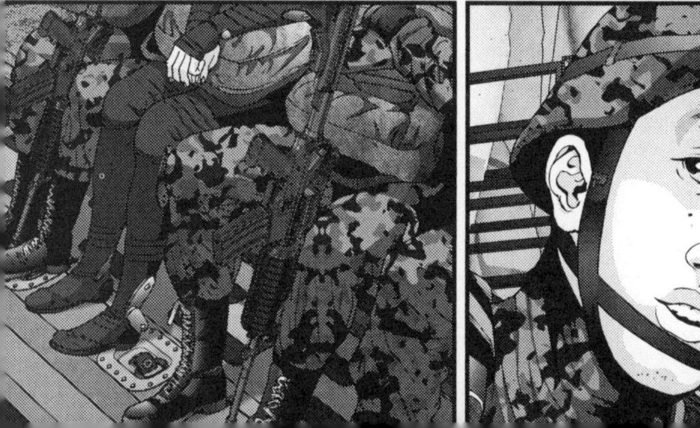

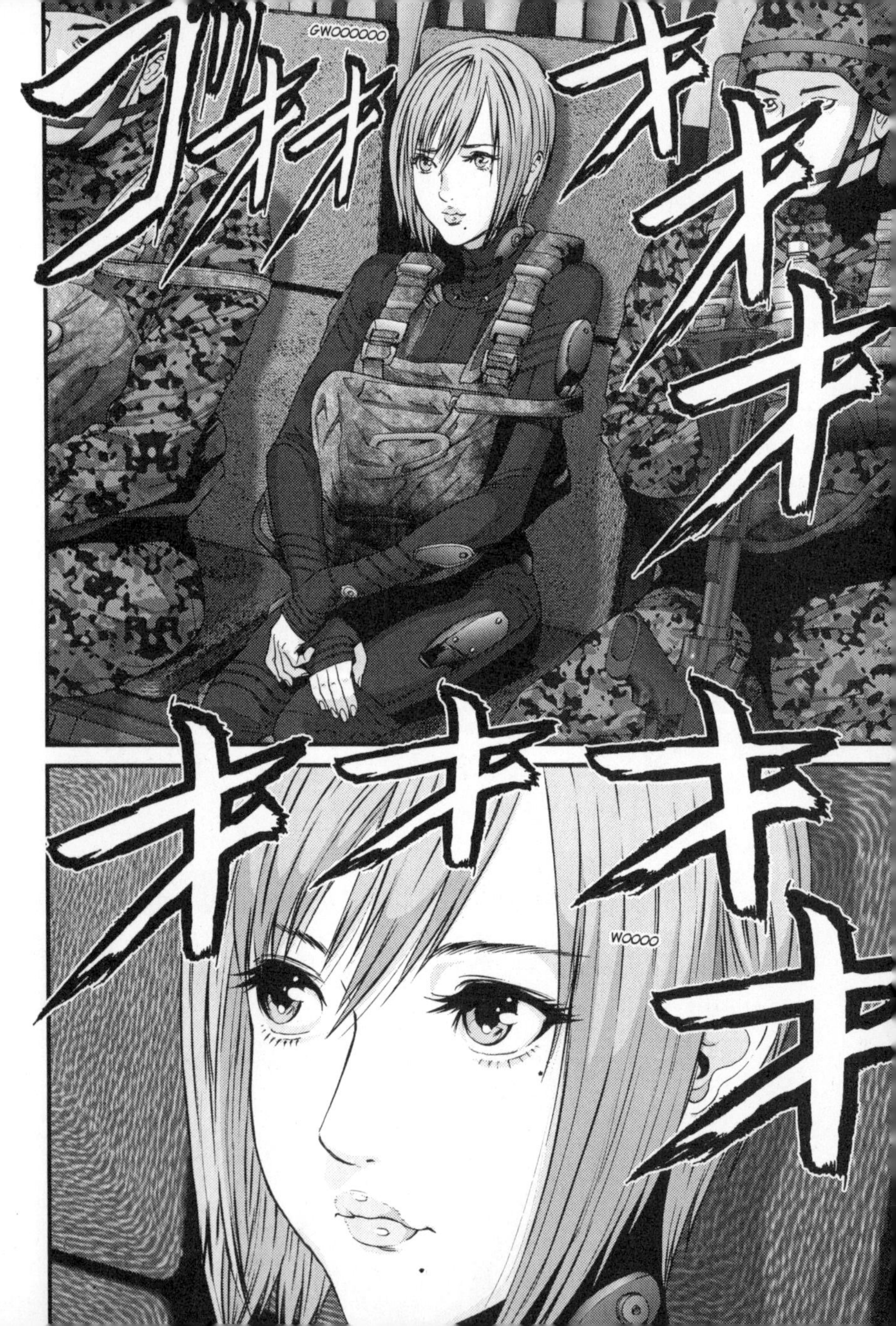
GWOOOOOOO
WOOOO

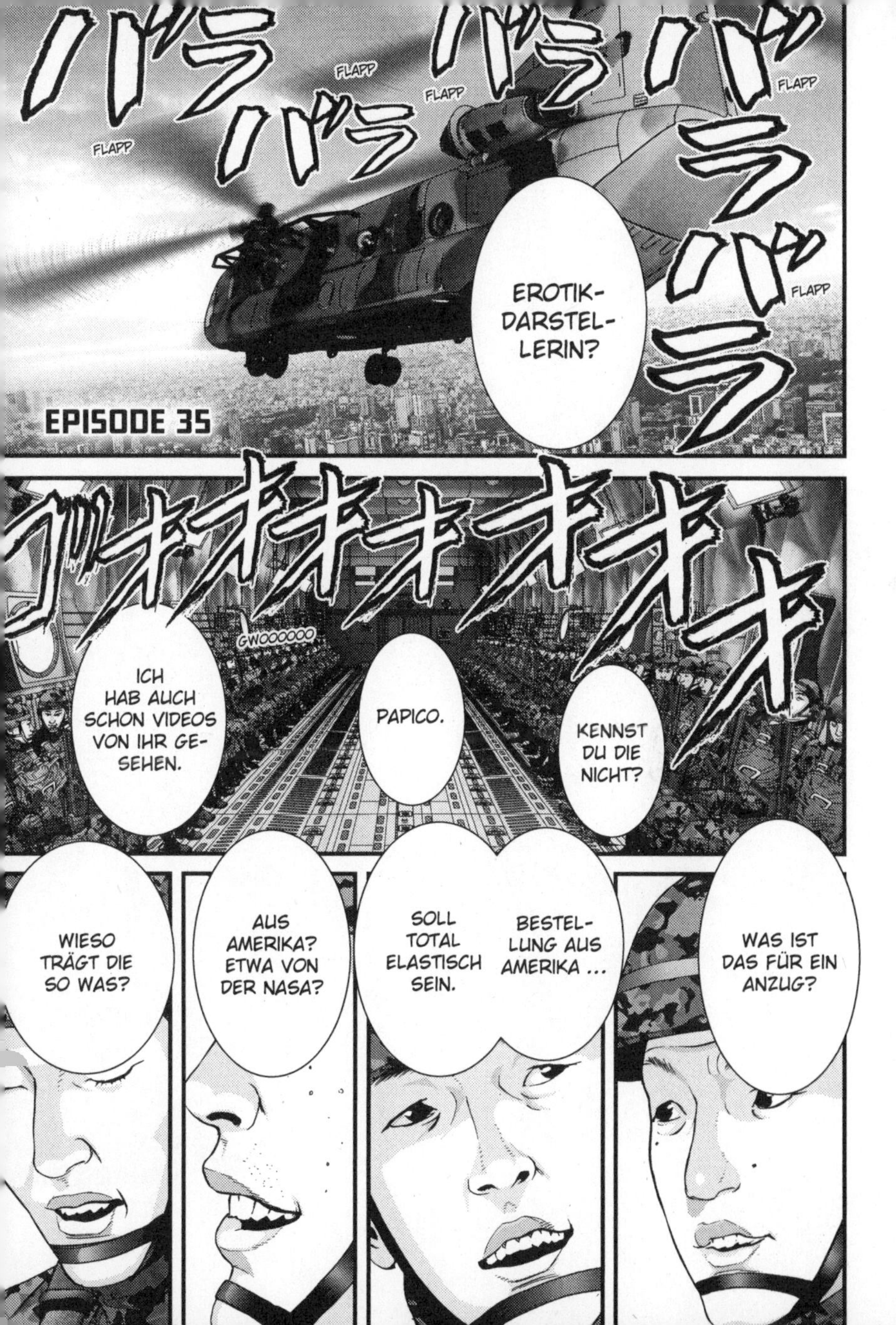
FLAPP
FLAPP
FLAPP
FLAPP
FLAPP
EROTIK-DARSTELLERIN?
EPISODE 35
GWOOOOOO
KENNST DU DIE NICHT?
PAPICO.
ICH HAB AUCH SCHON VIDEOS VON IHR GESEHEN.
WAS IST DAS FÜR EIN ANZUG?
BESTELLUNG AUS AMERIKA …
SOLL TOTAL ELASTISCH SEIN.
AUS AMERIKA? ETWA VON DER NASA?
WIESO TRÄGT DIE SO WAS?

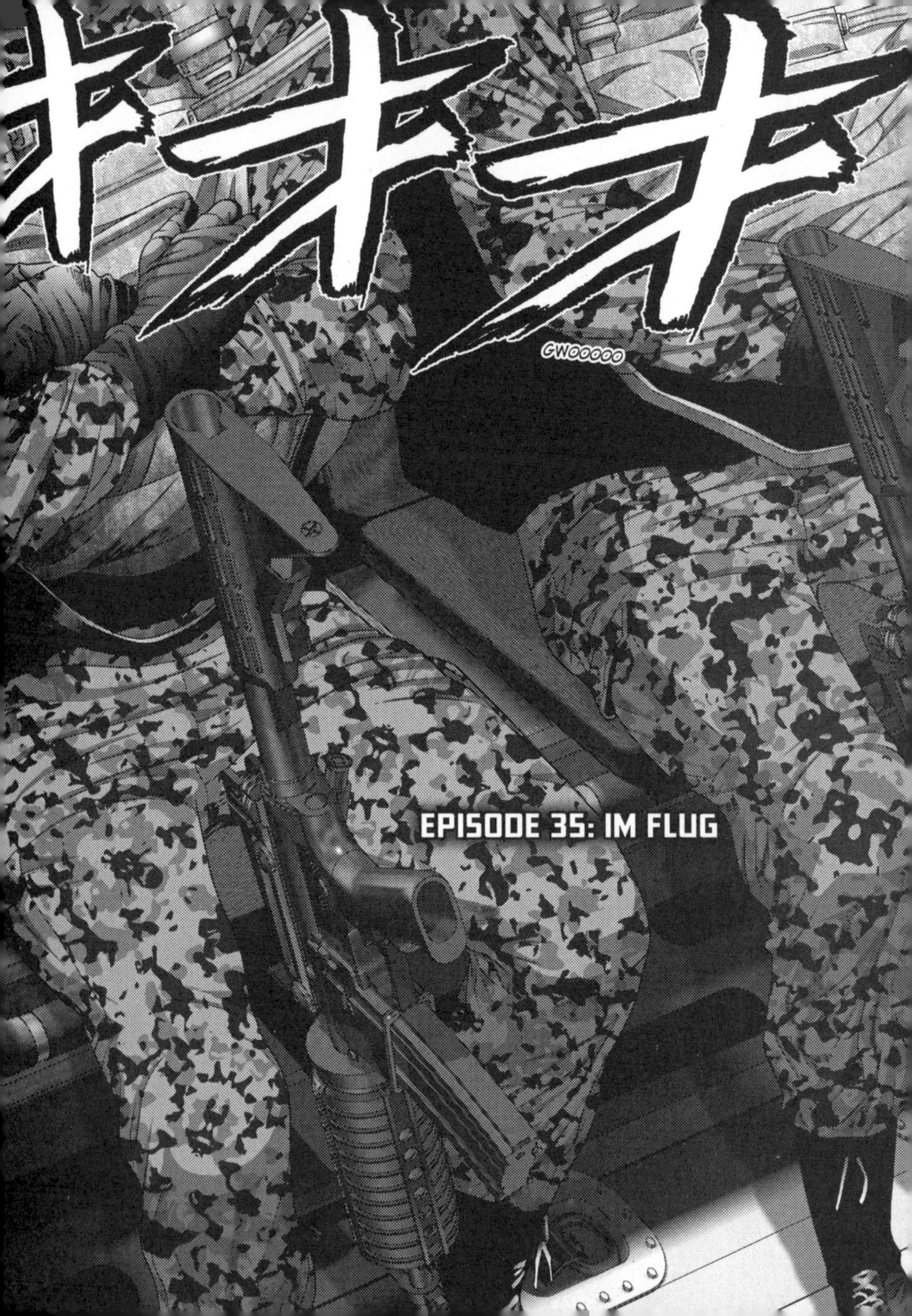
GWOOOOO
EPISODE 35: IM FLUG

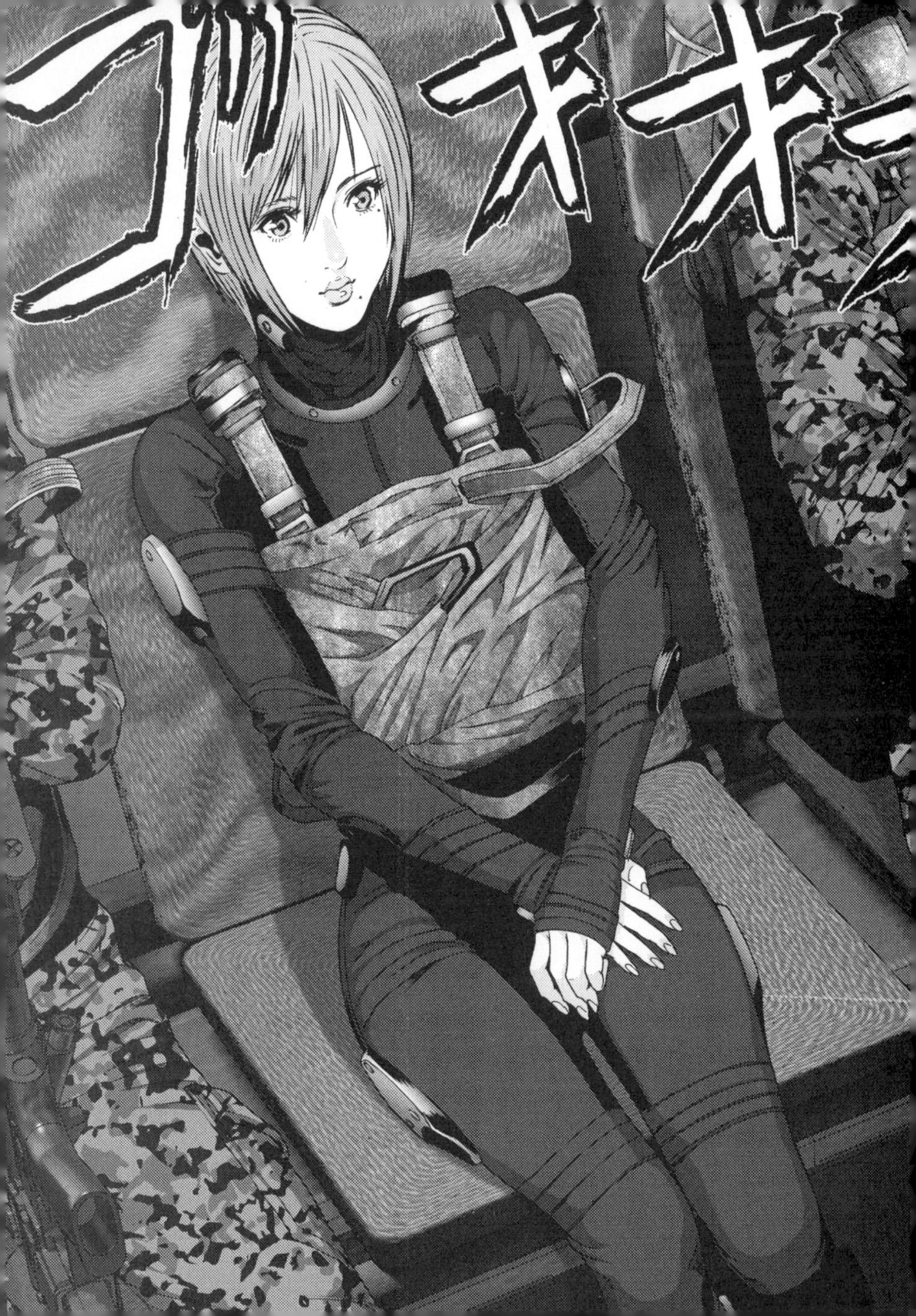
ゴオオ

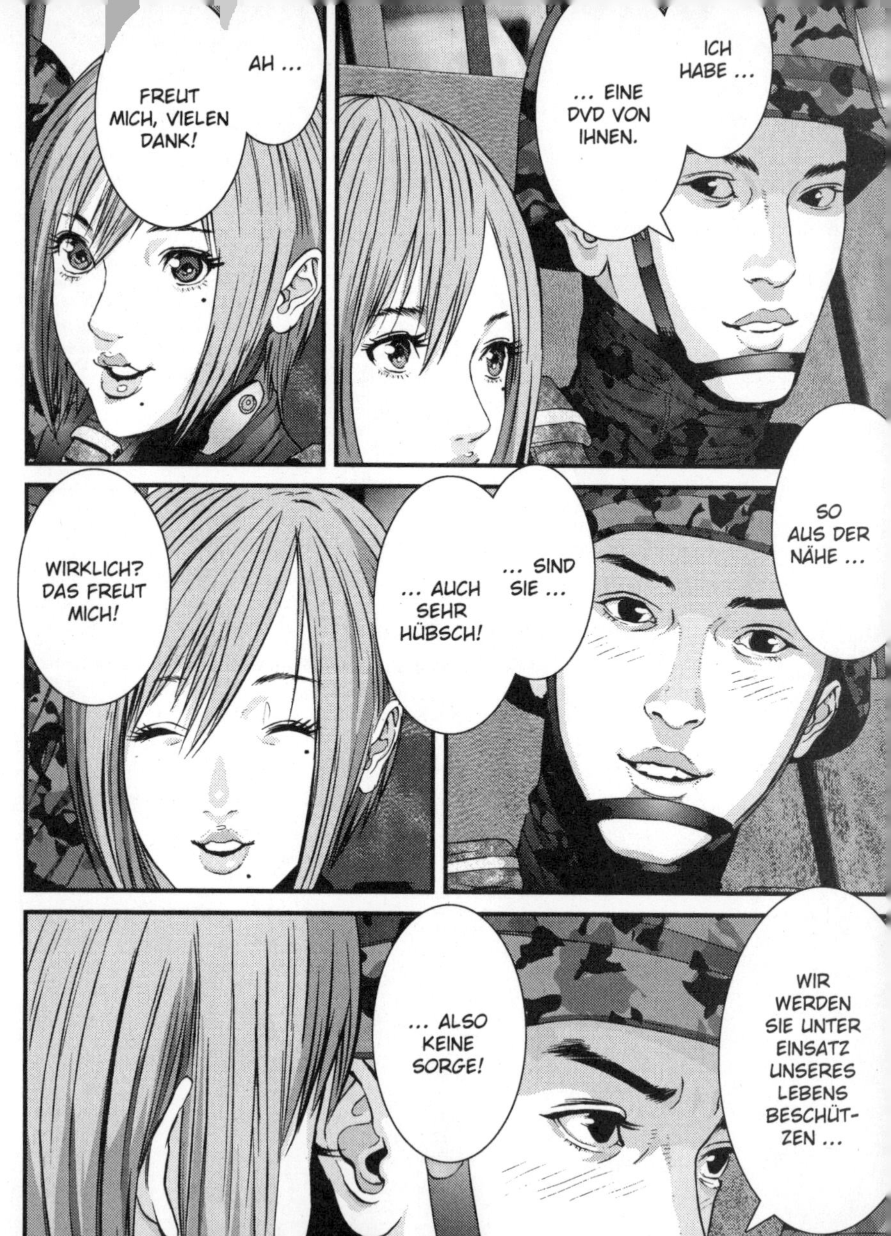
ICH HABE …
… EINE DVD VON IHNEN.
AH …
FREUT MICH, VIELEN DANK!
SO AUS DER NÄHE …
… SIND SIE …
… AUCH SEHR HÜBSCH!
WIRKLICH? DAS FREUT MICH!
WIR WERDEN SIE UNTER EINSATZ UNSERES LEBENS BESCHÜT-ZEN …
… ALSO KEINE SORGE!

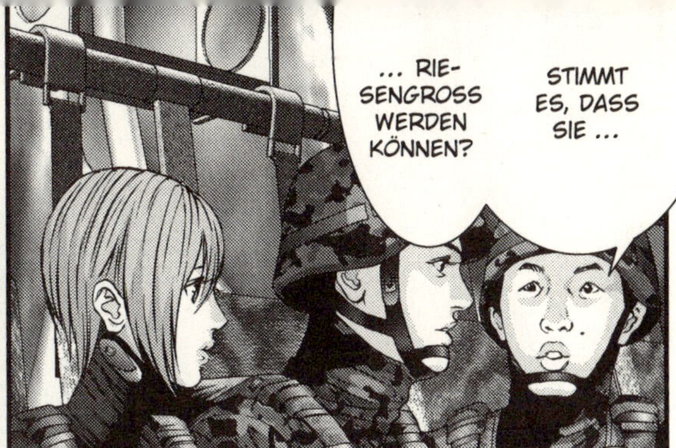
STIMMT ES, DASS SIE ...
... RIE-SENGROSS WERDEN KÖNNEN?

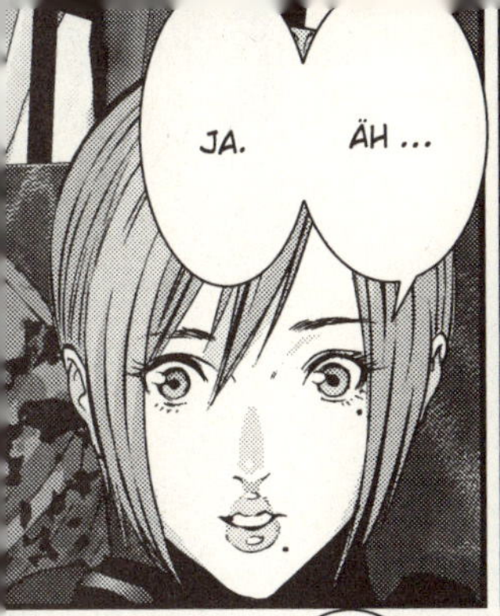
ÄH ...
JA.

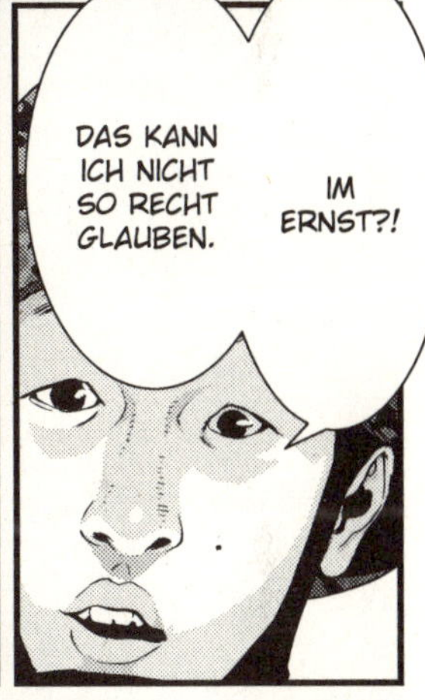
IM ERNST?!
DAS KANN ICH NICHT SO RECHT GLAUBEN.

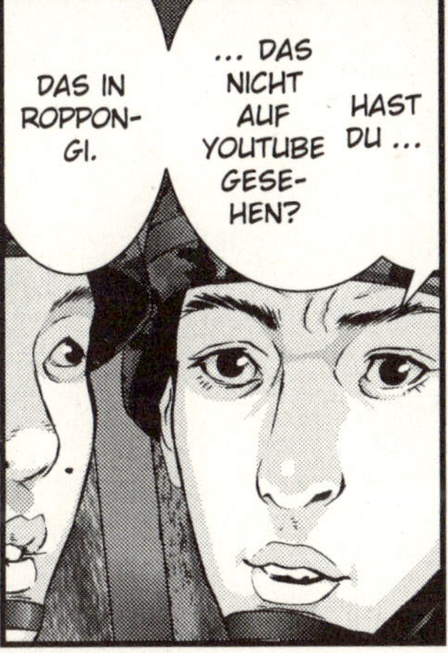
HAST DU ...
... DAS NICHT AUF YOUTUBE GESE-HEN?
DAS IN ROPPON-GI.

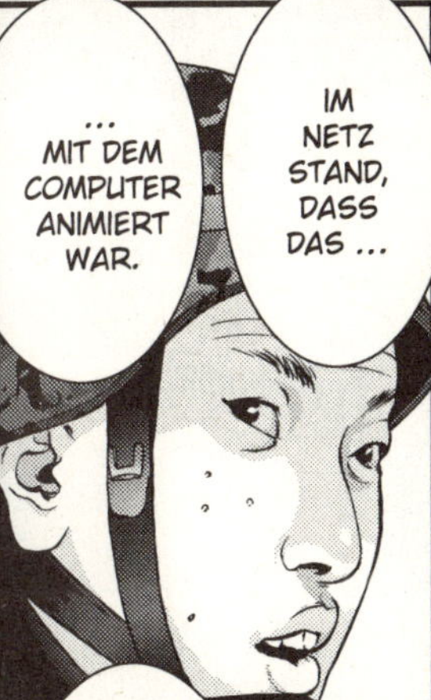
IM NETZ STAND, DASS DAS ...
... MIT DEM COMPUTER ANIMIERT WAR.

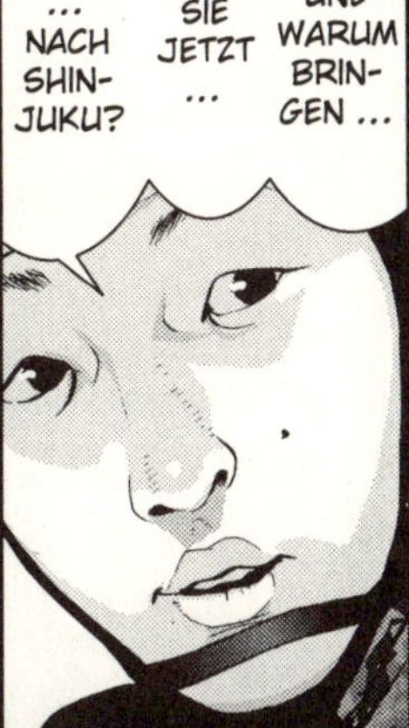
UND WARUM BRIN-GEN ...
... WIR SIE JETZT ...
... NACH SHIN-JUKU?

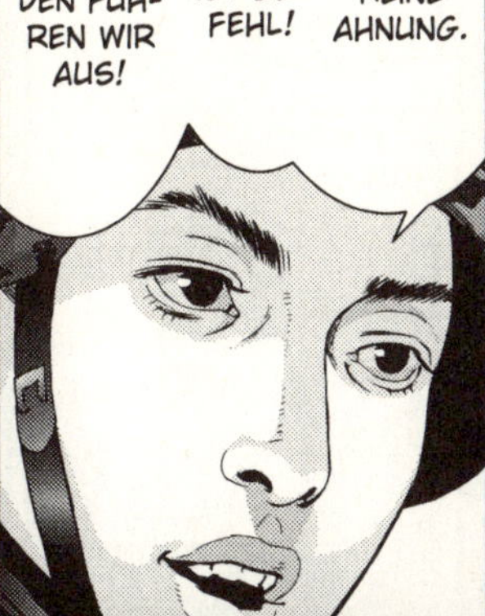
KEINE AHNUNG.
BEFEHL IST BE-FEHL!
UND DEN FÜH-REN WIR AUS!

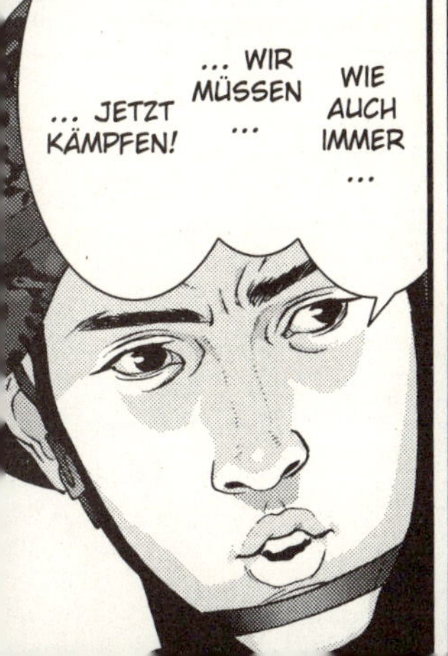
WIE AUCH IMMER ...
... WIR MÜSSEN ...
... JETZT KÄMPFEN!

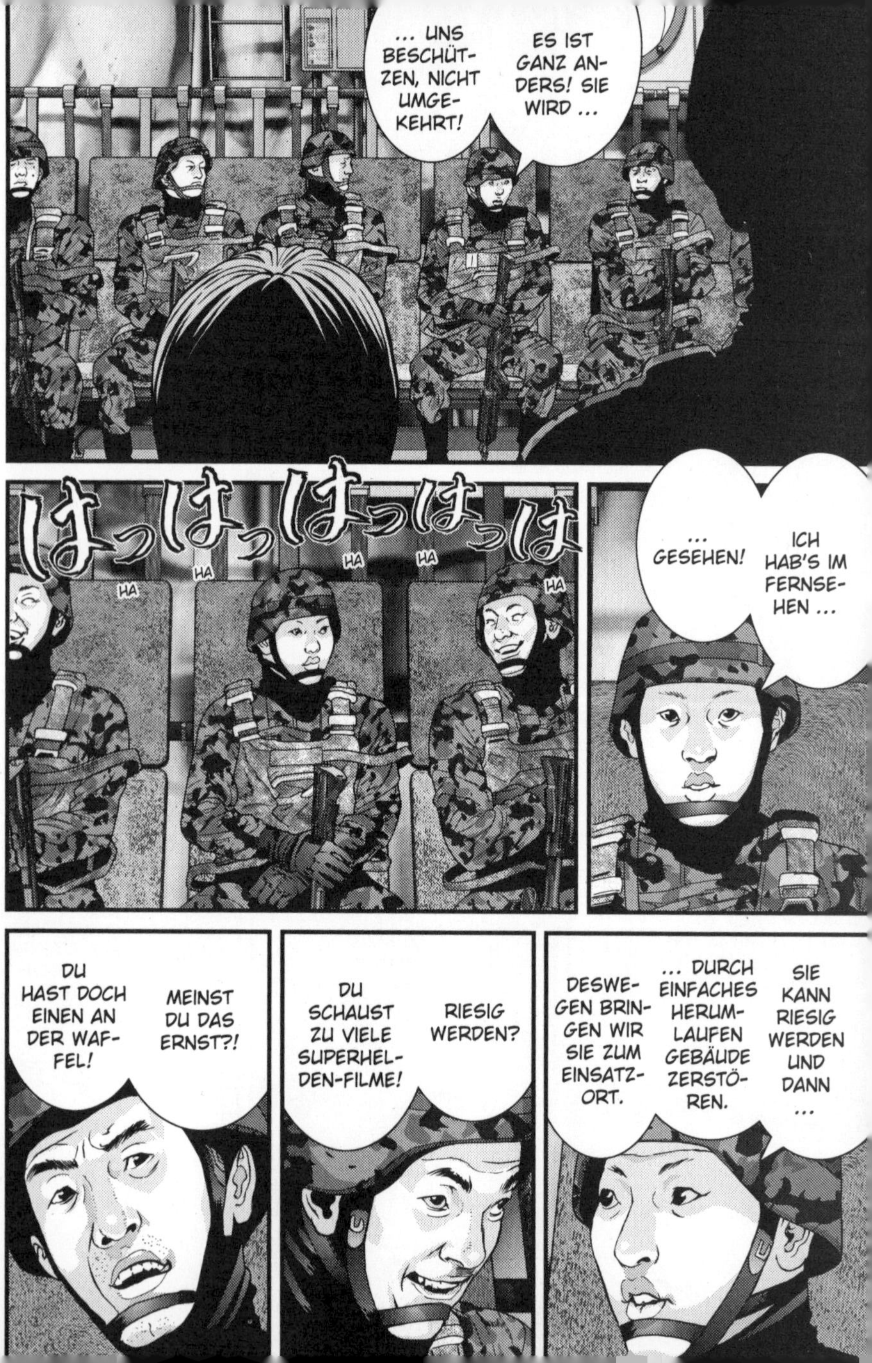

ES IST GANZ ANDERS! SIE WIRD …
… UNS BESCHÜTZEN, NICHT UMGEKEHRT!

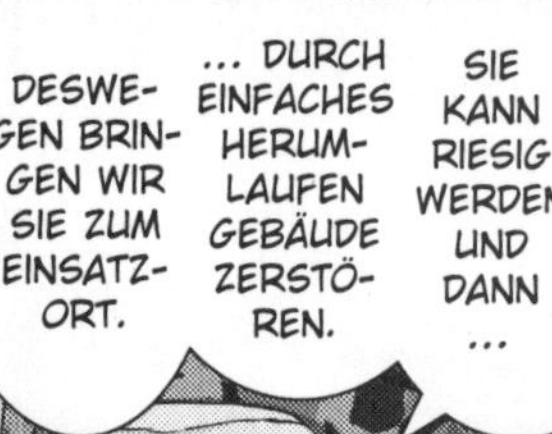

はっはっはっはっは
HA HA HA HA HA

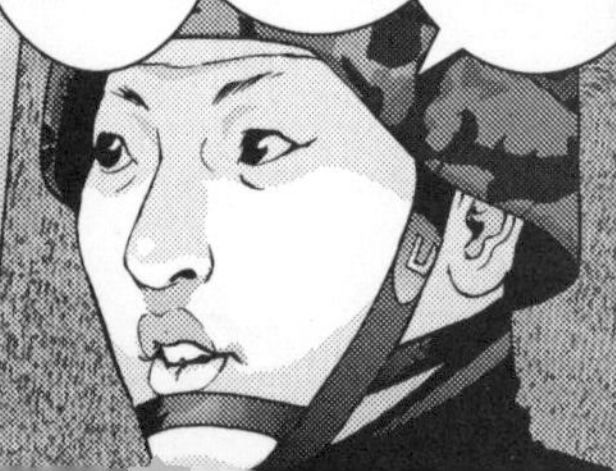

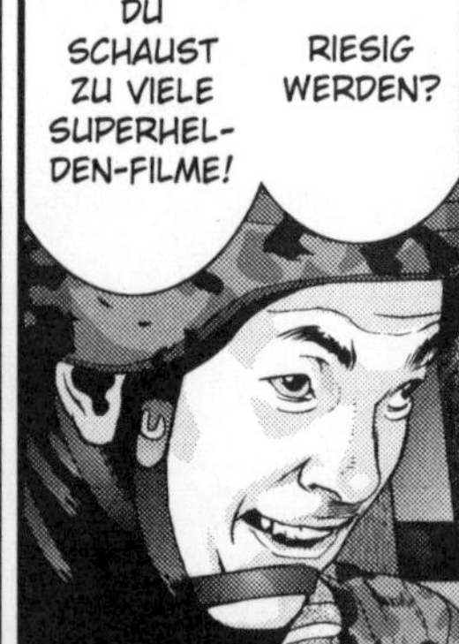

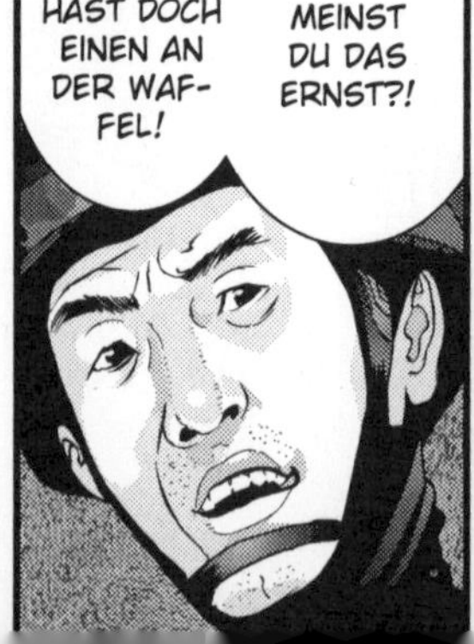

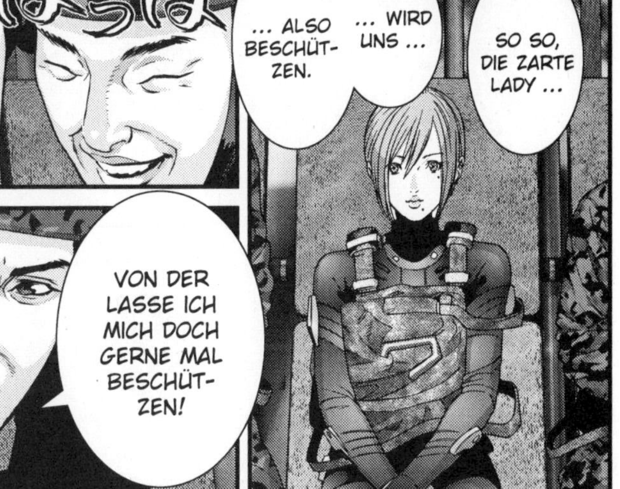
SO SO, DIE ZARTE LADY ...
... WIRD UNS ...
... ALSO BESCHÜTZEN.
VON DER LASSE ICH MICH DOCH GERNE MAL BESCHÜTZEN!

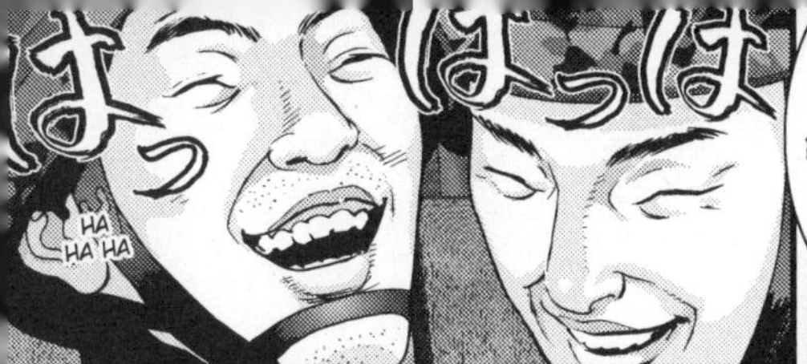
はっ はっは
HA HA HA

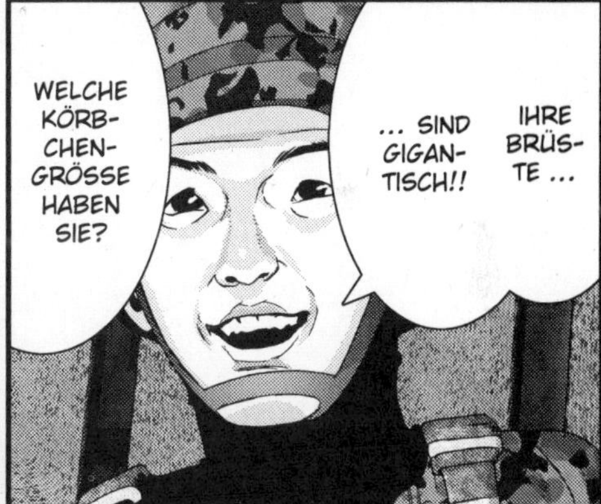
IHRE BRÜSTE ...
... SIND GIGANTISCH!!
WELCHE KÖRBCHENGRÖSSE HABEN SIE?

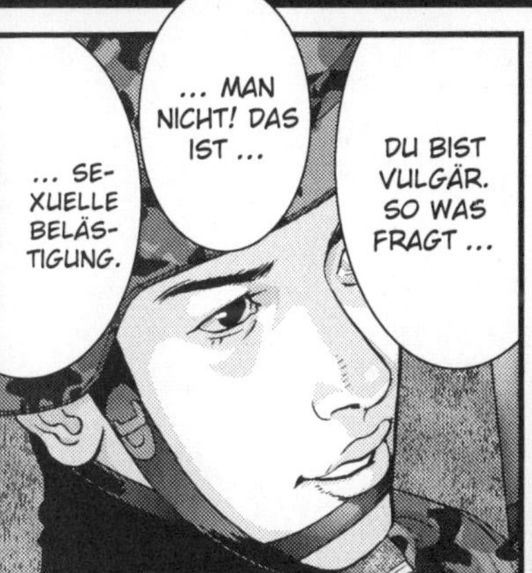
DU BIST VULGÄR. SO WAS FRAGT ...
... MAN NICHT! DAS IST ...
... SEXUELLE BELÄSTIGUNG.

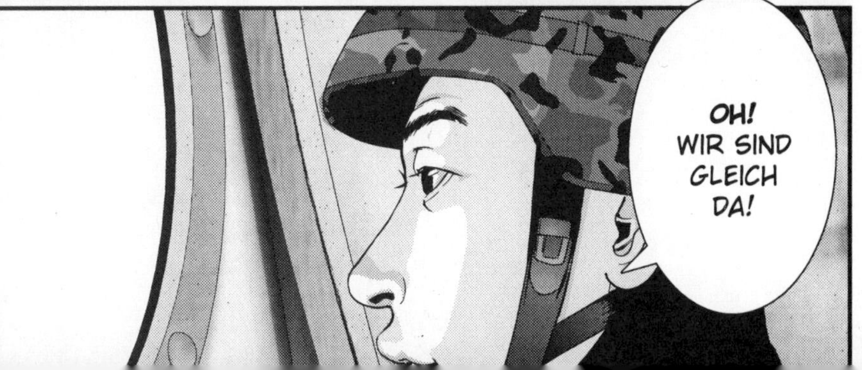
OH! WIR SIND GLEICH DA!

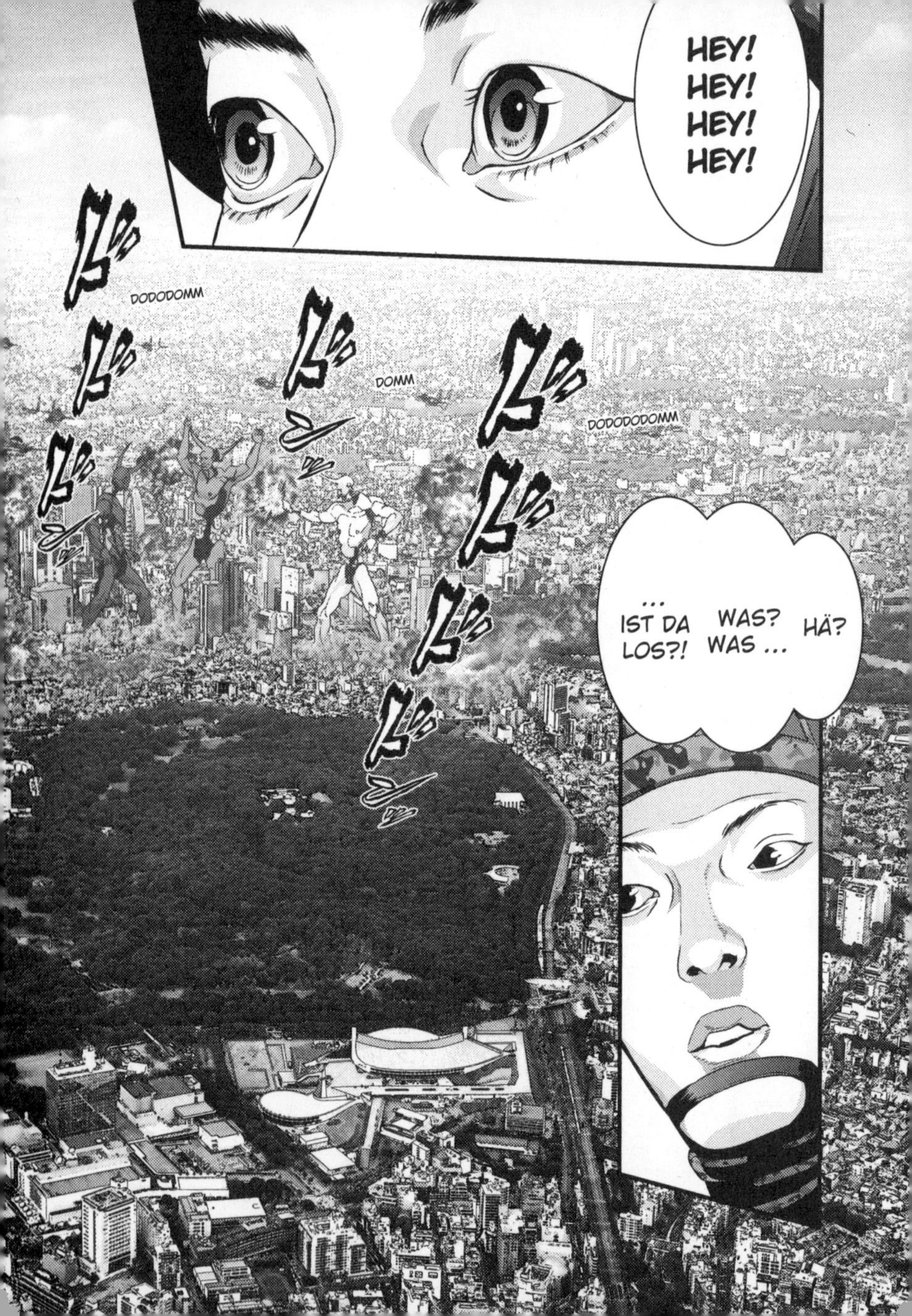
HEY! HEY! HEY! HEY!
DODODODOMM
DOMM
DODODOMM
HÄ? WAS? WAS ... IST DA LOS?! ...

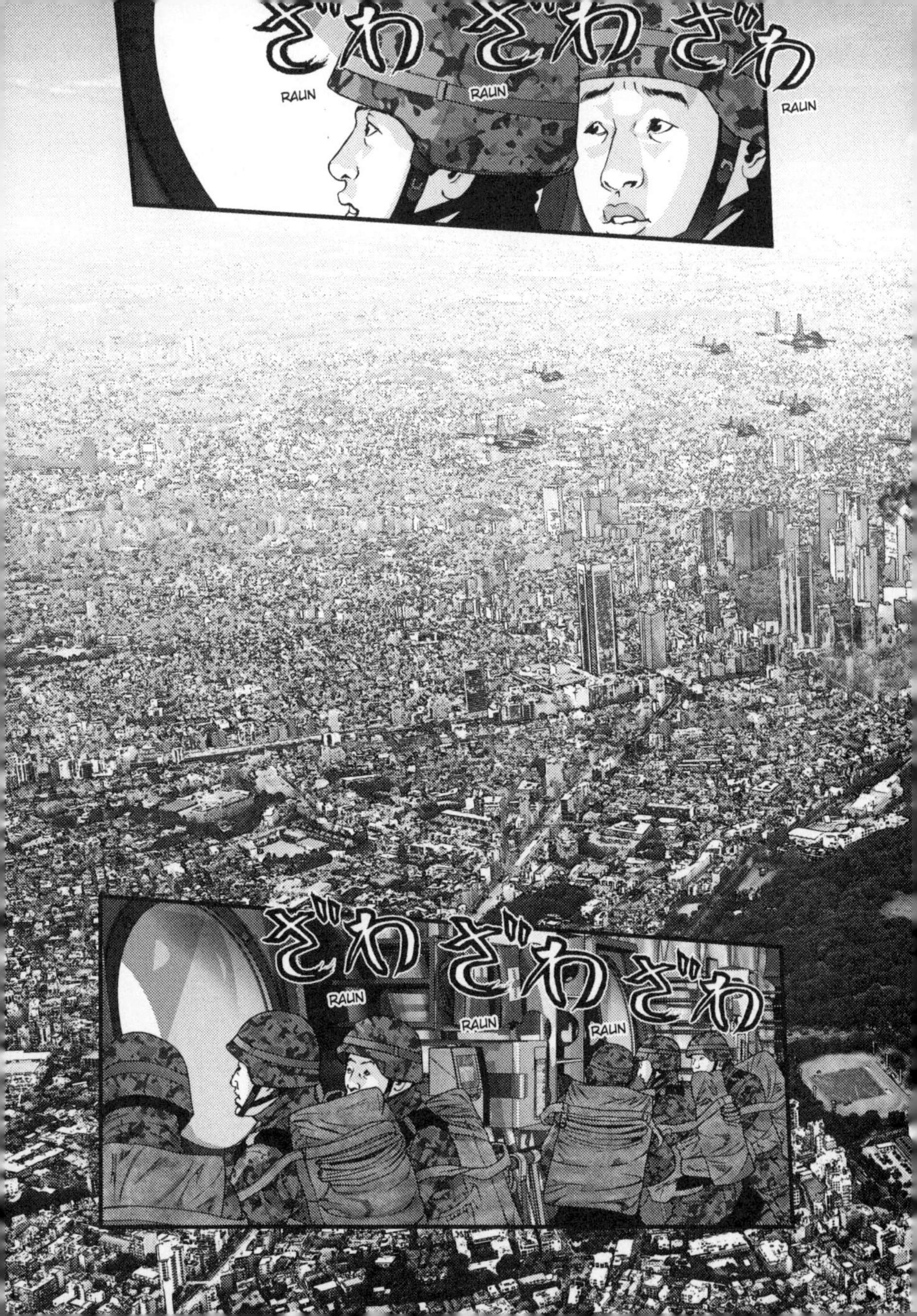
ざわざわざわ
RAUN
RAUN
RAUN
ざわざわざわ
RAUN
RAUN
RAUN

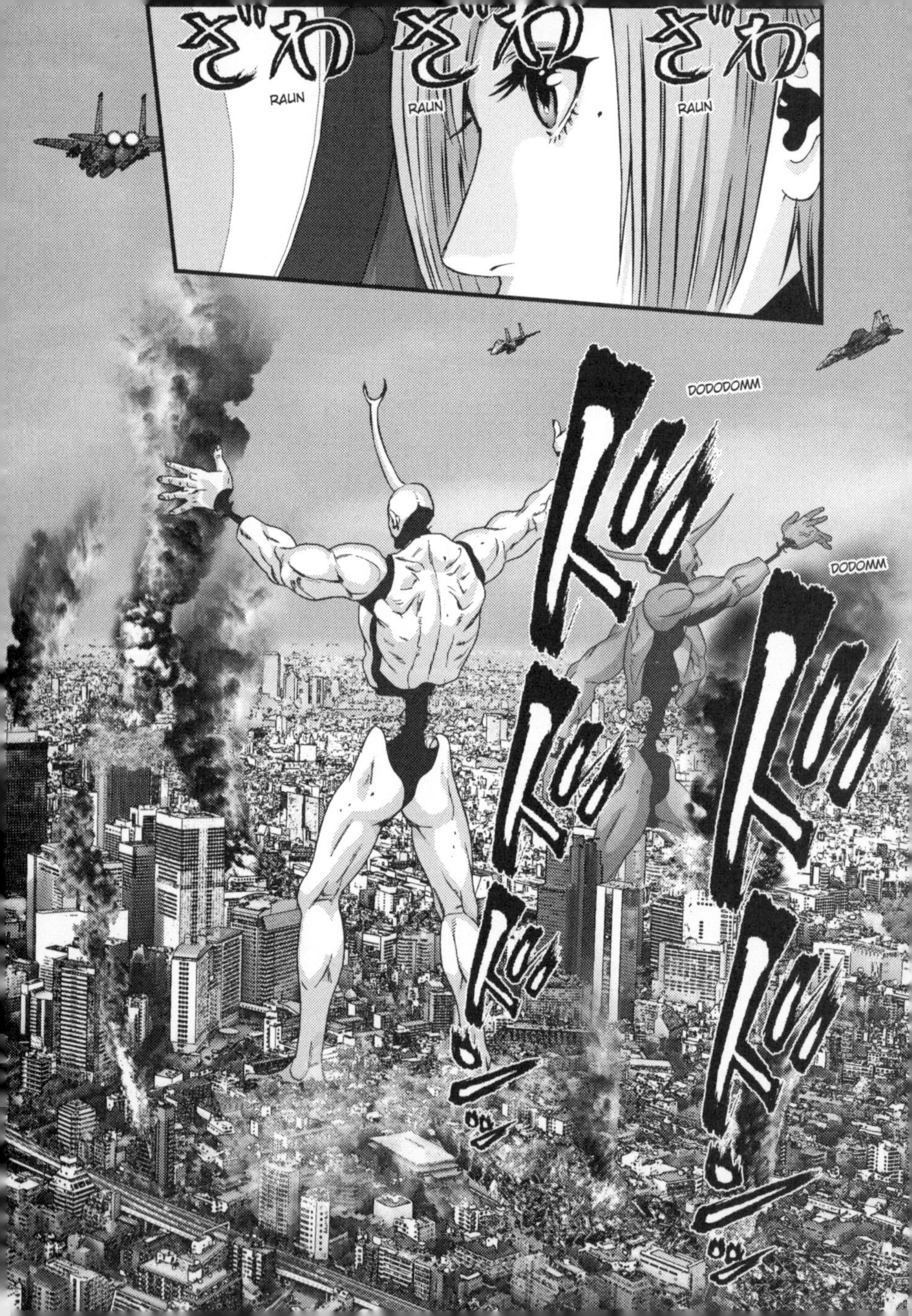
ざわ
RAUN
ざわ
RAUN
ざわ
RAUN
DODOMM
DODODOMM

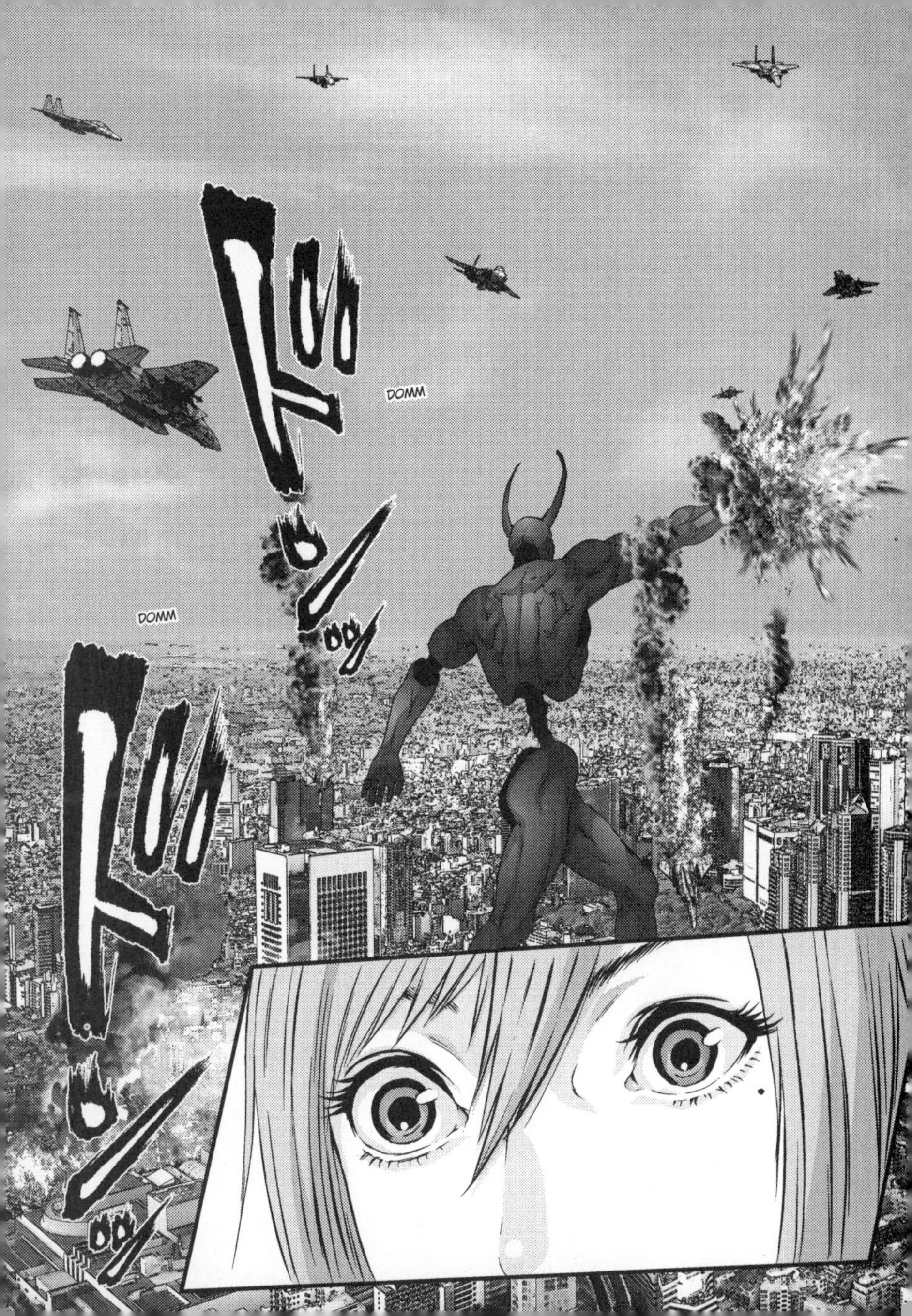
DOMM
DOMM

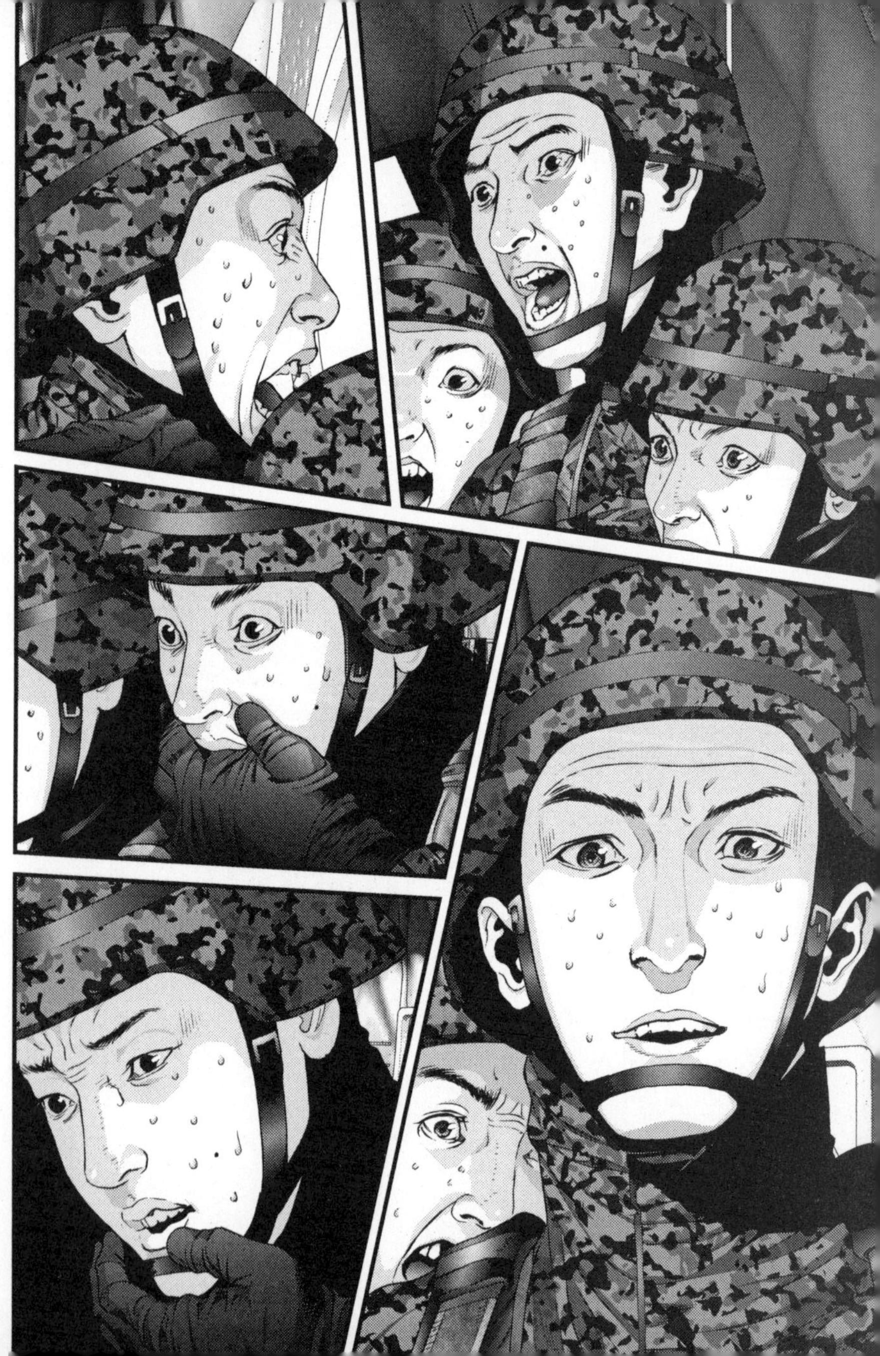

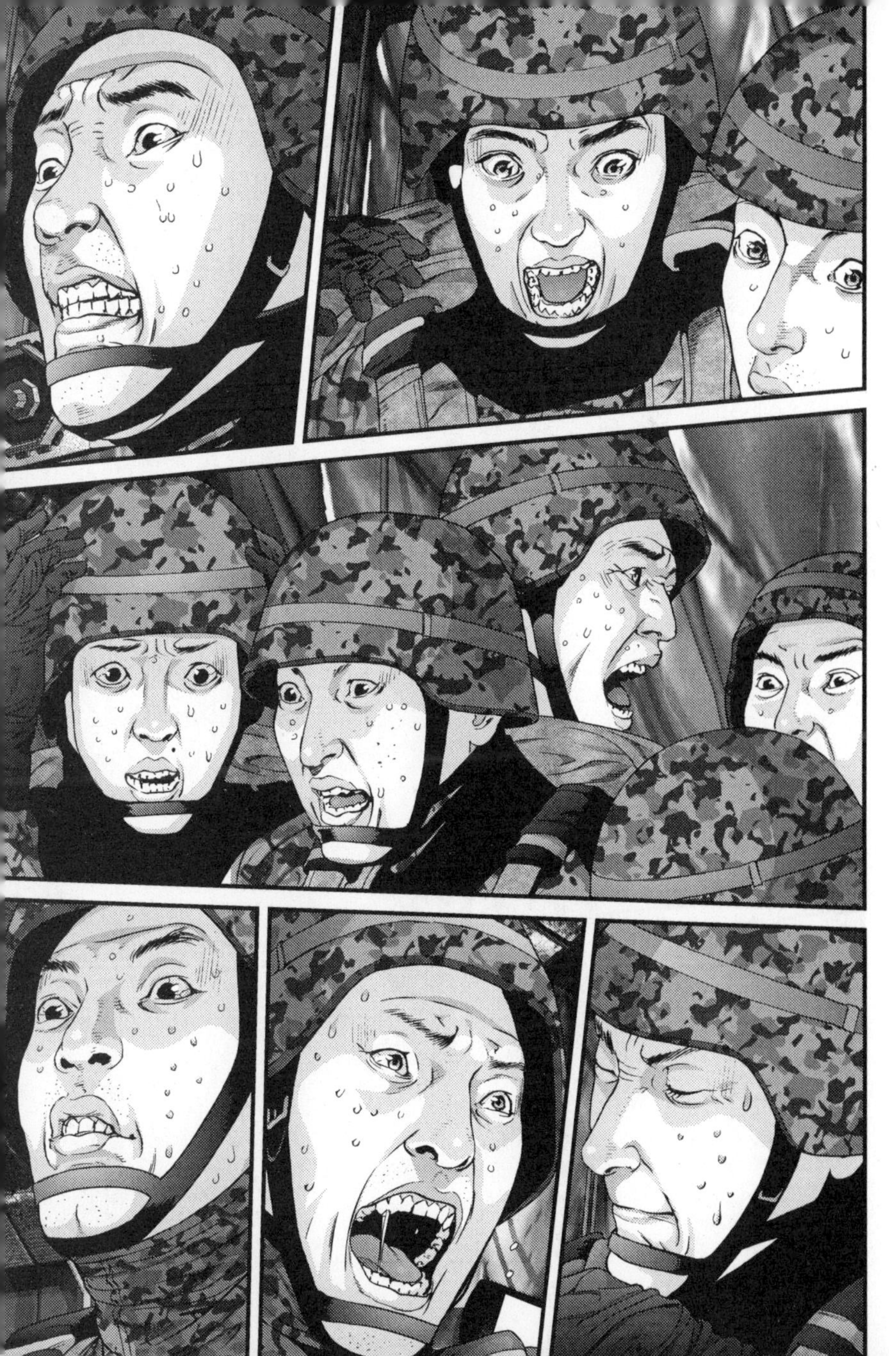

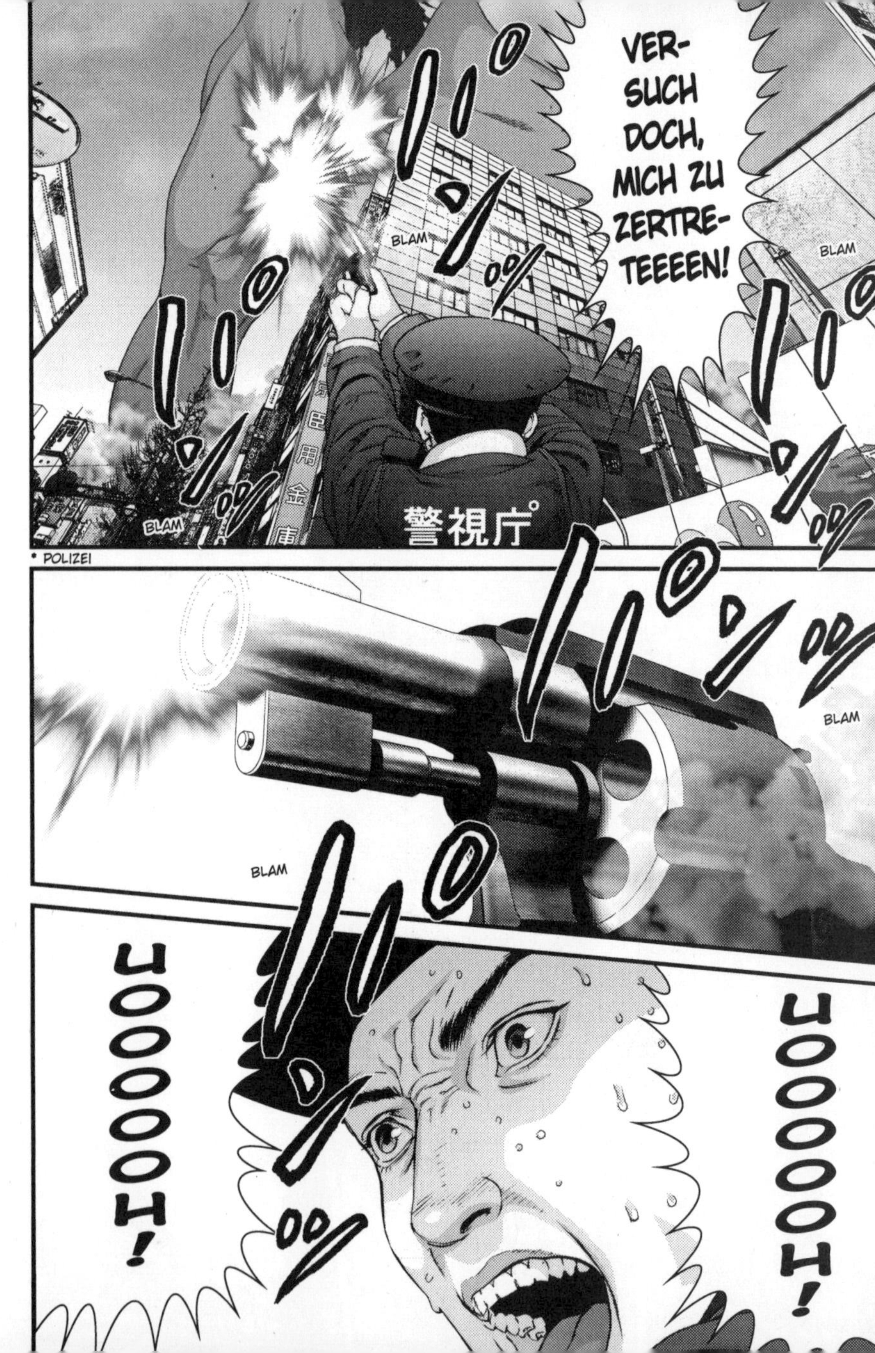
BLAM
VER-SUCH DOCH, MICH ZU ZERTRE-TEEEEN!
BLAM
BLAM
警視庁
* POLIZEI
BLAM
BLAM
UOOOOOOH!
UOOOOOOH!

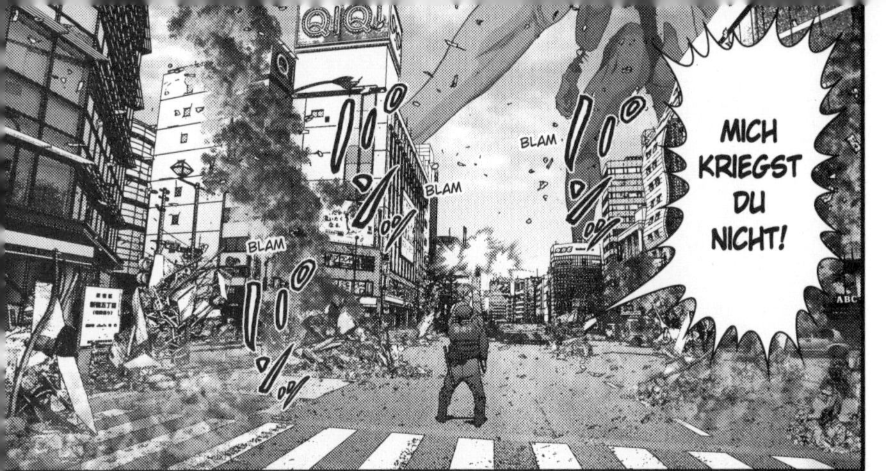
MICH KRIEGST DU NICHT!
BLAM
BLAM
BLAM
ABC

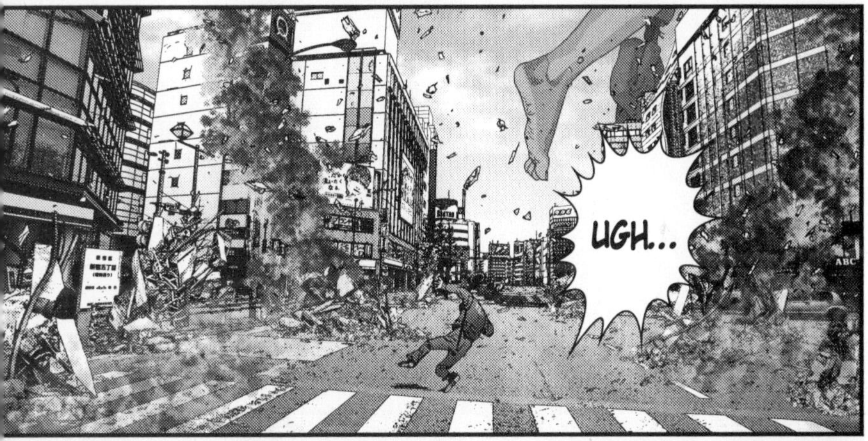
UGH...
ABC

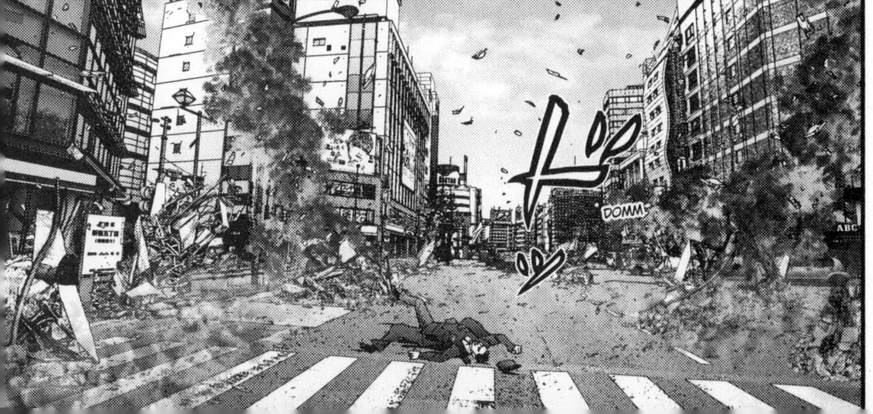
DOMM
ABC

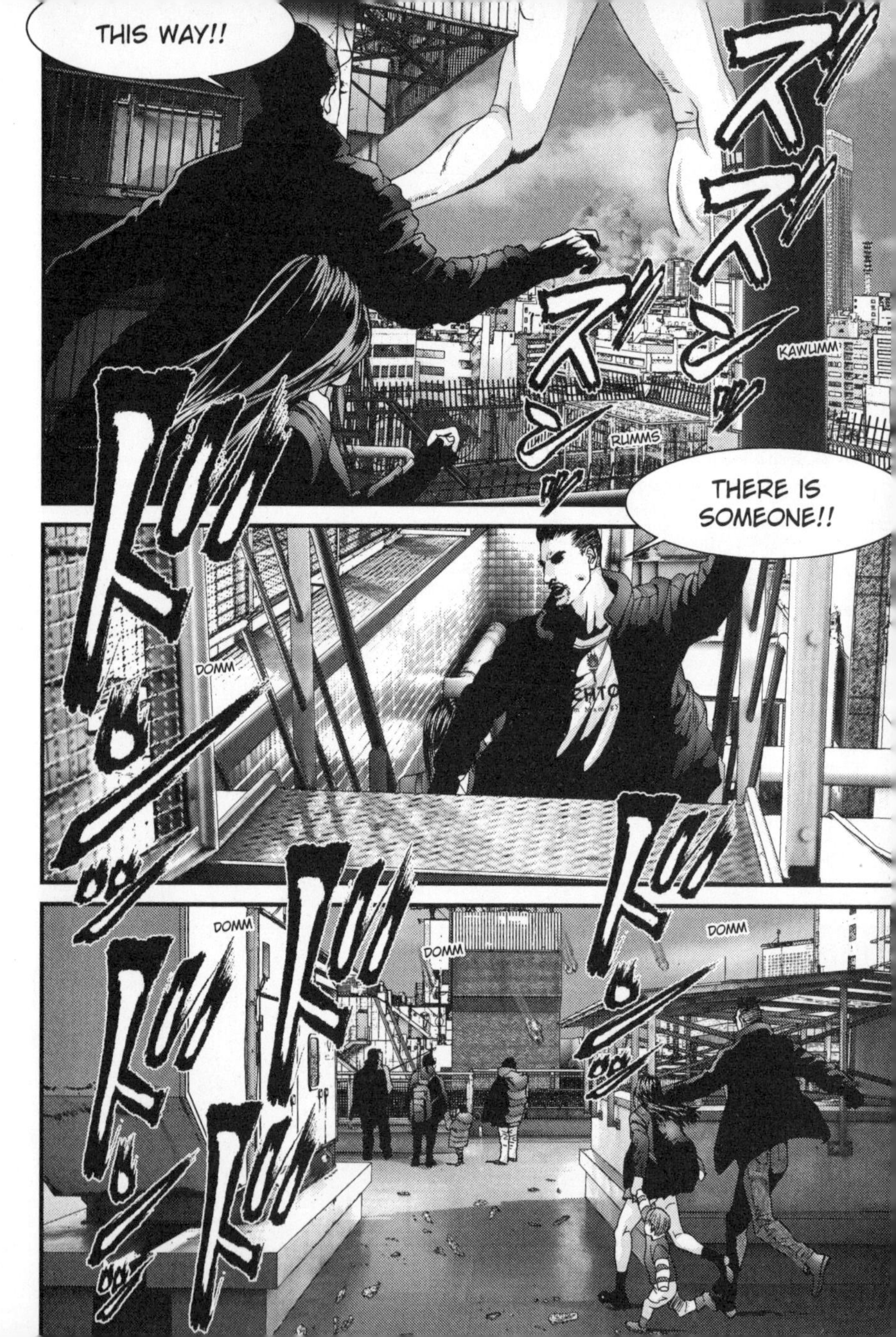
THIS WAY!!
KAWUMM
RUMMS
THERE IS SOMEONE!!
DOMM
DOMM
DOMM
DOMM

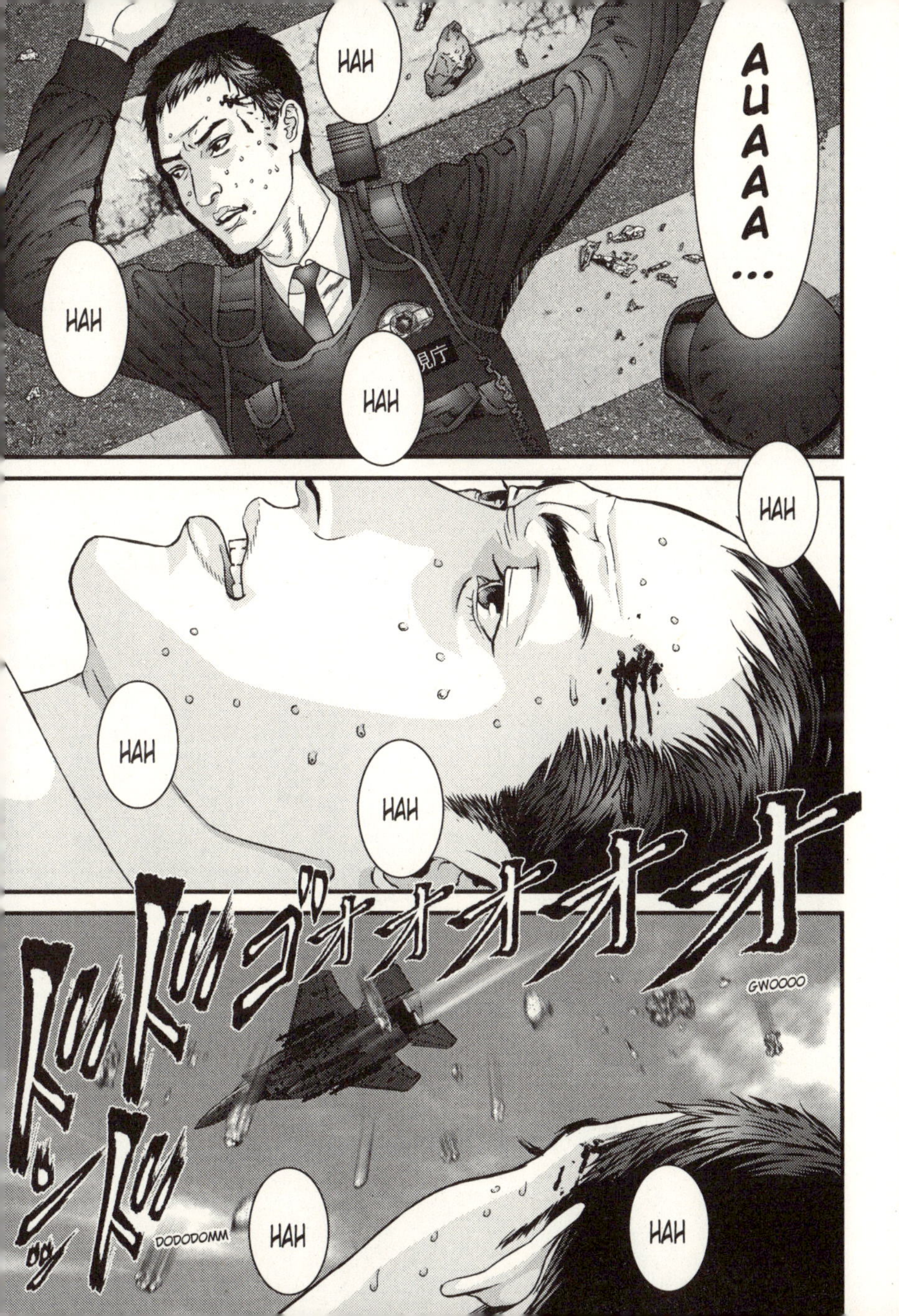
AUAAAA...
HAH
HAH
HAH
HAH
HAH
HAH
ゴオオオオオ
GWOOOO
ドドドドドド
DODODOMM
HAH
HAH

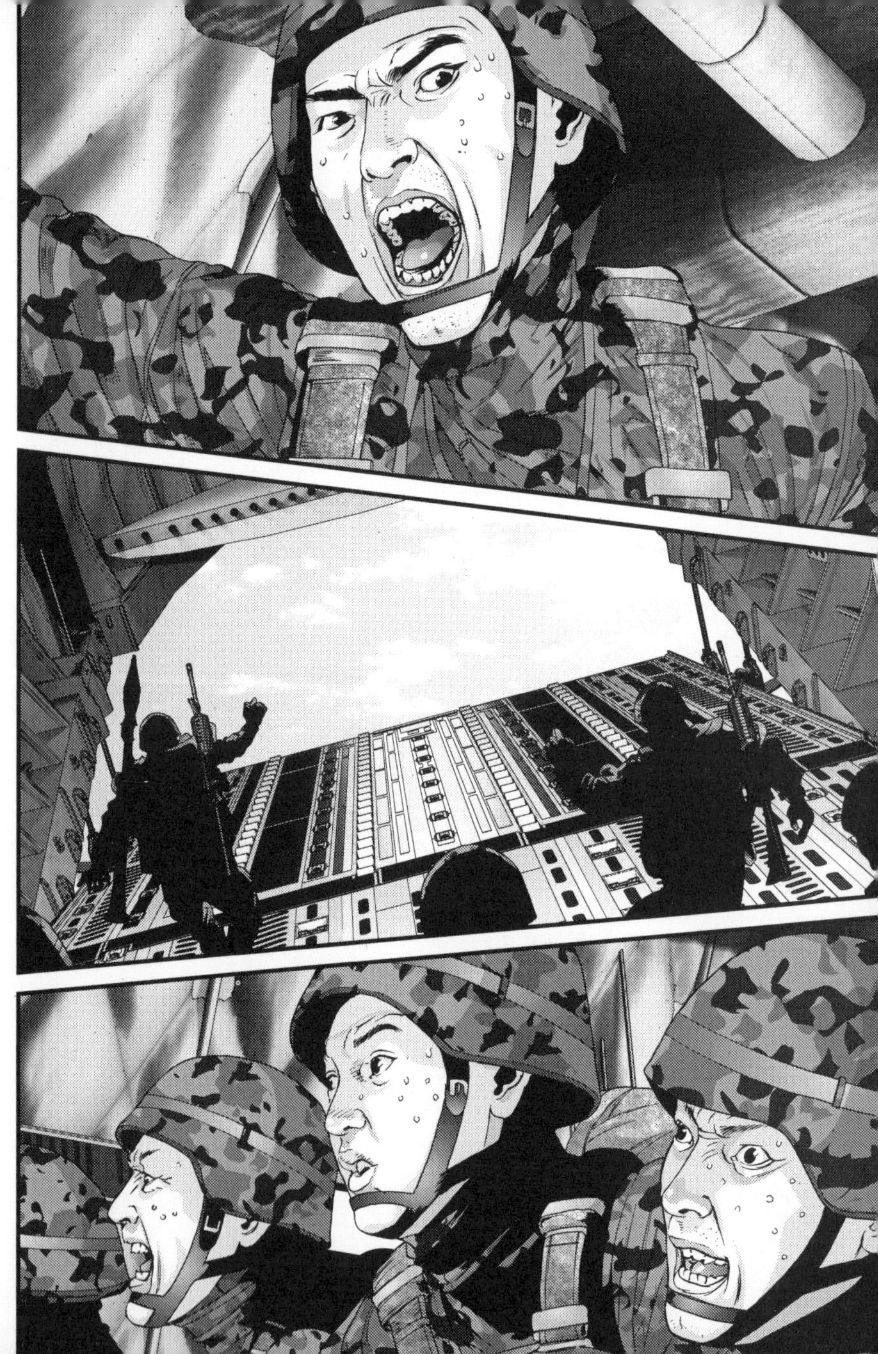

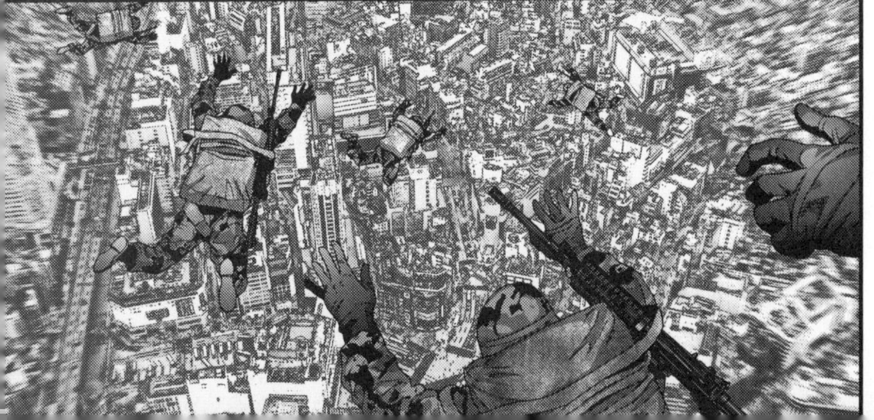

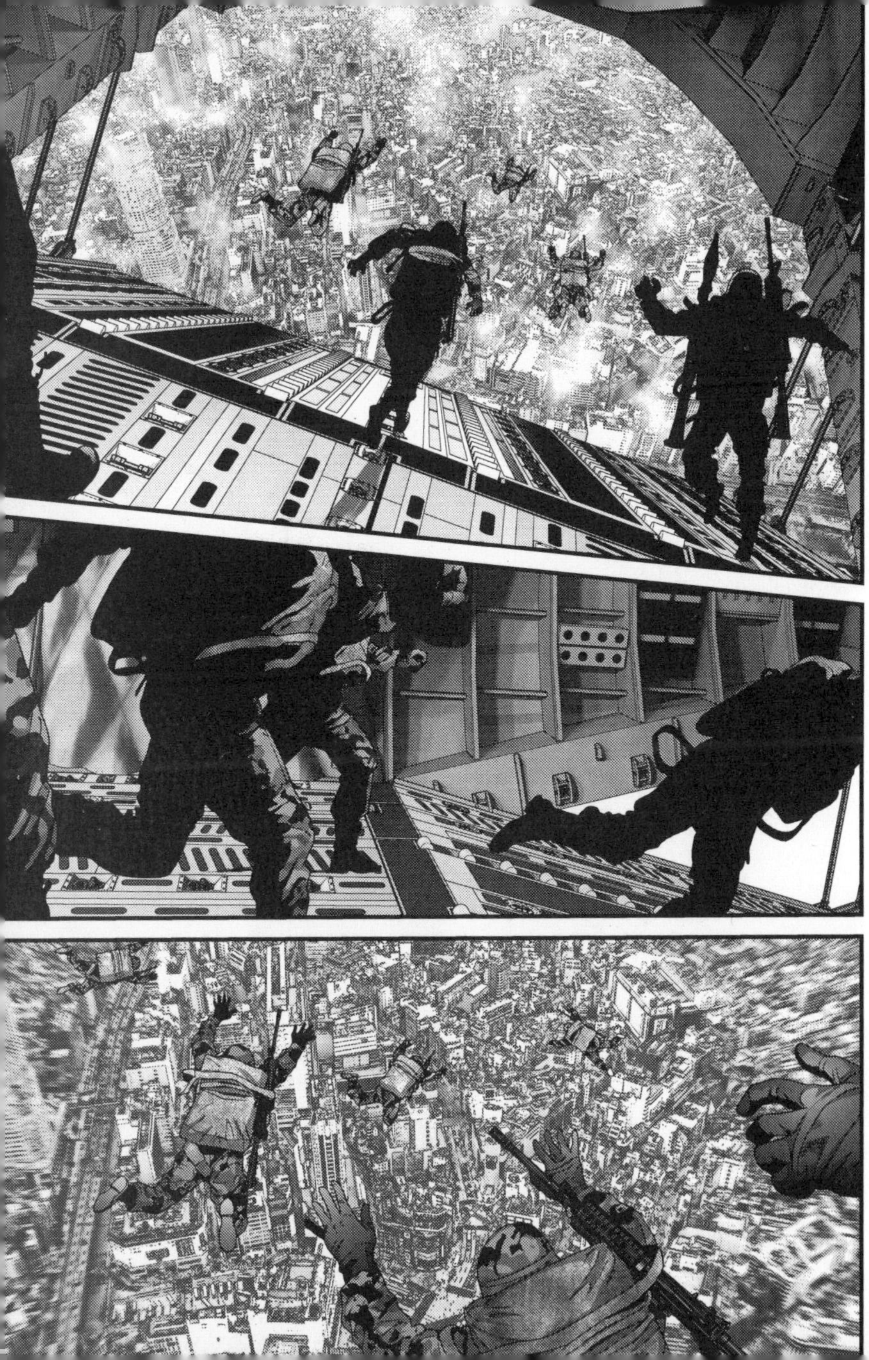

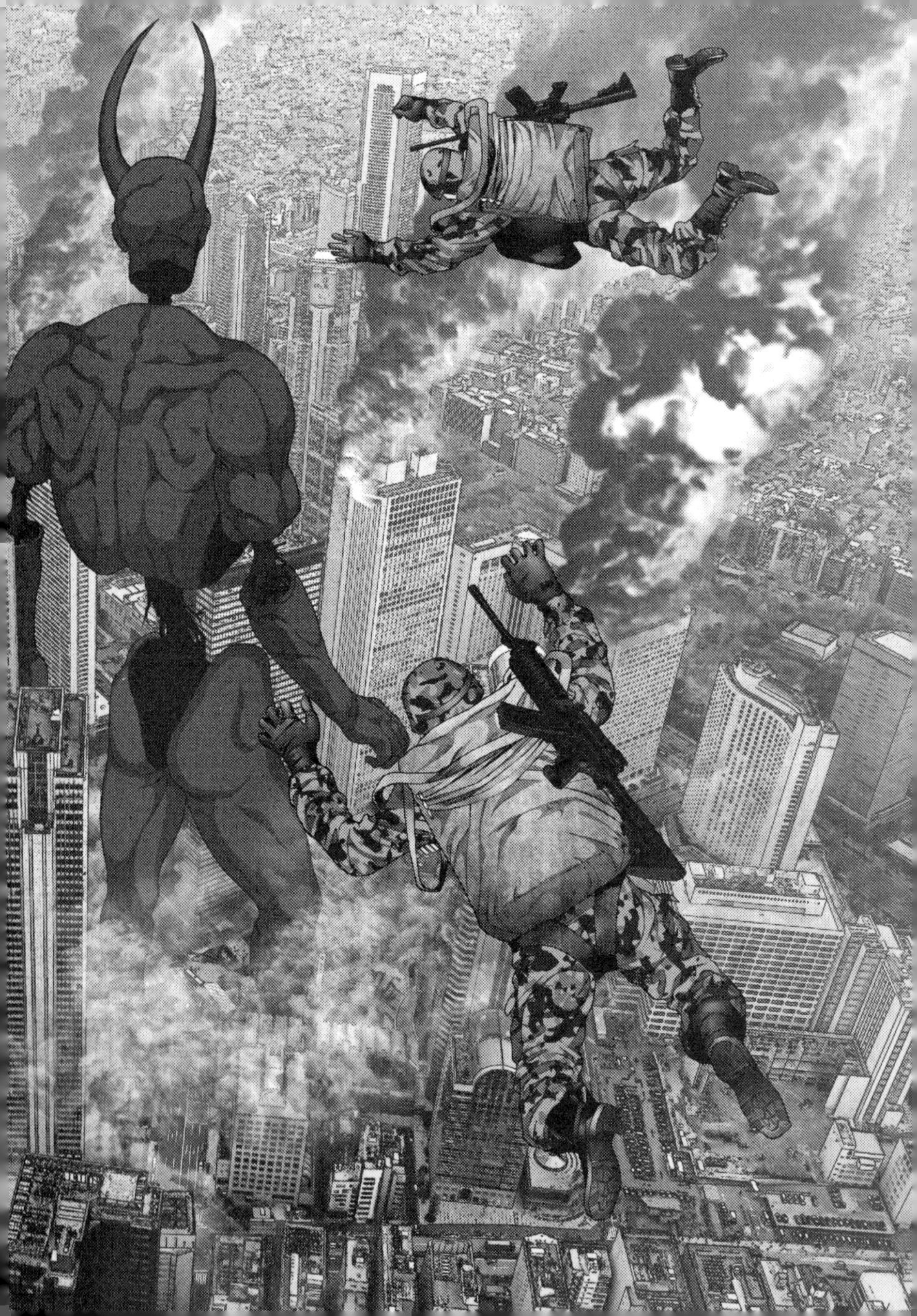

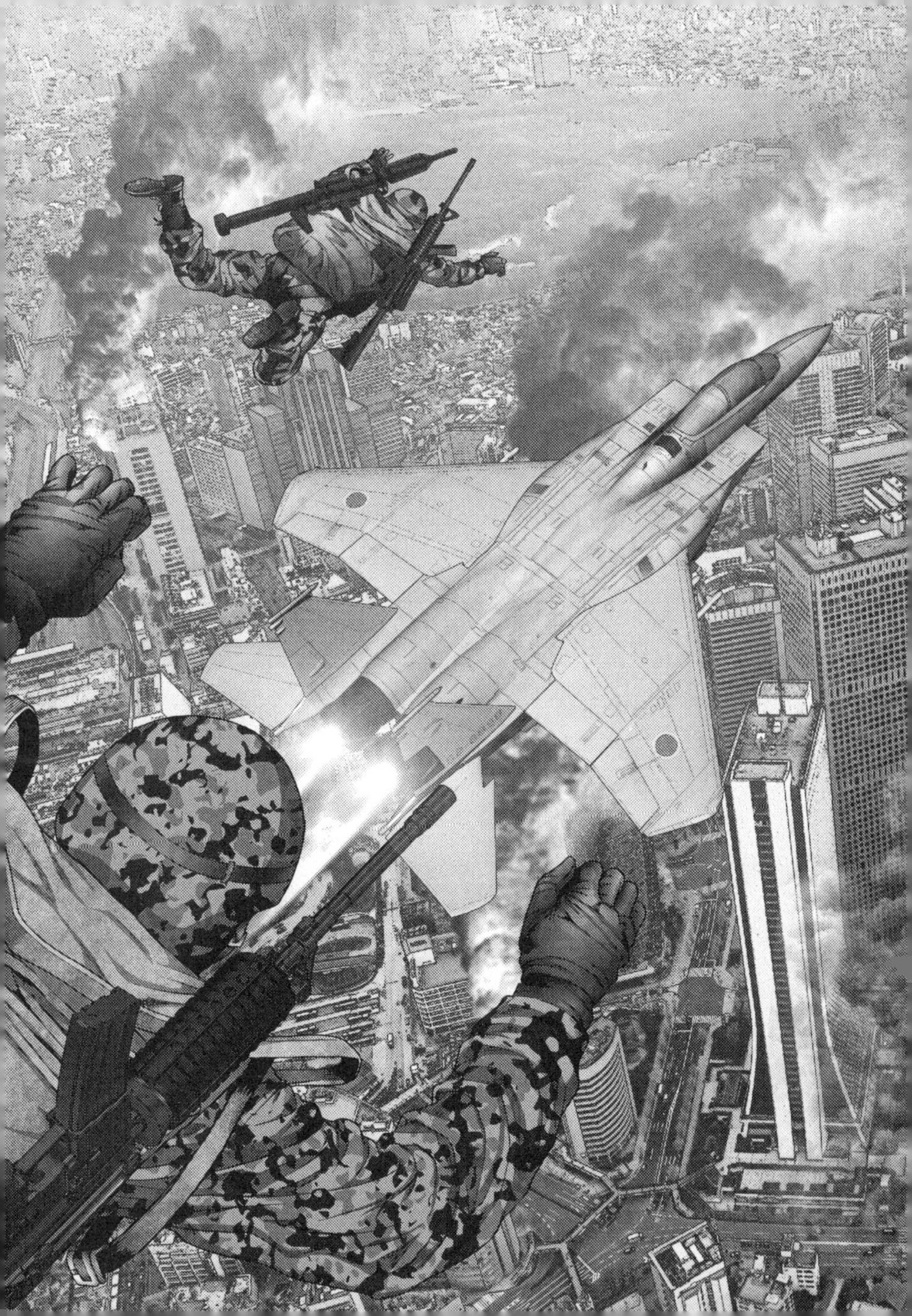

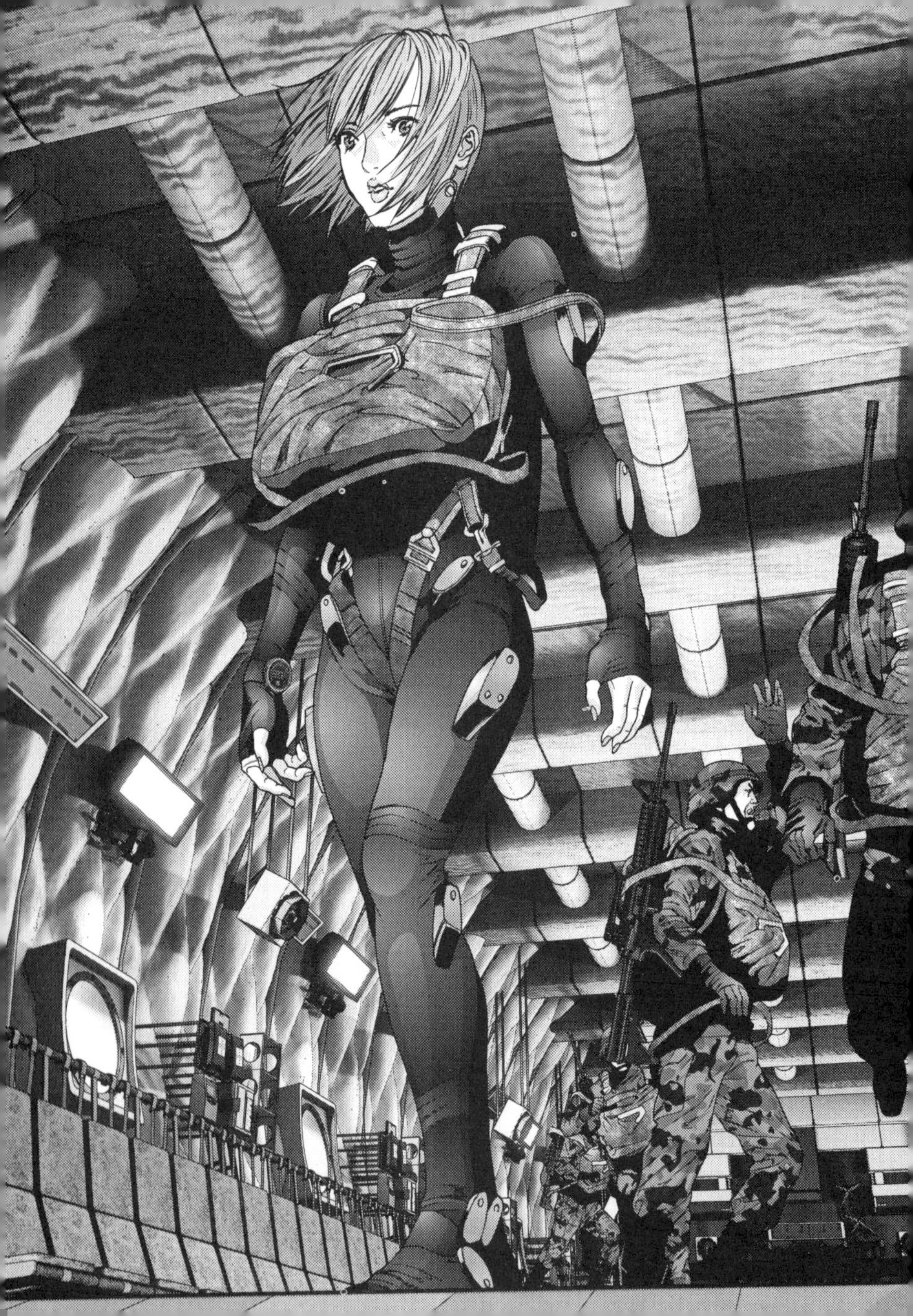

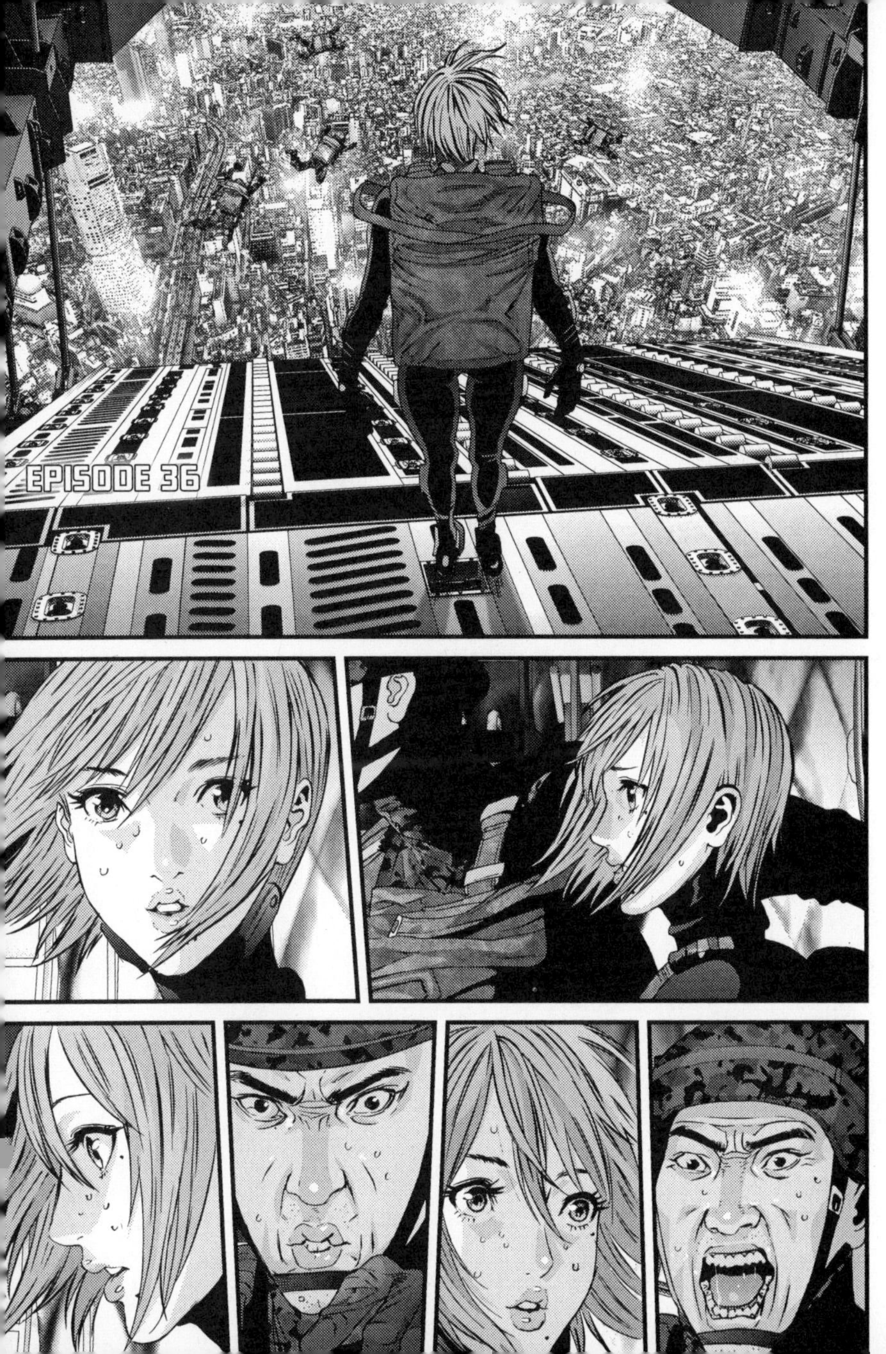
EPISODE 36

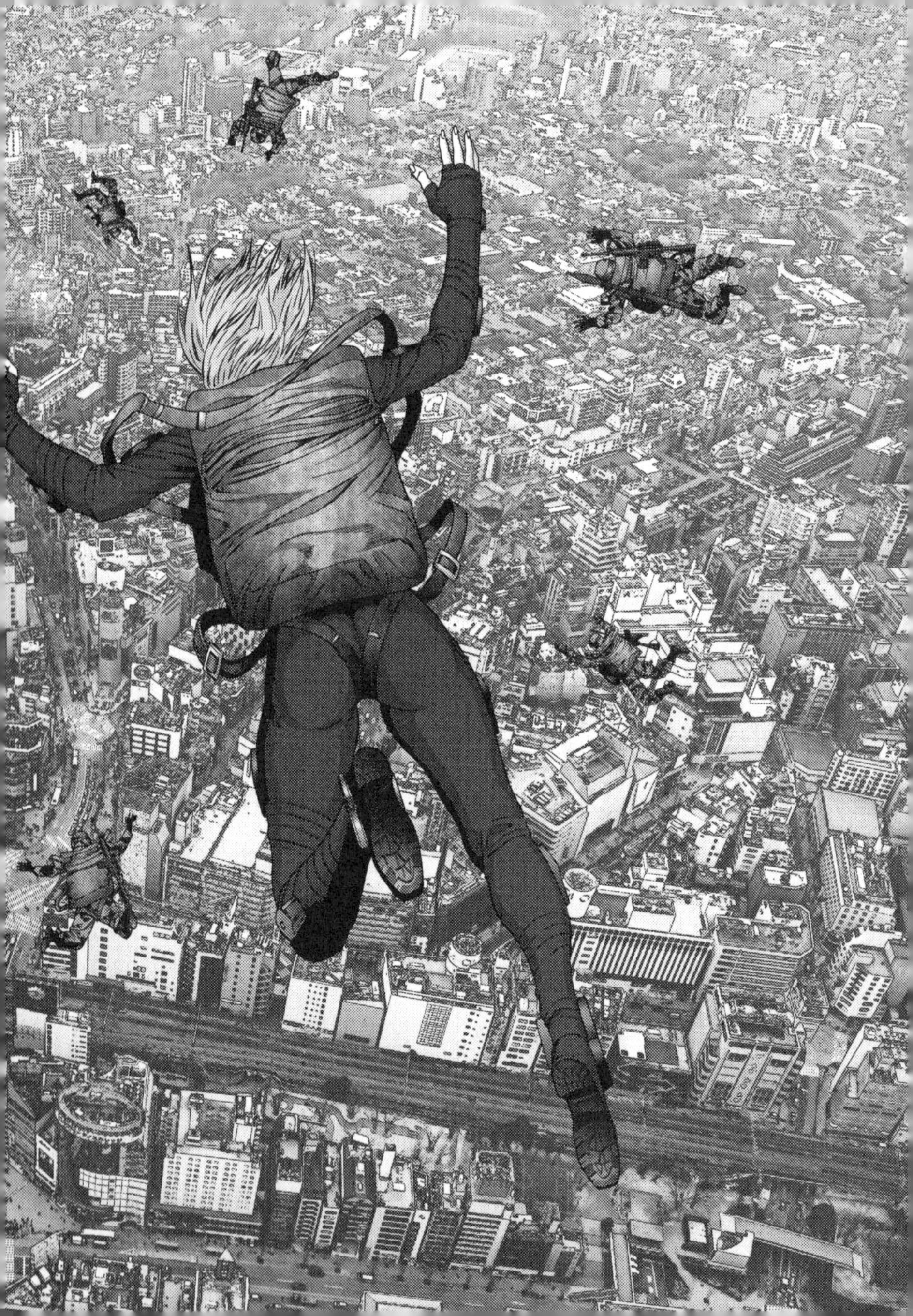

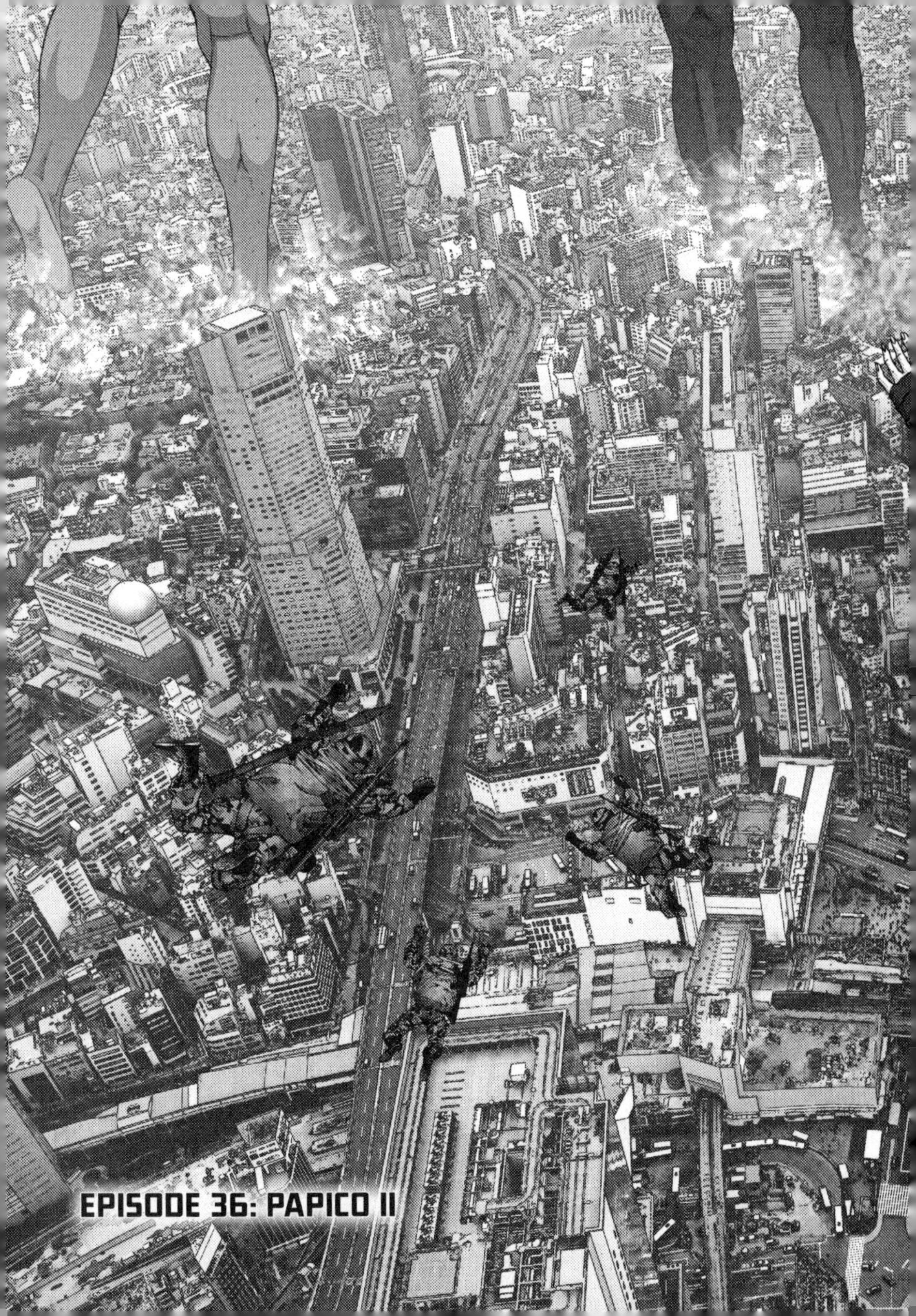
EPISODE 36: PAPICO II

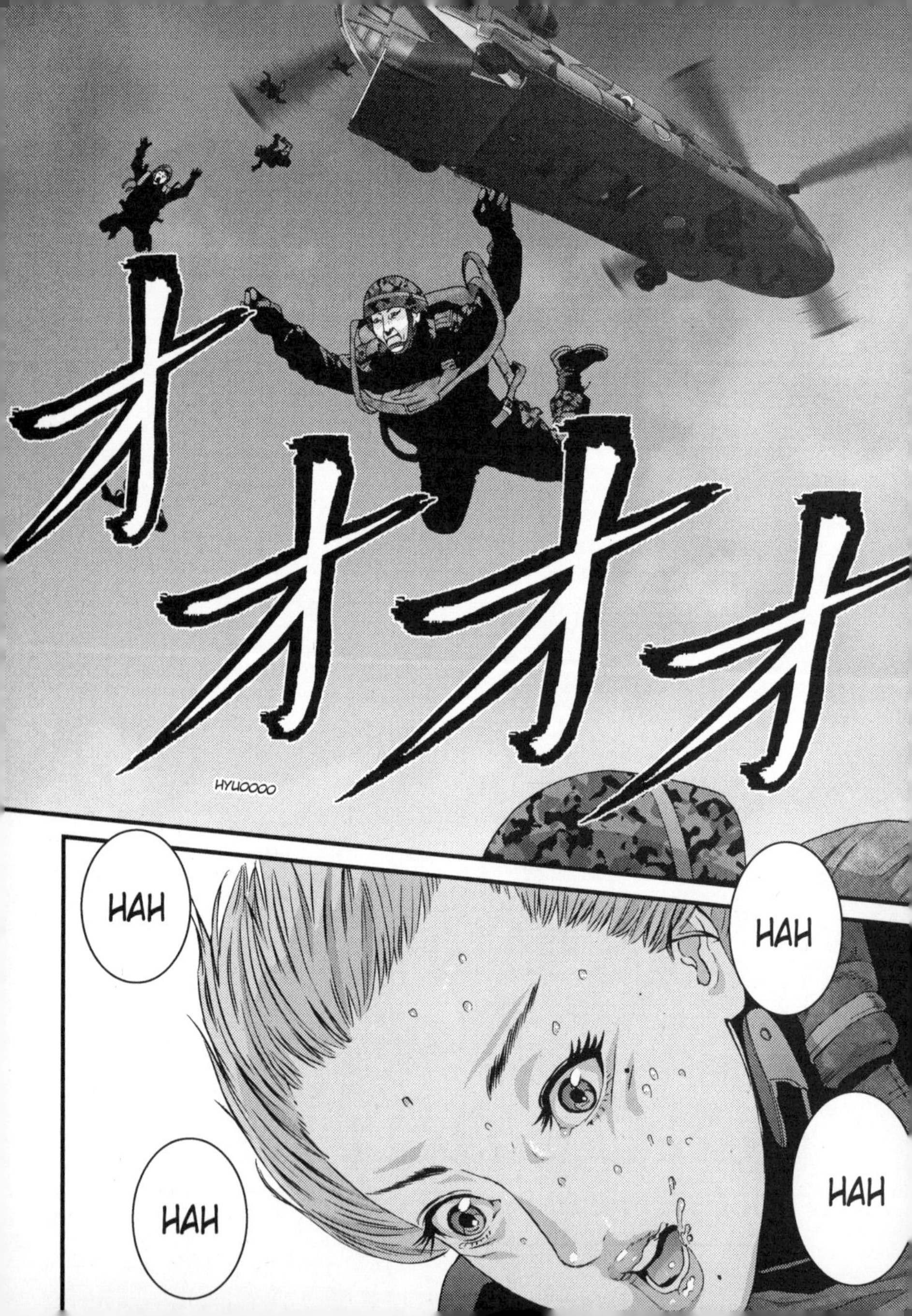

オオオオ
HYUOOOO
HAH
HAH
HAH
HAH

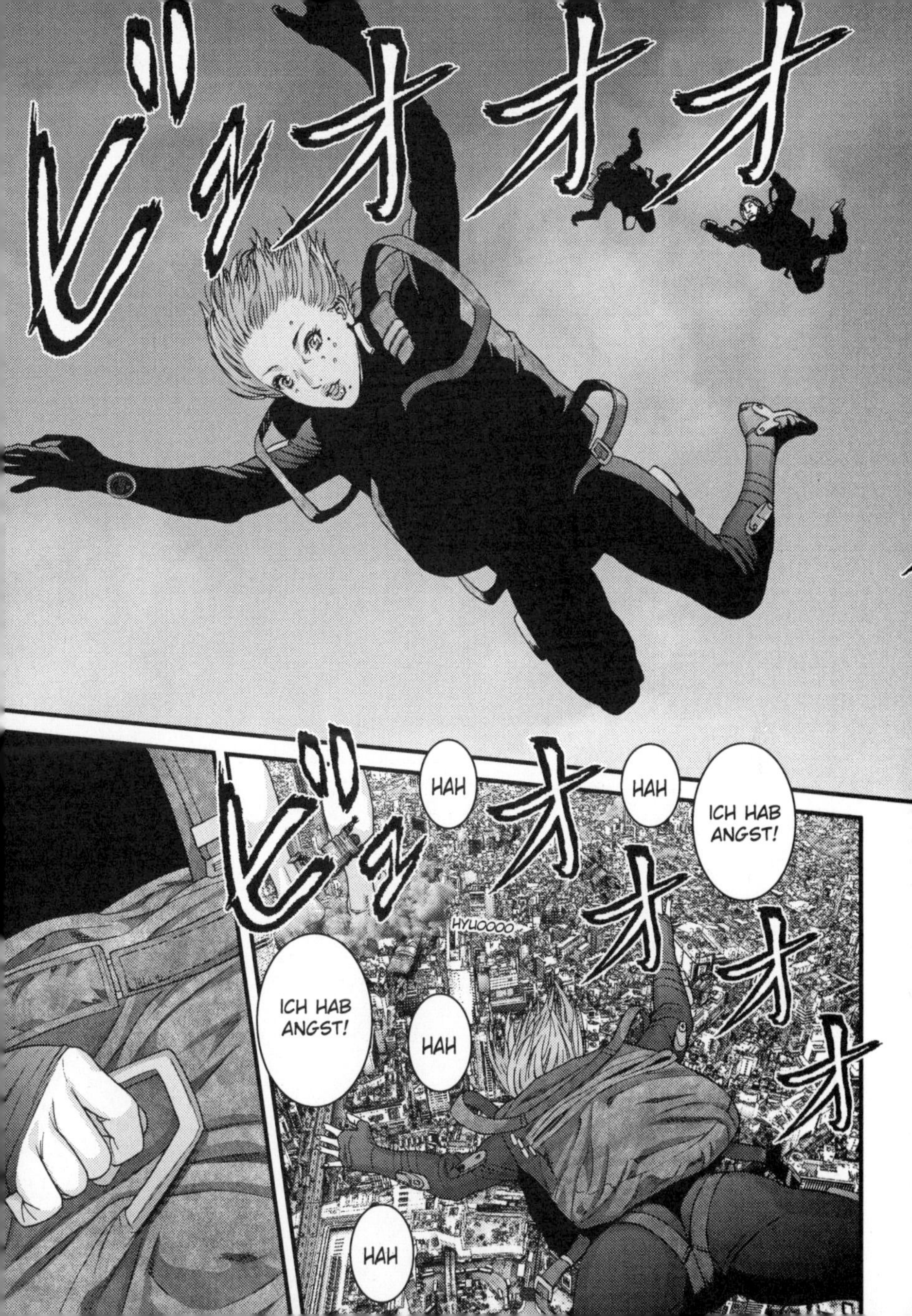
ビュオオオ
ビュオオオオ
ICH HAB ANGST!
HAH
HAH
HYUOOOO
HAH
ICH HAB ANGST!
HAH

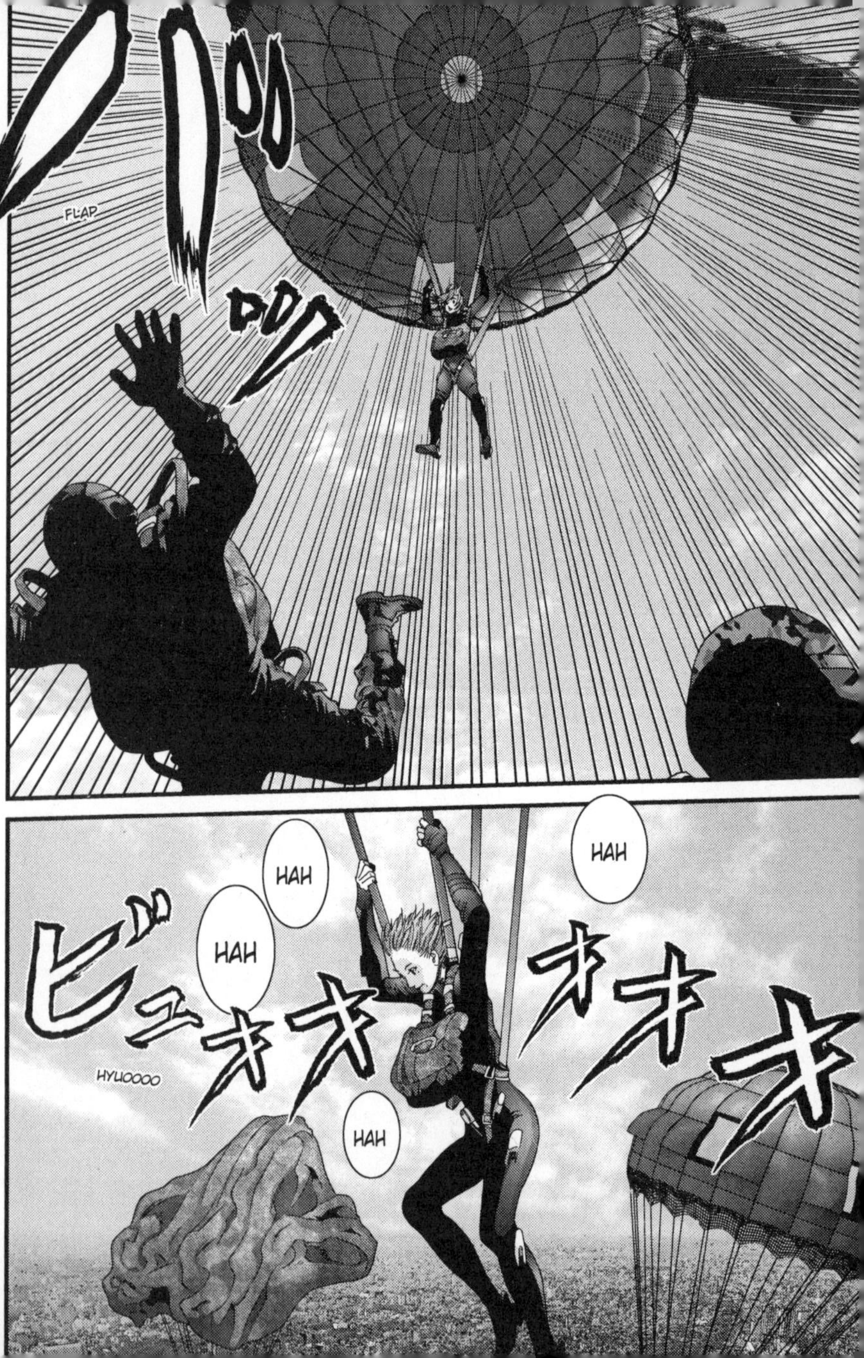

FLAP

HAH

HAH

HAH

HAH

ビュオオオオ

HYUOOOO

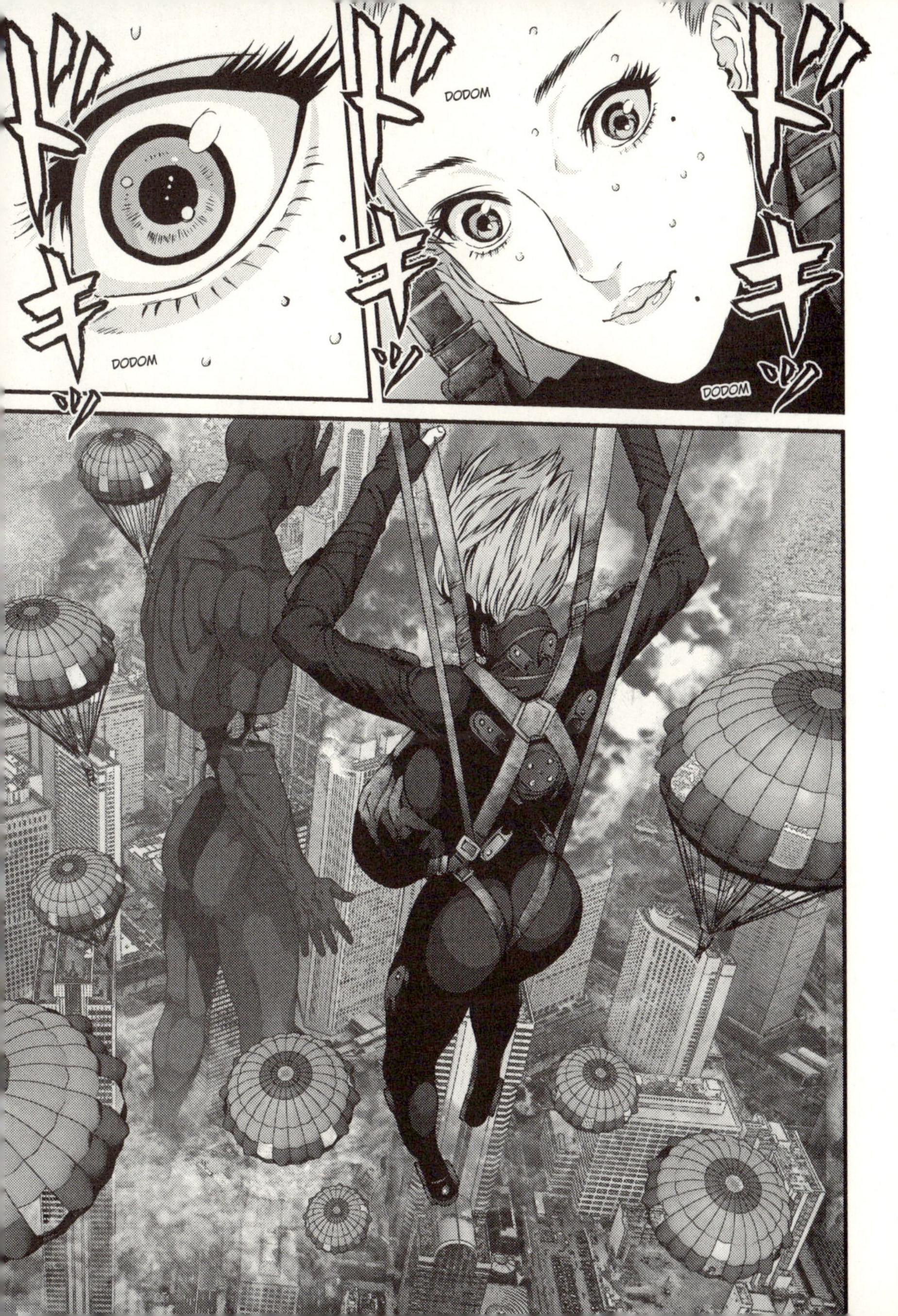
DODOM
DODOM
DODOM

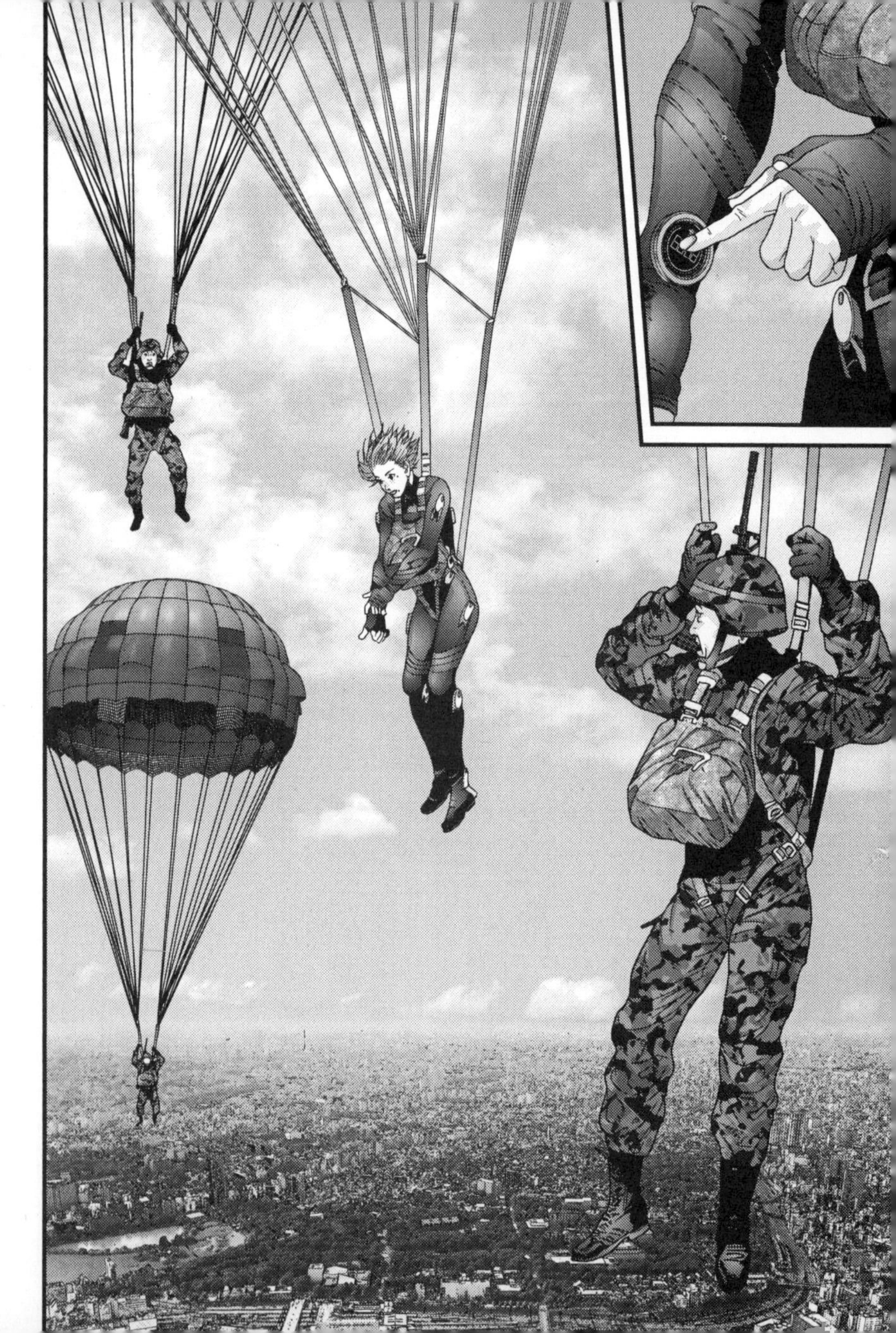

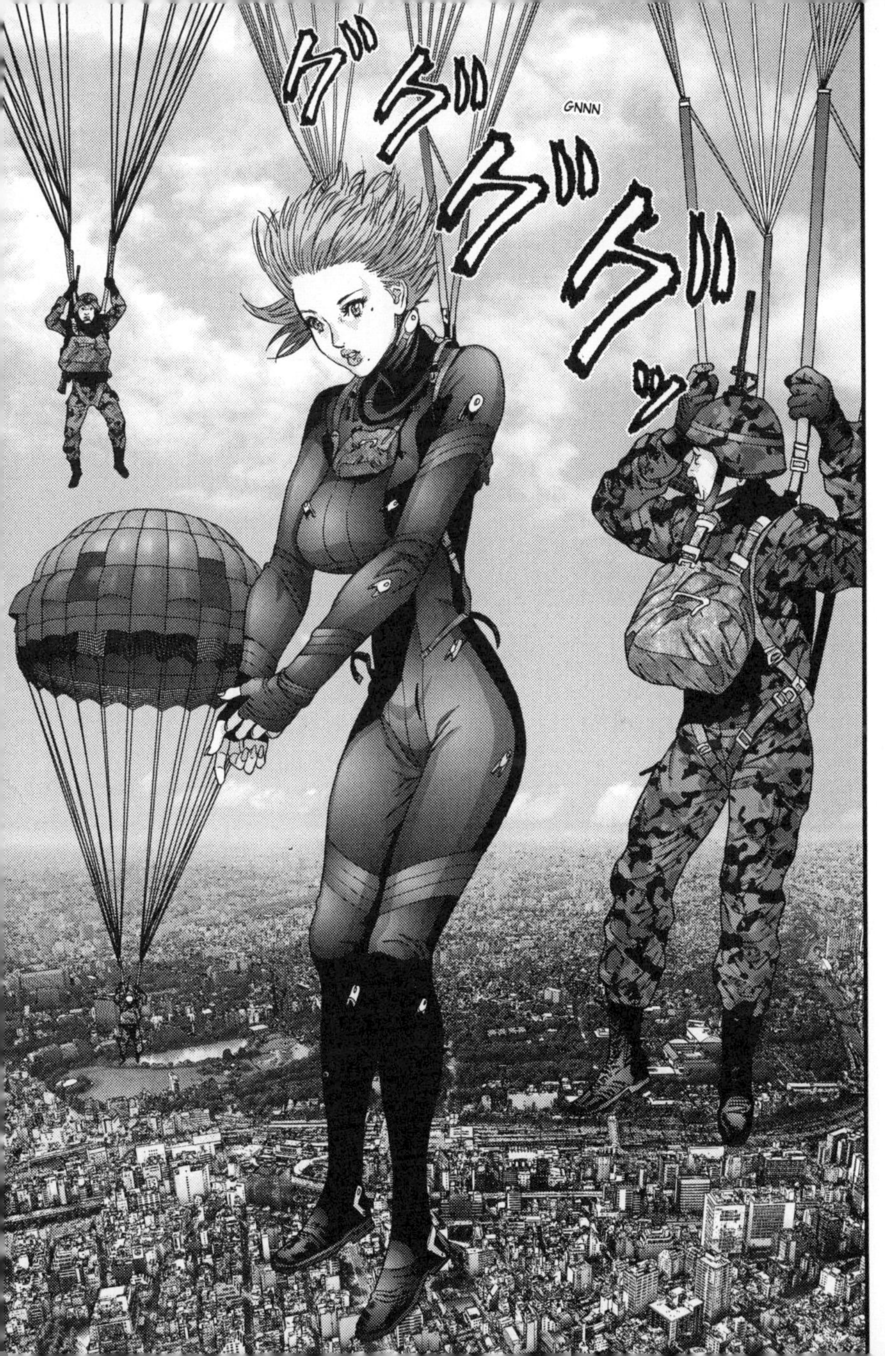
ググググッ
GNNN

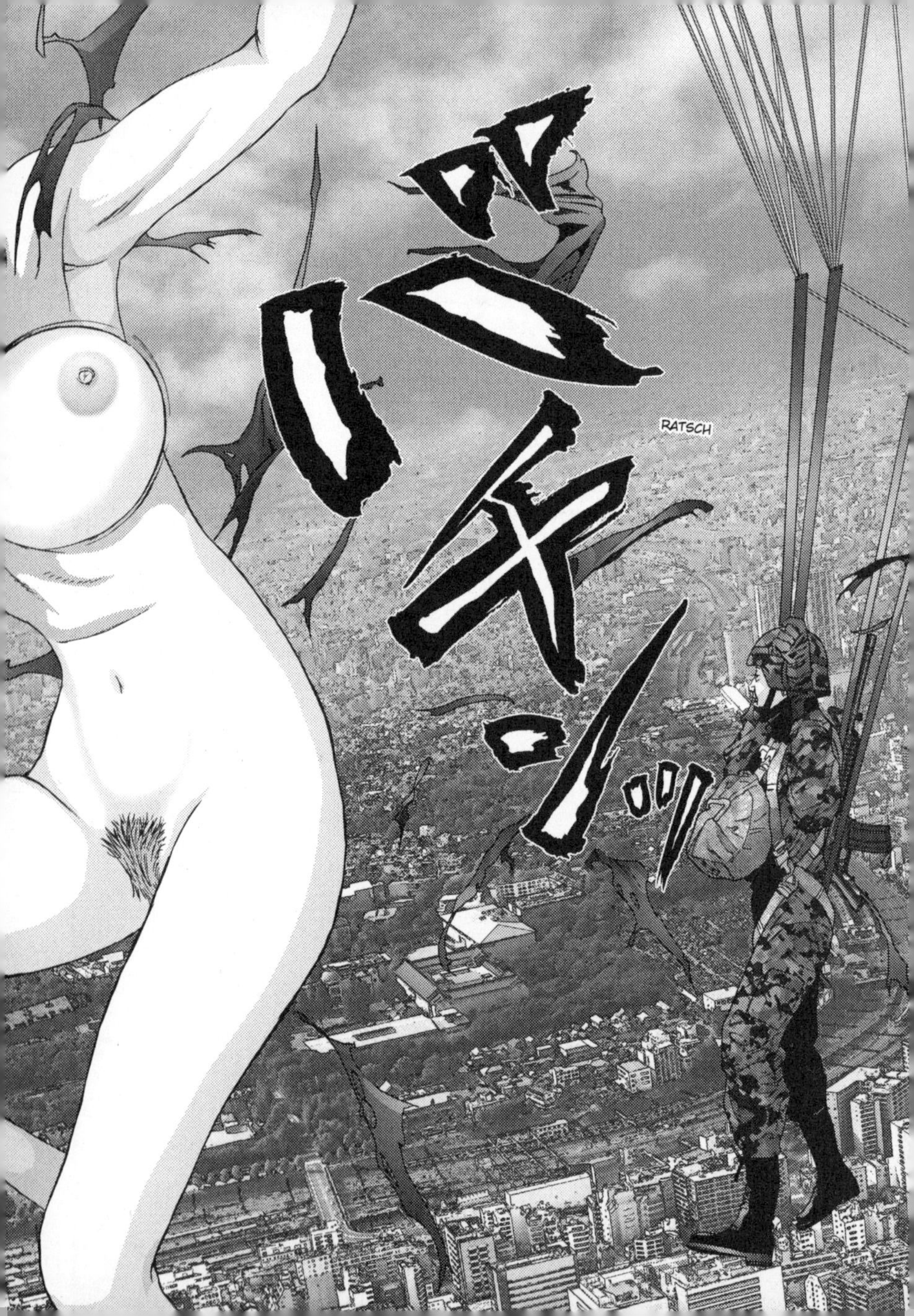
RATSCH

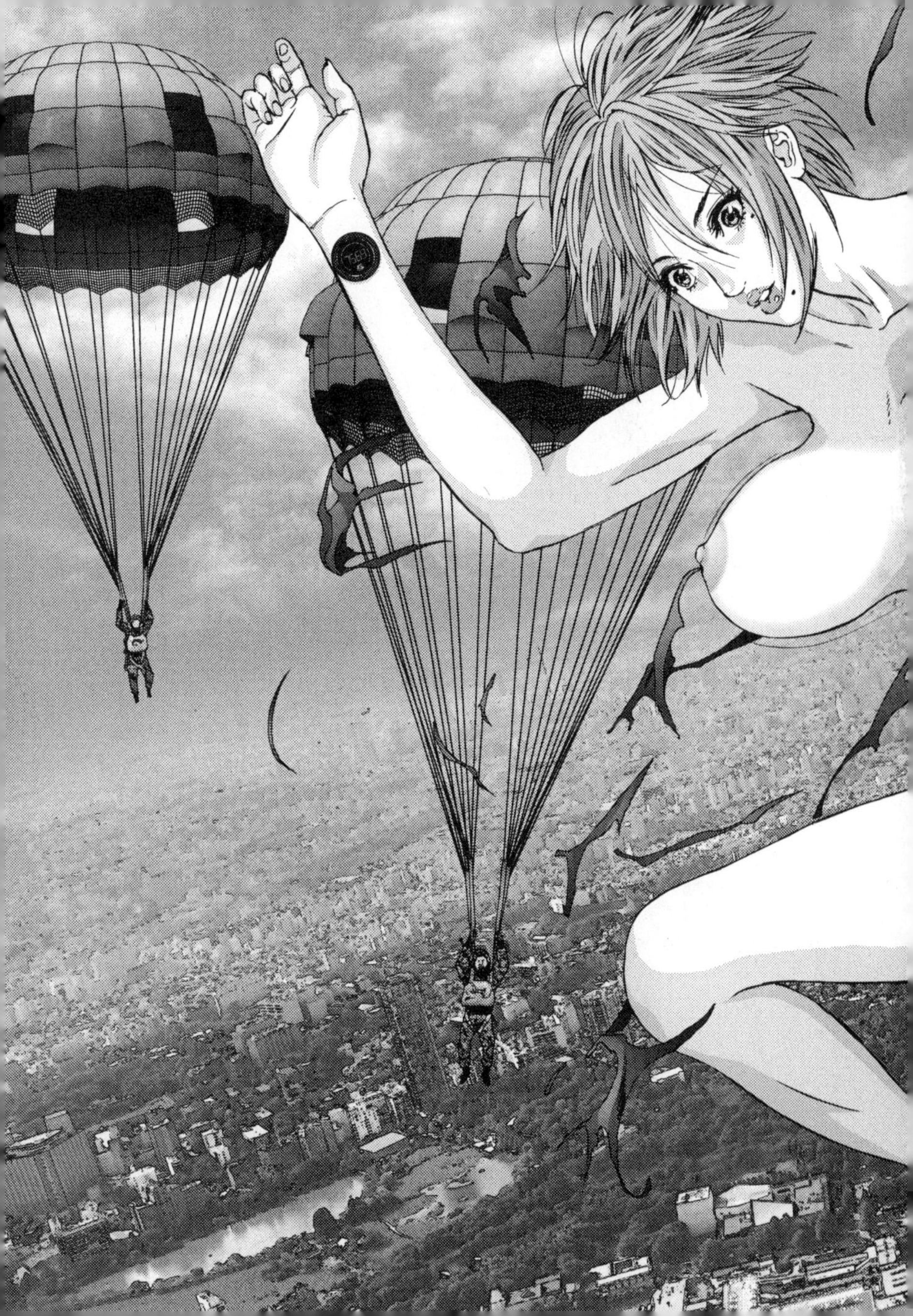

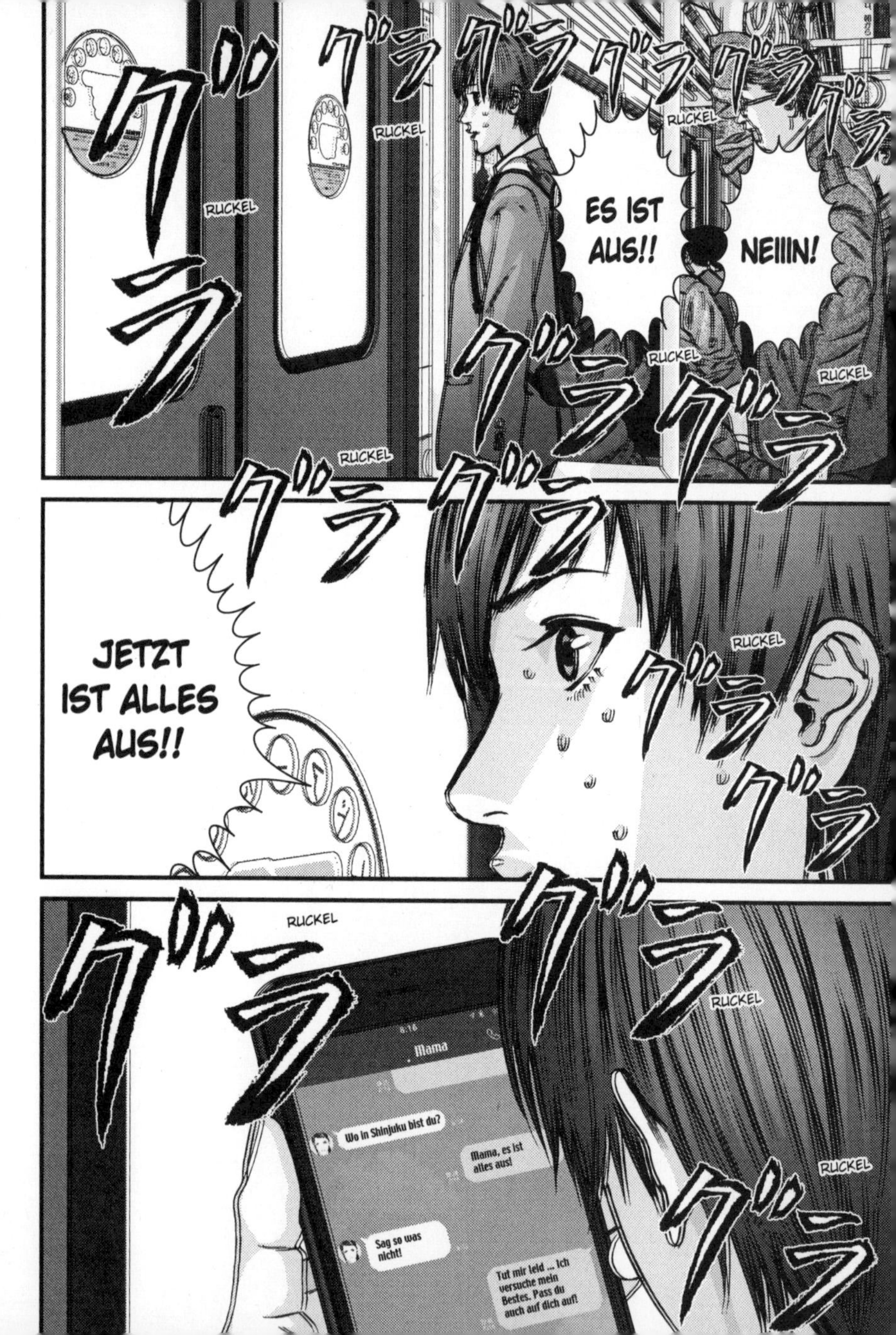
RUCKEL
RUCKEL
RUCKEL
NEIIIN!
ES IST AUS!!
RUCKEL
RUCKEL
RUCKEL
RUCKEL
JETZT IST ALLES AUS!!
RUCKEL
RUCKEL
RUCKEL
8:16
Mama
Wo in Shinjuku bist du?
Mama, es ist alles aus!
Sag so was nicht!
Tut mir leid ... Ich versuche mein Bestes. Pass du auch auf dich auf!

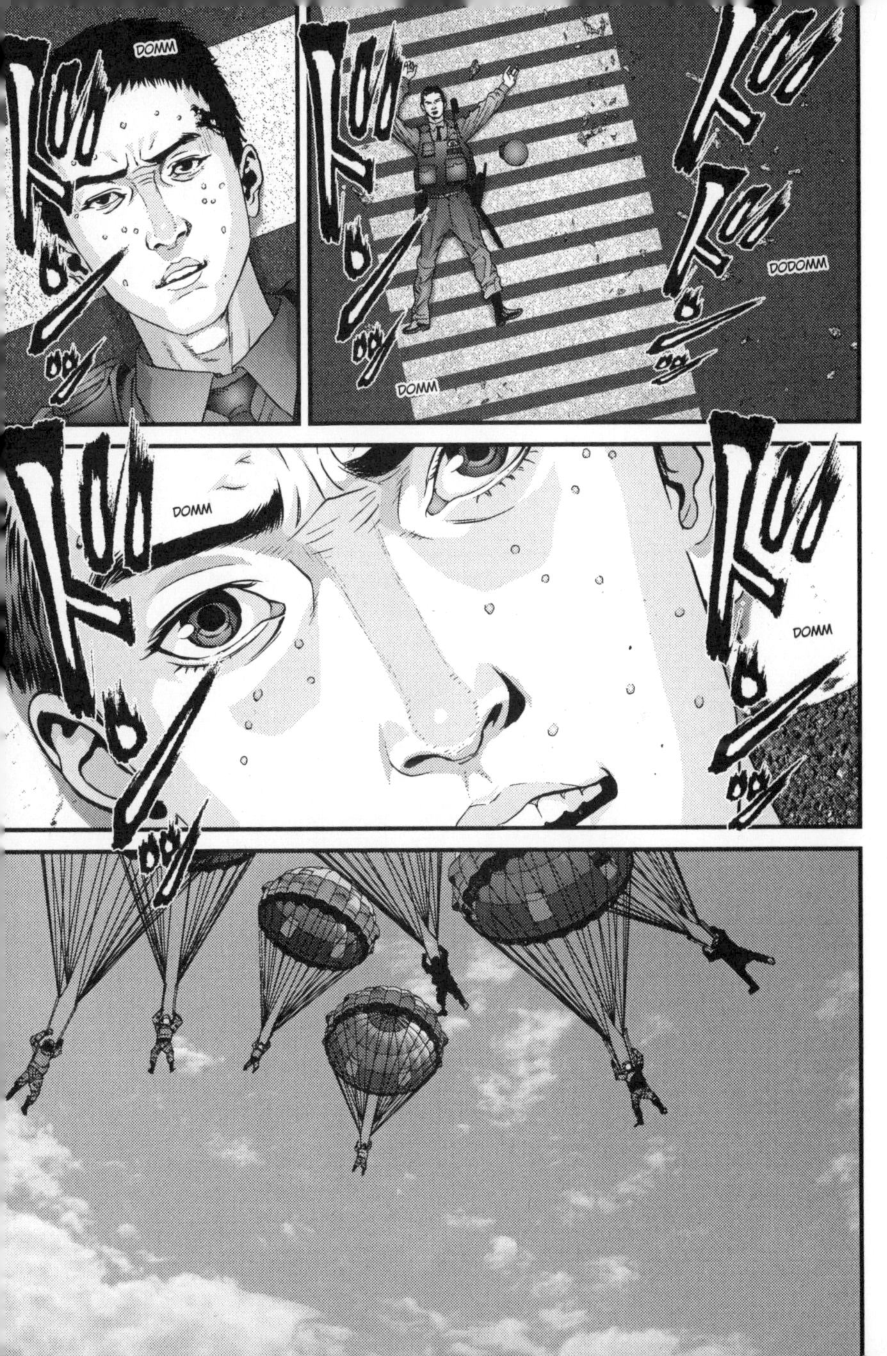
DODOMM
DOMM
DOMM
DOMM
DOMM

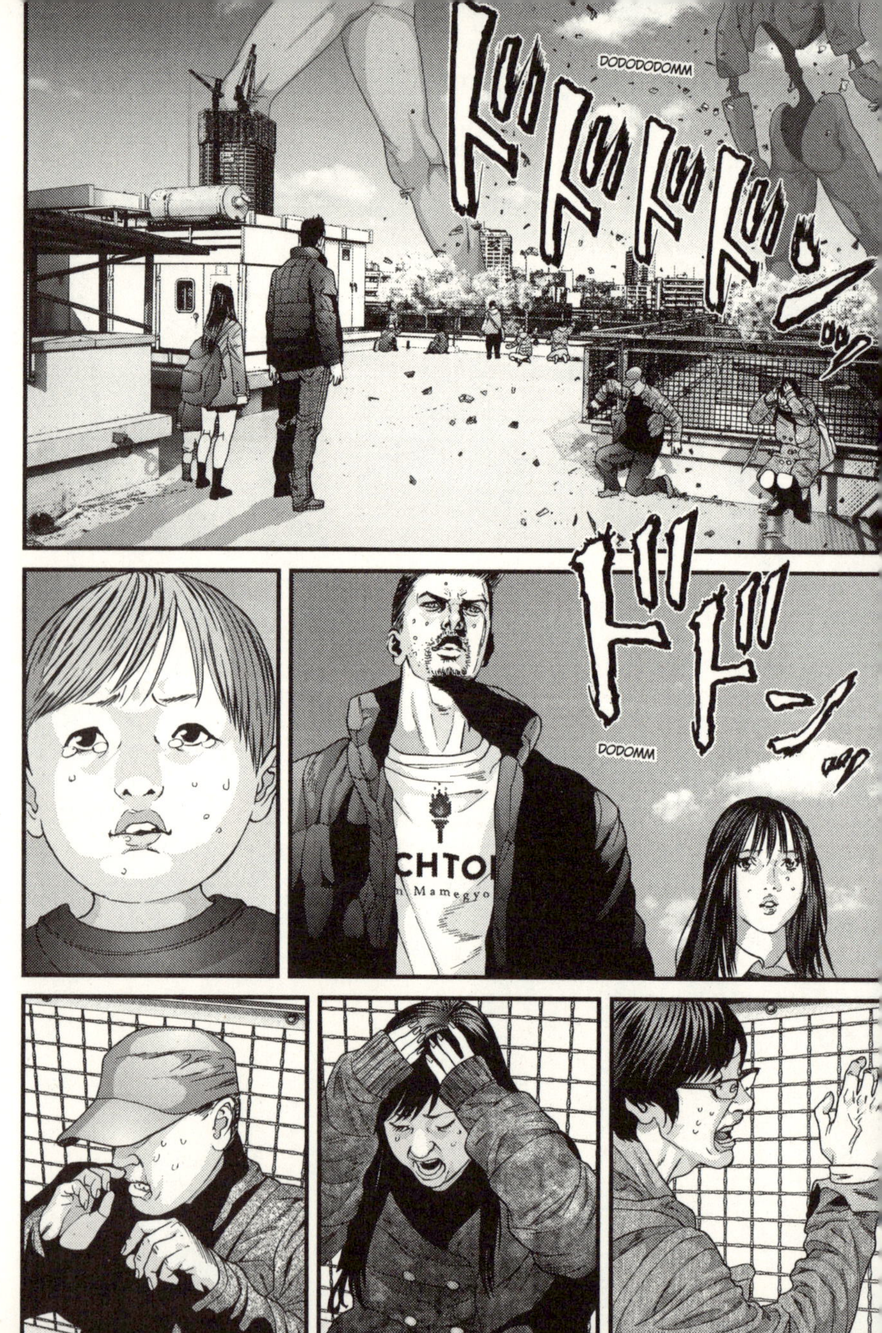
DODODODOMM
DODOMM

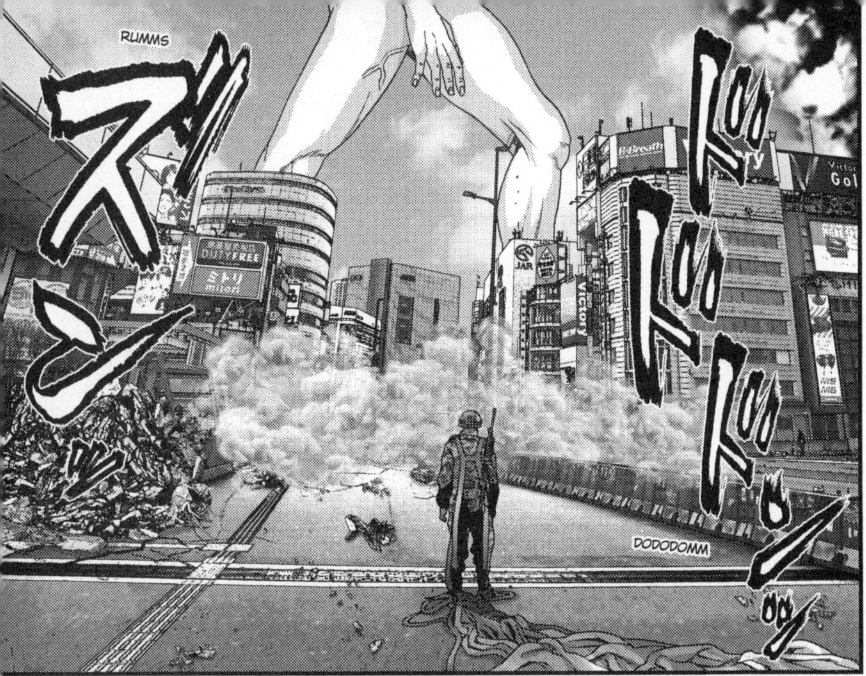

DODODOMM
RUMMS
B-Breath
JAR
Victory 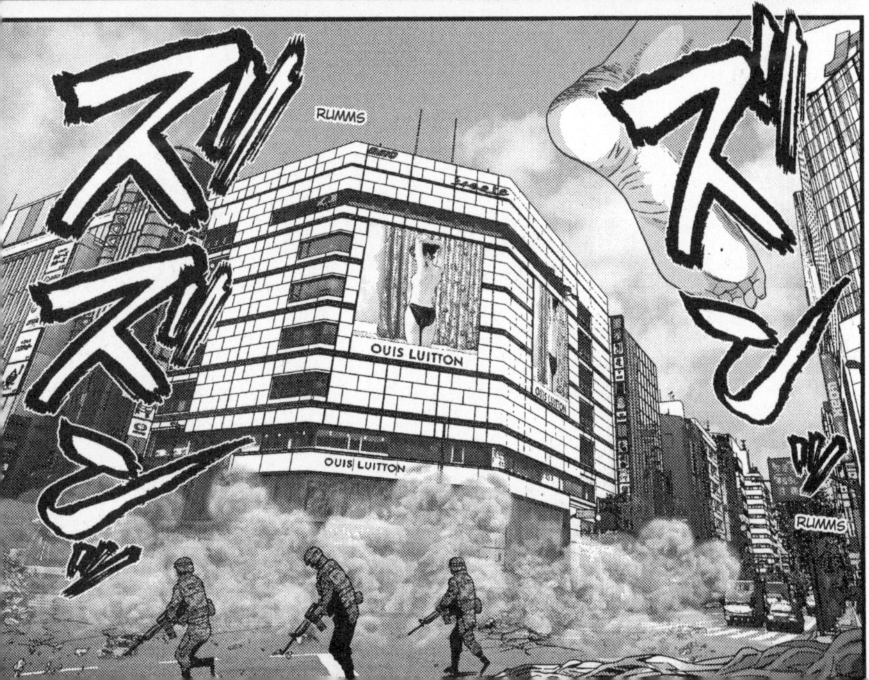
DUTYFREE
RUMMS
RUMMS
OUIS LUITTON
OUIS LUITTON
OUIS LUITTON

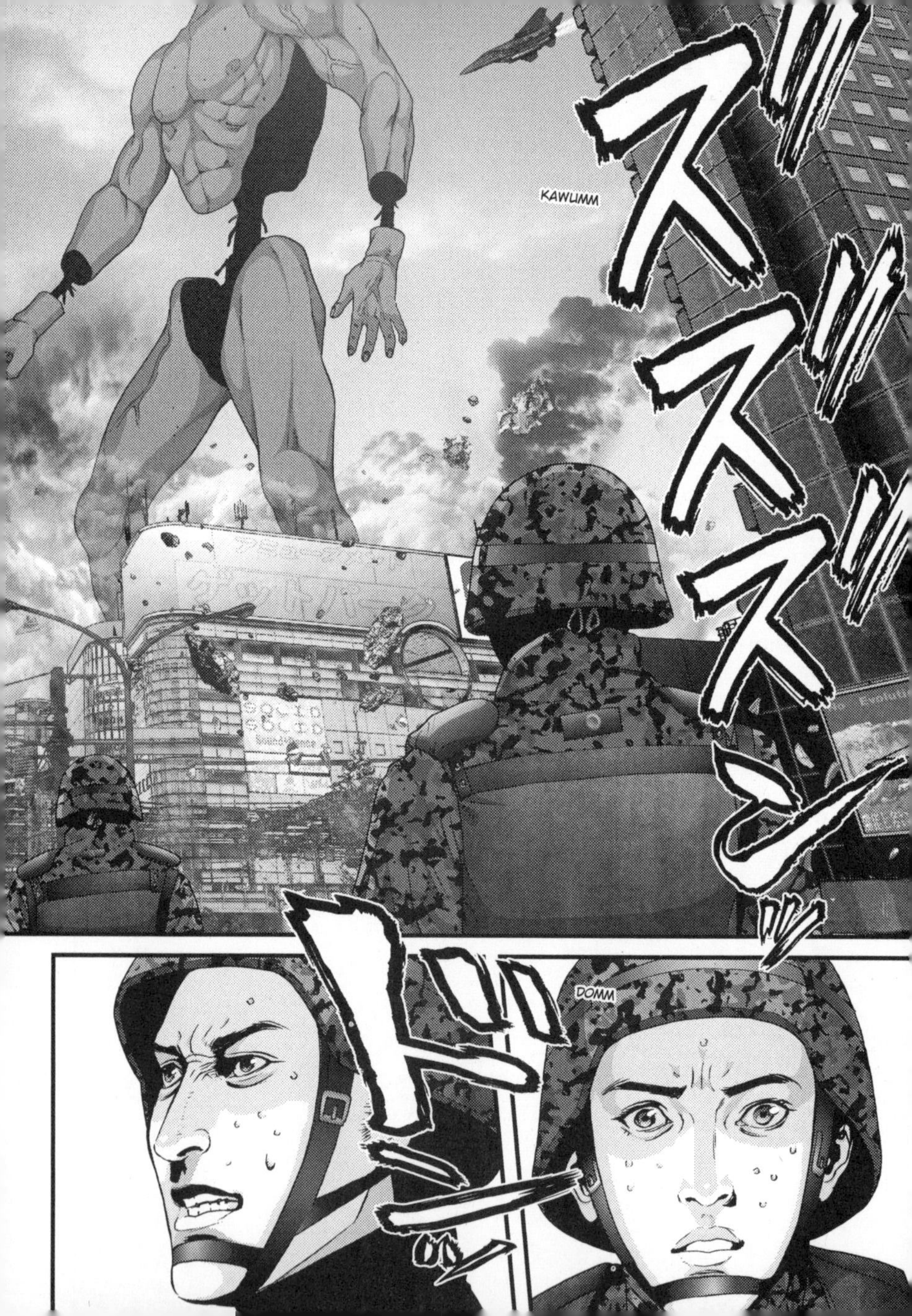
KAWUMM
DOMM

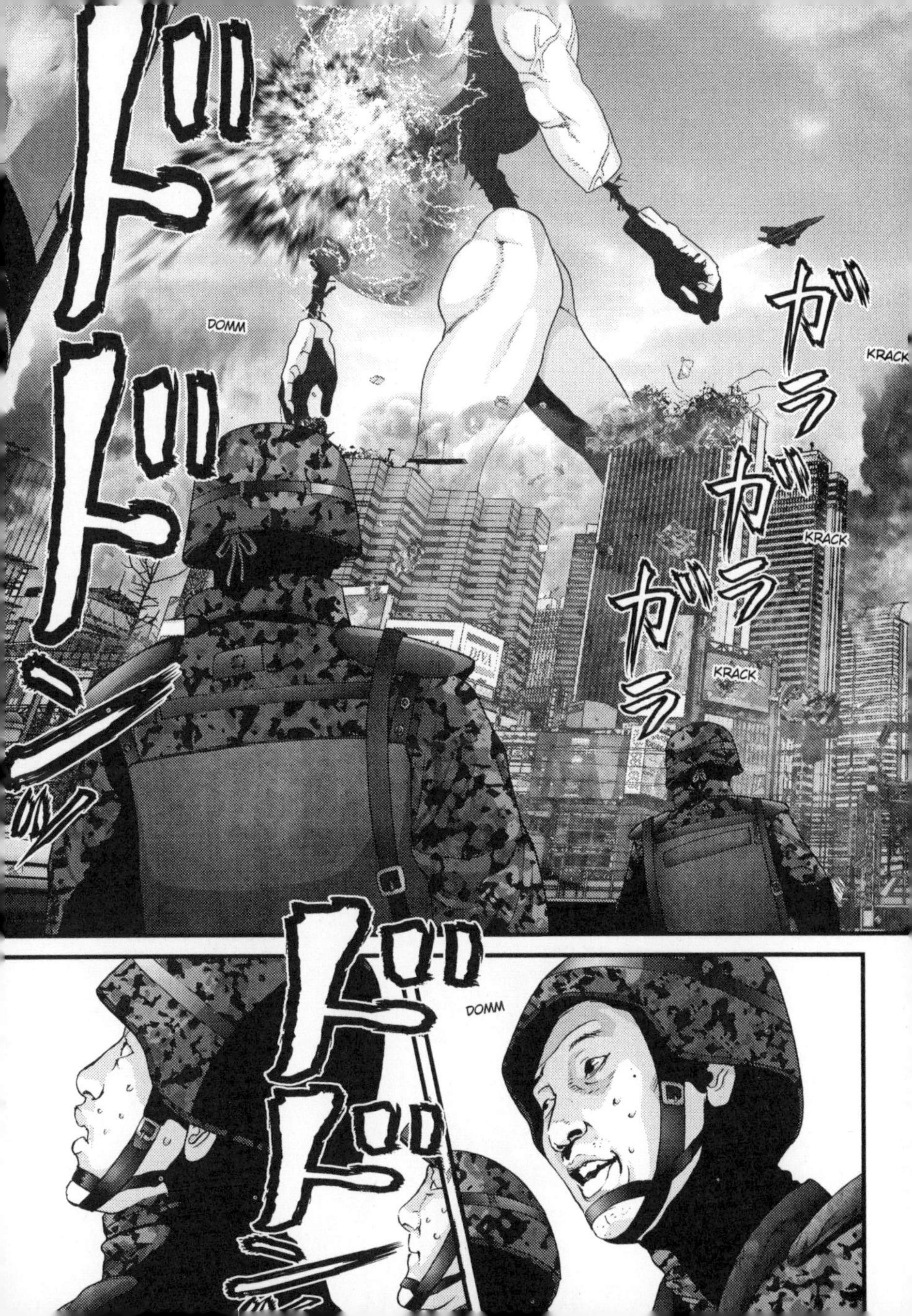
ガラ
KRACK
ガラ
KRACK
ガラ
KRACK
DOMM
DOMM

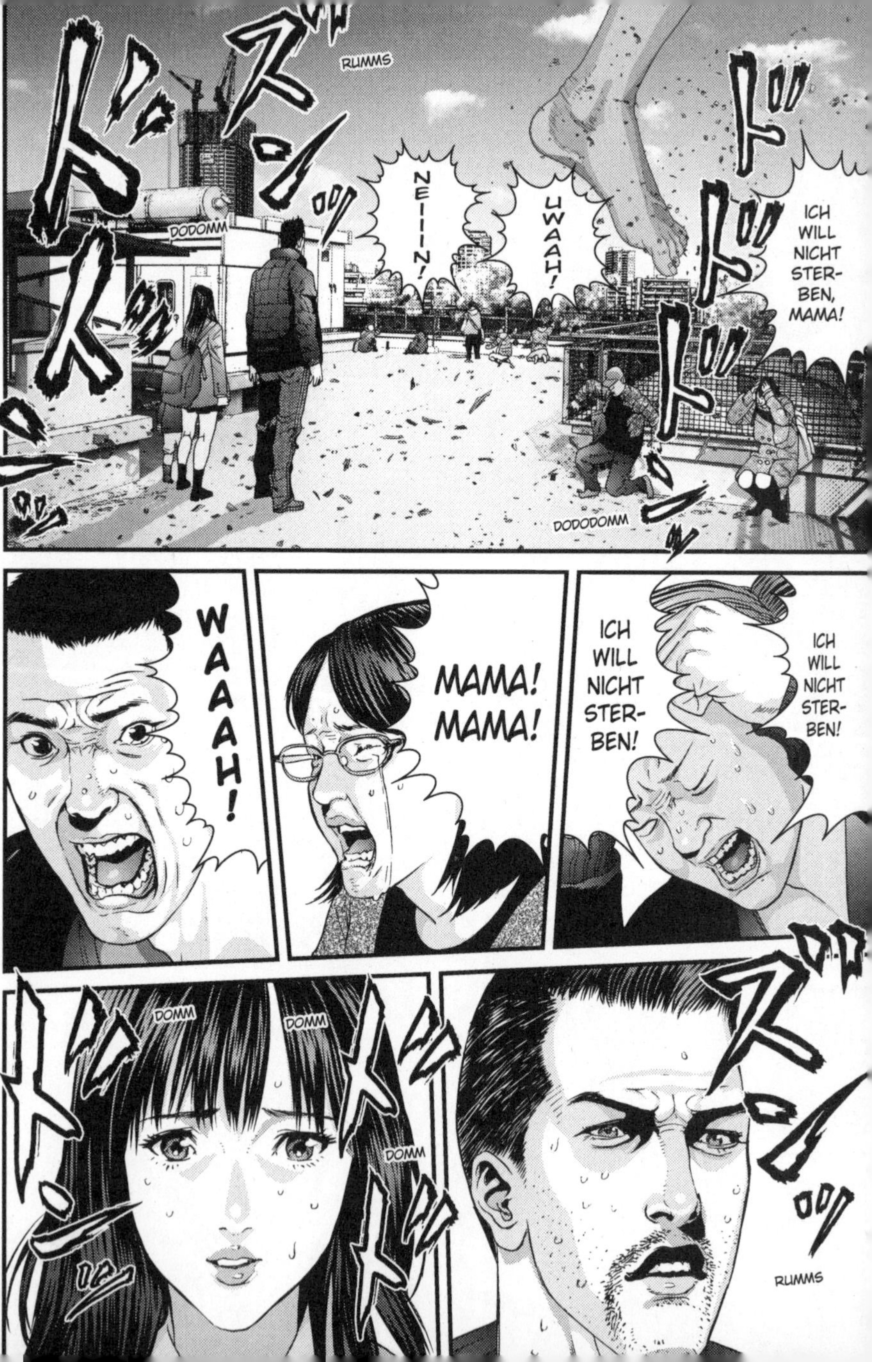

ICH WILL NICHT STERBEN, MAMA!
UWAAAH!
NEIIIN!
RUMMS
DODODOMM
DODOMM
ICH WILL NICHT STERBEN!
ICH WILL NICHT STERBEN!
MAMA! MAMA!
WAAAAH!
RUMMS
DOMM
DOMM
DOMM

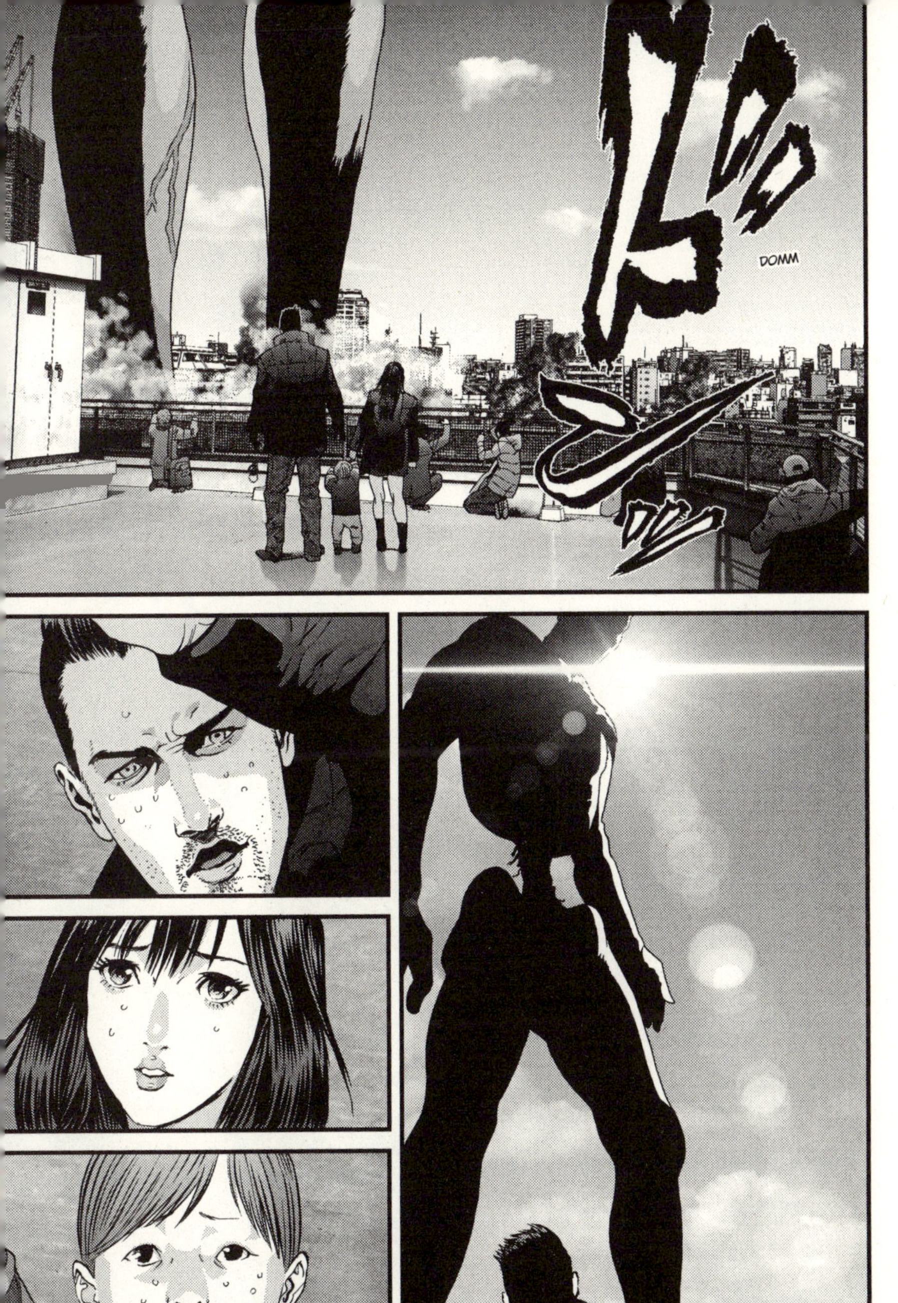
DOMM

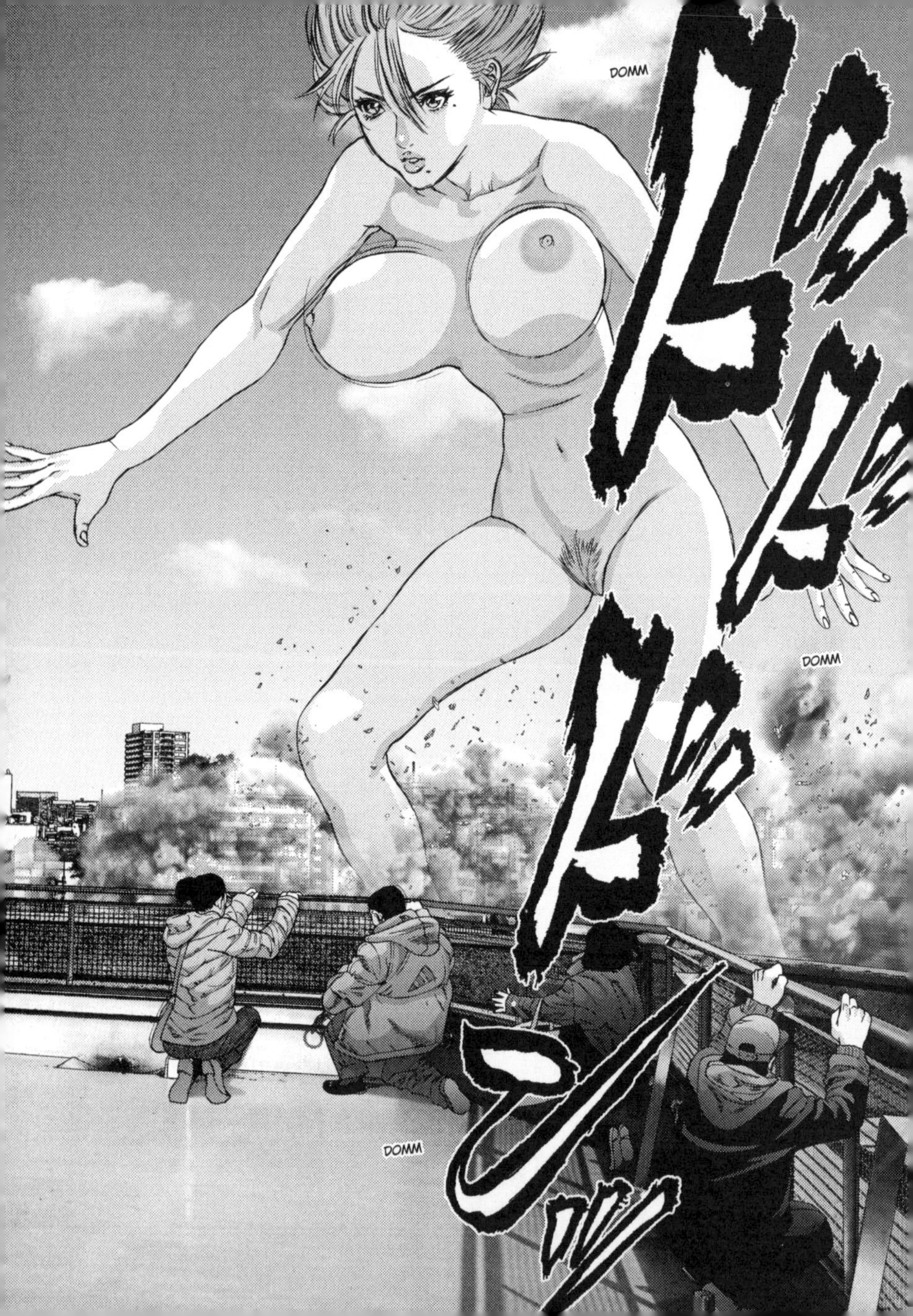
DOMM
DOMM
DOMM

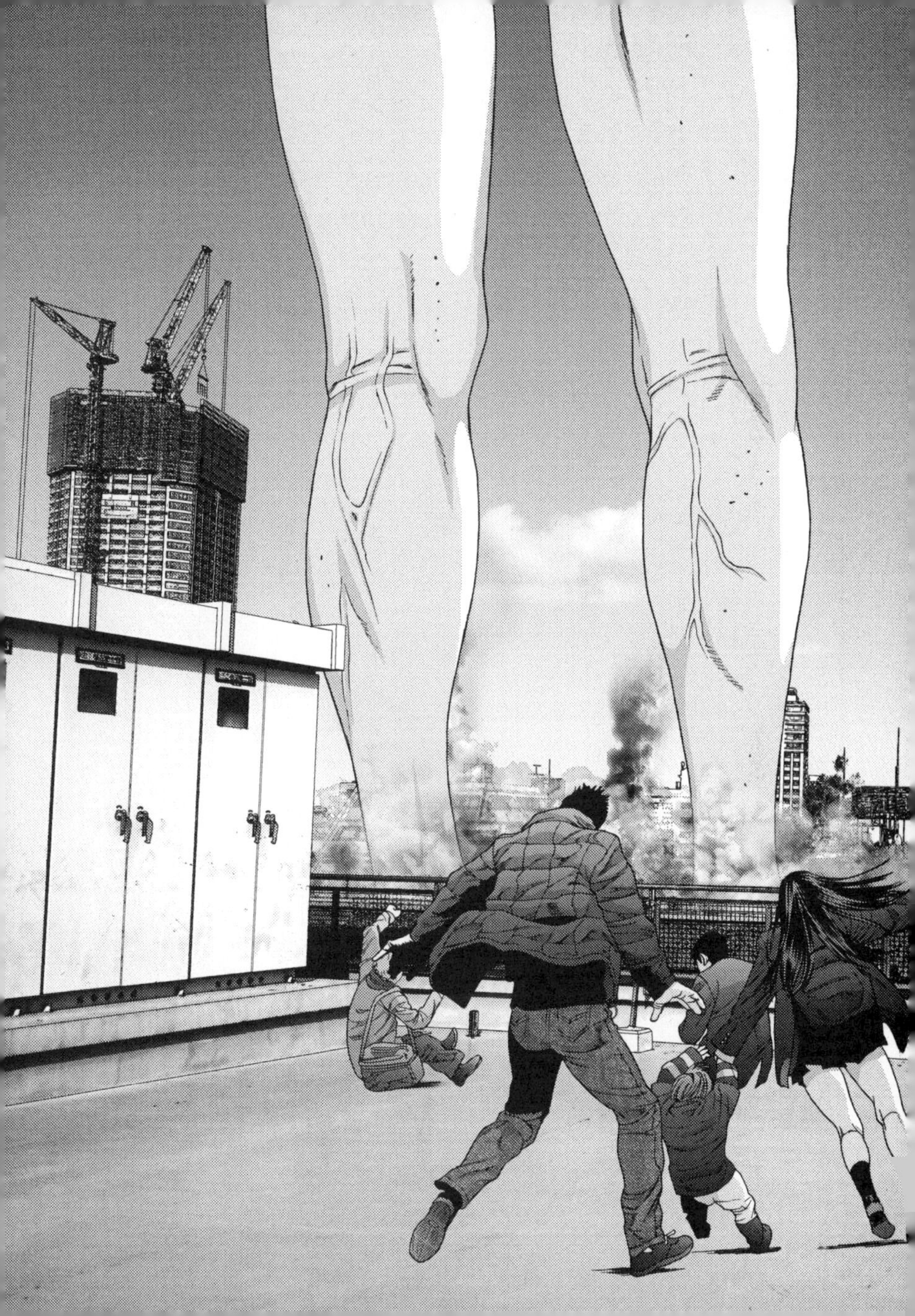

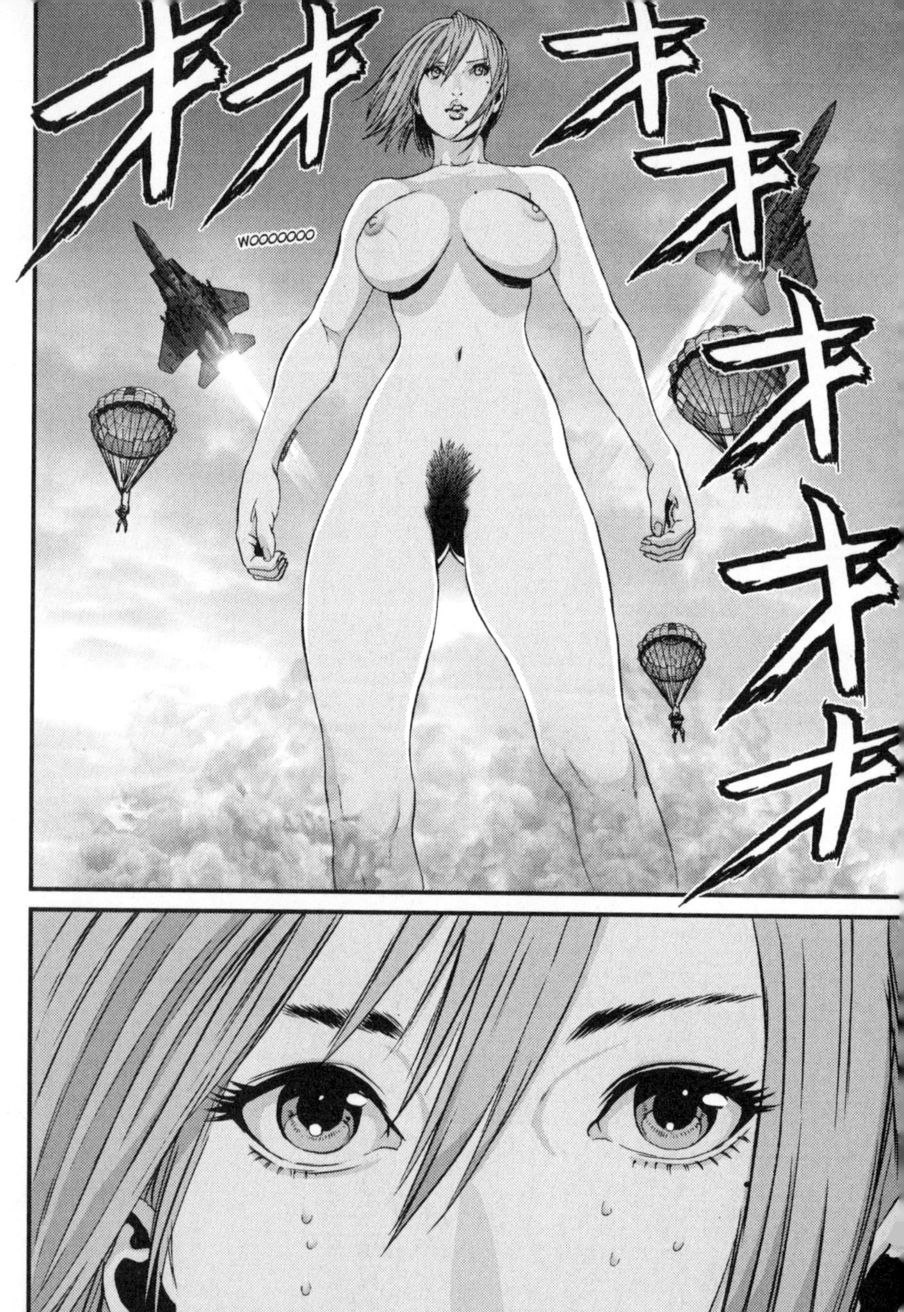
オオオオオオオオ
WOOOOOOO

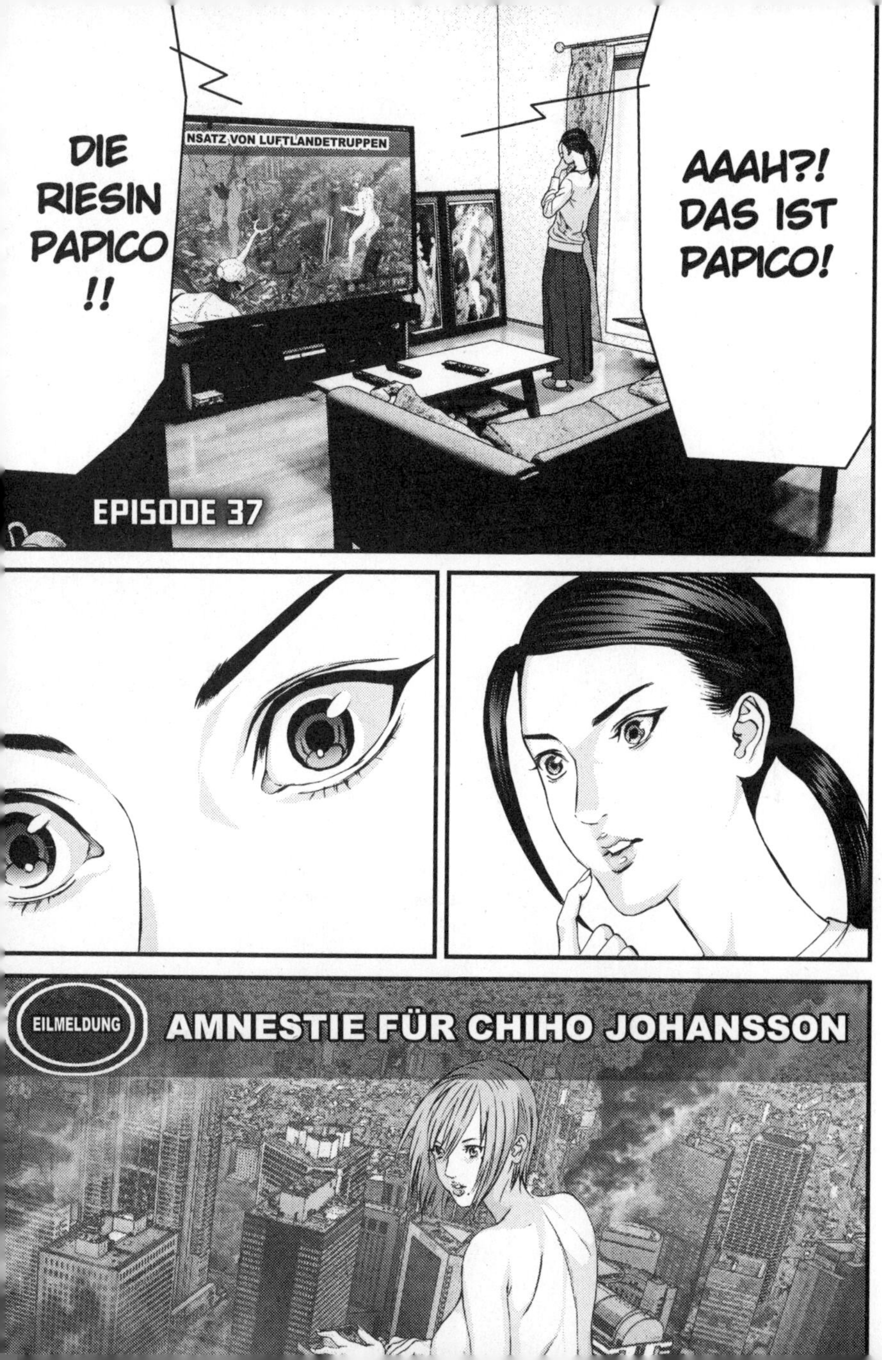

NSATZ VON LUFTLANDETRUPPEN

AAAH?! DAS IST PAPICO!

DIE RIESIN PAPICO !!

EPISODE 37

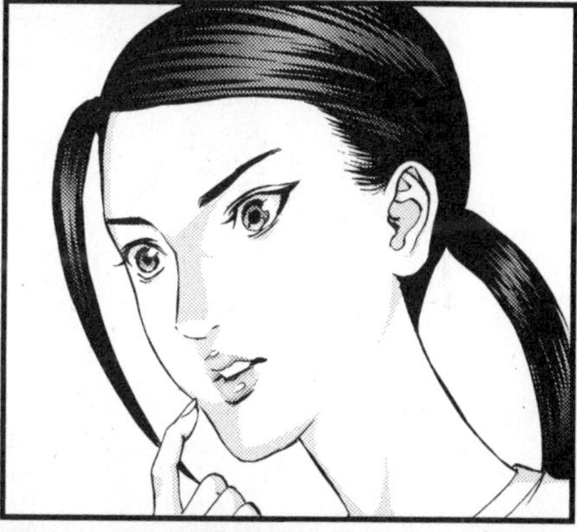

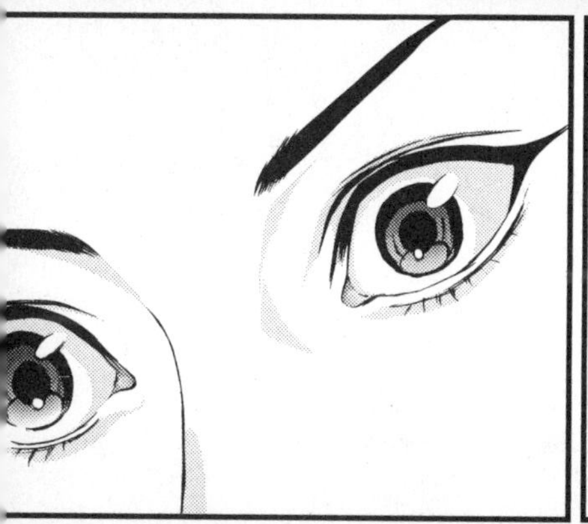

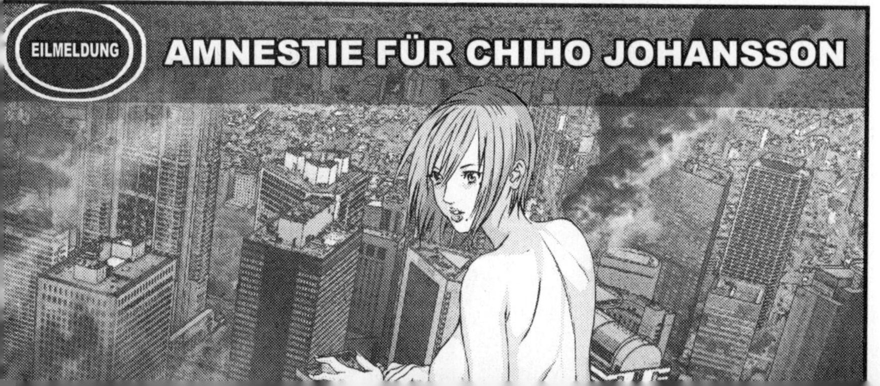

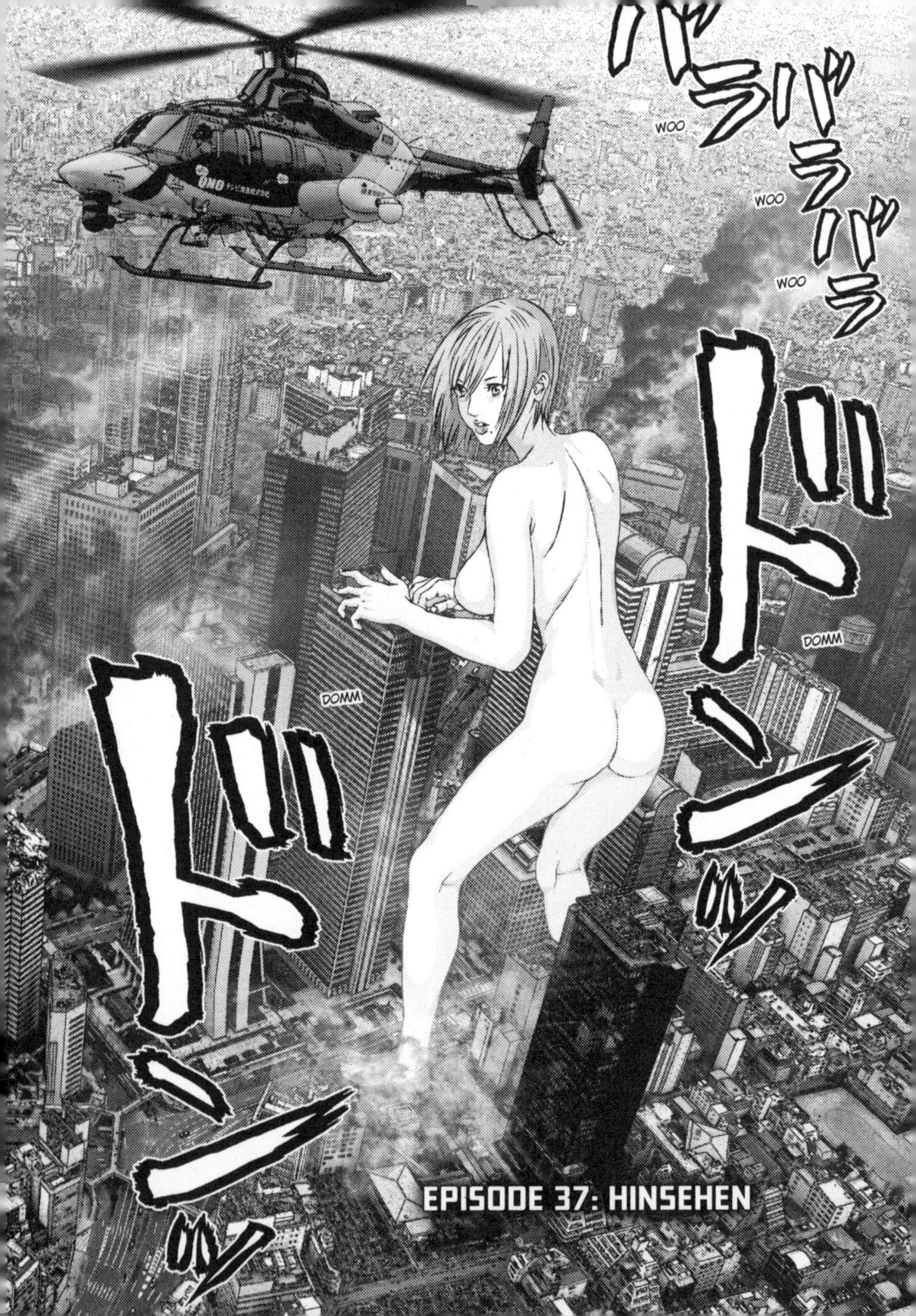
バラバラバラ
WOO
WOO
WOO
ドーンッ
DOMM
ドーンッ
DOMM
EPISODE 37: HINSEHEN

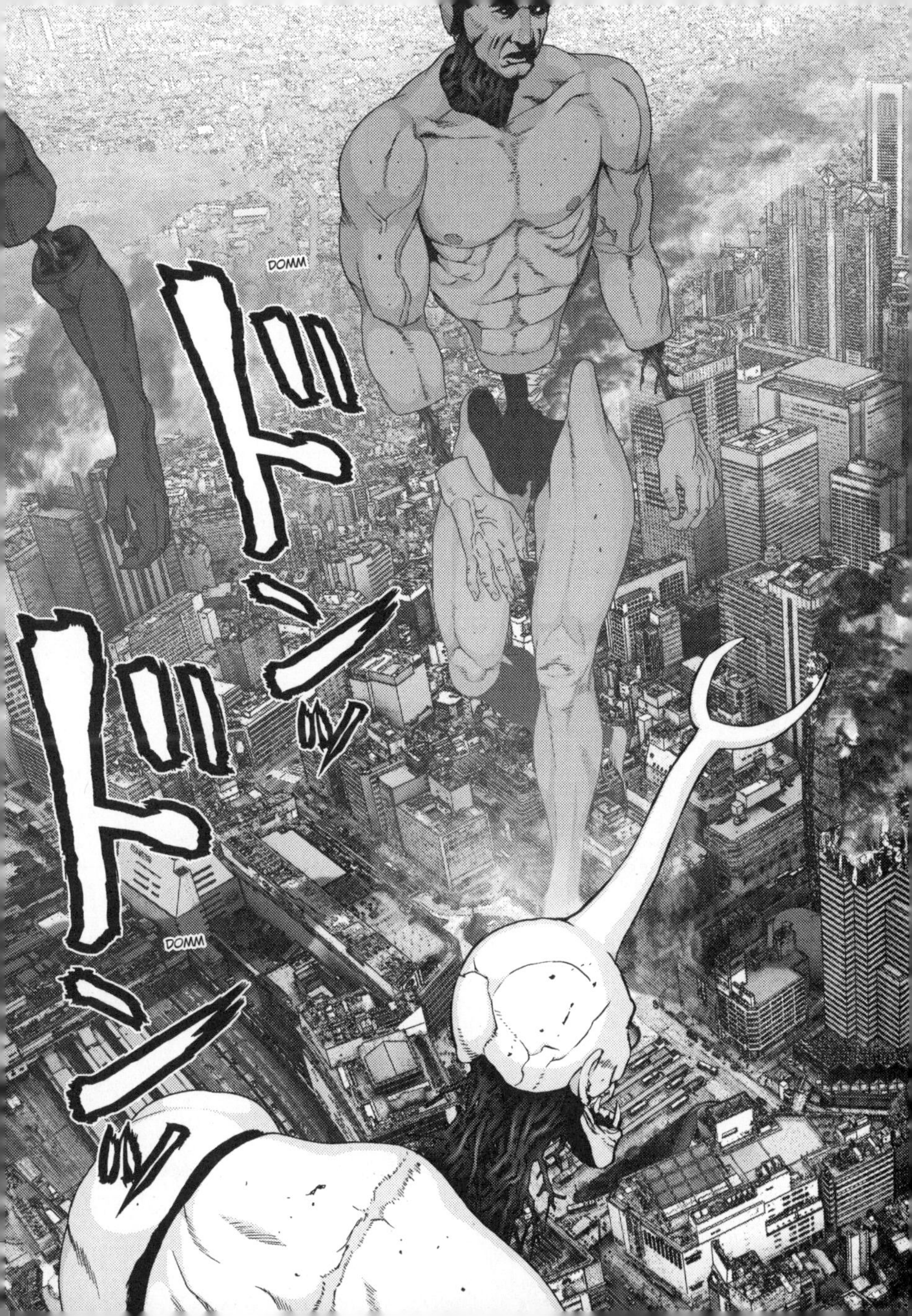
DOMM
DOMM

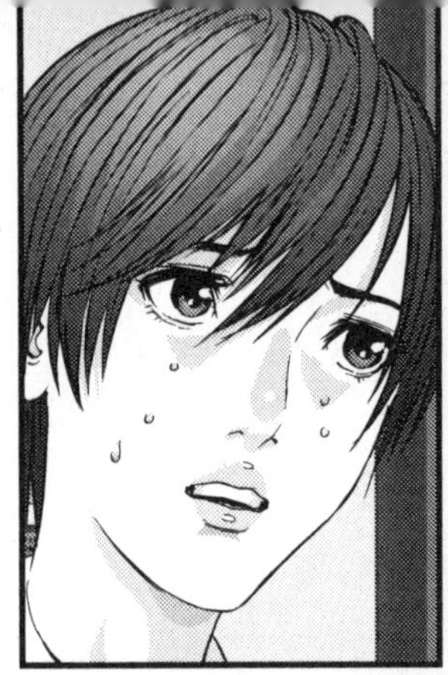
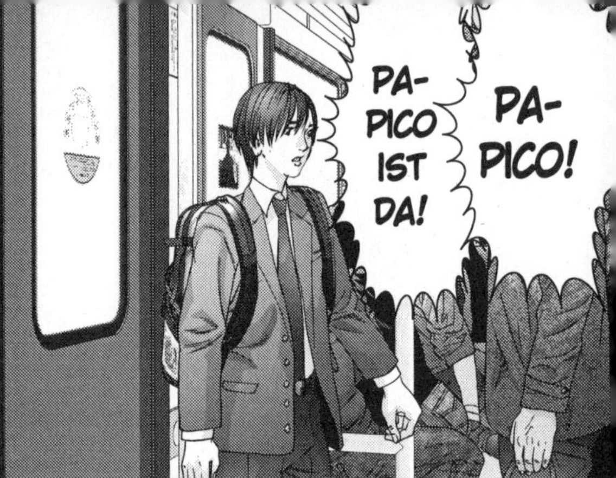
PA-
PICO!
PA-
PICO
IST
DA!
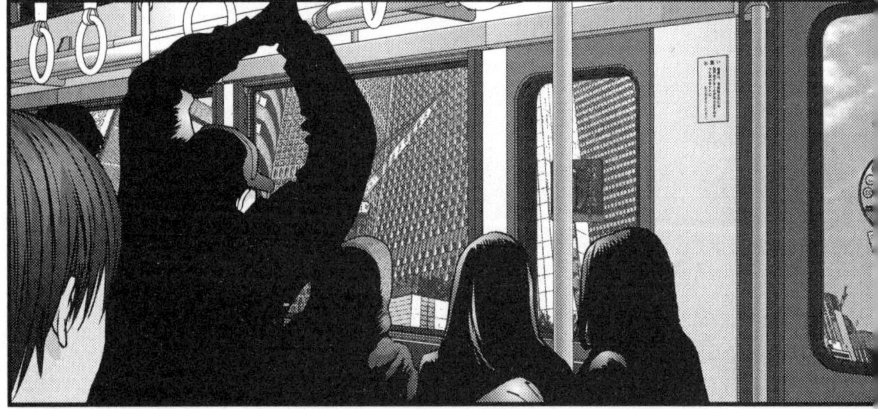
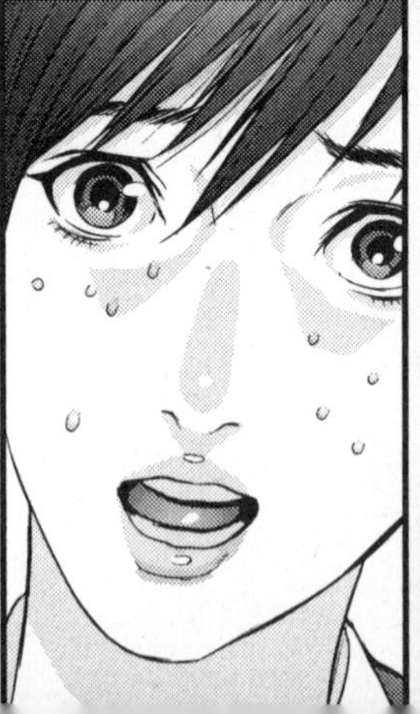
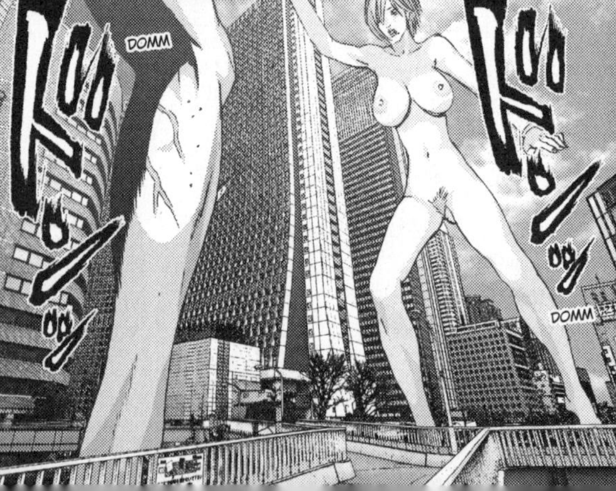
DOMM
DOMM

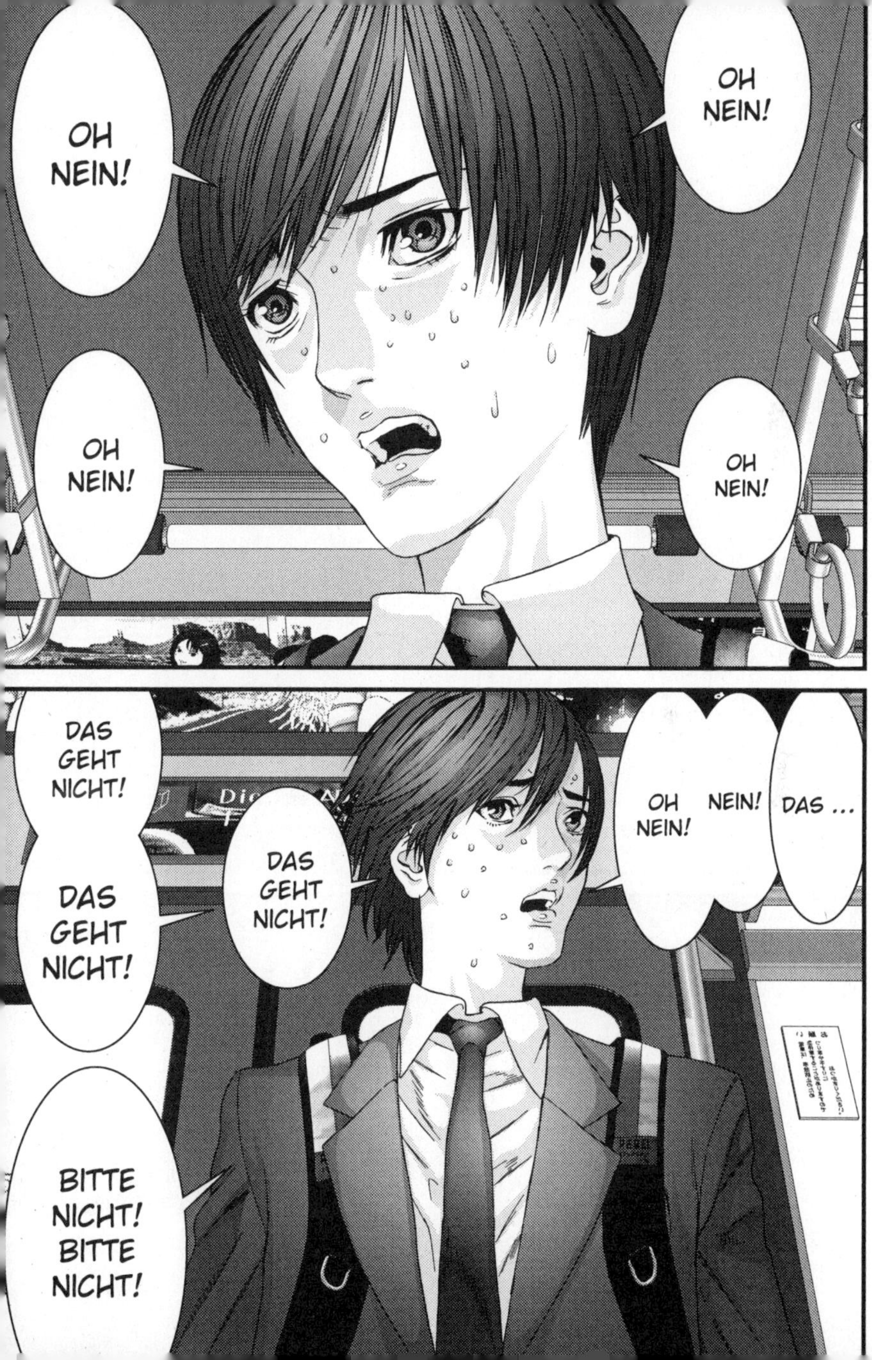

OH NEIN!

OH NEIN!

OH NEIN!

OH NEIN!

DAS …

NEIN!

OH NEIN!

DAS GEHT NICHT!

DAS GEHT NICHT!

DAS GEHT NICHT!

BITTE NICHT! BITTE NICHT!

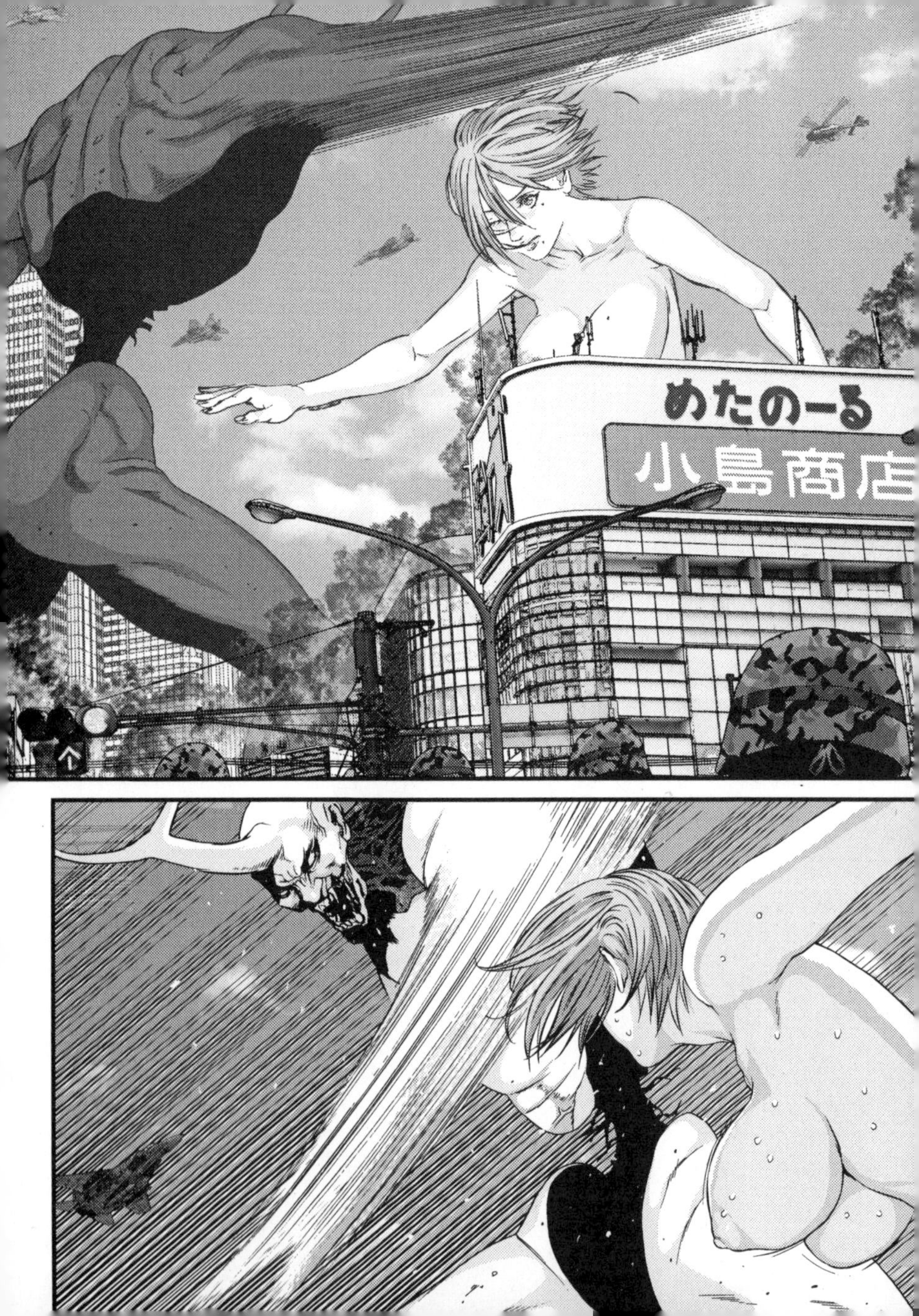

めたのーる
小島商店

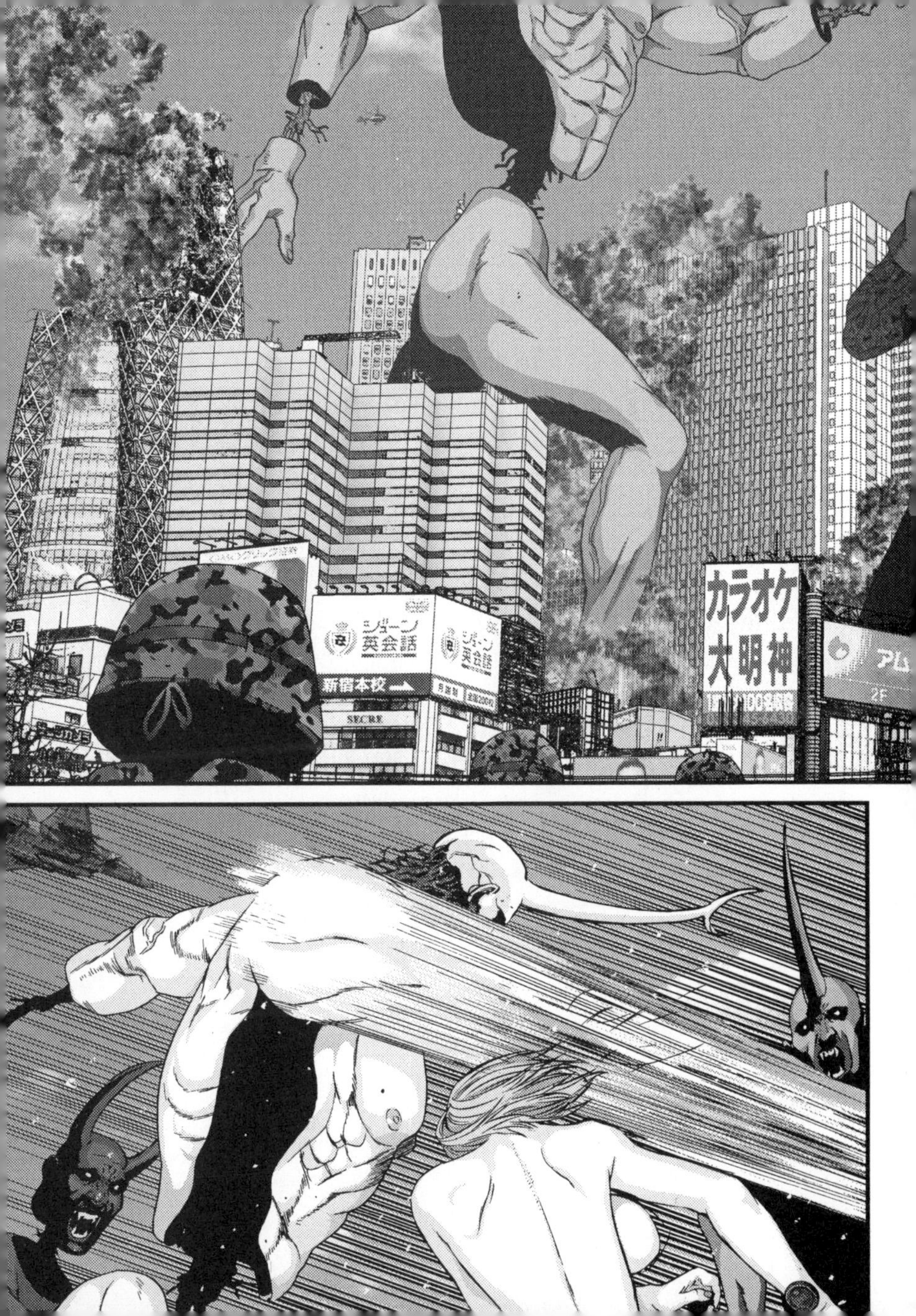

ジューン
英会話
新宿本校
カラオケ
大明神
2F

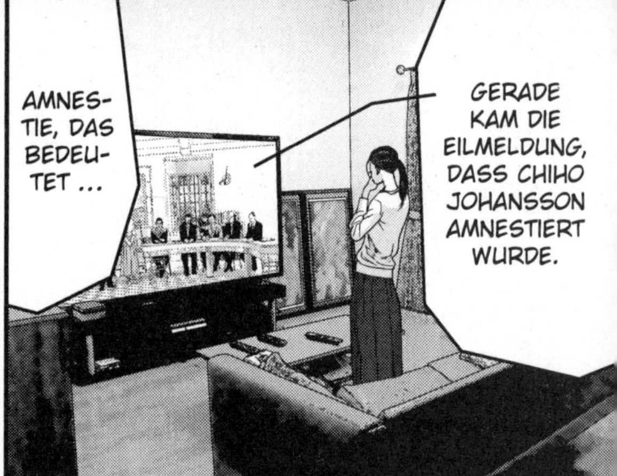
GERADE KAM DIE EILMELDUNG, DASS CHIHO JOHANSSON AMNESTIERT WURDE.
AMNESTIE, DAS BEDEUTET ...

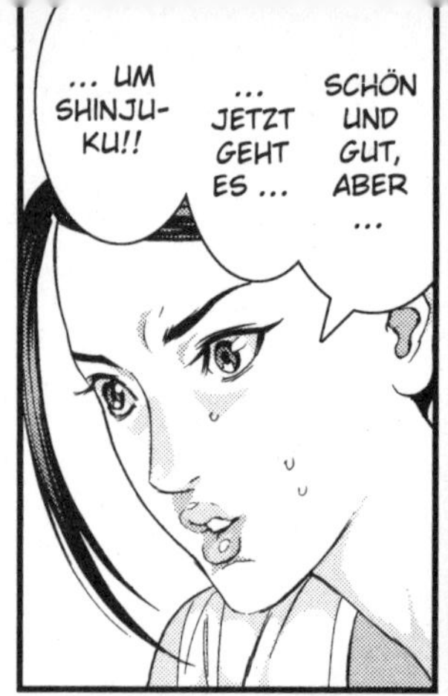
SCHÖN UND GUT, ABER ...
... JETZT GEHT ES ...
... UM SHINJUKU!!

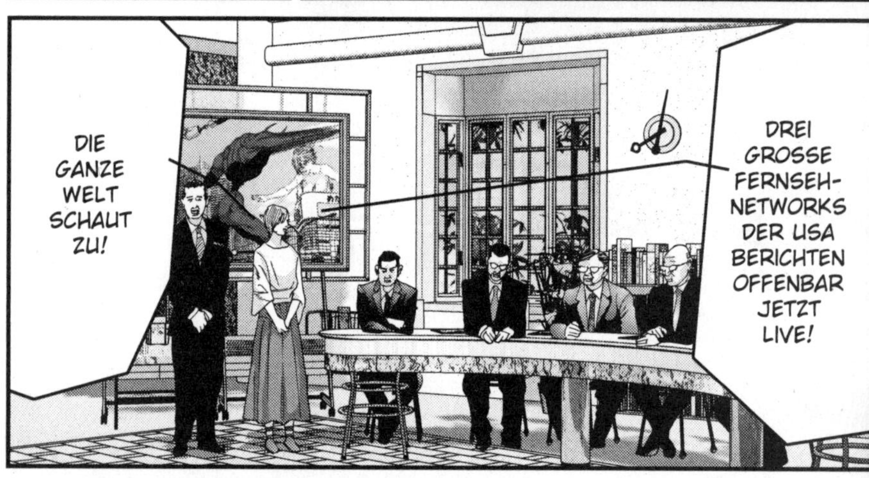
DREI GROSSE FERNSEH-NETWORKS DER USA BERICHTEN OFFENBAR JETZT LIVE!
DIE GANZE WELT SCHAUT ZU!

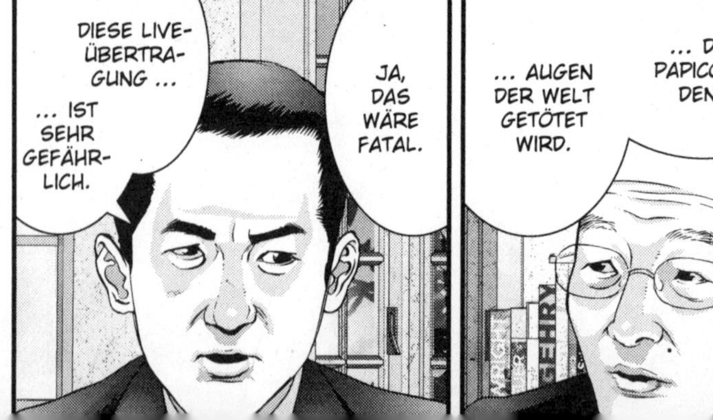
MEINE GRÖSSTE BEFÜRCHTUNG IST ...
... DASS PAPICO VOR DEN ...
... AUGEN DER WELT GETÖTET WIRD.
JA, DAS WÄRE FATAL.
DIESE LIVE-ÜBERTRAGUNG ...
... IST SEHR GEFÄHRLICH.

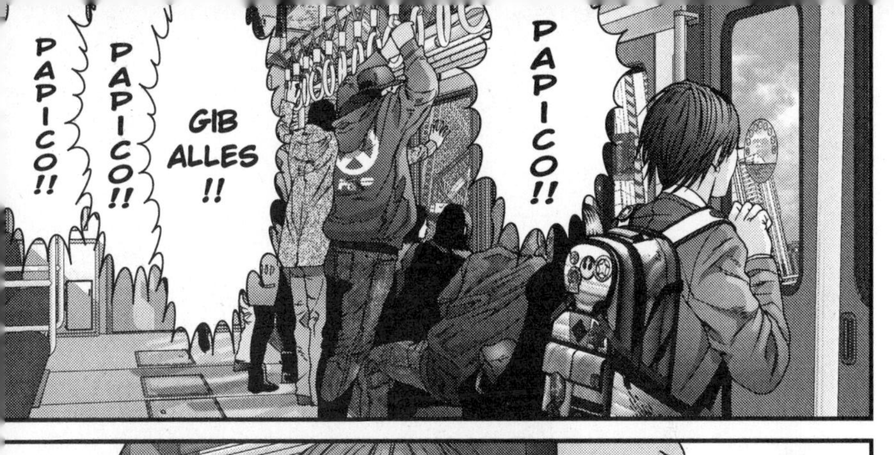

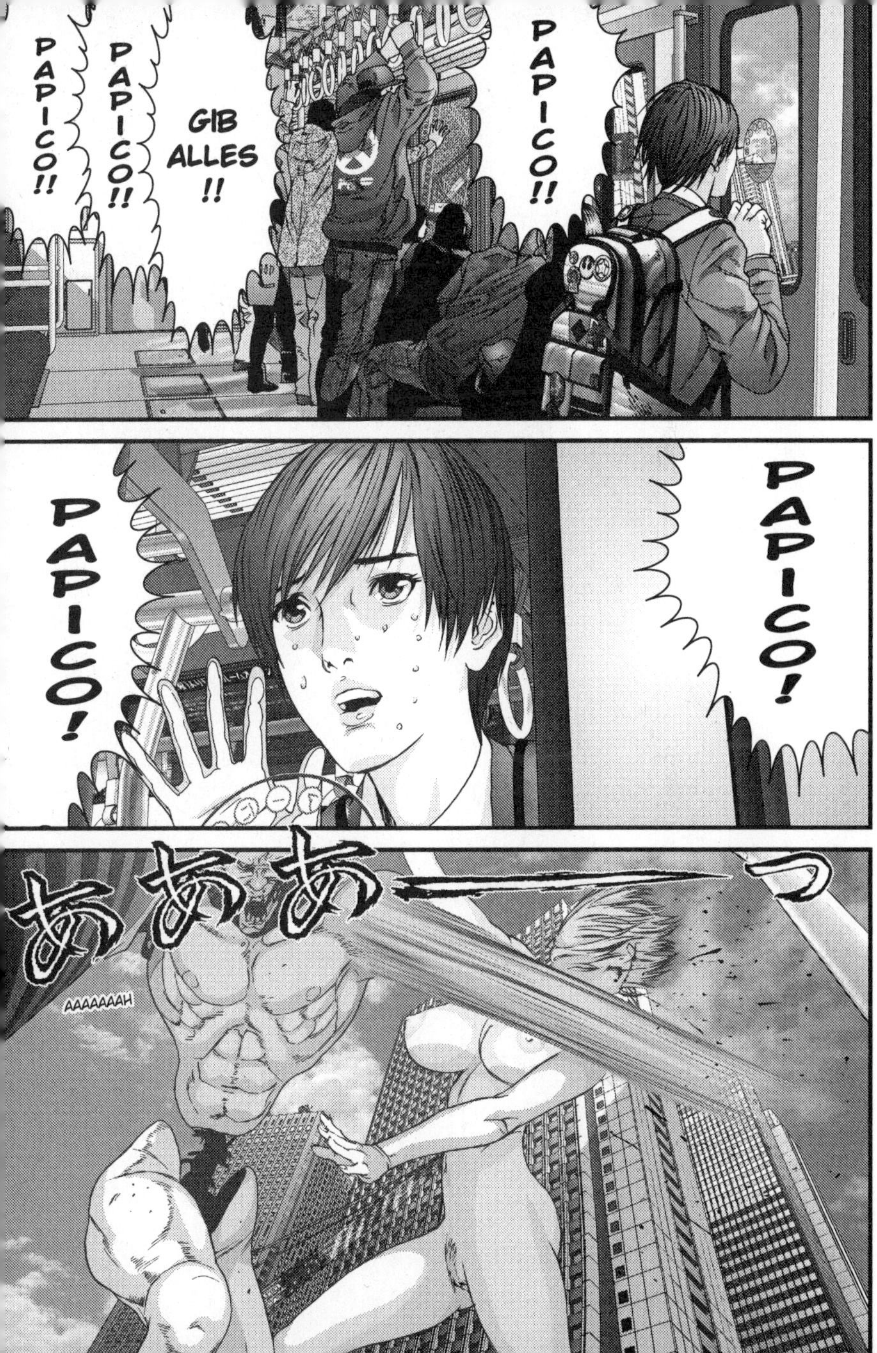

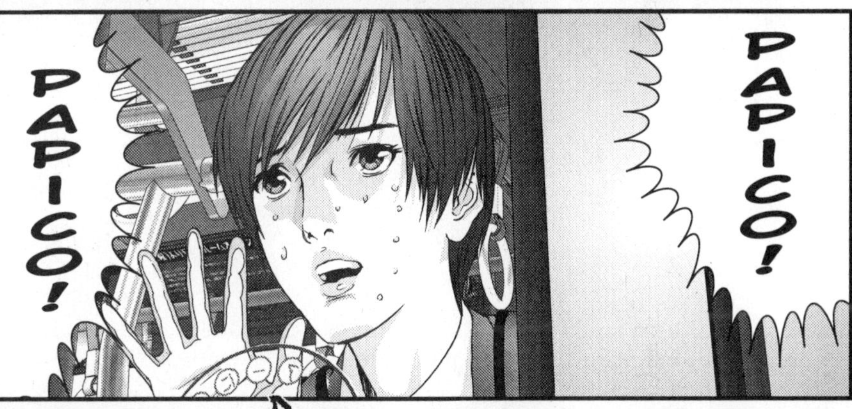

あああーーっ
AAAAAAAH

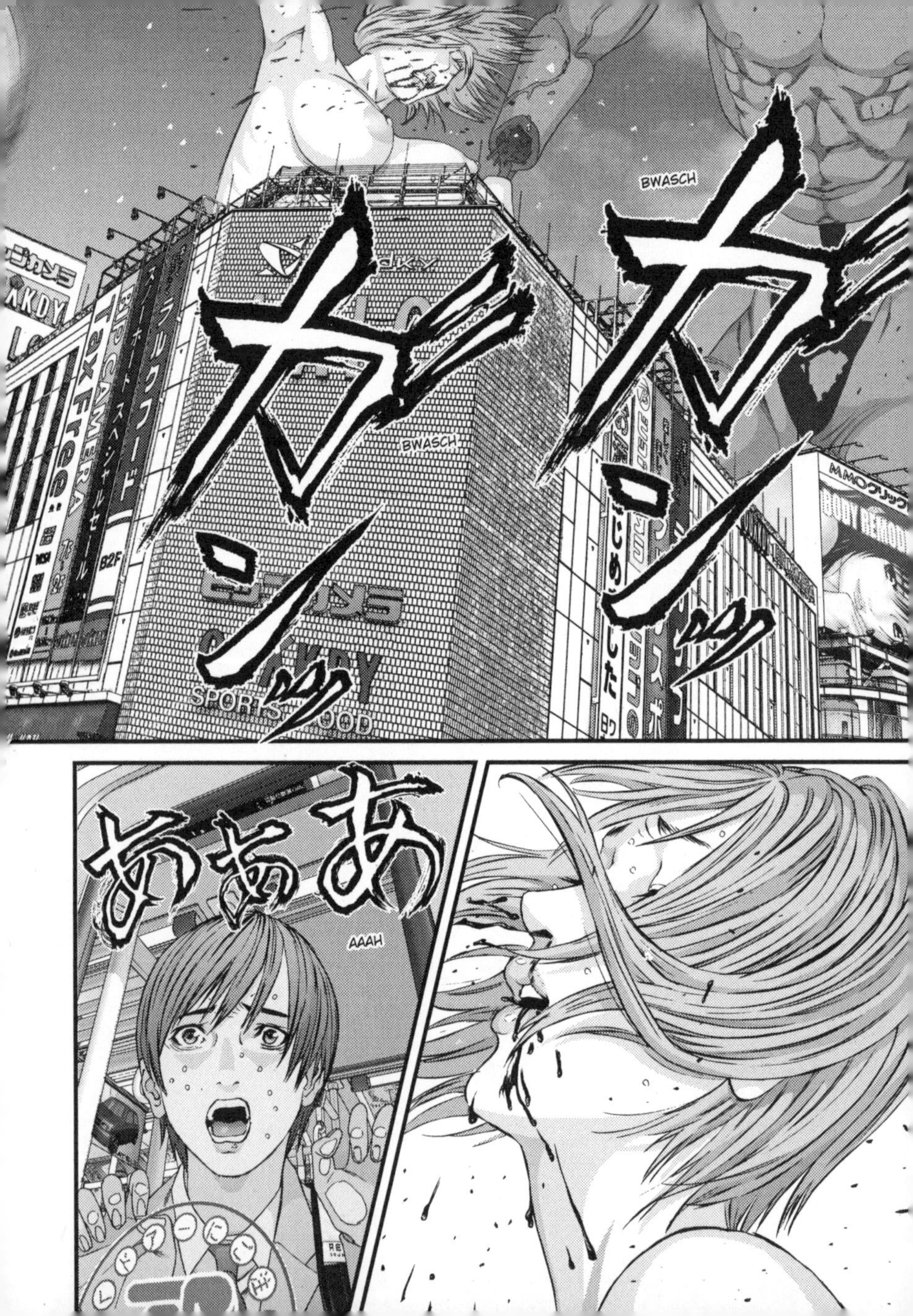

BWASCH

BWASCH

あぁあ

AAAH

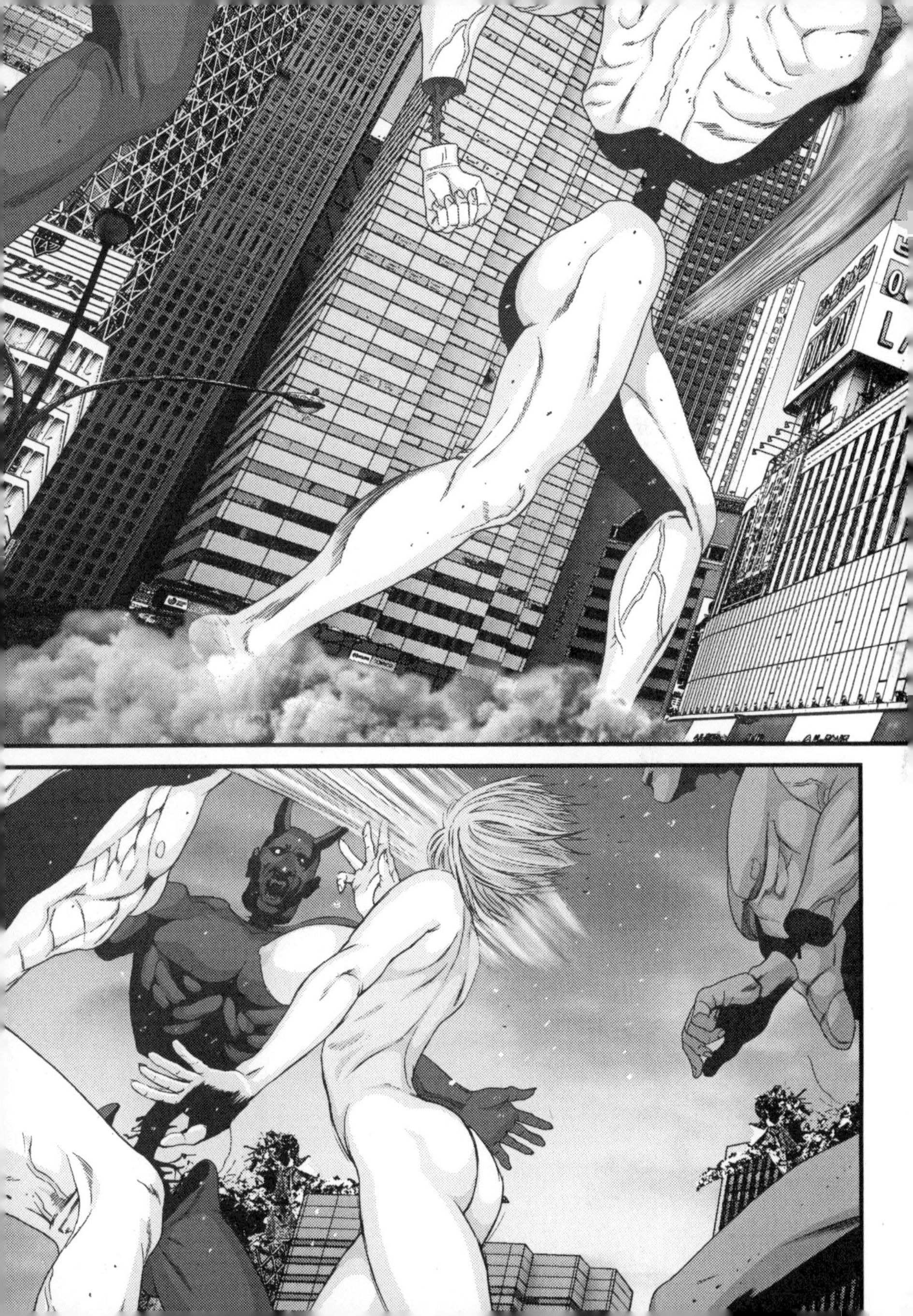

アカデミー

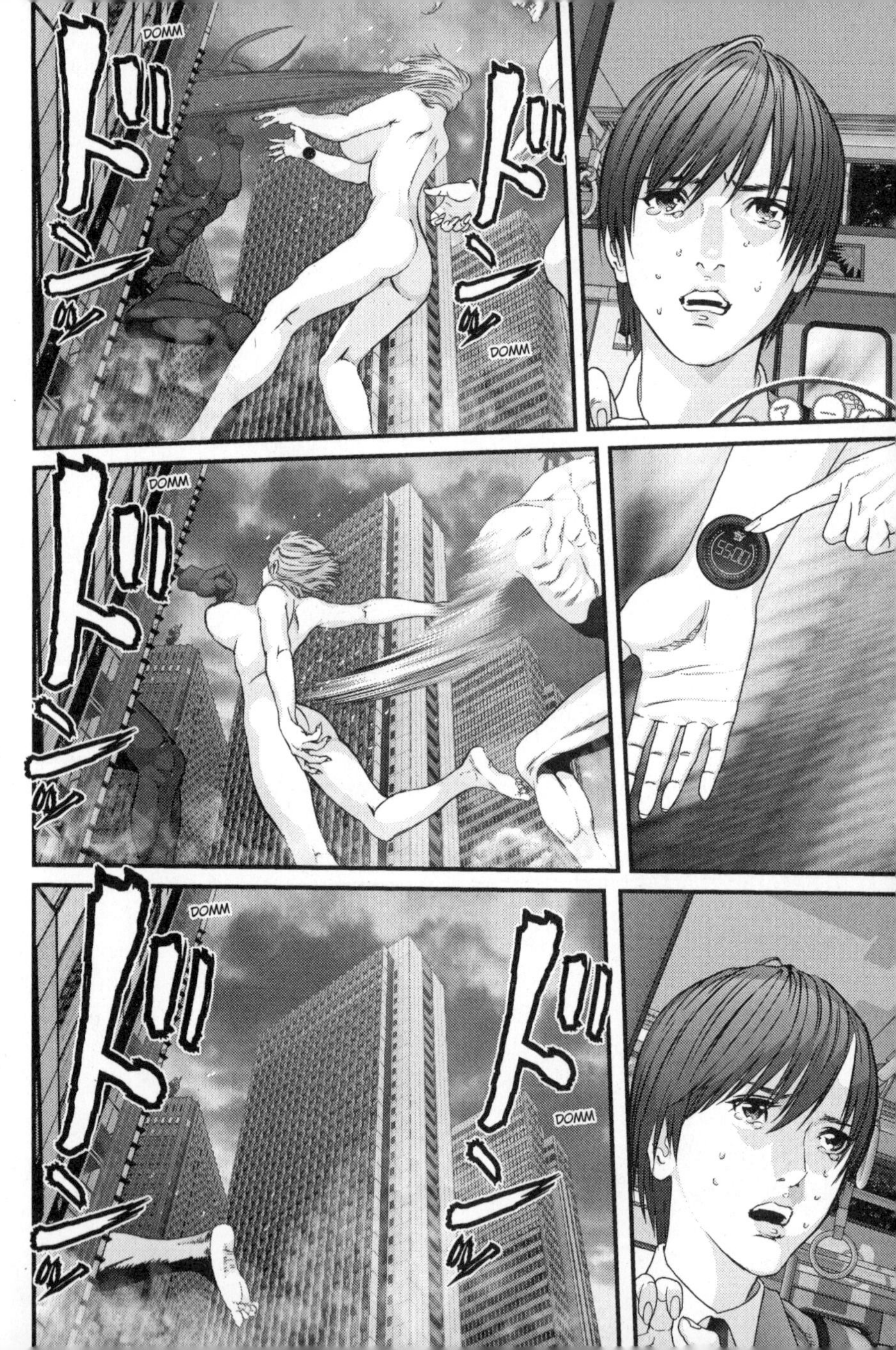
DOMM
DOMM
DOMM
DOMM
DOMM

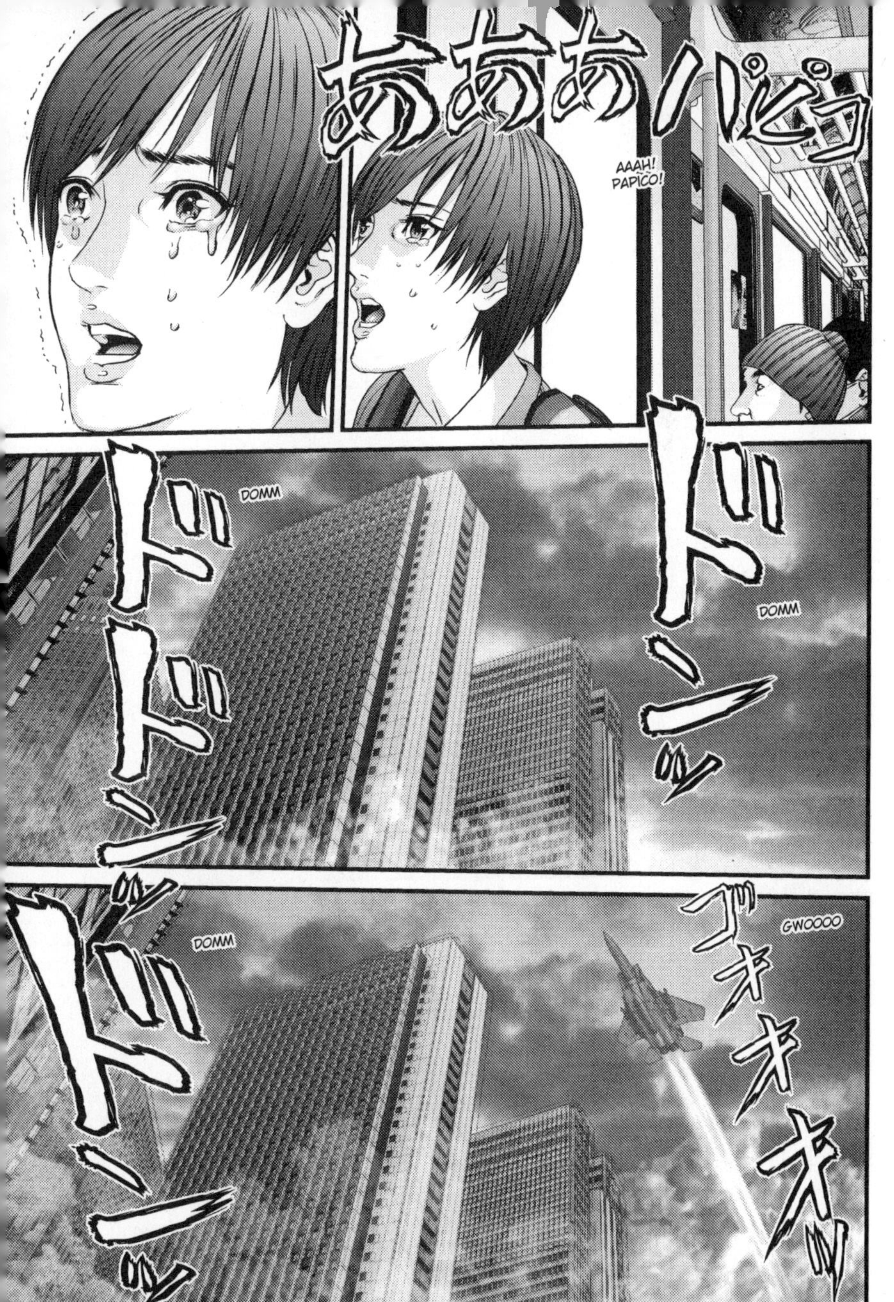
あああパピコ
AAAH! PAPICO!
ドンッ
DOMM
ドドンッ
DOMM
ゴオオオッ
GWOOOO
ドンッ
DOMM

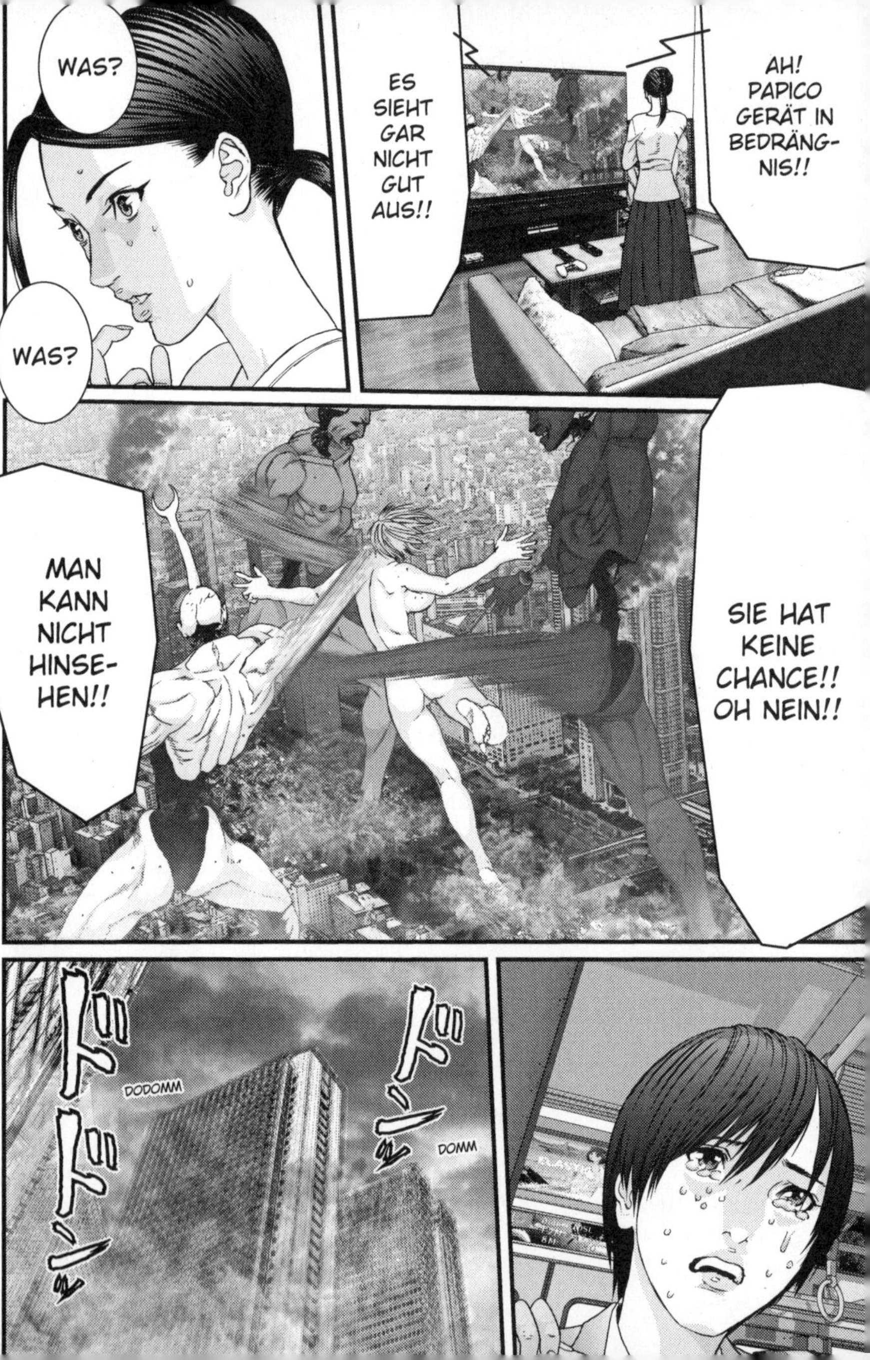

AH! PAPICO GERÄT IN BEDRÄNGNIS!!

ES SIEHT GAR NICHT GUT AUS!!

WAS?

WAS?

SIE HAT KEINE CHANCE!! OH NEIN!!

MAN KANN NICHT HINSEHEN!!

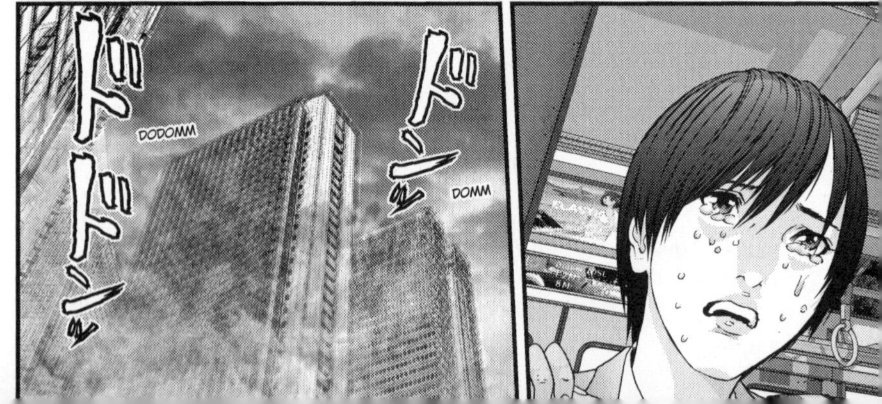

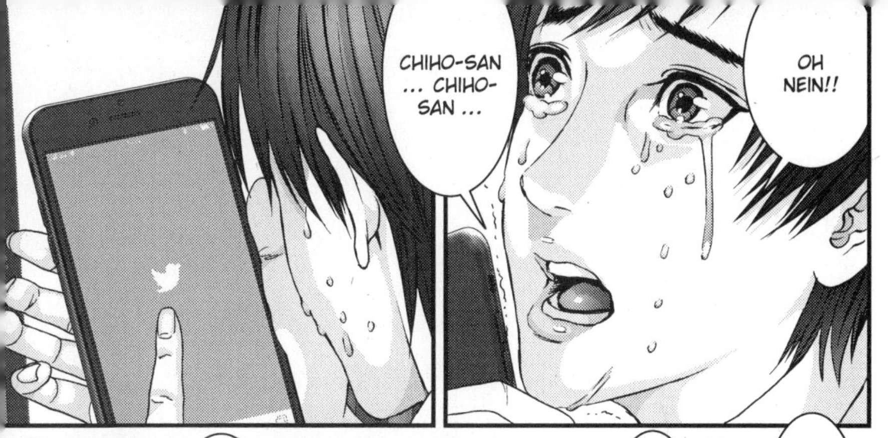

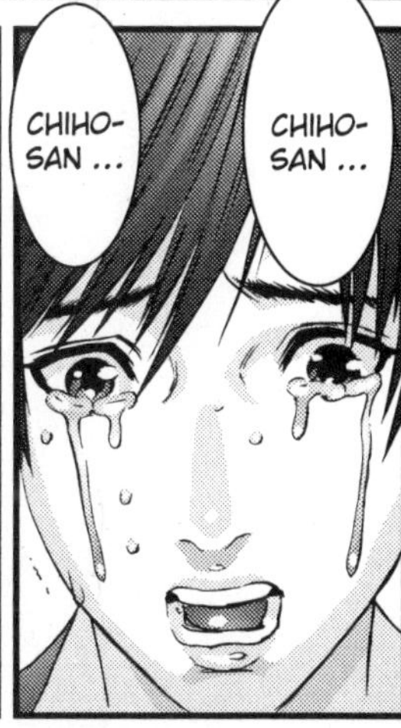

MrMind @Caterpillar
Papico ist in Gefahr!
So was darf man doch im Fernsehen nicht zeigen!
#Shinjuku

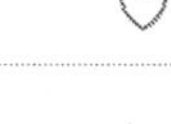
MixMaster @Mix
Aaaaaaaaaaaah
Papico Aaaaaah
Aaaaaaaaaaaah
#Shinjuku

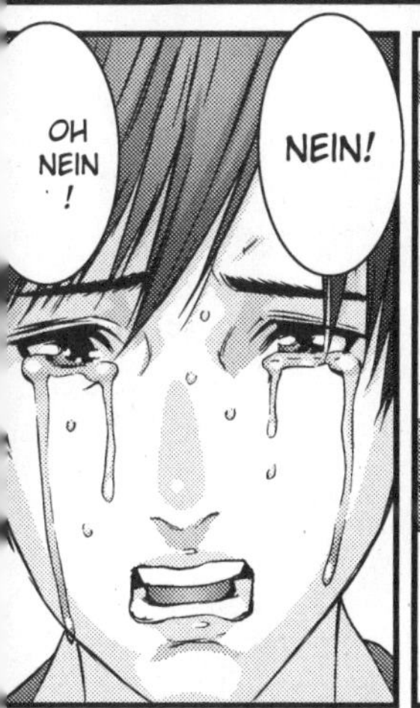

Kiiroihoney☆Bee @B12
Sie schafft es nicht!
Sie schafft es nicht!
Der Kampf ist verloren!
#Shinjuku

Yuki@Konshuuzenshukkin @Eve
Papico stirbt uns noch!
Oh ...
Kann das wahr sein?!
#Shinjuku

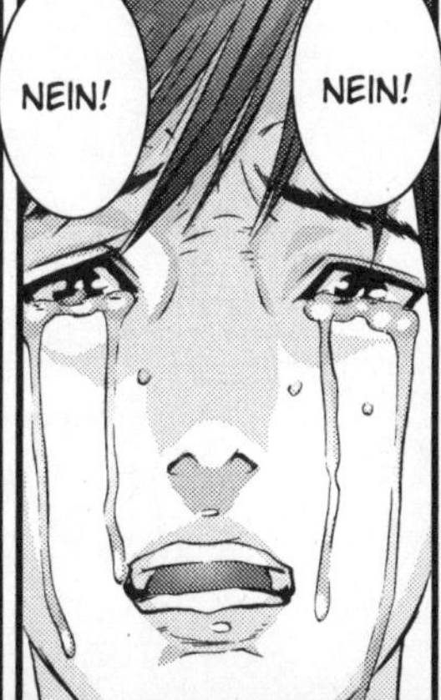

Kuronekofelicia @Bl
Jetzt ist alles aus ...
#Shinjuku

Makeup-Earthy @Go
Verdammt, Papico!
Was, wenn sie jetzt stirbt ...?
#Shinjuku

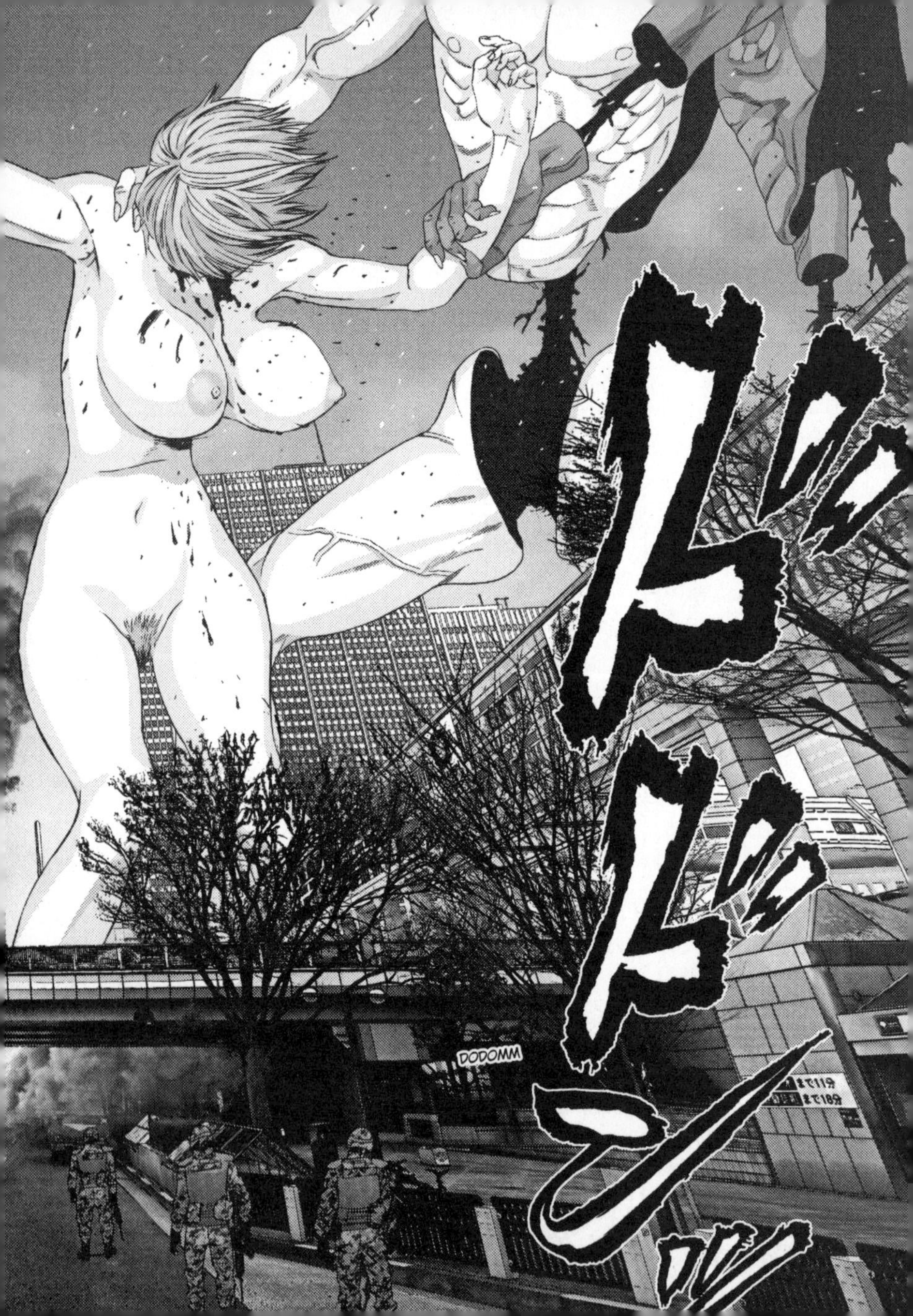
DODOMM

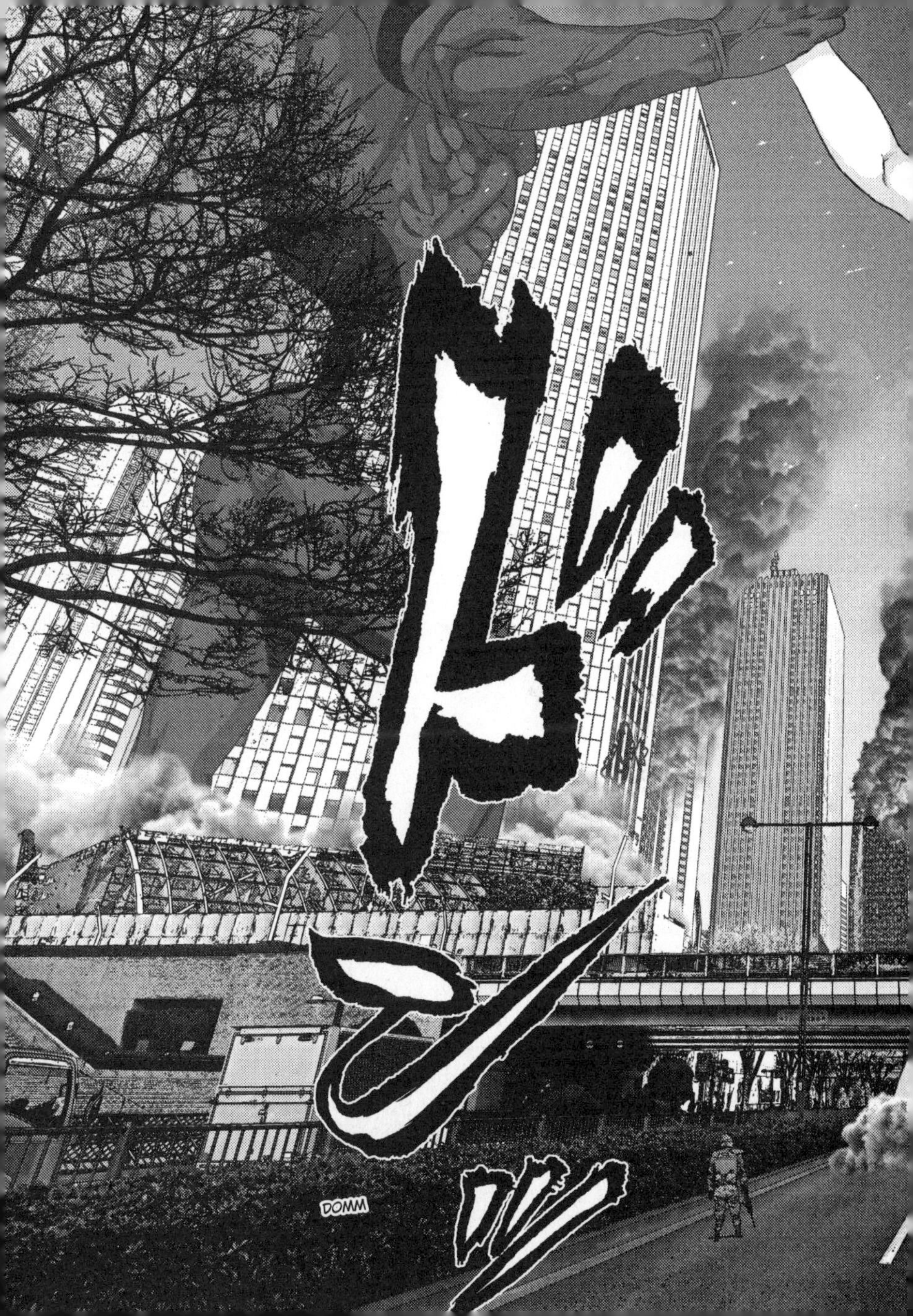
DOMM

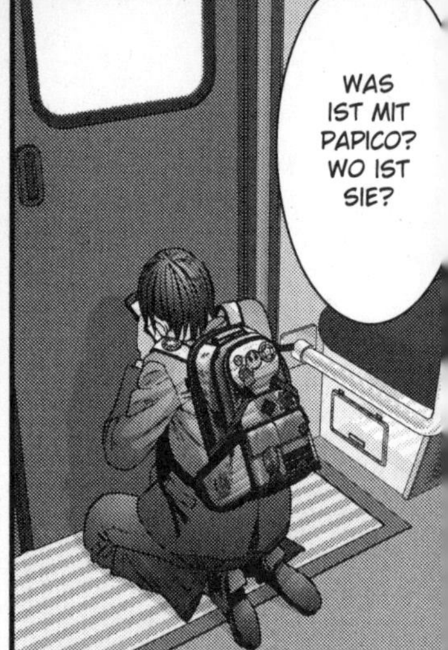

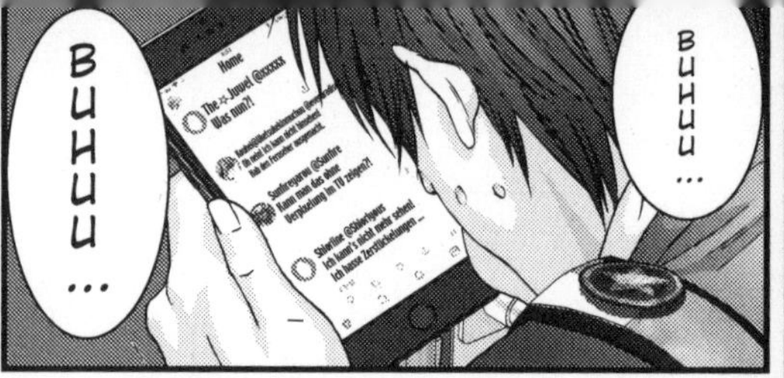

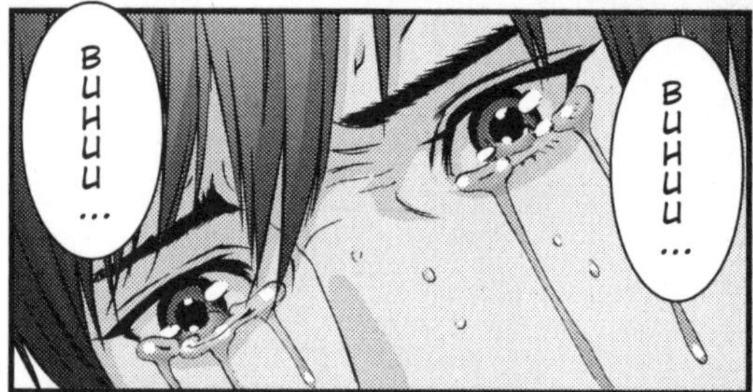

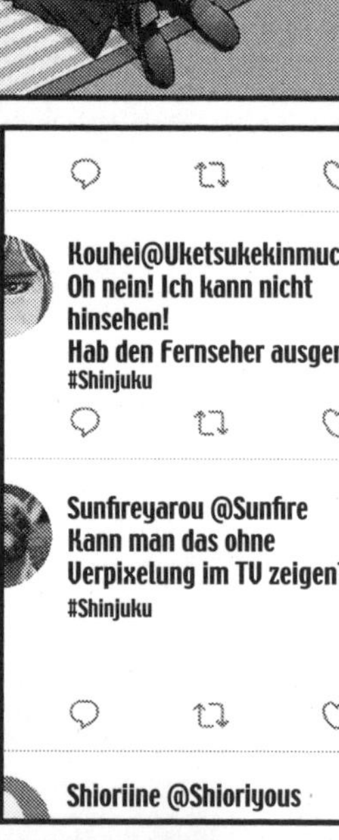

#Shinjuku

Teddy @Eveparadise2
Das war doch von Anfang an klar, dass es so kommt! Hätte niemand das stoppen können?!
#Shinjuku

Seitokunegifuyashi @Seitokus
Ich kann's nicht mehr sehen!
Ich hasse Zerstückelungen ...
#Shinjuku

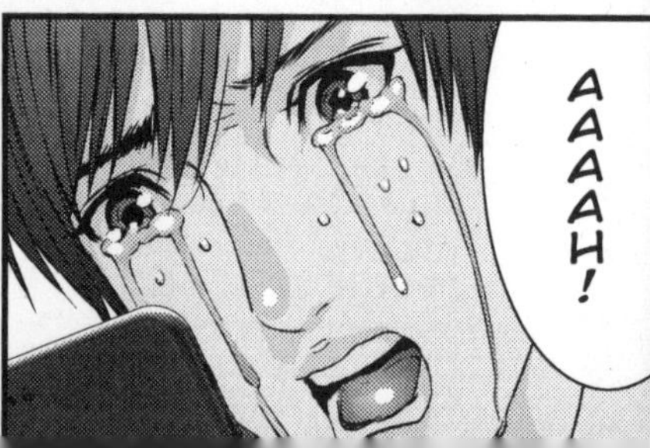

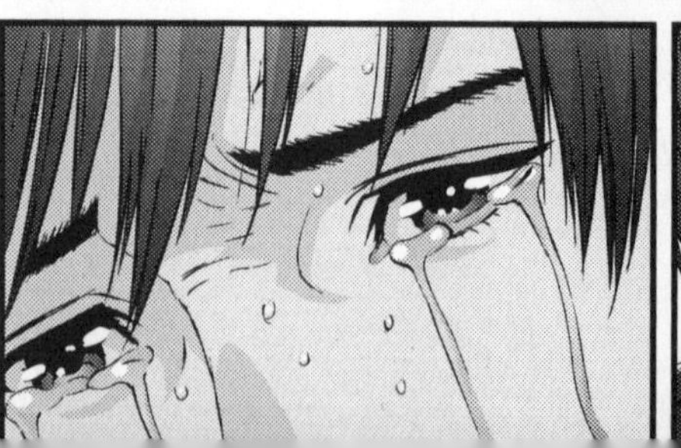

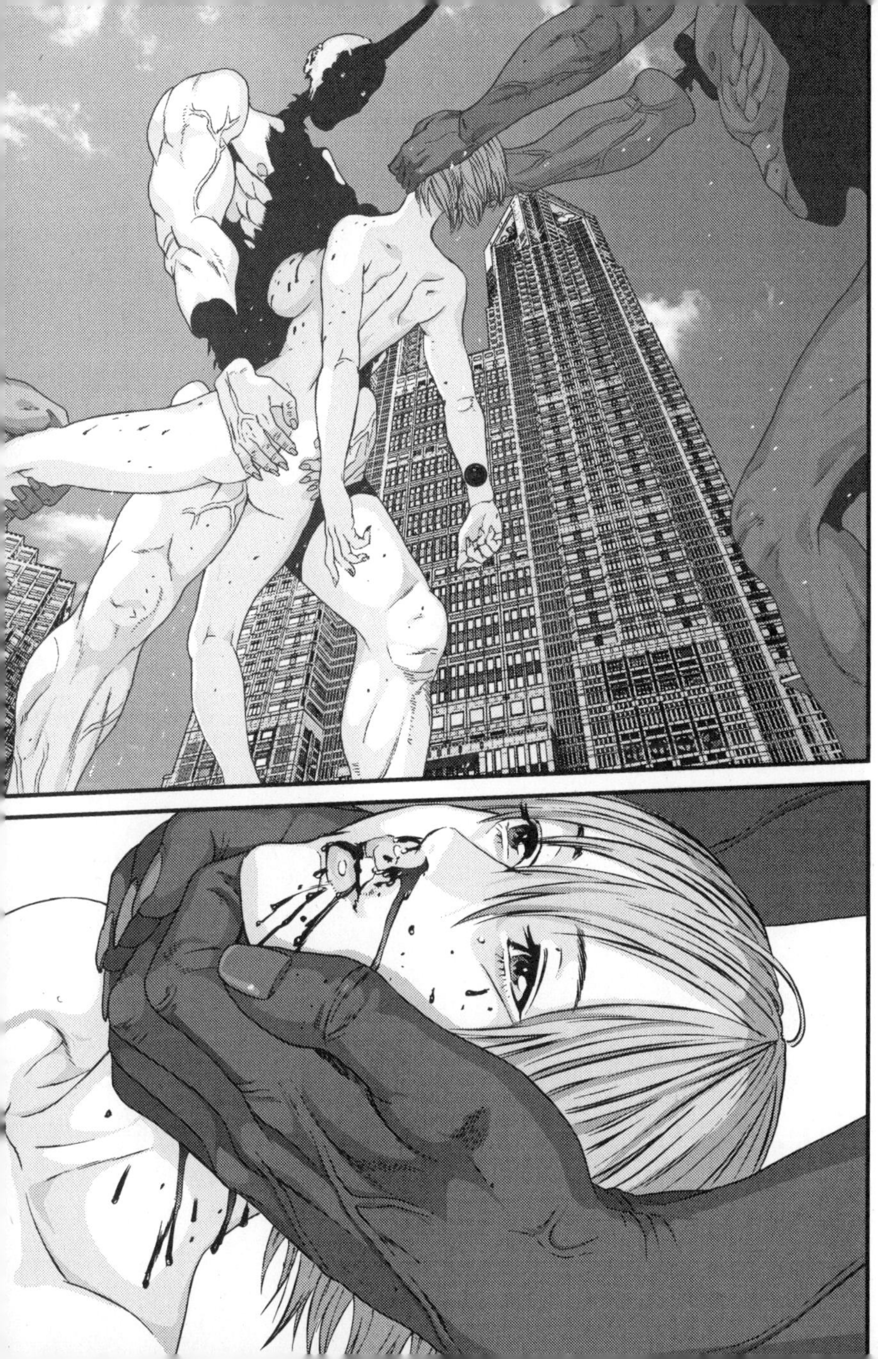

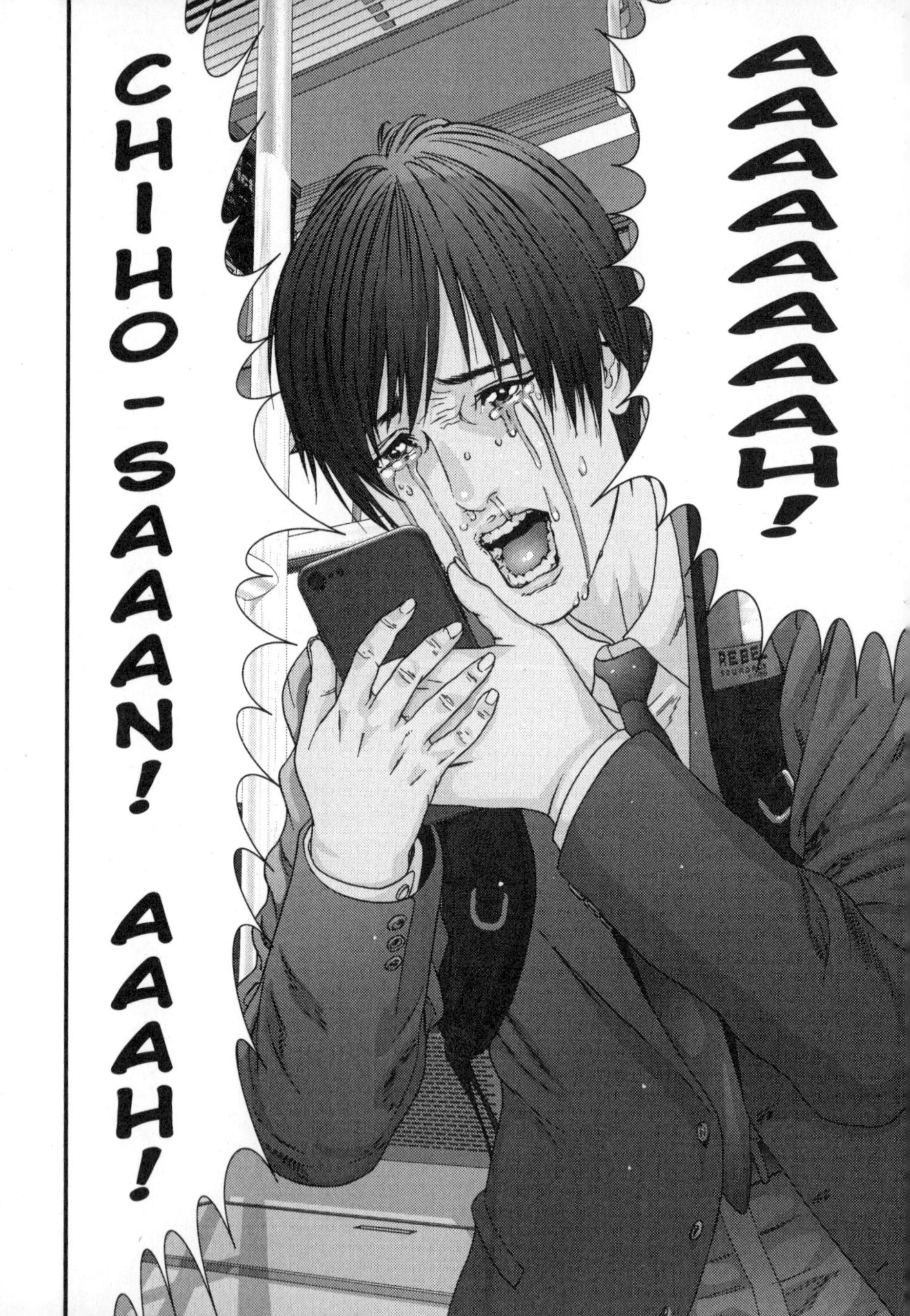
AAAAAAAH!
CHIHO-SAAAAN! AAAAH!

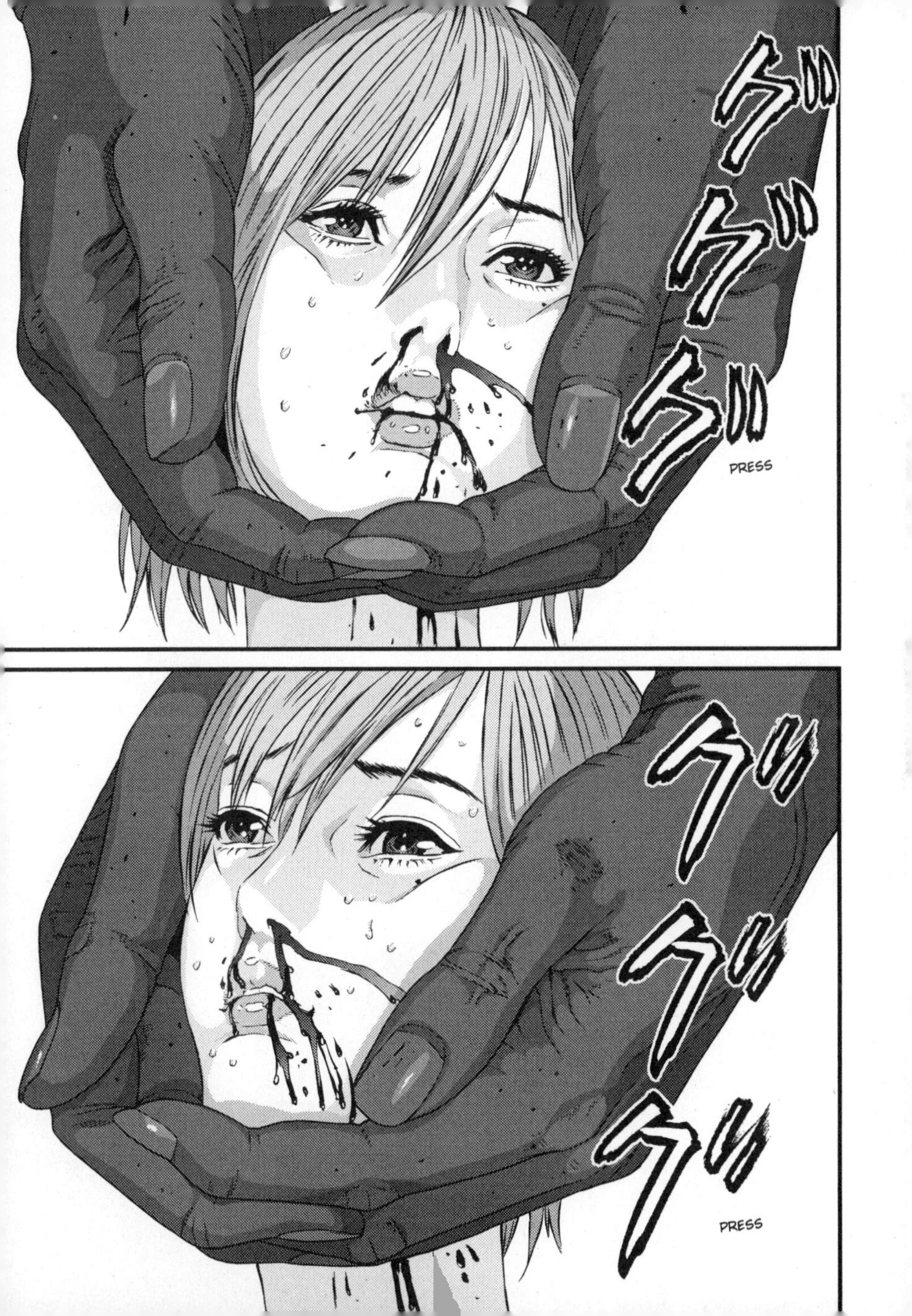

ぐぐぐ

PRESS

グググ

PRESS

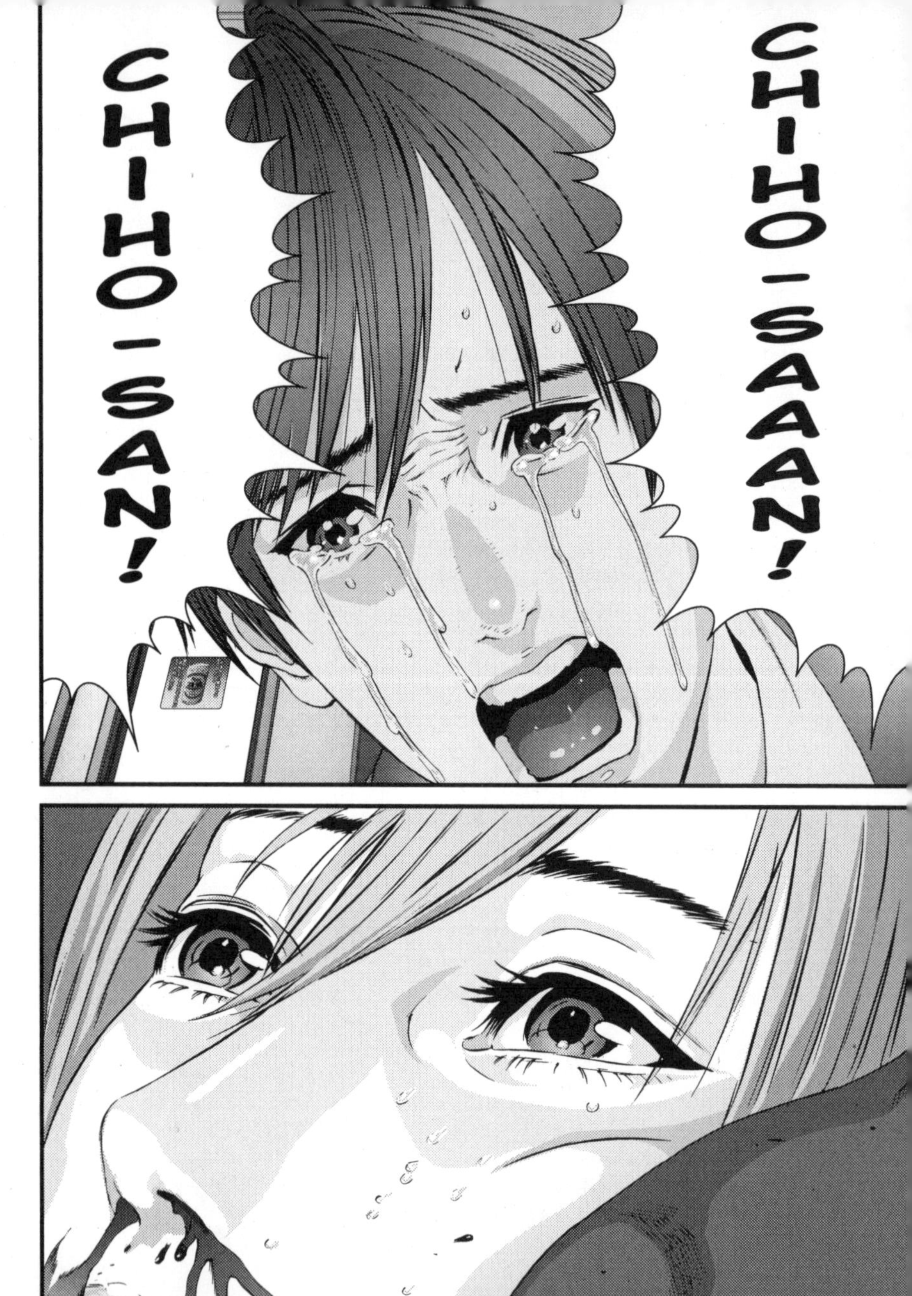
CHIHO-SAAAN!
CHIHO-SAAN!

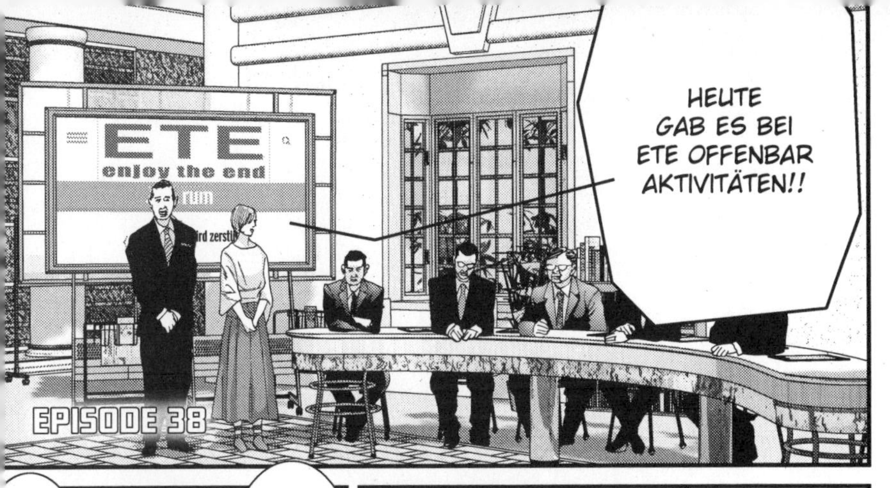

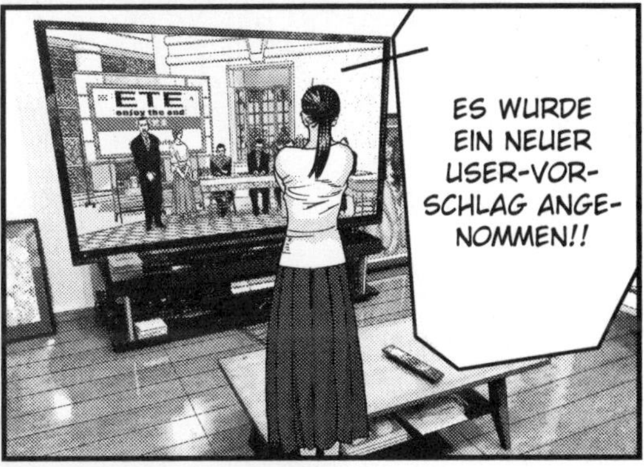

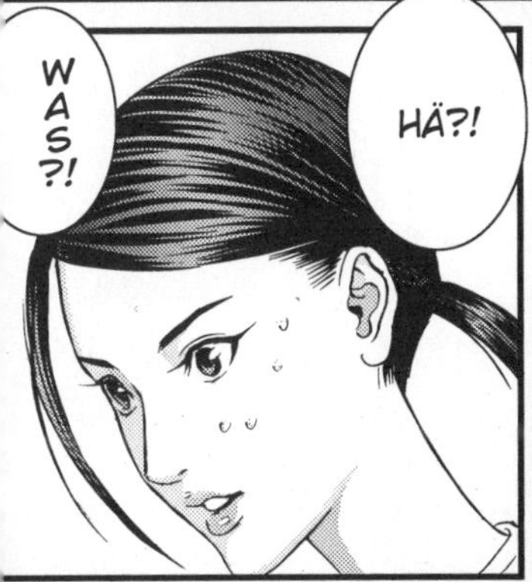

DAS IST JA ...

Forum

„Papico wird zerstückelt und stirbt“ ist auf Platz 1.

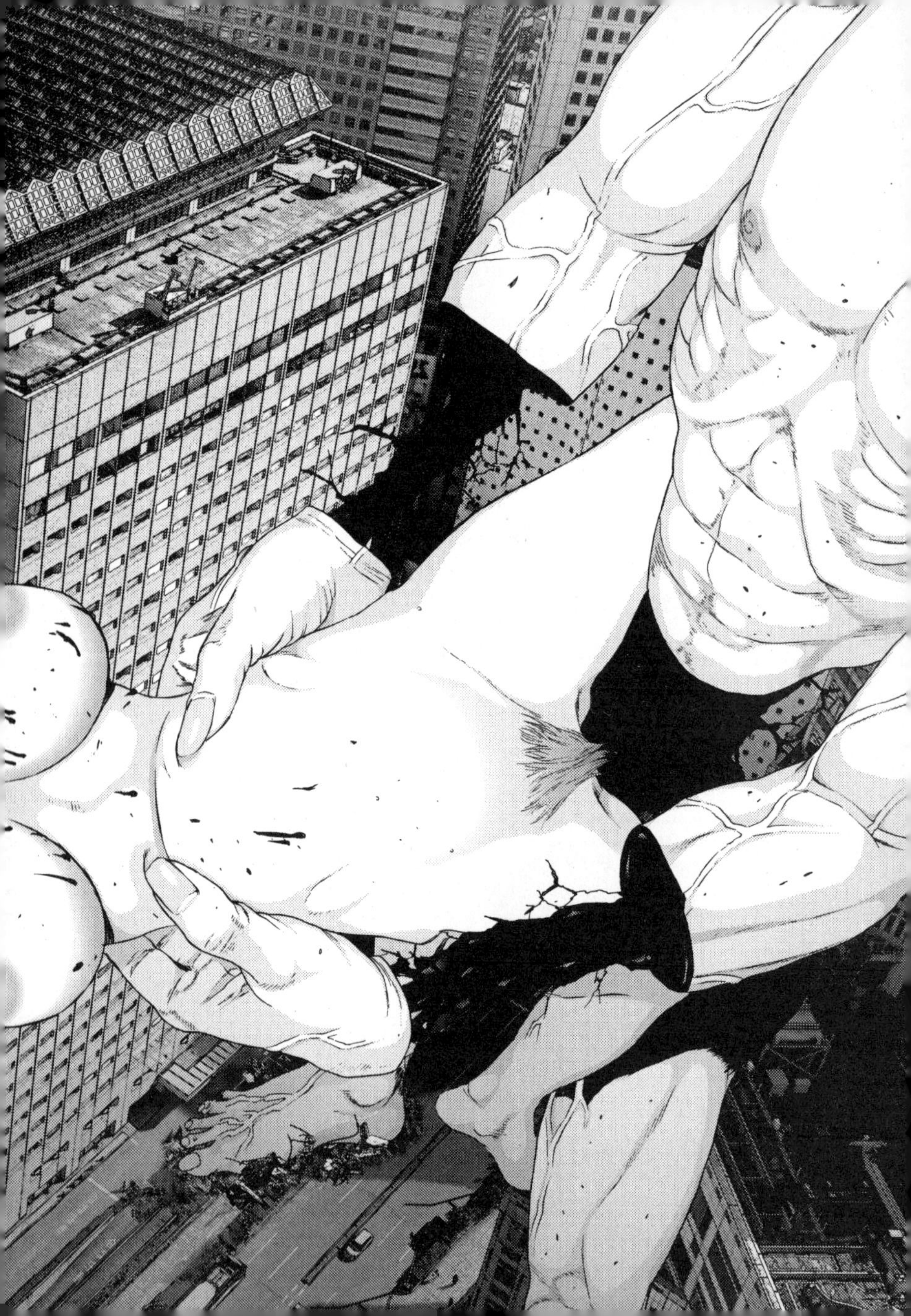

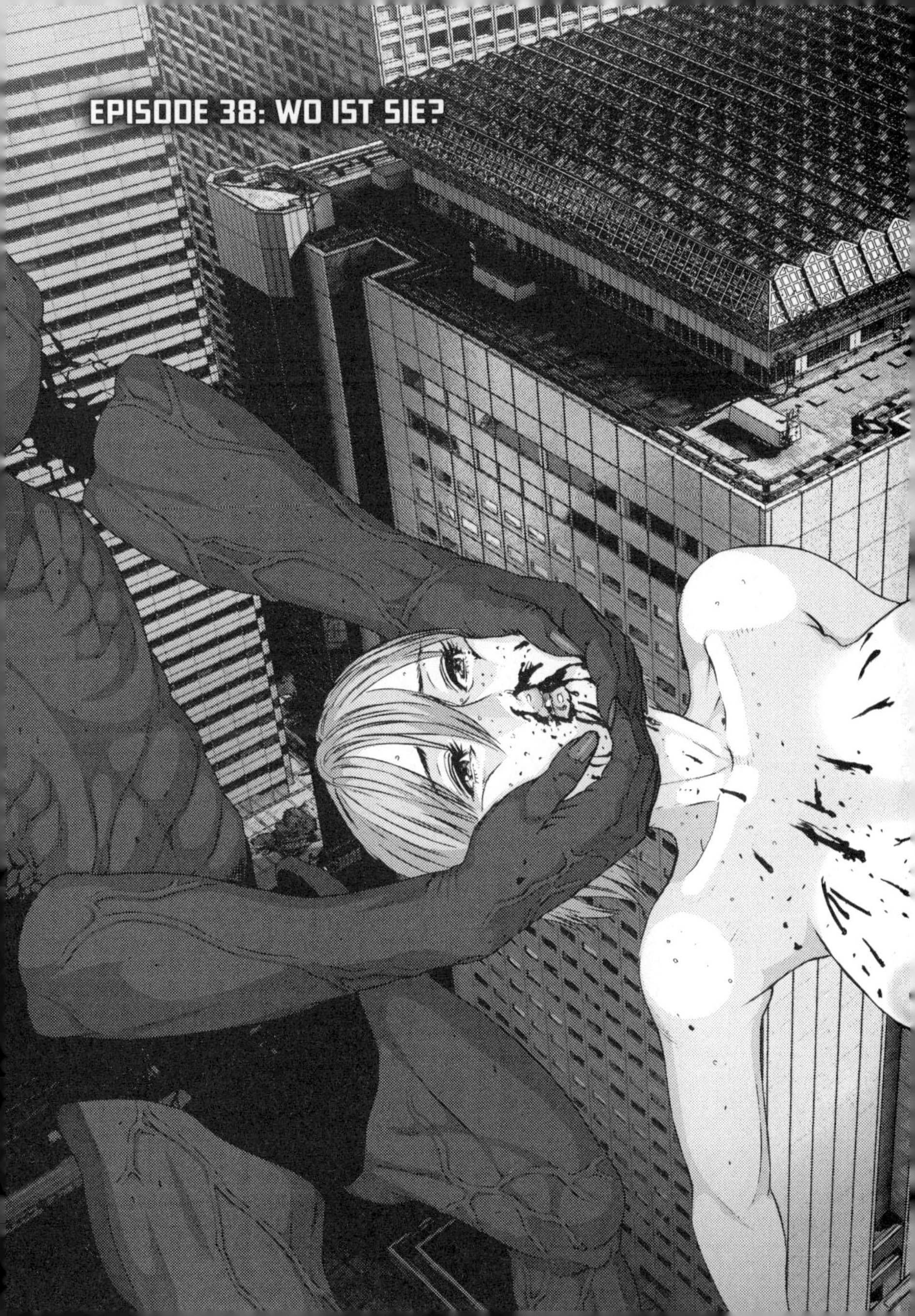
EPISODE 38: WO IST SIE?

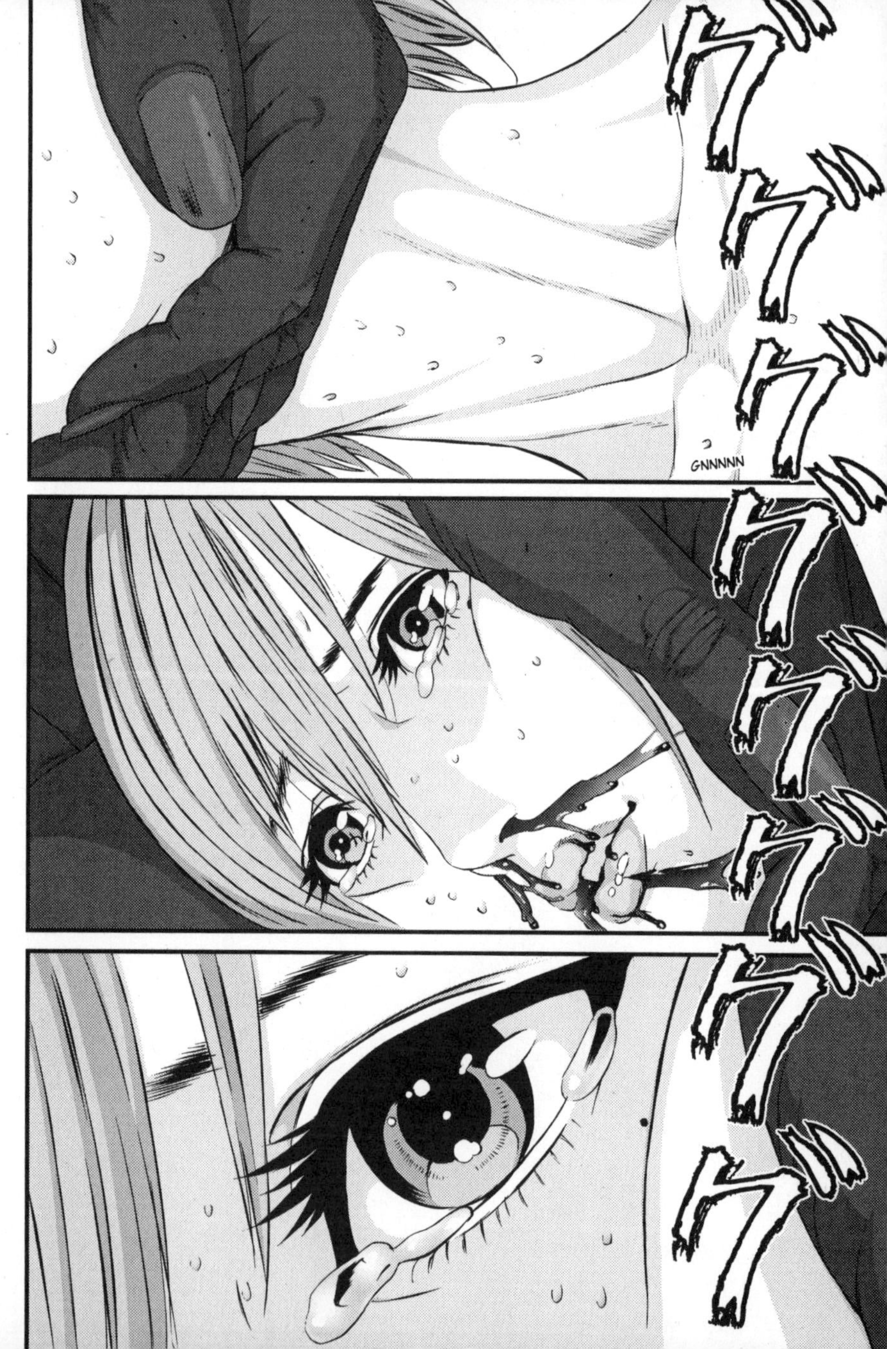
ググググググググ
GNNNNN

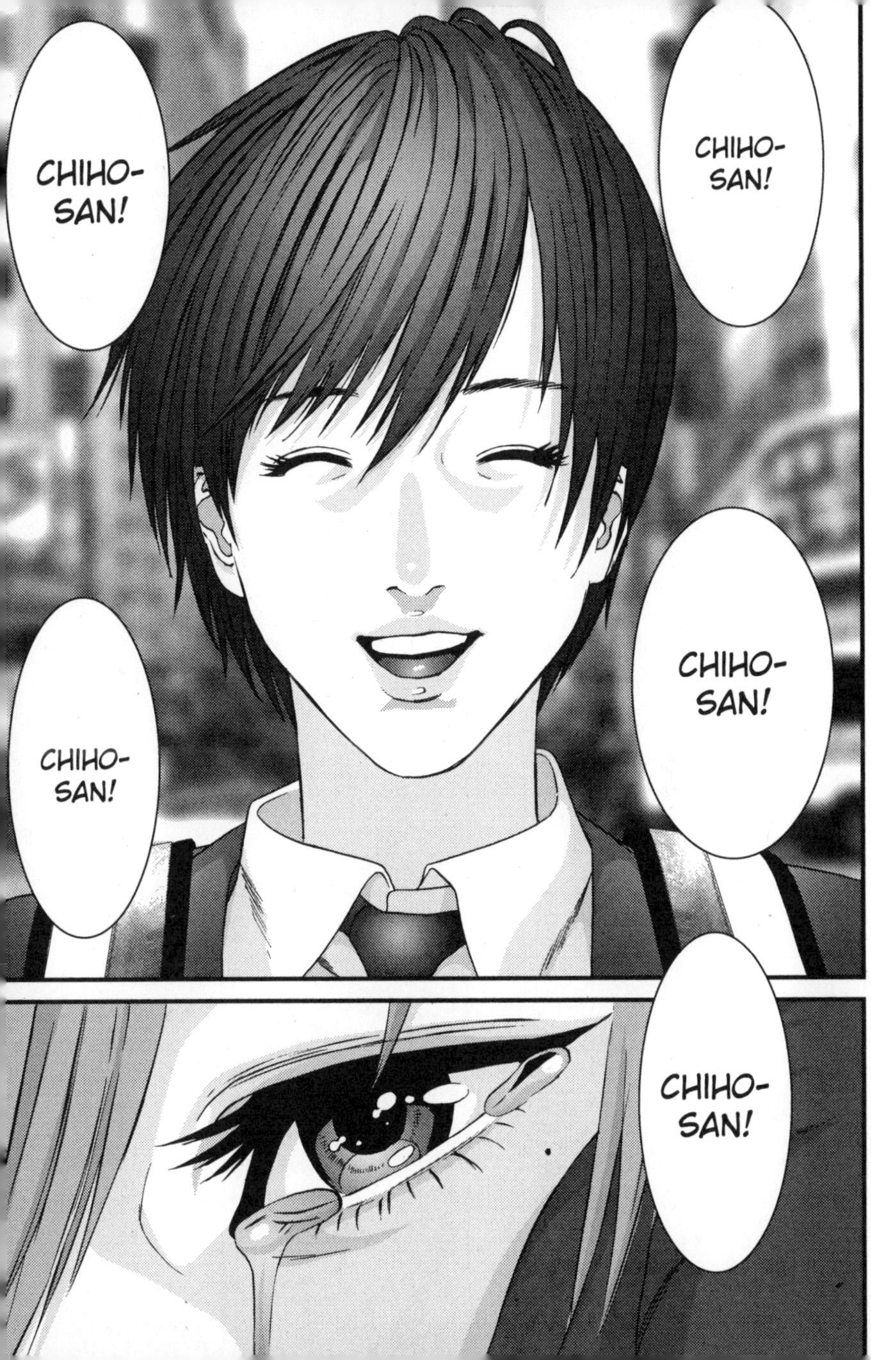

CHIHO-SAN!
CHIHO-SAN!
CHIHO-SAN!
CHIHO-SAN!

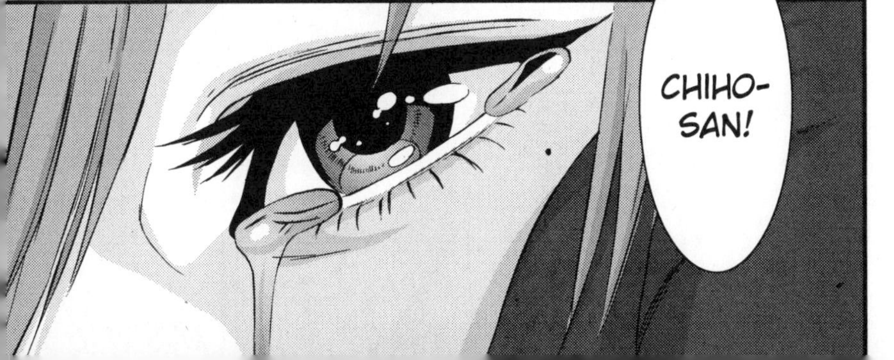

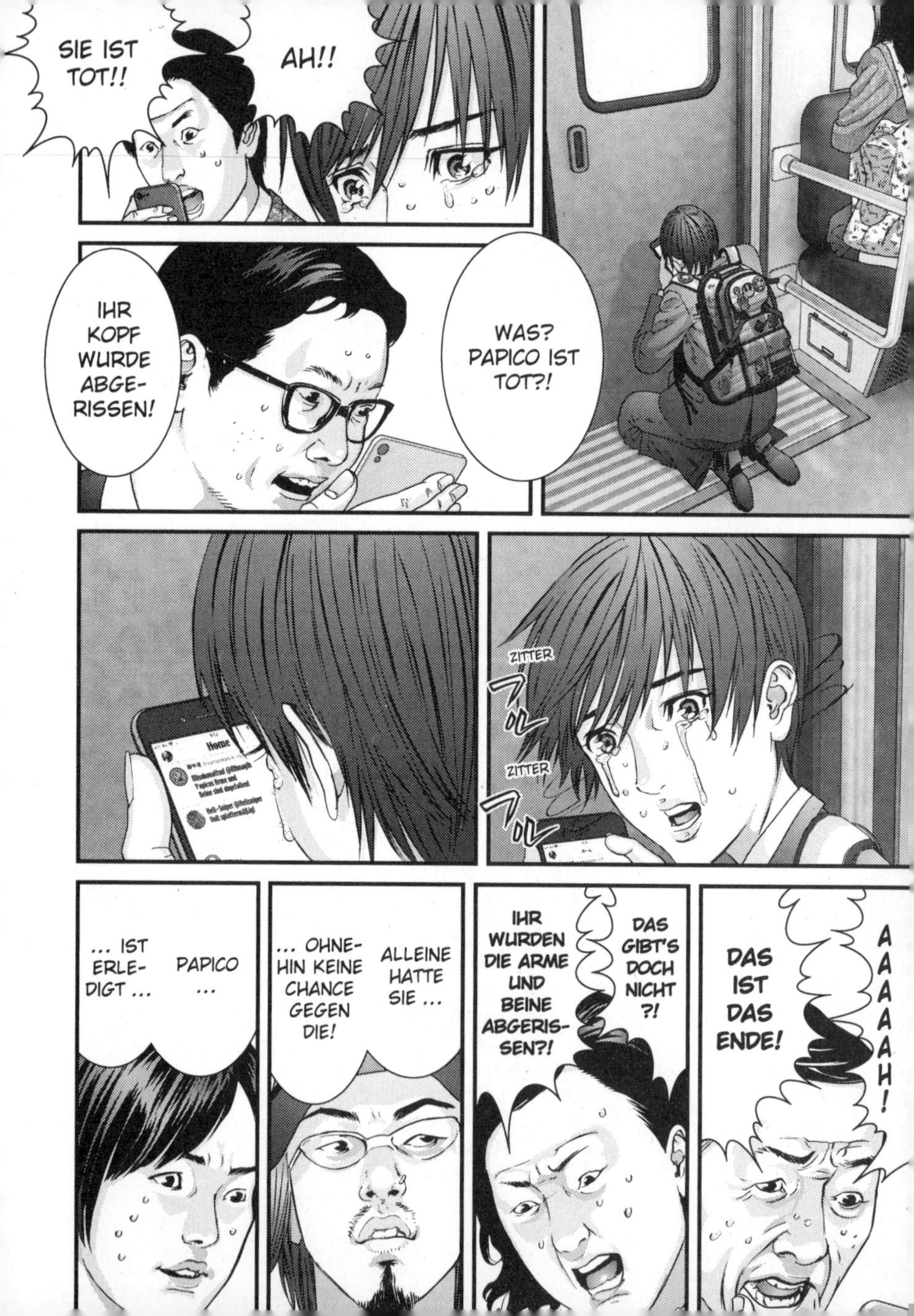

AH!!

SIE IST TOT!!

WAS? PAPICO IST TOT?!

IHR KOPF WURDE ABGERISSEN!

ZITTER

ZITTER

AAAAAAH!

DAS IST DAS ENDE!

DAS GIBT'S DOCH NICHT?!

IHR WURDEN DIE ARME UND BEINE ABGERISSEN?!

ALLEINE HATTE SIE …

… OHNEHIN KEINE CHANCE GEGEN DIE!

PAPICO …

… IST ERLEDIGT …

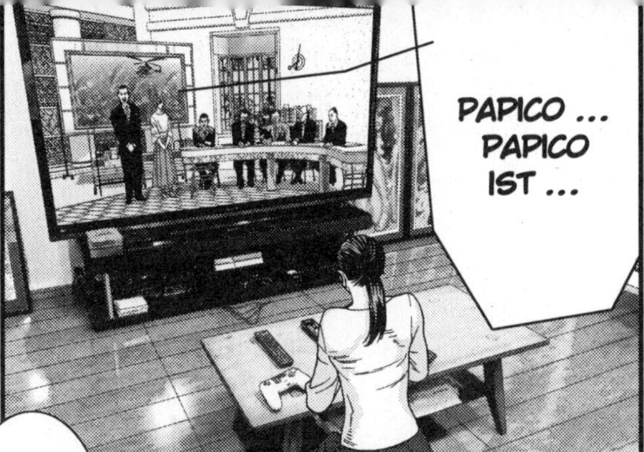

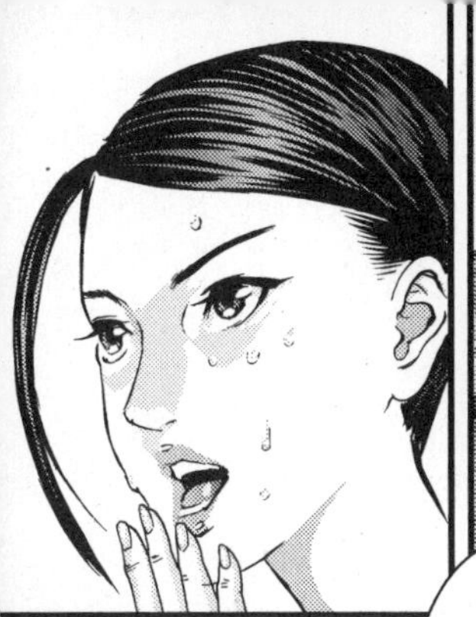

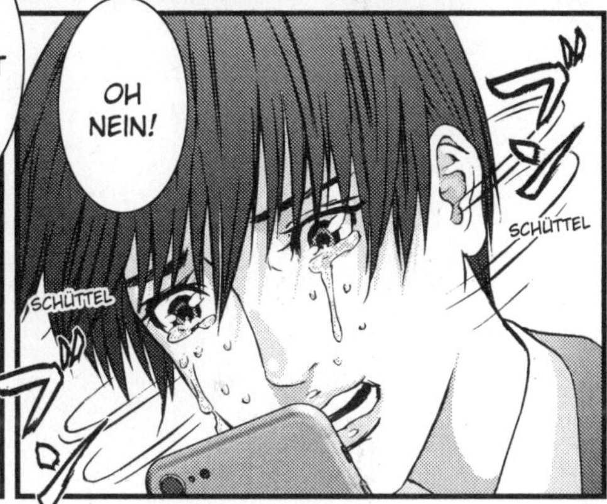

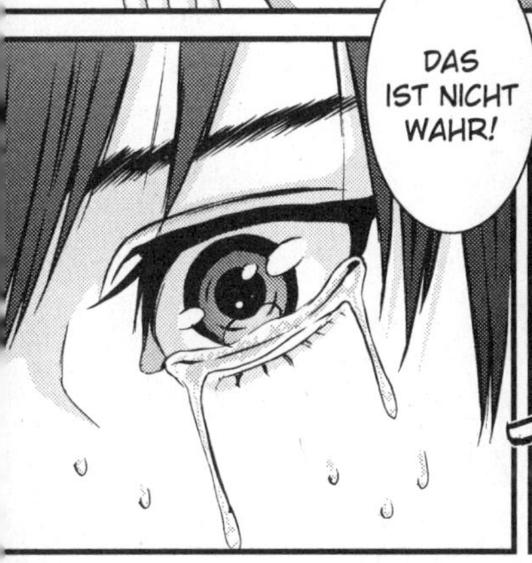

Was nun?!
#Shinjuku

Misokonattsu! @Mhnagih
Papicos Arme und
Beine sind abgefallen!
#Shinjuku

Hell-Sniper @Hellsniper
Voll splattermäßig!
Das soll aufhören!
#Papico
#Shinjuku

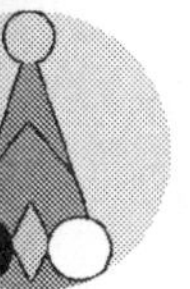

Keyfree @Magicalt
Ja? Ist das so?
Ich sah ganz kurz,
wie sie verschwand ...
#Giganten

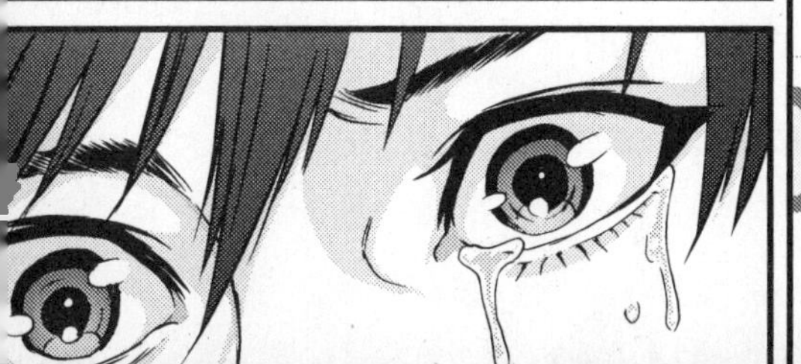

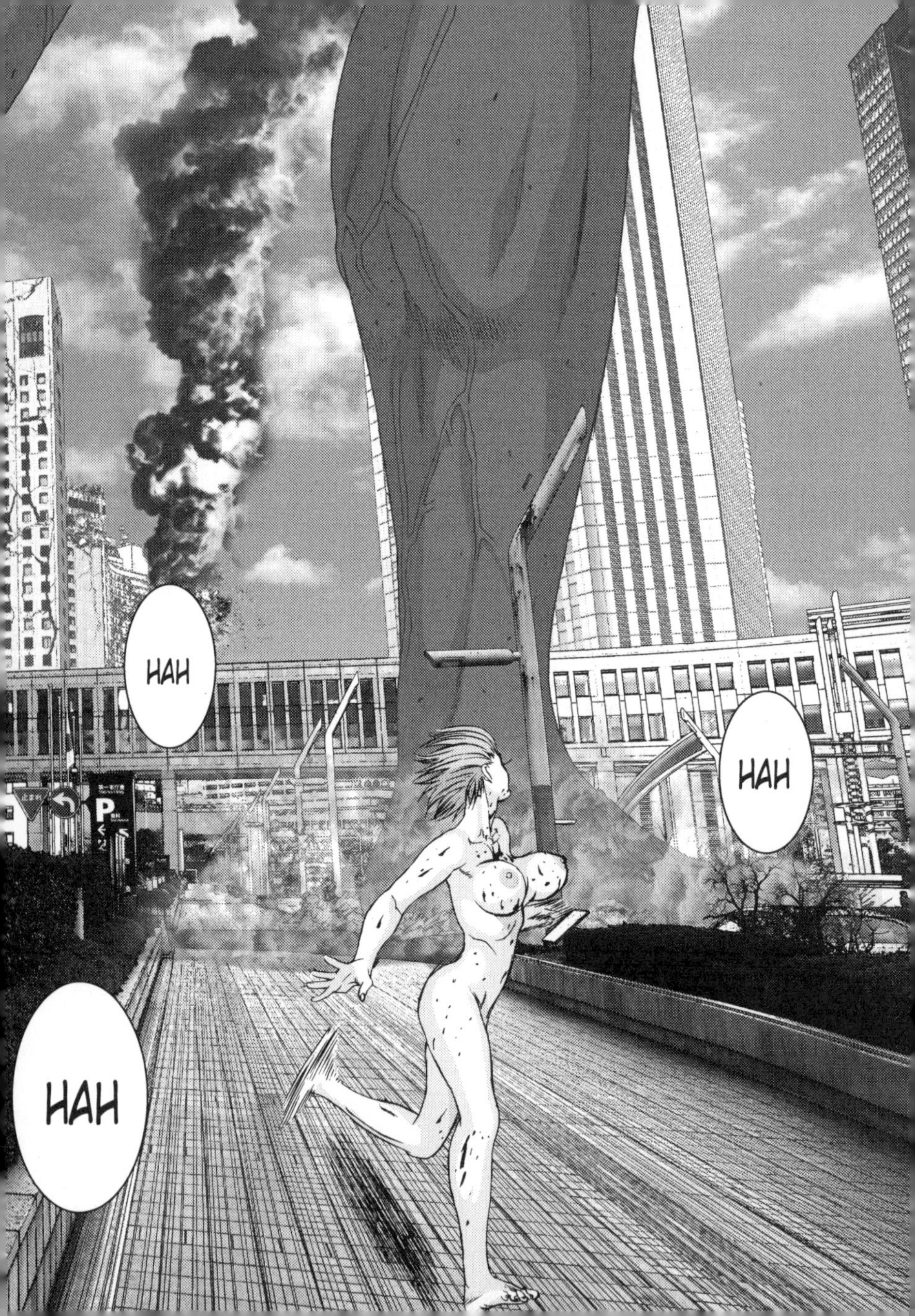
HAH
HAH
HAH

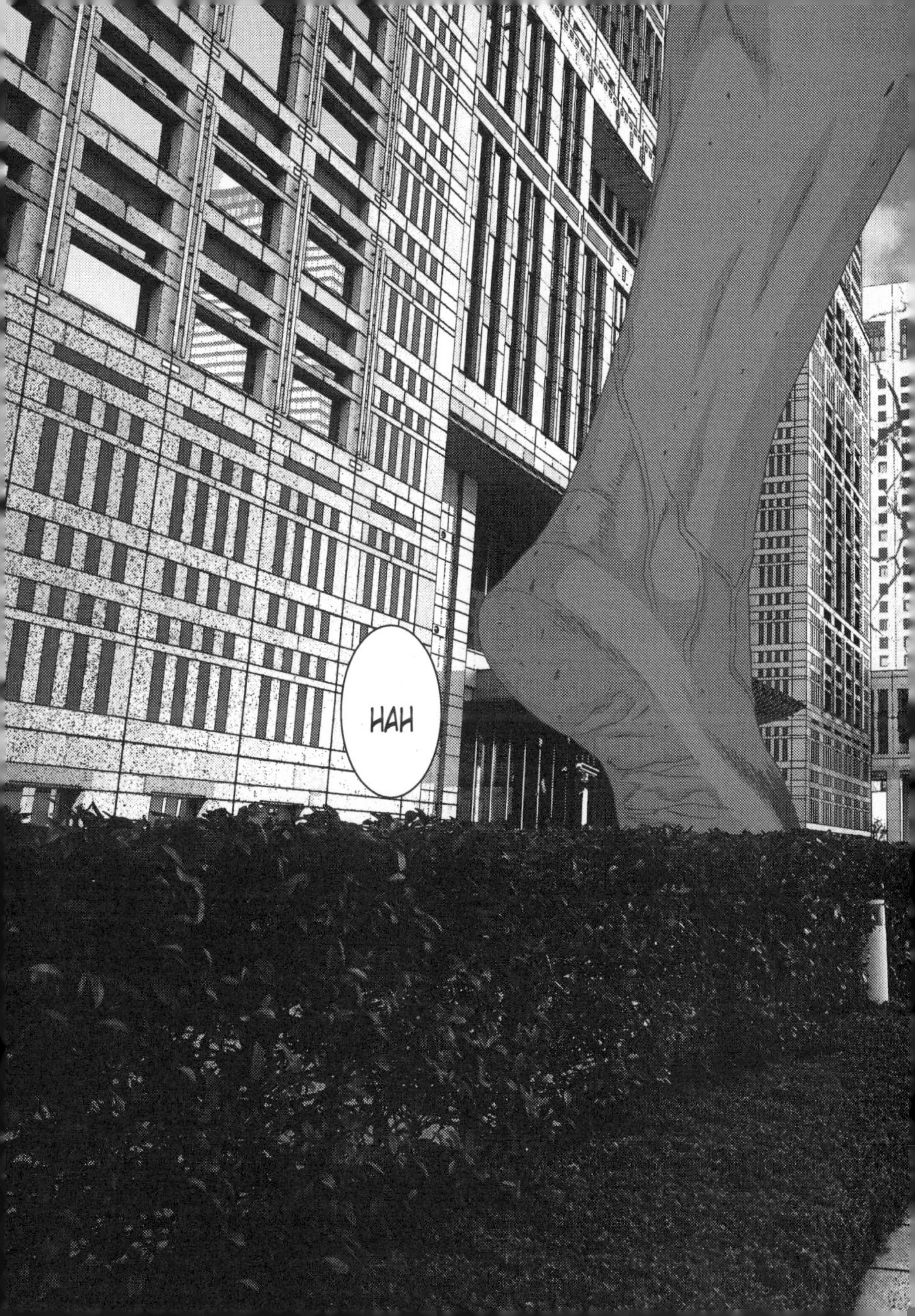
HAH

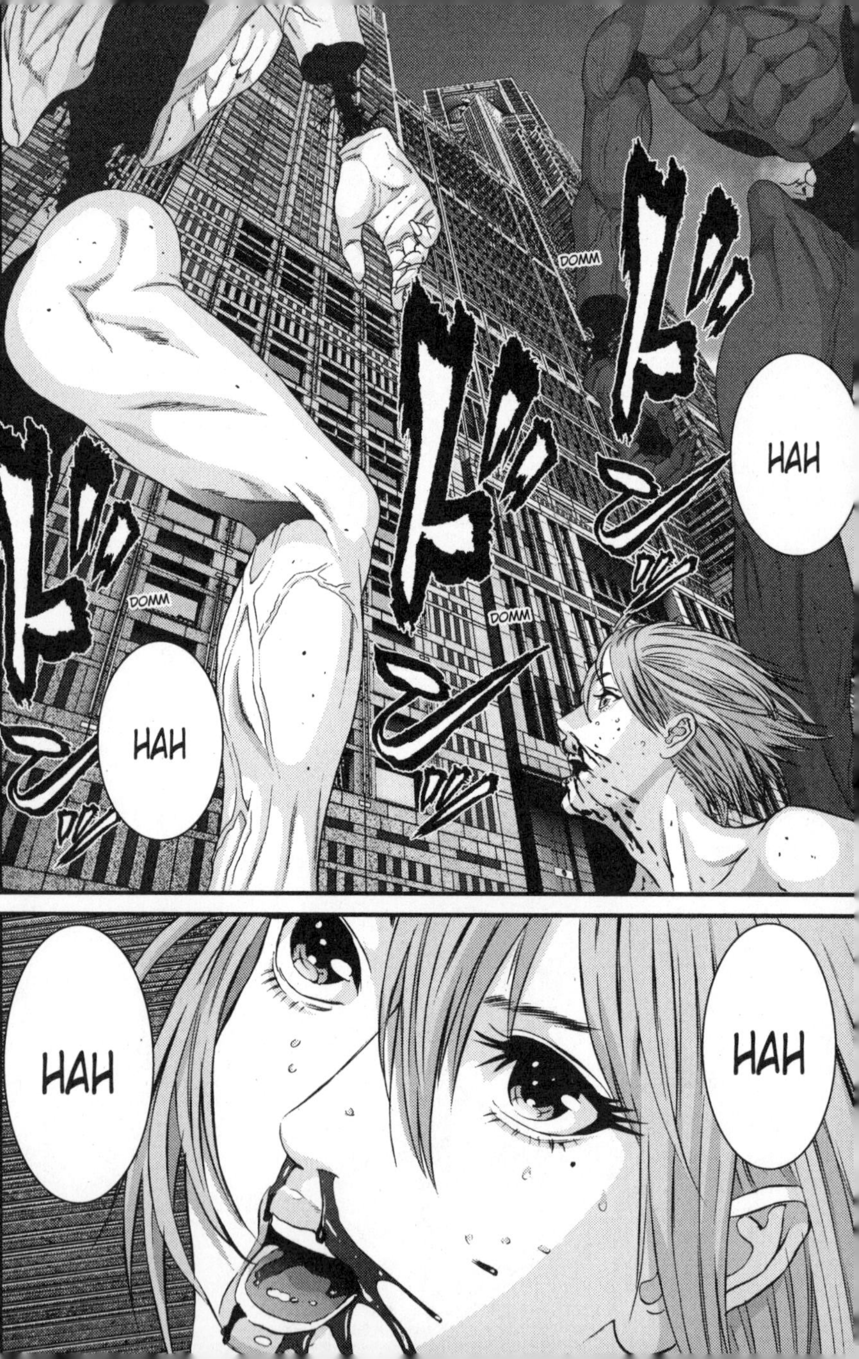

DOMM
HAH
DOMM
DOMM
HAH

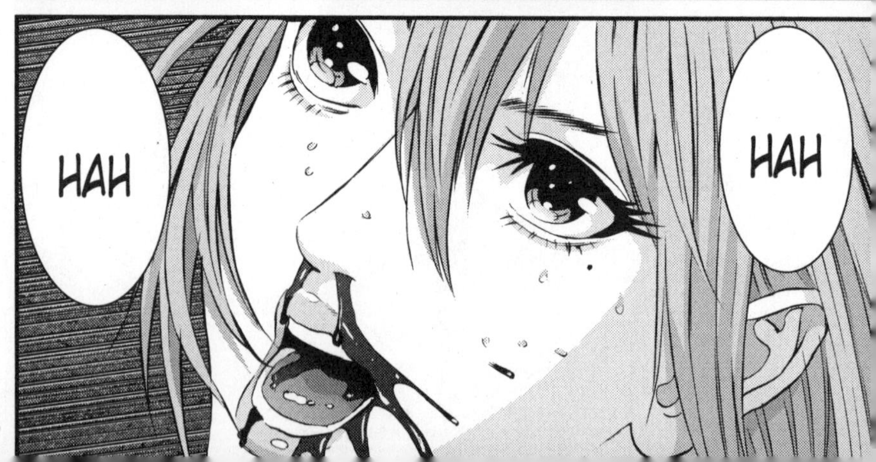
HAH
HAH

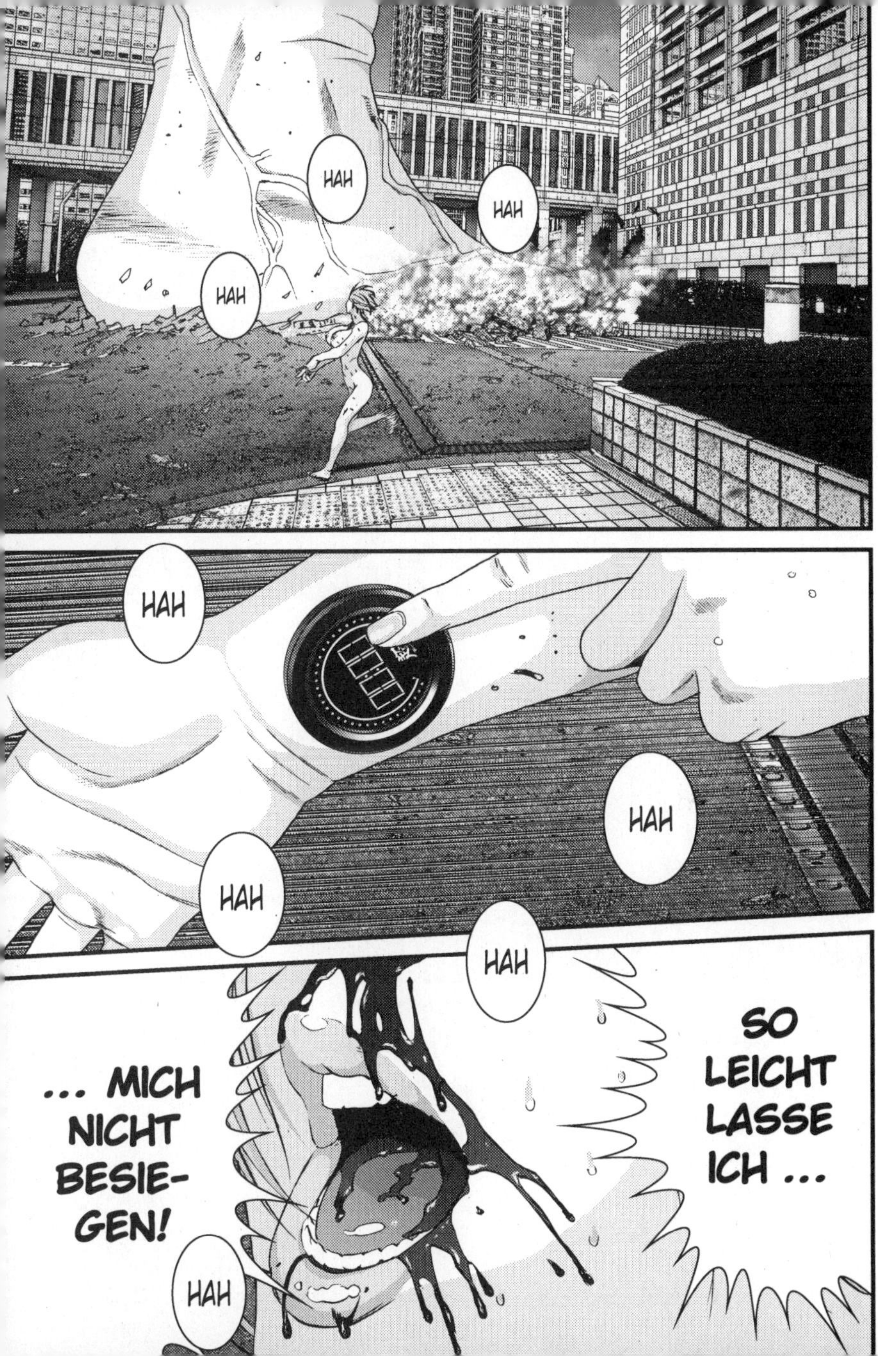

HAH

HAH

HAH

HAH

HAH

HAH

HAH

SO LEICHT LASSE ICH ...

... MICH NICHT BESIE-GEN!

HAH

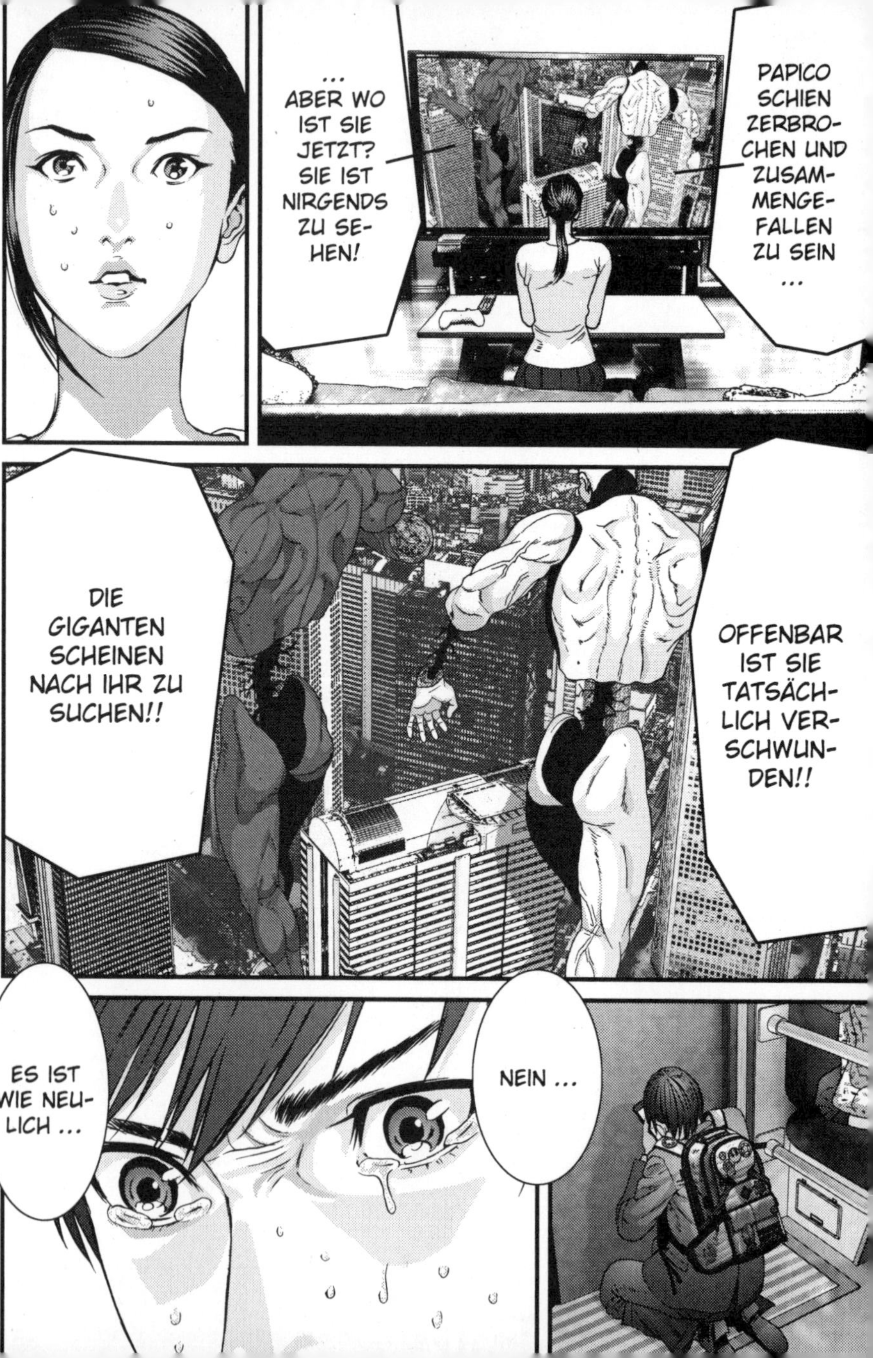

PAPICO SCHIEN ZERBROCHEN UND ZUSAMMENGEFALLEN ZU SEIN ...

... ABER WO IST SIE JETZT? SIE IST NIRGENDS ZU SEHEN!

OFFENBAR IST SIE TATSÄCHLICH VERSCHWUNDEN!!

DIE GIGANTEN SCHEINEN NACH IHR ZU SUCHEN!!

NEIN ...

ES IST WIE NEULICH ...

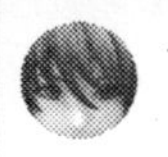

★ Anzu ★ @Mangaero 50 Sek.
„Verschwunden“
soll sie sein …
Was soll das heißen?
#Shinjuku

Alice@Kawasaki @Shikawa_a 4
Ich hab doch gesehen,
wie sie zerstückelt wurde!
#Shinjuku

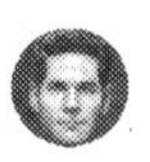

Eis13 @Ant_was 30 Sek.
Ihr vom Sender: Ist das ok,
so ein Gemetzel zu zeigen?!
#Shinjuku

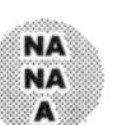

Yoshio@Suehirochou @yoshio_t2
Was soll jetzt werden?
Papico ist tot!

Mametorpedo @Mamegyo 20 Sek.
Was macht ihr jetzt?
Die Streitkräfte bringen es nicht,
Papico ist tot. Hilft jetzt
nur noch eine Atombombe?
#Shinjuku

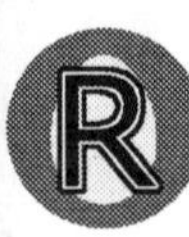

Akaisuisei@Ueno @Red-Mercu
Das war’s dann …
Mit Tokio ist es aus …
#Shinjuku

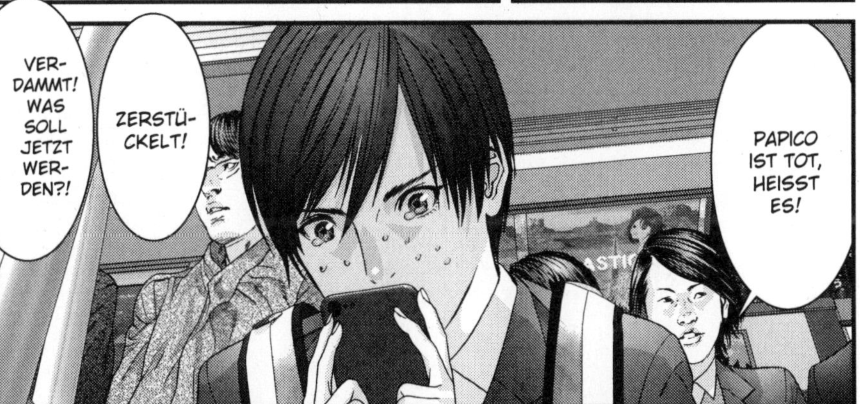

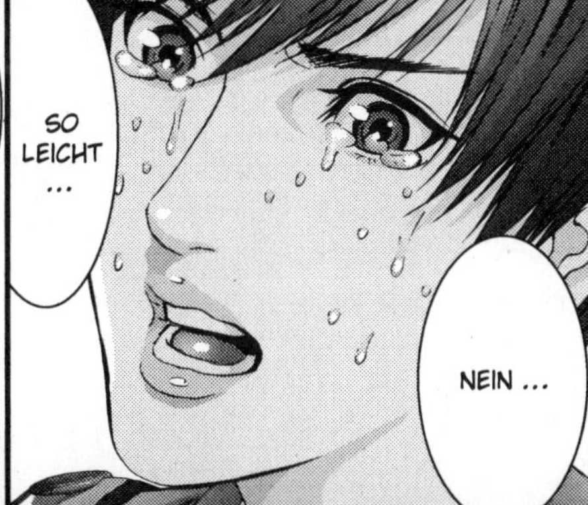

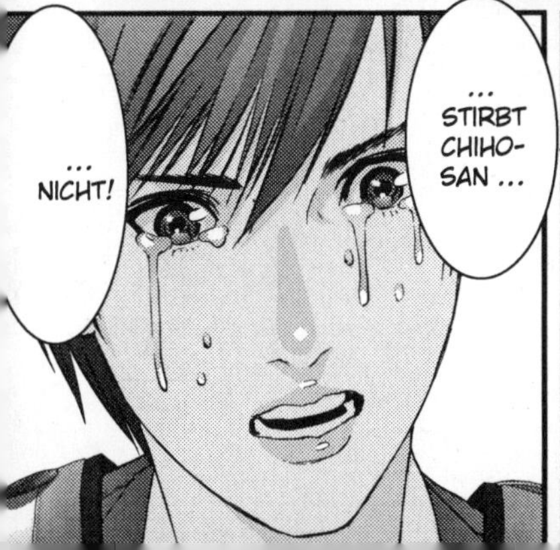

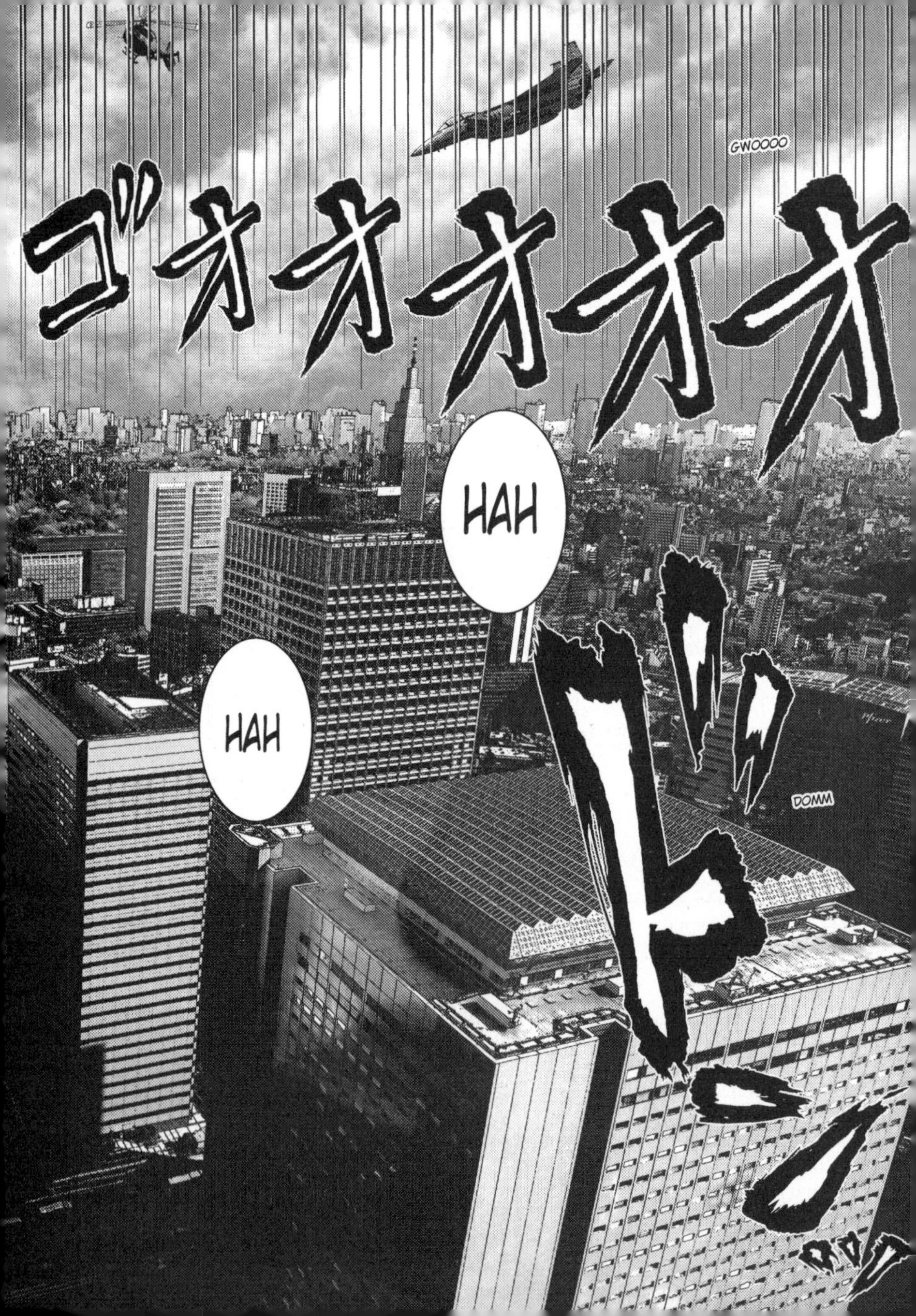
GWOOOO
ゴオオオオ
HAH
HAH
DOMM
ドッ

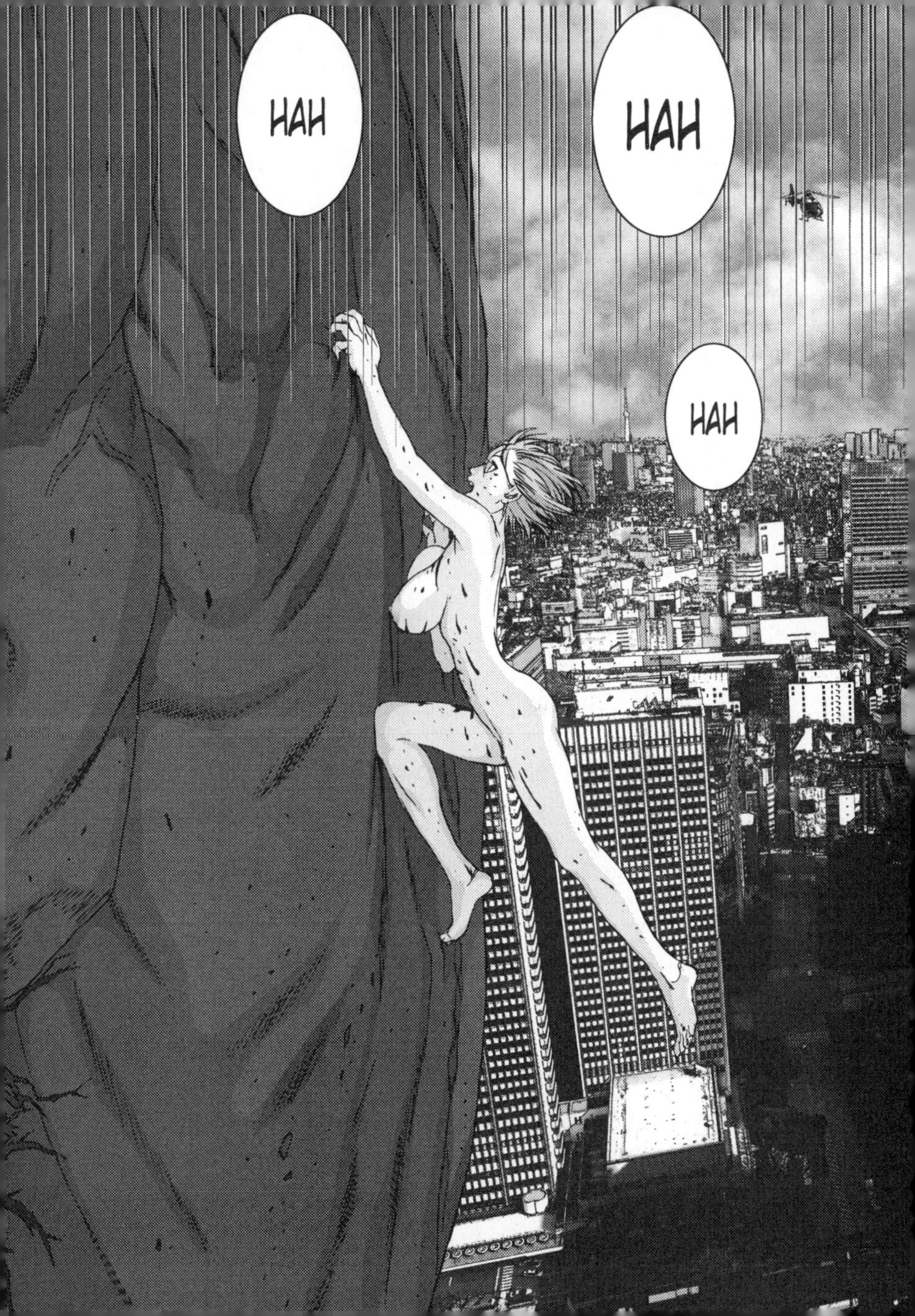
HAH
HAH
HAH

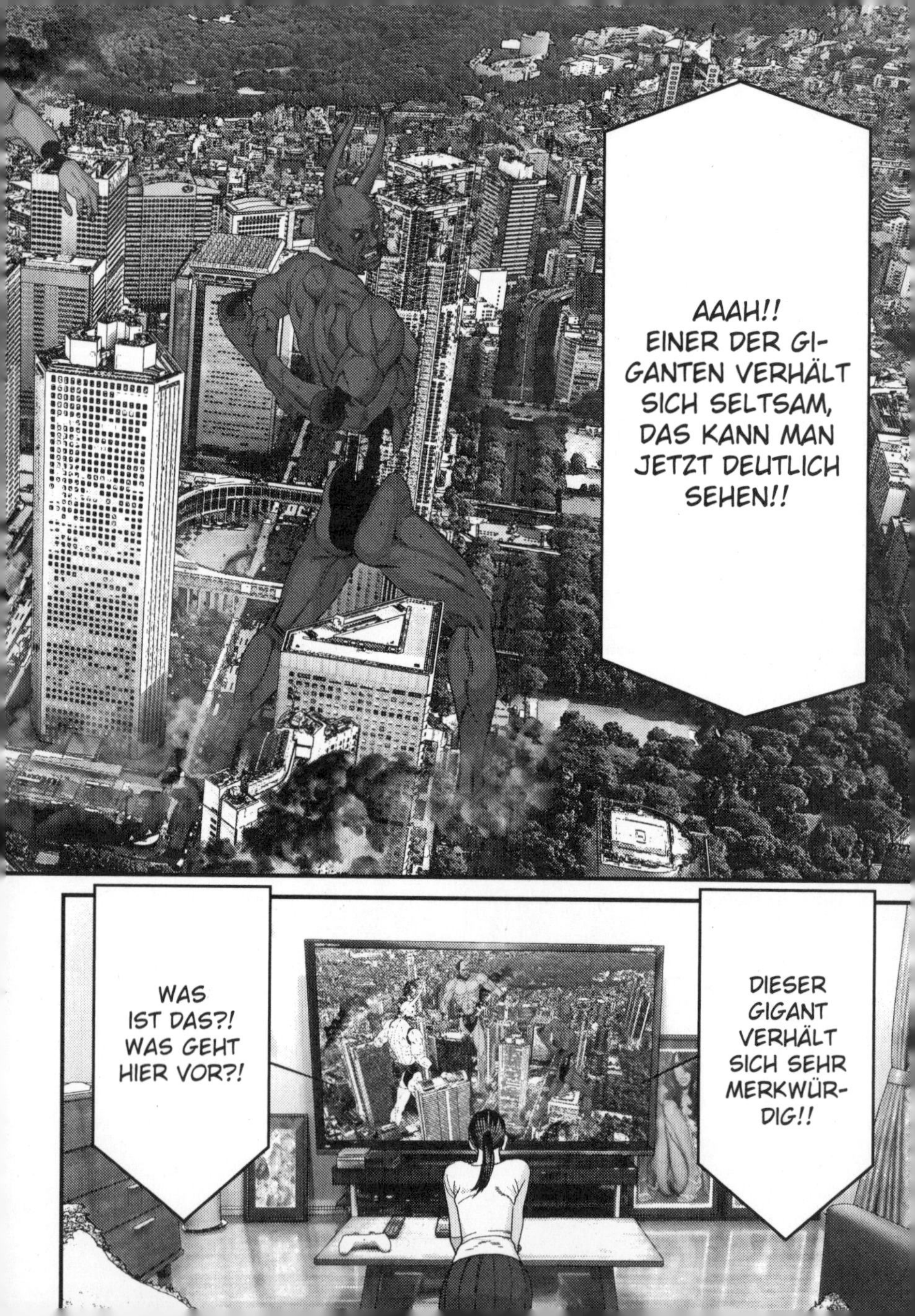

AAAH!! EINER DER GIGANTEN VERHÄLT SICH SELTSAM, DAS KANN MAN JETZT DEUTLICH SEHEN!!

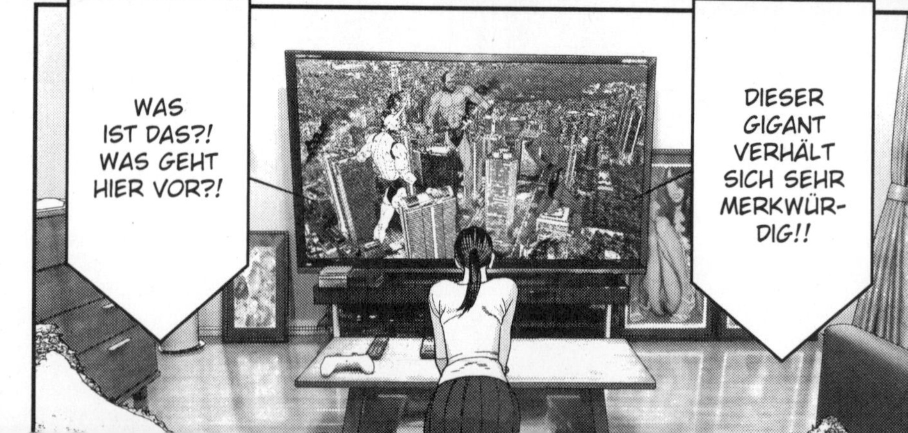

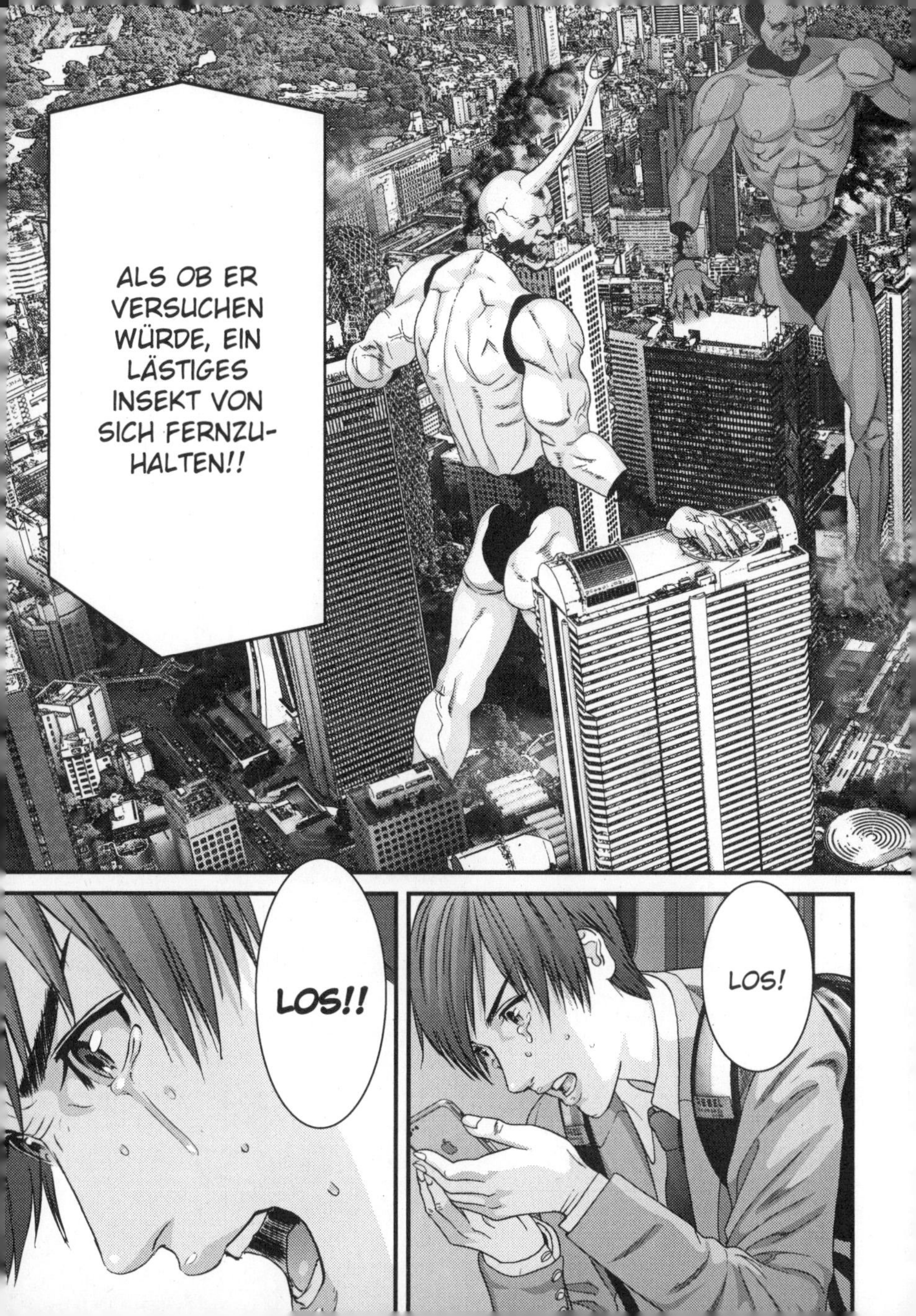

ALS OB ER VERSUCHEN WÜRDE, EIN LÄSTIGES INSEKT VON SICH FERNZU-HALTEN!!

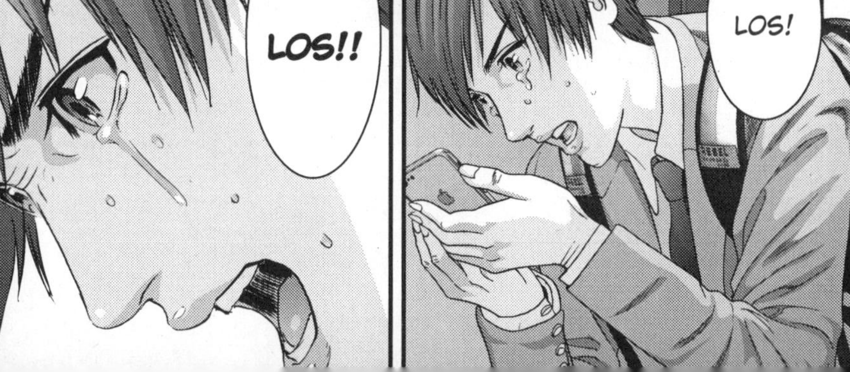

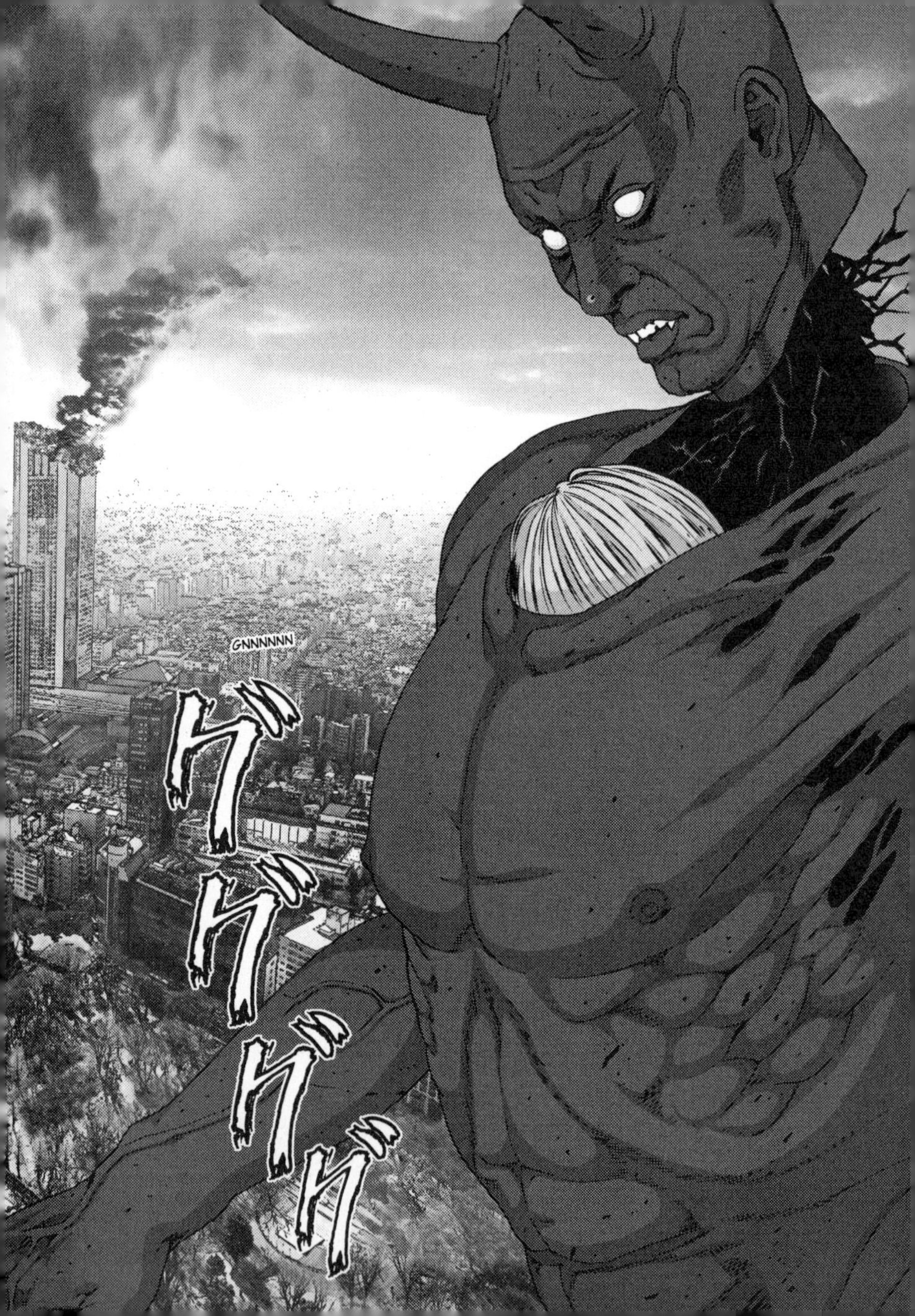
GNNNNNN
ゴゴゴゴ

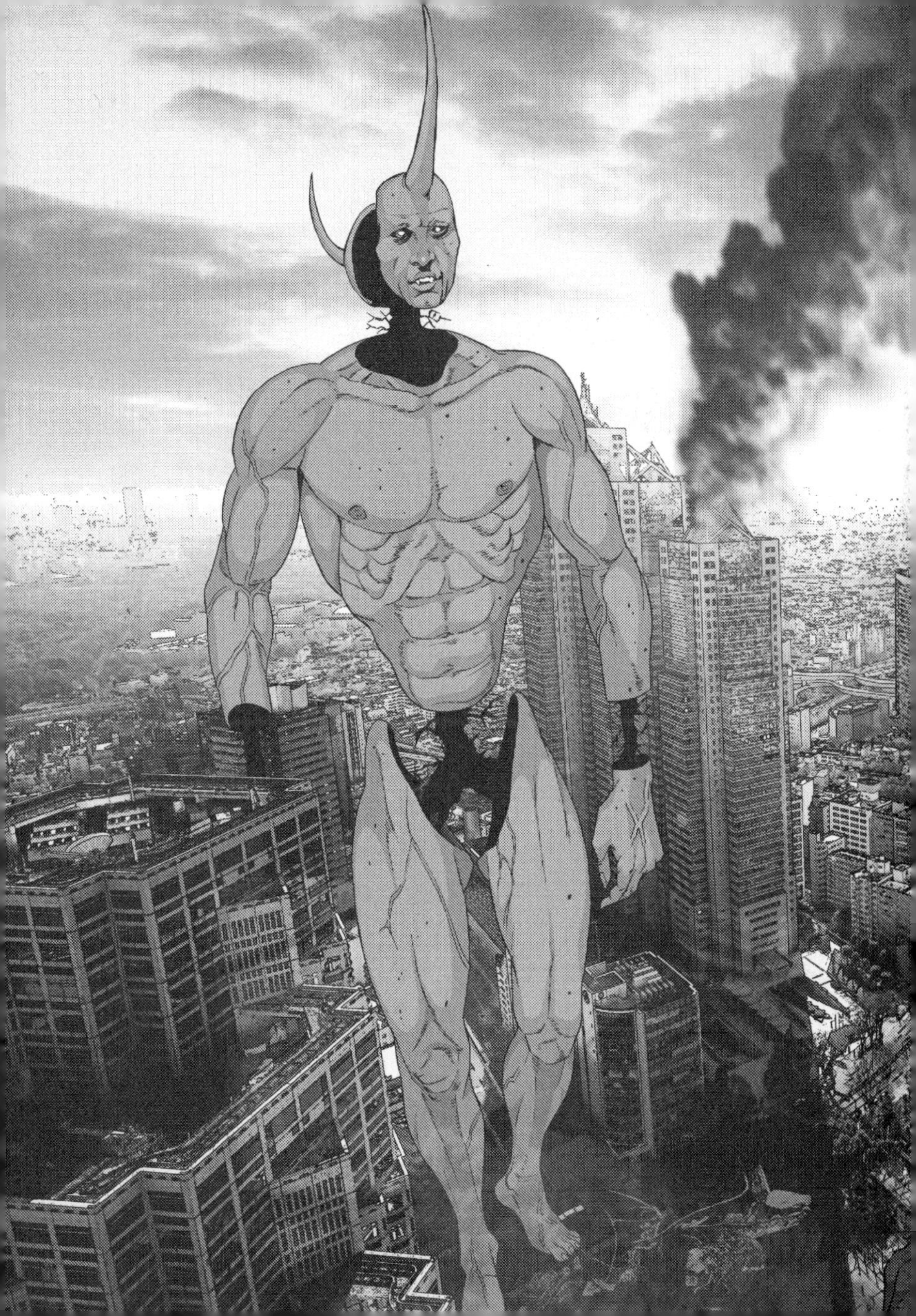

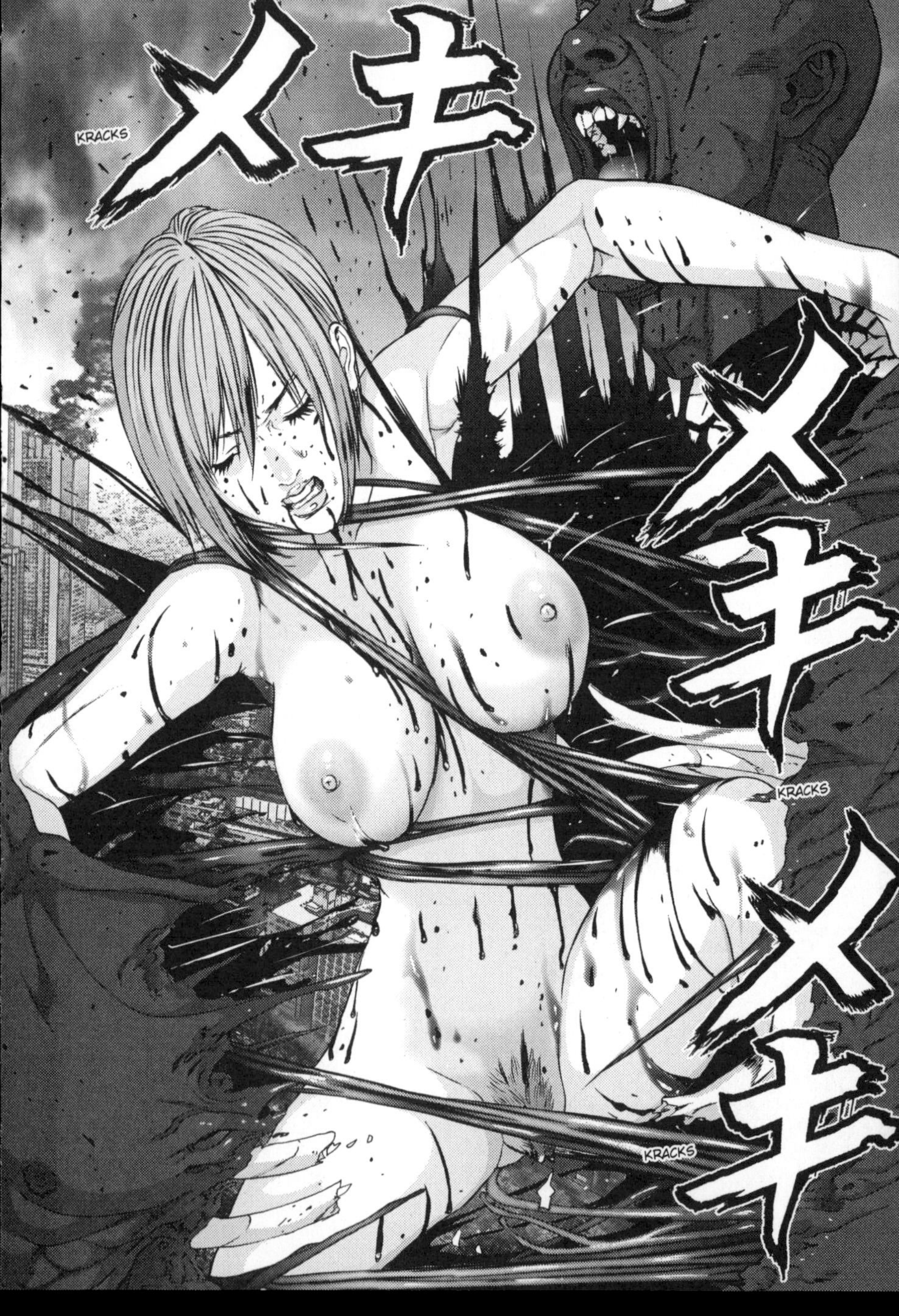
メキ
KRACKS
メキ
KRACKS
メキ
KRACKS

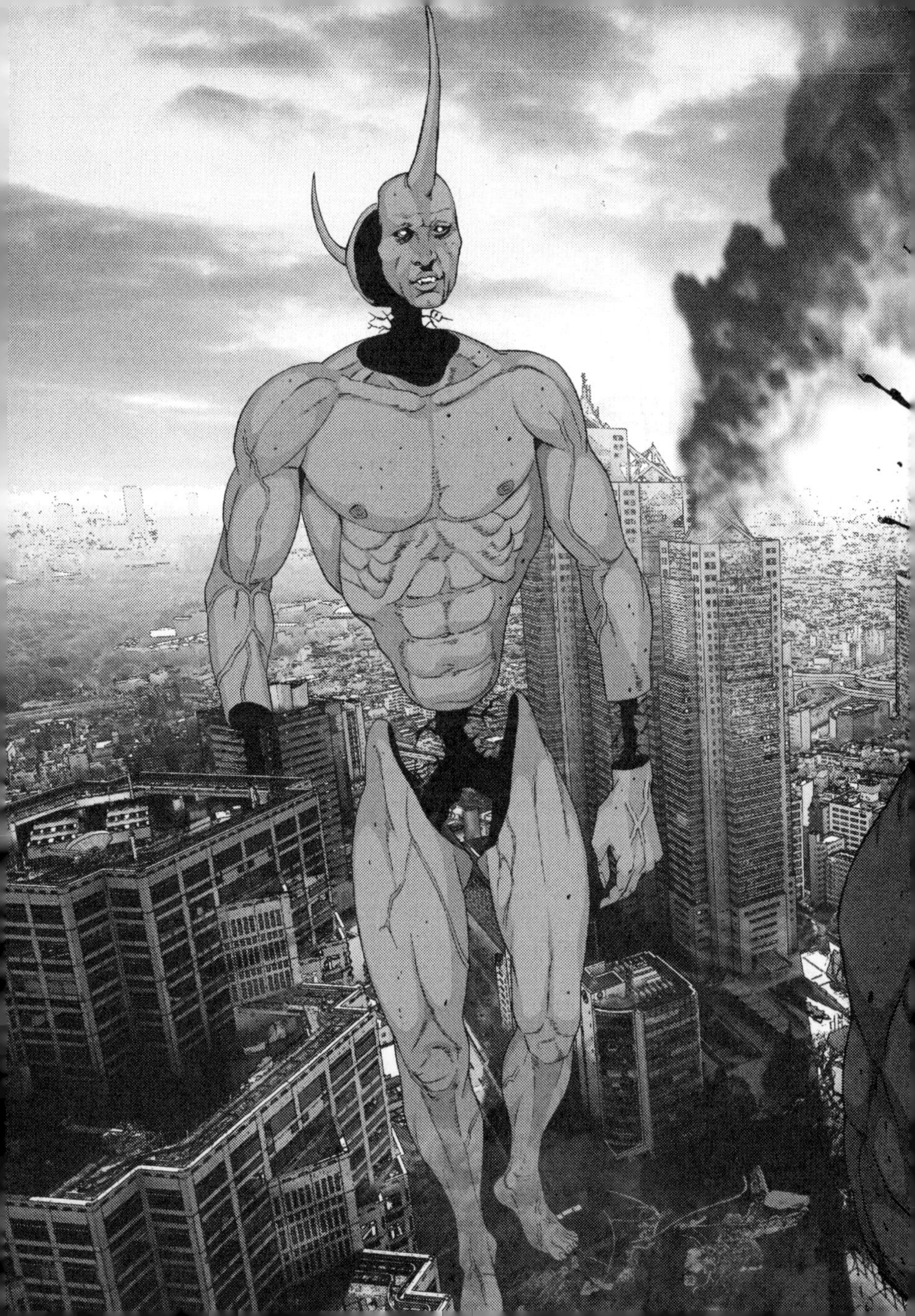

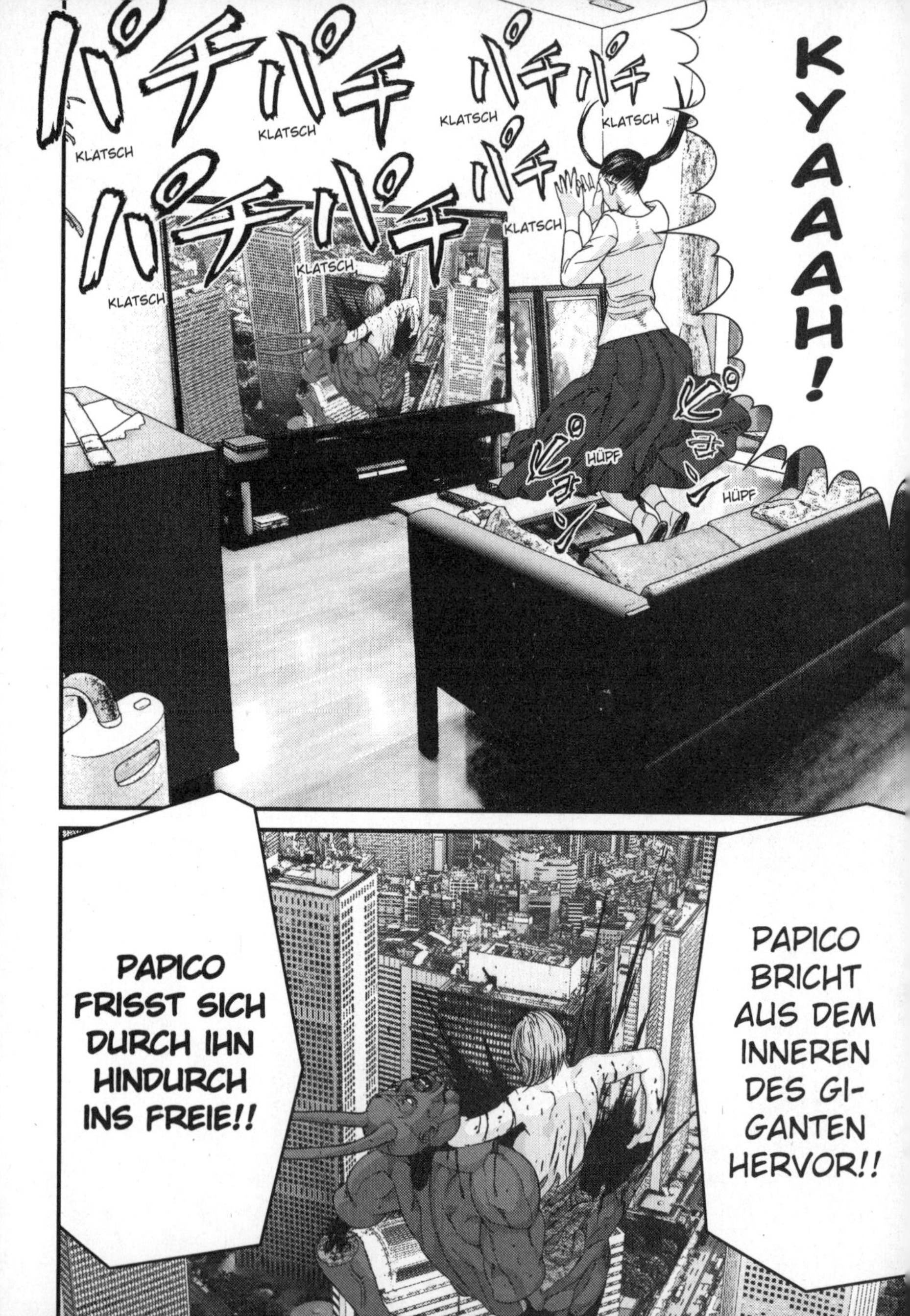
KYAAAH!
パチパチ
KLATSCH
KLATSCH
パチパチ
KLATSCH
KLATSCH
パチパチ
KLATSCH
KLATSCH
パチパチ
KLATSCH
KLATSCH
ピョン
HÜPF
ピョン
HÜPF
PAPICO BRICHT AUS DEM INNEREN DES GI-GANTEN HERVOR!!
PAPICO FRISST SICH DURCH IHN HINDURCH INS FREIE!!

GIGANT BAND 4 - ENDE
FORTSETZUNG FOLGT

Nächste Nummer

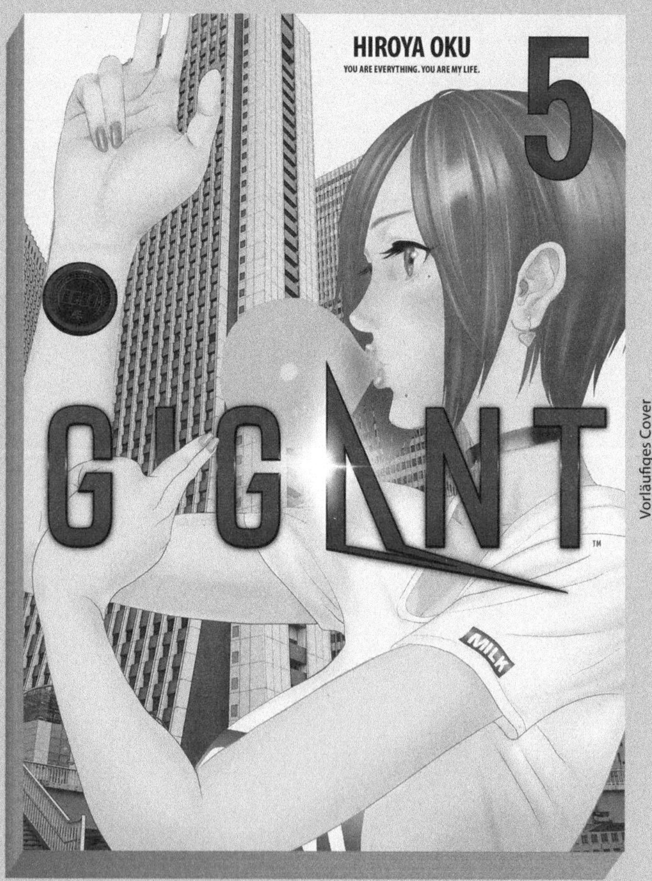

Vorläufiges Cover

Demnächst

JAGAAAN

STORY MUNEYUKI KANESHIRO **ZEICHNUNGEN KENSUKE NISHIDA**

Der Nachbarschaftspolizist **Shintaro Jagasaki** lebt mit seiner Freundin zusammen. Die beiden werden wohl heiraten, einen Haushalt führen und Kinder bekommen. Seine Zukunft empfindet er als recht unbedeutend, doch eines Tages trifft er auf einen brutalen, mutierten Menschen, einen **Kaijin**. Danach beginnt sein Arm, sich zu verändern … Von diesem Moment an schlägt das Leben des jungen Mannes eine andere Richtung ein und ist nun voller Zerstörung und verstümmelter Menschen …

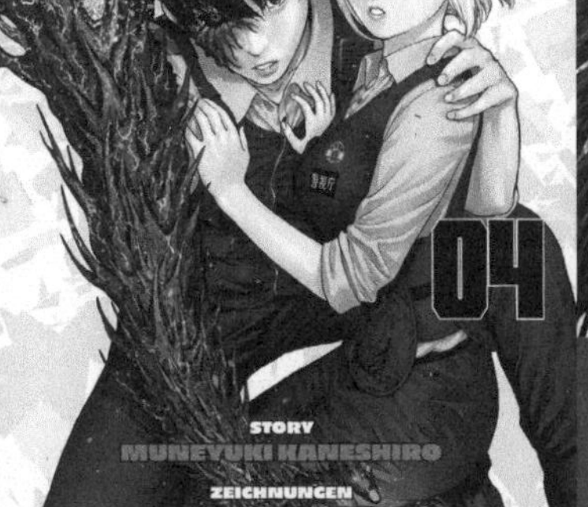

JAGAAAN 4
228 S., sw, € 7,99
ISBN 978-3-7416-1974-8
Bereits erhältlich!

FINDET UNS IM NETZ:

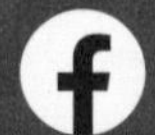

PaniniMangaDE

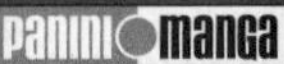

Im Comic-Shop, Bahnhofs- und Buchhandel.
Im Panini-Shop unter www.paninicomics.de

ACHTUNG!

Dieser Comic wird wie im Original gelesen:
von rechts nach links,
also fangt einfach von der anderen Seite des Buches an
und stürzt euch in die Welt von

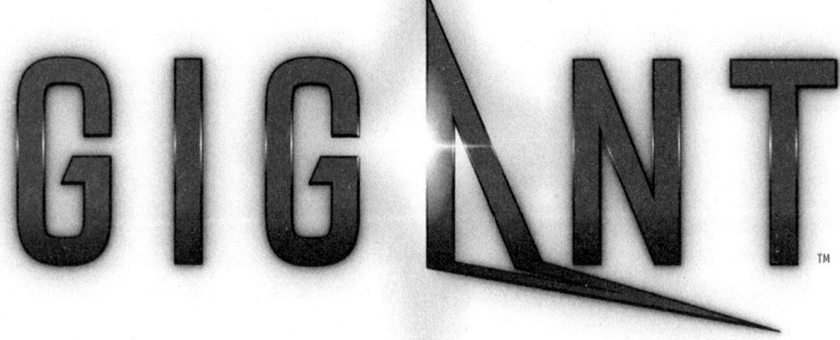

GIGANT erscheint bei **PANINI MANGA**, Schloßstraße 76, D-70176 Stuttgart. GIGANT wird unter Lizenz in Deutschland von PANINI Verlags-GmbH veröffentlicht. Druck: LEGO PRINT S.p.A. Anzeigenverkauf: BLAUFEUER VERLAGSVERTRETUNGEN GmbH, info@blaufeuer.com. Es gilt die Anzeigenpreisliste Nr. 17 vom 01.10.2019. Direkt-Abos auf **www.paninicomics.de**. Geschäftsführer **Hermann Paul**, Publishing Director Europe **Marco M. Lupoi**, Finanzen **Felix Bauer**, Marketing Director **Holger Wiest**, Marketing **Rebecca Haar**, Vertrieb **Alexander Bubenheimer**, Logistik **Ronald Schäffer**, PR/Presse **Steffen Volkmer**, Publishing Manager **Lisa Pancaldi**, Redaktion **Stephanie Jakob**, **Matthias Korn**, **Daniela Uhlmann**, Übersetzung **Burkhard Höfler**, Proofreading **Ricarda Nugk**, grafische Gestaltung **Rudy Remitti**, **Nicola Spano**, Art Director **Mario Corticelli**, Redaktion Panini Comics **Beatrice Doti**, **Elisa Panzani**, Repro/Packager **Alessandro Nalli** (coordinator), **Mario Da Rin Zanco**, **Valentina Esposito**, **Luca Ficarelli**, **Simone Guidetti**, **Linda Leporati**, **Fabio Melatti**. ISBN 978-3-7416-1976-2

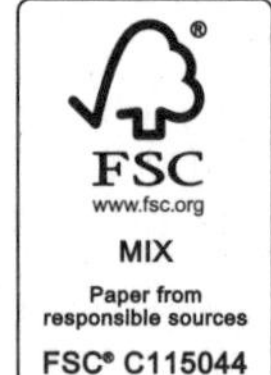

Digitale Ausgaben: ISBN 978-3-7367-6696-9 (.epub) / ISBN 978-3-7367-6695-2 (.mobi)

Bibliografische Information der Deutschen Nationalbibliothek
Die Deutsche Nationalbibliothek verzeichnet diese Publikation in der Deutschen Nationalbibliografie; detaillierte bibliografische Daten sind im Internet über dnb.d-nb.de abrufbar.